이옥희, 최인호에게

인간의 모든 죽음
어떻게 죽을 것인가, 어떻게 살 것인가

초판 1쇄 발행 2020년 2월 20일
초판 2쇄 발행 2020년 7월 1일

지은이 최현석
펴낸이 이영선
책임편집 김선정

편집 김선정 김문정 김종훈 이민재 김영아 김연수 이현정 차소영
디자인 김회량 이보아
독자본부 김일신 김진규 정혜영 박정래 손미경 김동욱

펴낸곳 서해문집 | 출판등록 1989년 3월 16일 (제406-2005-000047호)
주소 경기도 파주시 광인사길 217 (파주출판도시)
전화 (031)955-7470 | 팩스 (031)955-7469
홈페이지 www.booksea.co.kr | 이메일 shmj21@hanmail.net

ⓒ 최현석, 2020
ISBN 978-89-7483-009-0 03100

인간 간
개념 어
사 전

인간의 모든

All human
deaths

죽음

**어떻게
죽을 것인가,**

**어떻게
살 것인가**

최현석 지음

서해문집

4

47260. 제 의사면허번호입니다. 한국에서 직업으로서 의사 행위를 하려면 꼭 따라다니는 주민등록번호와 같습니다. 1992년에 의과대학을 졸업하고 얻은 면허인데, 대학을 다니면서 다른 일을 하다 보니 입학 동기보다는 4년 늦게 의사면허를 얻었습니다. 1997년에 내과 레지던트 과정을 마치고 심장내과 분과전문의를 했으며, 의학박사 학위를 받고 대학병원에서 근무하다가 내과의원을 개설해서 진료를 했습니다.

개원의로서 인체 전반에 대해 공부를 하면서 2006년에는 《아름다운 우리 몸 사전》(개정증보판 《교양으로 읽는 우리 몸 사전》, 2017)을 출간했고, 덕분에 대한의사협회에서 수여하는 동아의학상을 받기도 했습니다. 인생은 항상 힘든 것처럼 당시에도 지금처럼 쉽지 않은 삶이었지만, 당시 책을 출간했던 시절은 책 제목처럼 '아름다운' 시절로 기억됩니다. 나이가 들어가면서 과거를 추억할 때 좋은 기억이 점차 많아지는 것은 보편적인 현상일 것입니다.

이후 정신의학과 심리학을 공부하고 몇 권의 책을 출간한 뒤, 인문학 공부를 더 하고 싶어서 후배에게 의원을 물려주고 외국에 나갔습니다. 2년 동안의 유학생활을 마치고 돌아와 《인간의 모든 동기》와 《인간의 모든 성격》을 출간하고, 뒤이어 '생각'에 대한 책을 쓰려고 공부하던 중, 종교와 죽음 그리고 죽음 이후의 세상에 대한 사람들의 믿음(생각)을 이해하는 것이 어려웠습니다. '보는 것'만을 믿었던 일종의 소아병적인 과학주의자였기 때문이었을 겁니다. 지금도 마찬가지긴 하지만, 내가 이해할 수 없는 생각들을 많은 사람들이 하고 있다는 것을 알고 있습니다. 아마 죽음을 생각하게 되면 이해하지 못하거나 받아들일 수 없는 것이 없을지도 모릅니다. 저 역시 죽음이라는 주제는 제 나이가 오십을 넘기면서 자연스럽게 드는 생각이었을지도 모르겠습니다. 그래서 2018년부터는 현재 우리나라 사람들이 가장 많이 죽음을 맞이하는 곳인 요양병원을 운영하게 되었습니다.

요즘 사람들은 대부분 병원에서 사망하기 때문에, 집에서 가족의 품에서 돌아가시는 모습은 이제 옛 이야기가 되어버렸습니다. 사망 원인도 노환으로 죽는 사람은 없으며, 그것이 무엇이든 간에 질병이 사망의 원인이 됩니다. 환자는 죽음을 준비할 시간도 없이 질병과 싸우다가 죽게 되고, 치매로 요양병원에 몇 년씩 입원해 있는 경우는 이미 사회적인 죽음을 맞아 육체적 생명만 연장하다가 호흡이 멈추면 죽음을 맞습니다.

죽음이란 공부한다고 알 수 있는 것이 아니지만, 죽은 자는 산 자의 마음에 살아 움직이는 존재라는 것은 알 수 있습니다. 과학은 현대인이 인정하는 보편적인 진리이지만 과학적 진실은 항상 변해왔습니다. 그러나 인류 문명과 함께해온 종교는 큰 변화가 없이 현재까지 유지되고 있고, 종교인들은 자신의 신앙이 최고의 진리라고 믿고 있습니다. 인격이란 자신은 어떤 사람이라는 믿음에서 비롯되는 것일진대, 변치 않는 사랑을 믿고 죽음으로 들어가는 사람들을 보면 사람에게 가장 큰 힘을 주는 것은 종교적인 믿음일지도 모르겠습니다. 임종을 앞둔 환자에게 의료인은 통증을 덜어줄 수 있을지는 몰라도, 마음가짐을 어떻게 하는 것이 좋은지 도와줄 수 있는 힘은 종교에서 나오는 것 같습니다.

그래서 2018년에는 인도의 성지순례를 스님의 안내를 받아 불자들과 함께 다녀왔고, 이스라엘 성지순례도 목사님의 안내를 받아 신앙인들과 같이 다녀왔습니다. 이런 성지순례 경험은 요양병원을 운영하는 데 많은 도움을 줬습니다. 제가 신앙인은 아니지만 환자의 정신적인 평안이나 안정감에 종교적인 활동이 도움이 된다면, 저 역시 무언가 도움이 되는 일을 할 수 있겠다는 용기가 생겼기 때문입니다. 물론 제가 병원을 운영하면서 불필요한 생명 연장을 지양하고 인생의 마지막을 존엄하게 마감할 수 있도록 도와드리겠다는 생각을 하고 있지만, 죽음을 경험할수록, 그리고 환자와 가족의 상황을 조금 더 알게 될수록, 이것이 그렇게 단순하지는 않다는 것을 많이 느낍니다.

10년 전 내과의원을 닫으면서 제 의원에 다니셨던 분이 선물로 주신 성경을 요즘 자주 읽고 있는데, 그분이 첫 장에 써주신 "선생님이 계시는 동안 제 육신은 참 편했습니다. 마치 제 영혼에 예수님이 계신 것처럼. 감사합니다"라는 글을 읽으면서 새롭게 다짐합니다. 이번에 출간하는《인간의 모든 죽음》은 제가 요양병원을 운영하면서 죽음에 대해 궁금했던 것, 죽음을 맞이하는 사람들을 볼 때마다 참고할 만한 내용을 정리한 것입니다. 이 책이 저와 같은 생각을 하고 있는 사람들에게도 도움이 되면 좋겠습니다.

2020년 새해에
최현석

차례

19 사별 과정

20 사후 세계

21 상장례

22 죽음 준비

1

죽음 인지
Death Awareness

생물이 무생물과 다른 점은 스스로 자신과 똑같은 개체를 만들 수 있다는 것인데, 자손을 생산한 다음 당사자는 죽는다. 인간은 그 사실을 알고 있다. 그래서 우리는 생명이 소중하다고 여긴다.

죽음 개념

죽음에 대한 정의는 단일하지 않다

모든 생물은 죽는다. 그런데 무엇을 죽음이라고 해야 할지 따지기 시작하면, 쉬운 문제는 아니다. 생물마다 죽음을 정의하는 방식이 다르다고 해야 한다. 예를 들면 아메바는 이분법으로 증식하는데, 하나의 아메바가 두 개의 아메바로 나뉘었을 때 부모 아메바와 자식 아메바가 동일하지는 않다. 그렇다면 부모 아메바는 죽었는가?

그렇다고 할 수도 없다. 잔존물이 없기 때문이다. 삶이 끝나긴 했지만 생명을 잃은 것이 아니라 삶의 방식을 바꾸었을 뿐이다.

우리는 '죽음'을 주제로 대화할 때 '죽음이 무엇인지'에 대한 개념을 서로 공유한다고 여기기 때문에 굳이 죽음을 정의하지 않는다. 그만큼 죽음이 무엇인지 안다고 생각한다. 그러나 어린아이나 문화적 배경이 다른 사람 혹은 종교가 다른 사람과 이야기해보면 서로 다른 죽음 개념을 가지고 있음을 알게 된다.

죽음에 대한 개념은 주로 아동이 성장하면서 죽음을 어떻게 받아들이는지를 연구하면서 정립되어왔다. 그런데 죽음학자마다 죽음 개념을 정의하는 하위개념의 분류 방식은 약간씩 다르다. 코르(Charles A. Corr)와 보크(David E. Balk)는 죽음을 정의하기 위한 하위개념으로 종국성, 보편성, 인과성, 사후연속성을 제시했다. 즉 이 네 가지가 모두 포함된 상태여야 죽음이라고 규정할 수 있다는 것이다.

종국성(finality)은 비기능성(nonfunctionality)과 비가역성(irreversibility)을 포함하는 개념이다. 비기능성이란 살아 있을 때 할 수 있었던 모든 육체활동과 감정적·인지적 정신활동이 중단된다는 것이고, 비가역성이란 일단 사망하면 어떤 수단을 사용해도 다시 살아날 수 없다는 개념이다. 자기중심적 사고를 하는 아동기에는 죽음에 대해 비기능성과 비가역성이 불완전하게 작동한다. 따라서 죽은 사람이 다시 살아날 수 있다고 생각하기도 하고, 죽은 사람도 보고 듣고 말하고 사고할 수 있다고 여기기도 한다.

보편성(universality)이란 죽음은 누구에게나 발생하며, 노력으로 피할 수 있는 것도 아니고, 죽음의 시점을 예측할 수 있는 것도 아니라는 개념이다. 보편성은 예측불가능성(unpredictability), 포괄성(all-inclusiveness), 필연성(inevitability)이라는 하위개념으로 세분된다. 예측불가능성은 사람이 언제 죽을지 예측할 수 없다는 것이고, 포괄성이란 죽음은 모든 생물에게 발생한다는 개념이며, 필연성은 모든 생물은 어떤 노력으로도 죽음을 피할 수 없다는 것이다. 죽음 개념 발달에서 아동은 타인의 죽음에 대한 필연성을 먼저 인지한다. 따라서 타인은 죽는다는 것을 알지만 정작 자신은 죽지 않는다고 생각한다. 자신의 죽음도 필연적이라는 것을 깨닫는 데까지는 지적 성장이 더 필요하다.

인과성(causality)이란 죽음이 왜 일어났고, 무엇이 죽음을 초래했는지에 대한 객관적 원인을 아는 것이다. 인과성 개념이 불완전하면, 못된 짓을 많이 하면 죽는다고 생각하거나 착한 사람은 죽지 않고 나쁜 사람만 죽는다고 생각하기도 한다.

사후연속성(noncorporeal continuation)은 육체가 소멸한 이후 어떤 형태로 삶이 지속되는지에 대한 개념이다. 사후연속성은 사회문화적 맥락에 따라 내용이나 방식에 가장 차이가 많은 죽음 개념인데, 사후에도 삶이 계속된다고 생각하는 사람은 천국과 같은 사후 세계, 영혼의 승천, 환생, 부활 등을 믿는다.

죽음학

생과 사를 생각하는 학문의 탄생

죽음학을 의미하는 새너톨로지(thanatology)는 죽음을 의미하는 그리스어 타나토스(thanatos)에서 유래했다. 러시아의 생물학자 메치니코프(E. Metchnikoff)가 1903년 처음 사용하기 시작했는데, 그는 죽음 현상을 잘 이해하면 죽음에 대한 공포를 줄일 수 있다고 주장했다. 그의 주장은 당시 학계의 호응을 얻지 못했다. 하지만 제2차 세계대전이 발발해 대량살상의 소용돌이가 몰아치고 그 후 실존철학을 중심으로 삶과 죽음의 문제에 대한 근본적 성찰이 제기되면서, 1950년대 중반에 이르면 죽음에 대한 학문적 관심이 증폭했다.

1956년에는 미국의 심리학자 페펠(H. Feifel)이 심리학회에서 죽음을 연구하는 분과를 만들었고, 1959년에는 심리학자, 정신과 의사, 철학자, 인류학자, 보건 실무자, 예술가, 사회학자 등이 다양한 관점에서 죽음의 문제를 다룬 《죽음의 의미(The Meaning of Death)》를 펴내면서 현대 죽음학이 시작됐다. 1963년 미네소타대학에 죽음에 대한 강좌가 대학에서는 처음으로 개설됐고, 이후 다른 대학에도 같은 과정이나 학과가 개설되기 시작했다. 1969년에는 미국 정신과 의사 퀴블러-로스(E. Kübler-Ross)가 200여 명에 이르는 말기 환자와의 상담을 통해, 죽어가는 과정에서 나타나는 심리 변화를 다섯 단계로 분류하면서 죽음학은 본격적인 궤도에 올랐다. 또 1960년대는 말기 환자를 돌보는 호스피스 운동이 본격적으로 시작되고 이들의 고통을 줄여주려는 완화의학이 발전하기 시작하는 시기이기도 하다.

일본에서 죽음학은 가톨릭 신부 데켄(A. Deeken) 교수가 1975년 도쿄 조치(上智)대학에 '죽음의 철학' 강좌를 개설하면서 시작됐는데, 1982년에 '생과 사를 생각하는 세미나'를 열고 1983년에는 '생과 사를 생각하는 모임'을 결성하고 활동하면서 널리 대중화되기 시작했다. 일본에서도 1970~1980년대에 죽음학이 대중화되는 것에는 당시 호스피스 활동이 활성화되던 것과 관련이 있다. 일본에서는 죽음학(thanatology, death study)을 '사생학(死生學)'이라고 하고, 중국이나 타이완에서는 '생사학(生死學)'이라고 한다. 사생학이나 생사학이라는 말은 '죽음'과 '삶'을 조합한 것으로, 삶과 죽음이 분리된 것이 아니라 표리일체라고 생각하는 문화가 반영된 것이다.

우리나라에서는 1970년대 후반부터 대학의 교양 과목을 중심으로 죽음 또는 죽음 준비 교육과 관련된 강좌가 개설되기 시작했다. 2004년 한림대학교에서 생사학연구센터를 개설하고 한국 사회의 죽음의 질과 삶의 질 향상을 위해 한국적 생사학 정립을 모색했고, 2005년에는 서강대학교 철학과의 최진석을 중심으로 '당하는 죽음에서 맞이하는 죽음으로'라는 표어를 내걸고 철학, 종교학, 심리학, 사회학, 의학 등 각 분야의 전문가가 모여 한국죽음학회를 창립했다. 2013년에는 한국연구재단의 '학제 간 융합연구 지원사업'으로 죽음 관련 연구를 수행하기 위해 건양대학교 웰다잉융합연구회가 구성됐다.

현재 죽음학은 죽음을 둘러싼 모든 상황, 예를 들어 죽음에 임박한 환자에 대한 완화의료, 임종을 지키는 가족과 사별자의 고통에 대한 연구, 각 문화권의 죽음에 대한 태도, 상장례, 자살, 죽음준비 교육 등 죽음에 대한 총체적 학문으로 발전하고 있다.

죽음 통보 ─────────────────────

'나쁜 소식 전달'의 6가지 기술

현대 의학이 발전하기 이전에는 사람들은 병이 들면 죽을병인지 아닌지를 직감적으로 느꼈다. 그래서 마지막 숨을 거두기 전, 말할수 있는 기력이 있을 때 가족에게 유언을 하고 사망했다. 그러나지금은 치료 기술이 발달해 과거였다면 죽었을 질병에서 살아나는 경우가 많아졌다. 죽을 위험이 닥치면 사람들은 응급실로 달려가고, 응급실에서는 죽을 뻔한 많은 생명을 되돌려놓기 때문이다. 자살이나 사고 등으로 갑자기 사망하지 않는 이상 죽음을 앞둔 사람은 대부분 병원으로 가기 때문에 죽기 전에 일단 환자의 신분이된다. 환자가 된 사람은 치료 도중 의사에게서 치료 불가라는 통보를 받을 때에야 비로소 자신의 죽음을 인지한다. 그래서 의료진에게는 죽음이 임박했다는 사실을 환자에게 알리는 기술이 요구된다.

'당신은 곧 죽을 것이다'와 같은 나쁜 소식을 전하는 것은 복잡한 의사소통 기술이다. 미국에서는 일찍이 '나쁜 소식 전달' 교육을 의과대학 교과과정의 필수 과정으로 인식했는데, 가장 널리 사용하는 방법은 스파이크스(SPIKES) 프로토콜이다. 이는 다음과 같이 6단계로 구성된다.

- S-Setting up (환경을 조성한다)
- P-Perception (환자의 인식 정도를 평가한다)
- I-Invitation (환자가 알기 원하는 것을 파악한다)
- K-Knowledge (환자에게 정보를 제공한다)
- E-Emotion (환자의 정서적 반응에 공감으로 응답한다)
- S-Summary (요약한다)

대화를 잘 하려면 첫째, 적절한 대화 환경을 조성해야 한다. 죽음에 대한 통보를 전화로 하거나 복도같이 공개된 장소에서는 하지 않는다. 원활한 의사소통을 위해서는 환자가 자신의 감정을 표현할 수 있는 환경이어야 하기 때문이다. 대화를 할 때는 앉아서 상대방과 눈을 맞추고 적절한 신체언어를 사용하며 시간 제한을 두지 않는다.

둘째, 상대방의 수준을 잘 파악해야 한다. 환자가 자신의 상태를 어느 정도 알고 있는지 인식 정도를 파악하기 위해서는 "의사나 가족에게서 무엇인가 들은 것이 있습니까", "치료를 중단한 이유가 무엇이라고 생각하십니까" 등과 같은 질문을 할 필요가 있다.

이를 통해 환자가 상황을 올바르게 이해하고 있는지, 아니면 자신의 상태를 부정하고 있는지, 환자의 현재 인식 정도를 파악한다.

셋째, "검사 결과를 알기 원하십니까", "앞으로의 치료 계획에 대해 좀 더 이야기하고 싶으신가요"와 같은 질문을 통해 환자가 알기 원하는 정보가 어떤 것인지 파악한다. 이때 환자가 원하는 정보를 부담 없이 요구할 수 있는 분위기가 조성되어야 한다.

넷째, 알리고자 하는 정보는 "알리게 되어 유감이지만 당신에게 나쁜 소식이 있습니다"와 같은 표현으로 시작하고, 환자가 알고 있는 수준과 알기 원하는 것에 초점을 맞추어 환자가 쓰는 어휘를 사용해 환자가 이해하는 수준에서 정보를 제공한다. 가능한 한 짧은 문장과 단순한 언어로 정보를 제공하고, 중간중간 제대로 이해했는지 점검한다. 이때 '암이 의심된다'와 같은 정확하지 않은 정보는 제공하지 않는다. 따라서 정확한 진단이 나온 다음에 명확하게 알리는 것이 좋다. 가능한 한 단순하게 설명하되, "당신의 경우 치료에 반응하지 않아 수개월 내에 사망할 수 있습니다"라거나 "더 이상 할 수 있는 일이 없습니다"와 같은 무뚝뚝한 표현은 삼간다.

다섯째, 대화는 기본적으로 공감의 태도가 중요하다. '당신의 병은 말기이며, 내가 할 수 있는 일은 아무것도 없다'와 같이 냉정한 표현이나 태도는 환자와 가족으로 하여금 희망을 상실하게 할 뿐만 아니라 분노와 체념, 소외 등을 느끼게 할 수 있다. 의료진은 환자가 버림받았다는 기분이 들지 않도록 주의하고, 의학적으로 여전히 도움을 받고 있다는 느낌이 들도록 해야 한다. 환자가 슬픔뿐 아니라 분노를 표출하더라도 이런 감정 표현을 정상적 과정으로 이해하고 공감하는 반응을 보여야 한다.

여섯째, 대화를 끝내기 전에는 마지막으로 간략히 요약하고 환자에게 더 할 이야기나 질문이 있는지 확인한다. 그리고 다음 약속을 정한다. 다음 약속을 정하는 것은 환자를 포기하지 않고 지속적으로 돌볼 것이라는 메시지를 전하기 위해서라도 반드시 필요하다.

죽음 인지 유형 ──────────
'자신이 곧 죽는다'는 사실을 알 권리에 대하여

현대 사회에서 한 사람이 죽어간다고 할 때 당사자와 의료진, 가족 사이에 죽음 정보를 공유하는 인지 유형(awareness context)에는 폐쇄형, 의심형, 상호위장형, 개방형의 네 가지가 있다.

폐쇄형(closed awareness)이란 죽음을 앞둔 사람이 그 사실을 알지 못하게 하는 것이다. 의료진과 가족은 환자가 죽어가는 것을 알지만 그 사실은 죽어가는 사람에게 전달되지 않으며, 환자는 자신의 상태를 의심하지도 못하는 상황이다. 아버지에게 "아버지! 3개월밖에 살지 못한대요"라고 말한다는 것은 쉽지 않다. 아버지가 절망하는 모습이 두렵기 때문일 수도 있고, 사실을 말하는 것이 불효라고 생각할 수도 있으며, 나쁜 소식이 병을 급격히 악화시킬지도 모른다는 걱정 때문일 수도 있다. 많은 사람이 이렇게 하는 것이 바람직하다고 생각하기에, 죽어가는 사람에게 진단과 예후의 고지를 반대한다. 그리고 가족이 원하면 의사는 거의 대부분 그에 따른다.

그런데 말기 질환을 진단받았을 때부터 사실을 숨기기 시작하면 시간이 지날수록 계속 새로운 거짓말을 만들어내야 한다. 또 자신의 상태를 모르는 환자는 비현실적 희망을 품기 때문에 그것을 보는 가족은 더 힘들 수 있다. 그러다가 병이 위중해지면 환자는 이 모든 것이 헛된 것임을 곧 알게 되고, 어느 날 갑자기 상태가 나빠지든지 의식불명 상태가 되기 쉽다. 그러면 마지막 유언도 없이 세상을 떠나게 된다. 이렇듯 폐쇄형은 환자의 알 권리를 무시하는 것이고, 환자 스스로 자신의 삶을 정리할 시간을 빼앗는 것이다. 갑작스레 고인이 떠나면 남은 가족은 좀 더 진솔하게 대화하지 못했다거나 마지막 인사를 전하지 못했다고 후회하기 쉽다.

의심형(suspected awareness)은 말기 환자가 자신의 상태에 대한 정확한 정보를 제공받지 못한다고 의심하는 상황이다. 가족이나 의사가 환자에게 진실을 말하지 않는 것은 폐쇄형과 같은데, 환자 스스로 무언가 심상치 않다는 것을 눈치 챈다는 점이 다르다. 의사나 가족이 다 괜찮다고 하는데 치료 방법도 달라지고 뭔가 주변인의 태도도 예전과 달라서 찜찜한 마음이 든다. 의심은 들지만 정확히 말을 해주지 않으니 혼란스럽다. 환자는 이렇게 찜찜해하다가 몸 상태가 더 나빠진 다음에야 자신이 말기 환자라는 사실을 알게 되기도 한다. 상태가 나빠지지 않더라도 시간이 지나면서 서서히 알게 된다. 이때 환자는 고마움보다 배신감을 느끼기도 한다. '끝까지 나를 속이려 하다니……' 하면서 괘씸해하는 사람도 종종 있다. 이는 가족 간의 신뢰를 손상하고, 향후 소통을 복잡하게 한다. 부적절한 방법으로 간접적으로 알게 됐을 때는 스트레스가 증가하며, 직접 알게 된 환자보다 마지막 삶의 질이 좋지 않다.

상호 위장형(mutual pretense)이란 정보는 모두 공개되어 있지만 환자도, 가족도 서로 공유하지 않는 것이다. 즉 환자가 얼마 살지 못한다는 사실을 모두가 아는데, 서로 모른 체한다. 환자는 자신의 상태에 대해 의사나 가족이 아닌 다른 경로를 통해 알게 되는데, 그렇기에 가족은 환자가 안다는 것을 모르고, 혹시 안다는 것을 눈치 챘더라도 모른 체한다. 환자도 자신은 아무것도 모르는 것처럼 행동한다. 진실을 대면하기가 두려워서 서로 피하는 것이다. 환자도 진실을 터놓고 싶지만 그렇게 했을 때 벌어질 상황을 감당할 자신이 없고, 가족도 진실을 알릴 자신이 없어 일단 피하고 보는 것이다. 어떻게 해야 좋을지 몰라 차일피일 미루기만 한다. 상호 위장이 지속되기 위해서는 모든 사람의 끊임없는 경계와 많은 노력이 필요하며, 환자도 진실을 모르는 것처럼 행동해야 하기 때문에 임종 준비를 하기 어렵다.

개방형(open awareness)이란 의료진과 환자와 가족 모두가 정보를 공유하고 그에 대해 논의를 하는 것이다. 말기 질환 통보를 직접 받을 때 환자의 반응을 예측하기는 어렵지만, 그래도 이 유형은 환자에게 삶을 정리할 수 있는 시간을 줄 수 있고, 또 가족 간의 신뢰 유지에도 좋다. 진실이 개방되면 환자는 가족을 비롯한 주변 사람의 도움을 받으면서 남은 생애 동안 자신의 삶을 잘 정리하고 존엄하게 죽음을 맞을 수 있다. 또 환자가 세상을 떠난 후 가족이 후회하지 않는다.

우리나라에서 2010년 발표된 말기 암 환자 481명과 그 가족 381명을 조사한 연구 결과에 따르면, 말기 암 진단 시점에 가족은 83%가 그 사실을 안 반면, 환자는 58%만 알고 있었다. 말기임을 알고 있는 환자라 하더라도 의사에게 직접 설명을 들은 환자는 56%에 불과했으며, 가족이 알려준 경우가 11% 정도였고, 29%는 상태가 악화되어 스스로 추측해서 알게 됐다.

2004년 국립암센터에서 환자와 그 가족을 대상으로 '말기 암을 알리는 문제'에 대해 조사한 바에 따르면, 환자의 96%는 진단 즉시 자신의 말기 질환 여부를 알고 싶어 했는데, 가족은 76%만이 환자 본인에게 알려주기를 원했다. 가족의 이런 태도는 물론 환자를 고려한 것인데, 이렇게 환자와 가족의 생각이 달라지는 불일치는 환자의 죽음을 앞두고 흔히 나타나는 현상이다.

죽음을 인지하는 네 가지 방식 중 개방형이 환자의 알 권리를 충족하며 환자의 인권을 보장하는 것이기 때문에 윤리적으로는 가장 옳다. 인간의 존엄성에서 가장 필수적인 것이 자율성과 자기결정권이기 때문이다. 또 문제가 있을 때는 문제 자체의 진실을 온전히 대면할 때 해결 방법을 찾을 수 있다. 물론 죽음을 직면하게 되면 환자와 가족 구성원의 불안과 슬픔이 너무 커서 임종에 대한 논의가 힘들어질 수 있다. 현실을 회피하는 것이 어떤 이에게는 어려운 순간을 견뎌내는 생산적인 방법이 될 수도 있다. 특히 연로한 어른의 경우 말기 질환임을 알리면 너무나 낙담한 나머지 생의 의지가 꺾이면서 식사조차 제대로 하지 못할 정도로 병세가 급격히 악화되기도 한다. 그래서 차라리 본인이 모르더라도 마지막까지 활기차게 살다 떠날 수 있도록 알리지 않는 것이 나을 수 있다. 또 이런 경우 나중에 가족도 어른을 편하게 보내드렸다고 고인을 추억할 수 있다.

환자에게 사실을 숨겼다 하더라도 주변 상황으로 인해 이미 환자는 사실을 아는 경우가 많다. 그런데 걱정과 달리 알고 나면, 몰랐을 때보다 오히려 삶의 질이 나아진다. 죽음에 직면했다고 해서 자살을 생각하는 경우는 더욱 드물다. 개방형 인지 방식은 환자와 가족이 서로 의지하고 의논할 수 있는 준비가 되어 있다면 정직한 의사소통을 가능하게 한다. 상실의 슬픔이나 걱정을 공유하며 오래된 상처를 치유하는 기회가 되기도 한다. 이는 꽤 어렵고 고통스럽지만 가치 있는 일이다. 실제로 진실을 직접 말한 경우 환자와 가족에게 더 좋은 결과가 있었다. 진실을 알린 뒤에야 환자가 진짜로 원하는 것을 가족이 알게 되고, 그것을 해줄 수 있기 때문이다. 그러면 서로 감사하게 되고 마음의 평안도 빨리 찾게 된다.

죽음 인지 후 심리 ——————

죽음의 한 연구, 그리고 죽음을 대하는 우리의 자세

죽는 과정은 우리 생명과 삶의 경험 중 일부다. 죽음은 생명이 다해 끝날 때 비로소 발생하는 것이기에, 죽어가는 과정이라고 하더라도 아직 죽은 것은 아니다. 여전히 한 인간의 삶의 일부이고, 한 사람이 죽음을 맞아 살아가는 마지막 삶의 방식인 것이다. 죽음에 임박한 사람의 심리 상태를 설명한 모델 중에서 가장 잘 알려진 것은 미국의 정신과 의사 퀴블러-로스가 1969년 출간한 《죽음과 죽어감》에서 소개한 것으로, 자신이 곧 죽는다는 사실을 알게 됐을 때 겪는 심리 상태를 부정→분노→협상→우울→수용의 5단계로 설명했다.

첫 단계인 부정(denial)이란 큰 병에 걸려 곧 죽는다는 소식을 들었을 때 "아니야, 그럴 리 없어"와 같은 반응을 말한다. 검사가 잘못된 것이 아닌지 의심하며 많은 병원을 돌아다니기도 한다. 현실을 부정하는 것이다. 두 번째 단계인 분노(anger)는 "왜 하필이면 나야?"와 같은 심리 상태다. 이때는 주변의 모든 것이 분노의 대상이 된다. 자신을 돌봐주는 가족이나 친구뿐 아니라 신을 향해서도 분노를 표출한다. 이 시기에는 감정 기복이 심하고 주변의 위로도 분노로 연결되어 인간관계가 어려워진다. 세 번째 단계는 협상(bargaining)이다. 이때는 어느 정도 상황을 받아들이면서 타개책을 찾으려 한다. 예를 들어 "이번 한 번만 살려주시면 앞으로 정말 착하게 살겠습니다!"와 같은 식이다. 신에게 맹세하는 경우도 많으며, 장기기증을 약속하기도 한다. 그러나 이런 것이 결국 부질없음을 인식하게 되면 절망에 빠지고, 네 번째 단계인 우울(depression)에 접어들게 된다. 이때는 하루 종일 멍한 표정으로 있거나 자주 운다. 결국 죽음은 피할 수 없는 것임을 받아들이면서 차분하게 자신의 감정을 정리하는 시간이 찾아온다. 마지막 단계인 수용(acceptance)이다. 여러 감정으로 인해 지친 상태이고 사회활동이 적어지며 말수가 줄어든다. 거의 공허한 상태가 된다.

퀴블러-로스가 제안한 '죽음의 5단계' 이론은 죽음을 앞둔 환자를 개인적으로 면담하면서 만든 것인데, 아직 확실히 검증된 것은 아니지만 죽음을 앞둔 사람이 겪을 수 있는 심리 상태를 설명하는 더 좋은 이론이 나오기 전까지는 유효할 것이다. 그러나 모든 심리 이론이 그렇듯, 이것도 구체적인 상황에서는 항상 제쳐놓을 수 있는 단순한 보조 개념으로 간주해야 한다. 죽음에 대처하는 자세는 사람마다 다르므로 이 죽음의 5단계를 일반적인 심리 법칙처럼 여겨서는 안 된다. 그렇게 되면 '나는 왜 다음 단계로 넘어가지 못하지? 나한테 문제가 있나?' 하는 생각이 들어 이중의 괴로움을 겪을 수 있기 때문이다.

퀴블러-로스는 1926년 스위스 취리히의 개신교 집안에서 태어났다. 그녀는 20세가 되던 해에 제2차 세계대전이 끝나자 평화의 용군 봉사자로 폴란드에 갔다. 스위스로 돌아와 의과대학에 진학했고, 미국인 유학생을 만나 결혼해 미국으로 건너갔다. 그녀는 미국의 병원에서 죽음을 앞둔 환자를 인터뷰하는 방법으로 이들의 심리 변화를 연구했다. 당시만 해도 죽음학이 막 태동기에 있던 터라 '죽음'이라는 말 자체도 아직 쉽게 사용하지 못하는 상황이었는데, 그녀는 늘 죽음에 직면한 환자의 편에 서서 그들을 마지막까지 도우려 했다.

퀴블러-로스는 1995년 69세에 뇌졸중으로 좌반신 마비가 되어 애리조나주 사막의 외딴집에서 외톨이 생활을 하다가 2004년 사망했다. 그녀는 뇌졸중이 반복적으로 발생하면서 죽음을 앞두게 된 1998년 기자와 이런 인터뷰를 했다. "최근 2년 반 동안 매일, 오늘 밤 죽을 수 있었으면 하고 바라왔습니다. 그렇게 되면 얼마나 기쁠까. 지금 내 상태는 살아 있는 것도, 죽은 것도 아닙니다. 나는 알고 있습니다. 내가 나 자신을 사랑하게 됐을 때 비로소 죽을 수 있다는 것을. 하지만 그게 그렇게 쉽지 않습니다. 그것이 싫어서 견딜 수 없습니다."

"죽어가는 환자의 심리를 연구해온 일이, 병들어 휠체어에 의지하면서 죽음을 기다리는 지금의 자신에게 도움이 되는가?"라는 질문에는 "그런 것은 시간과 돈 낭비였습니다. 정신분석이 나에게 도움이 된 것이라면 그다지 겁쟁이가 되지 않게 된 정도입니다. 직업이나 직업상의 성공은 나 자신을 사랑하는 것과 아무런 관계가 없습니다. 팬의 편지도 기분이 나빠질 뿐입니다"라고 답했다. 죽어가는 사람의 심리 상태는 부정→분노→협상→우울→수용의 다섯 단계를 거쳐 최후를 맞는다는 자신의 과거 연구에 비추어보면 "나는 너무 오랫동안 분노의 단계에 머물렀습니다. 지금은 우울과 수용의 중간 근처일까요?"라며 스스로 자신의 죽음 단계를 분석했다. 그리고 사후 세계에 대해서는 "내 자신의 죽음을 생각하지 않는 날이 없습니다. 죽음이 멋질 것이라는 걸 털끝만큼도 의심하지 않습니다. 고통도 없고 분노도 없고 고독하지도 않을 것입니다. 사후 세계에서 내가 사랑하는 모든 사람과 만날 수 있다고 확신합니다. 그것이 기다려져서 견딜 수 없습니다"라고 말했다.

퀴블러-로스는 죽음의 과정을 연구한 사람답지 않게 자신의 비참함을 드러내고 독설로 신을 비판하면서 힘겨운 9년을 살다가 죽었다. 정신분석은 쓸모없고 신은 히틀러이며 인생의 성공은 무의미하다고 비웃었다. 그녀는 일생을 타인을 위해 일했고 말기 환자를 돌보며 사별자를 위로해왔다. 하지만 자신의 삶 최후에 주어진 것은, 마음대로 되지 않는 병든 육체를 주체 못하는 인내의 하루하루였다. 보험 기간이 만료됐다고 반신 마비 상태인 자신의 치료를 중단한 물리치료사의 태도에 대해서는 이렇게 분개했다. "나는 절망적인 환자를 보살펴왔다. 35년 동안 단 한 명의 환자에게도 치료비를 받은 적이 없었다. (……) 가치관이 완전히 미쳤다." 그녀는 마지막까지 의사가 반대했던 담배와 초콜릿을 즐기기도 했다. 왜 그렇게 하느냐고 물어보면 "내 인생이기 때문에"라고 답했다. 그녀는 가족에게는 이런 말을 남겼다. "지금부터 은하(銀河)와 춤추러 간다."

퀴블러-로스의 이론이 현재 논쟁적이기는 하지만, 죽음학 연구에 기여한 그녀의 공헌을 볼 때 그녀가 '현대 죽음학의 효시'임을 부정하기는 어렵다. 그녀는 죽어가는 환자를 인간으로 다시 보라고 말했다. 죽음을 앞둔 환자를 돌보는 간병인은 '죽어가는 사람도 여전히 살아 있는 사람'이라는 사실을 알아야 한다. 환자도 말하기를 원하고 욕구가 있는 존재다. 따라서 자신이 어떻게 대우받고 싶은지 요구할 수 있다. 간병인은 죽어가는 사람에게 적극적으로 귀를 기울여야 한다. 또 죽어가는 사람에게 더 많이 배워야 한다. 보살핌을 제공하는 사람이 되는 법은 우리 자신의 삶을 살아가는 데 필요한 것이기도 하다.

2

죽음태도
Death Attitudes

죽음공포

죽음불안

금지된 죽음, 길들여진 죽음

죽음수용

—

인간은 죽음을 자각하기 시작하면서 이를 표현하는 문자를 만들었다. 죽음에 해당하는 한자어는 '사(死)', 영어는 '데스(death)', 그리스어는 '타나토스(thanatos)', 라틴어는 '모르스(mors)'다. 한자 사(死)는 '앙상한 뼈 알(歹)'과 '사람(人)'을 합해 만든 글자로, 살이 깎여 없어져 앙상한 뼈만 남은 시체 앞에 무릎을 꿇고 앉아 있는 사람을 형상화한 것이다.

죽음을 문자로 표현한 것을 보면 인간이 죽음의 의미를 이해한 듯 보이지만, 인류가 죽음을 완전히 이해했던 때는 없었다. 죽음은 항상 절반 정도는 드러나 있고 나머지 반은 숨겨진 채로 남아 있으며, 문자 자체도 변하고 같은 문자라 하더라도 의미가 변하듯 죽음에 대한 느낌이나 의미 부여 방식, 죽음을 대하는 태도 등 모든 것은 시대에 따라 변한다.

죽음태도(attitude toward death)란 죽음에 대한 개인적 생각이나 신념, 감정을 포괄하는 개념이다. 죽음태도는 보통 죽음에 대한 공포와 불안의 측면에서 연구돼왔는데, 캐나다의 심리학자 웡(P. T. P. Wong)은 1994년 현대인이 죽음에 대해 보이는 태도를 '죽음공포', '죽음회피', '죽음수용'의 세 가지로 정리했다. 죽음회피는 죽음과 관련된 생각이나 말을 의도적으로 피하는 태도이고, 죽음수용은 죽음에 대해 말하는 것을 피하지 않고 자연스러운 과정으로 수용하는 태도다.

죽음공포 ────────────
현대인의 죽음공포는 죽는 과정에 대한 두려움이다

죽음에 대한 공포는 어느 사회, 어느 시대에나 보편적으로 나타났지만, 공포의 내용은 시대와 문화에 따라 다르게 변해왔다. 과거에는 지옥에 떨어지면 어쩌나 하는 것이 공포였다면, 현재는 자신의 죽음을 잘 치러내지 못할 것 같다는 공포가 주를 이룬다. 이러한 변화는 현대인은 자기 인생의 의미를 스스로 만들어내는 주체라고 보는 생각과 닿아 있다. 죽음공포를 크게 죽음 과정에 대한 공포와 사후 세계에 대한 공포로 나눈다면, 현대인은 죽어서 지옥에 떨어질지도 모른다는 사후 세계에 대한 공포보다는 죽어가는 과정에서 맞닥뜨리게 될 통증이나 주변 사람과의 이별, 지금 하고 있는 일을 끝내지 못할 것 같은 불안과 같이 '모든 것이 끝난다'는 네 대한 두려움이 더 많다.

'죽음에 대해 생각해본 적이 있습니까?'라는 질문에 우리나라 사람의 17%는 생각해본 적이 없다고 답했다. 물론 우리가 알 수 없는 주제인 죽음을 생각한다는 것은 아무 의미도 없는 일일 수 있다. 하지만 대다수는 죽음을 생각하게 된다. 한국인이 죽음을 생각하게 되는 계기의 27%는 누군가 질병이나 사고로 죽었을 때였다. 즉 자기 자신에 대한 존재론적 물음을 통해 죽음을 성찰하기보다는 주변인의 죽음을 통해 죽음을 생각해보는 경우가 많다. 이외에 삶의 공허함을 느끼거나 힘들 때, 몸이 아플 때, 우울, 외로움, 상처 같은 정서적 고통의 순간이 찾아올 때 등이 있었다. 세월호 참사(2014)와 같은 사고나 재난으로 죽은 많은 사람들과 같은 처지에 있는 사람이라면 자기 자신의 죽음이 문득 떠오를 것이다. 자살을 생각하거나 시한부 선언을 받았을 때는 더욱 숙고하게 된다. 이렇게 죽음이 의식 세계에 떠오를 때 사람들은 어떤 심리적 변화를 겪게 될까?

'죽음' 하면 떠오르는 말이나 느낌을 조사했더니, 우리나라 사람은 '두려움'이나 '공포'가 20%로 가장 많았다. 죽음과 관련해서 두려워하는 것이 무엇인지에 대해서는 '자아 상실', '죽는 과정에서 발생할 수 있는 통증이나 두려움과 외로움 등의 고통', '소중한 사람과의 이별'이 3대 중심축을 형성했다. 죽음공포를 '죽음 자체'에 대한 공포와 '죽어가는 과정'에 대한 공포로 나눈다면, 노인은 죽음 자체에 대한 공포보다는 죽을 때의 통증과 같이 죽어가는 과정에 대한 공포가 많다.

우리는 언젠가 죽는다는 인간 존재의 필멸성(必滅性, mortality)은 누구나 아는 진실이다. 그런데 문화인류학자 베커(E. Becker)는 1973년 출간한 《죽음의 부정》에서, '인류 문명(human civilization)은 우리의 필멸성에 대한 인식에 대항하여 발달시킨 상징적 방어체계'라고 주장했다. 반드시 죽을 수밖에 없는 생물학적 존재인 인간이 만들어낸 문명 세계의 상징체계는 지속성을 갖기에, 상징적 존재로서의 자아는 불멸성을 획득하고 생물학적 자아보다 우월한 위치를 차지한다. 그렇기 때문에 인간은 자신이 죽고 나서도 자신의 삶의 의미가 지속된다고 믿는다.

진화의학자 바르키(A. Varki)는 2014년 출간한 《부정 본능(Denial)》에서 자신의 필멸성을 부정하는 신경체계가 인간의 진화과정에 나타났다고 주장했다. 인간은 완전한 자기 인식이 가능하고 타인의 의도를 이해하는 능력이 있기에 타인의 죽음을 이해할 수 있고, 결국 자신도 죽을 수밖에 없는 운명임을 인지하게 된다. 그런데 동시에 한편으로는 '나는 죽지 않는다'는 '그릇된 믿음을 고수하는 능력'도 발달한다. 그렇지 않고 죽음과 필멸성만 인식한 개체라면 압도적인 두려움에 휩싸여 생존과 번식에 필요한 활동과 인지기능이 위축되어 결국 사라지고 말았을 것이기 때문이다. 인간은 누구나 죽는다는 사실을 알지만 동시에 그것을 부인하며, '소크라테스는 사람이다. 모든 사람은 죽는다. 그러므로 소크라테스는 죽는다'와 같은 삼단논법은 소크라테스에게나 해당하는 것이지, 나에게 해당하는 것이 아니라고 생각한다.

사회심리학자 그린버그(J. Greenberg), 솔로몬(S. Solomon), 피즈친스키(T. Pyszczynski) 등이 주장하는 공포관리이론(Terror Management Theory)에 따르면, 인간은 반드시 죽는다는 필멸성에 대한 인식은 공포(terror)를 유발하는데 이 공포는 문화적 믿음(cultural beliefs)을 받아들임으로써 통제된다. 문화적 믿음이란 인간이 추구하는 의미 혹은 가치와 결부된다. 대표적인 예가 사후 세계를 믿거나 종교 활동을 통해 인간에게는 죽지 않는 뭔가가 있다고 믿는 것이다. 이때의 문화란 포괄적 의미이며, 언뜻 죽음과 관련이 없어 보이는 국가관, 후손(posterity), 성(性, sex) 개념, 동물에 대한 인간의 우월성 등도 죽음을 초월하게 해주는 문화적 믿음에 해당한다. 문화적 가치는 무엇이 의미 있는지를 결정하기 때문에 자존감의 기초가 된다. 즉 자신이 문화적 가치관에 따라서 잘 살면 자존감은 상승하며, 이 자존감이 문화적 믿음과 더불어 죽음공포를 덜어준다. 이는 종교적 신념으로 감행되는 자살 테러가 대개 자신이 속한 사회와 문화적 세계관에 대해 자긍심이 높고 자존감이 높은 사람에 의해 행해진다는 사실로도 알 수 있다.

죽음이 각성되면 사람들은 자신이 속한 사회가 공유하는 문화적 세계관을 강력히 고수하게 된다. 세계관을 공유하는 사람을 내(內)집단으로 묶고 그렇지 않은 사람을 외(外)집단으로 분류한다면, 죽음을 생각하게 될수록 개개인은 내집단의 세계관에 부응하는 행위를 하고 죽음을 덜 두려워하게 된다. 공포관리이론에서는 이를 '불안완충제(anxiety buffer)'라고 한다. 불안완충제는 자신의 문화적 세계관 내의 기준·가치·규범 등이 이치에 맞고 올바르다는 믿음, 그리고 자신이 그 기준에 따라 잘 살고 있다는 믿음 두 가지로 구성된다. '비록 나는 죽더라도 내 믿음이 내가 속한 사회에서 영속할 것'이라는 믿음은 자신의 죽음을 쉽게 받아들이게 한다.

현대인은 미디어를 통해 다양한 형태의 죽음을 거의 매일 접한다. 매일 나오는 뉴스만 보더라도 죽음과 관련한 내용이 많다. 어떤 경우든 죽음에 노출되면 개인은 자신과 세계관을 공유하는 내집단에 속하려는 경향이 더욱 뚜렷이 나타나며, 반작용으로 외집단을 배척하는 경향을 보인다. 한편 내집단에 순응하는 경향은 이타주의에서 비롯된 친사회적 행위를 촉진할 수 있는데, 이타주의도 '내집단 편향'이 심해져서 모든 사람을 도우려 하기보다는 자신의 가치관에 동의하는 사람에게 국한된다. 9·11테러 사건에 직면했을 때 미국인은 이전까지 역대 최저의 지지율을 보이던 조지 부시 대통령에게 역대 최고의 지지를 보냈다. 외집단인 테러 조직과 싸우는 조지 부시를 내집단의 일원으로 생각했기 때문이다. 반면 2014년 우리나라에서 세월호 참사가 일어났을 때는, 사망한 아이들과 그 가족을 내집단으로 여기고 정부를 재난 책임자로서의 외집단으로 간주했기에 정부에 대한 비난이 거셌다.

인류 역사에서 죽음공포를 극복하는 데 큰 역할을 한 것은 종교 활동이었는데, 그것이 현대인에게도 죽음에 대한 두려움을 덜어주는지는 확실하지 않다. 종교는 오히려 죽음공포를 가중한다는 부정적 연구 결과도 있고, 별다른 영향이 없다는 연구도 있는 등 죽음공포에 대한 종교의 역할을 연구한 자료는 천차만별이다.

경제학자 파인(D. Pyne)이 발표한 공포와 종교의 관계를 보여주는 연구 결과에 따르면, 강경한 무신론자는 사후 세계를 대비해 아무것도 투자하지 않고 미래에 대한 불확실성을 불안해하지도 않는다. 반대로 독실한 신앙인은 신앙심과 기도, 그 밖의 종교 활동을 통해 사후 세계에 대해 비교적 많은 투자를 하므로 자신은 지옥보다는 천국에 갈 것이라고 믿는다. 이 두 그룹은 죽음공포가 가장 적다. 그러나 중간 정도의 신앙심을 가진 이들은 사후 세계가 존재하는지 존재하지 않는지 확신이 없고, 만약 존재한다면 종교 활동에 그리 많은 투자를 하지 않은 자신은 천국에 갈 확률이 높지 않다고 생각한다. 따라서 이들의 죽음공포가 가장 높다.

죽음불안 ────────────────

불안이야말로 진정한 실존에 도달하는 통로

죽음불안과 죽음공포는 종종 혼용되어 같은 의미로 사용되기도 하지만, 서로 다른 개념이다. 공포(fear)가 주로 의식적이고 구체적인 상황에서 느끼는 감정적 태도라면, 불안(anxiety)은 의식하기 어려운 애매한 감정적 태도다.

불안감은 많은 현대인의 존재 방식을 규정한다고 할 수 있는데, 불안을 인간의 존재적 특성이라고 인식하게 된 것은 20세기 초반 등장한 실존주의 철학의 영향이다. 하이데거는 존재에 대해 물음을 제기할 수 있는 인간, 즉 '자신의 존재를 문제 삼는 존재'를 현존재(現存在, Dasein)라고 하면서, 현존재의 특성으로 죽음을 규명하려 했다. 인간의 삶은 죽음에 이르러야 전체로서 종결되기 때문에, 탄생으로 시작된 삶이 죽음으로 마감된 다음에야 비로소 한 사람의 삶을 전체적으로 이해할 수 있다. 그런데 죽음과 함께 현존재는 끝난다. 서양에서 고대부터 근대에 이르기까지 죽음에 대한 논의는 주로 영혼의 해방, 초월과 불멸로의 전환 단계 등의 개념으로 이루어져왔지만, 하이데거는 시간적 존재로서 현존재는 죽음으로 모든 것이 끝난다고 했다.

죽음은 일상의 삶에서 항상 어떤 가능성으로 존재한다. 자기가 죽는 순간을 생각하는 현존재는 죽음을 다른 사람에게 맡길 수 없는 자기 자신만의 것으로 홀로 받아들여야 한다는 사실을 깨닫는다. 현존재가 죽음으로써 무(無)에 내동댕이쳐졌을 때 느끼는 감정을 하이데거는 불안이라고 했다. 죽음불안이란 죽음과 대면할 용기가 없는 마음 상태다. 실존주의 철학자는 죽음불안은 인간으로서 살아가는 이상 피할 수 없는 것이지만, 오히려 불안 속에 자유가 있으며 인간이 진정한 실존에 도달할 수 있는 통로가 된다고 주장한다. 실존철학에서는 죽음불안을 이겨내기 위해 일시적 오락이나 취흥으로 도피하지 말고 불안에 나를 맡기라고 요구한다.

자신이 죽는 미래의 현장에 미리 가보면 현존재는 고독해지며,

그러한 고독 속에서 자기 삶의 전체성을 확실하게 깨닫게 된다. 그렇게 볼 때 현존재의 자기 이해에는 본래부터 불안이라는 근본 심성이 포함돼 있는 것이다. 그래서 죽음에 대해 불안해하는 태도는 오히려 근원적이고 솔직한 것이다. 그럼으로써 미래에 자신에게 닥칠 죽음이라는 실재를 정면으로 받아들이고 인정하게 되면서, 비로소 진정한 삶을 살 수 있다. 우리는 자신의 죽음을 미리 내다봄으로써 죽음을 사유하고, 그럼으로써 항시 죽음을 자신 속에 간직하고 죽음과 함께 살아간다. 그래서 죽음이 불안이라면 삶 또한 불안이며, 삶은 죽음 속에서 의미가 있다. 죽음으로부터 야기되는 불안을 줄이거나 해소하기 위해 죽음을 회피하는 태도는 오히려 불안을 증폭한다.

금지된 죽음, 길들여진 죽음 ——————
죽음과의 싸움에서 패배한 것 vs 친밀하고 간단한 것

프랑스의 역사학자 아리에스(P. Aries)는 1975년 출간한 《죽음의 역사》에서, 유럽인이 역사적으로 보여준 죽음 앞에서의 태도를 '길들여진 죽음', '자신의 죽음', '타인의 죽음', '금지된 죽음' 네 가지로 구분했다. 마지막 '금지된 죽음(Forbidden Death)'은 1930~1950년대 이후 현대인의 죽음에 대한 태도를 말한다.

현대인의 죽음은 자연스러운 과정이 아니라 죽음과의 싸움에서 패배한 것으로 이해된다. 현대인은 집에서 자연의 순리대로 죽지 않고, 삶을 연장하고 죽음을 뒤로 미루는 병원에서 병마와 싸우다가 죽는다. 병원에서는 죽음을 막기 위한 조치를 취하는데, 이런 상황에서는 심장이 멎기 전에 상당히 오랜 기간 동안 의식을 잃는다. 국어학자 배도용은 '금지된 죽음'을 다음과 같이 묘사했다.

숨이 떨어질 노인이 산소마스크에 의존해 병원 중환자실에서 의사와 간호사에게 둘러싸여 누워 있다. 의사는 모니터를 바라보며 노인의 호흡을 체크하고 있다. 모니터의 움직임이 없자 의사는 보호자에게 사망했음을 통지한다. 곧이어 시신은 병원 장례식장으로 이동한다. 유족 가운데 아이와 임신부는 죽음이 불길하다며 장례식에 참석하지 못한다.

현대인의 죽음은 의식상실, 뇌사, 호흡정지, 심정지 등 일련의 작은 단계로 분할됐고, 사람들은 어떤 죽음이 진짜 죽음인지 헷갈리게 됐다. 즉 의식을 잃었을 때가 죽음인지, 심장이 멈추었을 때가 죽음인지 알지 못한다. 죽음을 판단하는 것은 의사이며, 의사의 판단은 법적 효력을 발생시킨다. 생물학적인 1차 죽음 이후에도 사인(死因)을 밝히기 위해 부검이라는 2차 죽음이 더해지기도 한다.

유럽에서는 18세기까지만 해도 죽어가는 사람의 침실을 묘사한 그림에 항상 아이들이 등장했다. 그런데 오늘날에는 환자 간호와 아이 보호라는 명목으로 죽음에서 아이들을 떼어놓으려 한다. 심지어 가족의 죽음이 발생할 때 가족은 직장에서 일을 하다가 의사가 사망을 선언하면 그때야 장례식장으로 간다. 의학이 환자를 가족에게서 분리하고 죽음을 경험할 기회를 주지 않기에 현대인의 죽음공포는 더 강해졌다. 이러한 '금지된 죽음'은 전통적인 '길들여진 죽음(Tamed Death)'과는 정반대의 태도다. 배도용은 아리에스가 말하는 '길들여진 죽음'을 다음과 같이 묘사한다.

숨이 떨어질 노인이 안방에서 가족과 친지들에게 둘러싸여 누워 있다. 그는 얼굴에 옅은 미소를 짓고 가족 한 사람 한 사람의 손을 잡고 그동안 잘 돌봐줘서 고맙다는 말을 힘겹게 내뱉는다. 곧이어 호흡이 거칠어지면서 노인의 잡았던 손에서 힘이 빠져나간다. 눈동자가 덮이고 입은 벌어진다. 숨을 거둔 것이다.

아리에스가 말하는 '길들여진 죽음'이란 12세기 이전 유럽의 전통시대에 있었던 죽음태도인데, 당시 사람들에게 죽음은 친밀하고 간단했다. 그것은 불가피한 것으로 간주되고, 그것을 피하려고 어떤 시도도 하지 않으며, 사람들은 자신의 죽음을 미리 예감한다. 조만간 죽을 것이라는 예감은 자연적 표시 혹은 내적 확신에서 나온다. 자연발생적 깨달음이다. 인간이란 정상적으로는 죽음을 예견하는 존재였다. 17세기에 돈키호테는 죽음을 예견하는 여러 신호를 느끼면서 온순하게 다음과 같이 이야기한다. "애야, 죽음이 다가오고 있는 것 같구나."

죽어가는 사람은 자신의 죽음을 예견하기에 조용히 죽음을 기다린다. 죽어가는 사람은 사랑하는 사람과 공동체 구성원에게 둘러싸이고, 그들 모두는 평화롭게 죽음을 기다린다. 죽음이 잠자는 것의 일종으로 여겨지기에 내세는 위협적이지 않았다. 유럽에 그리스도교가 들어오고 그 종교를 믿게 되면서 사람들은 더욱 더 죽음을, 영원한 기쁨을 누리러 천국에 가는 것으로 생각하게 됐다. 망자는 이 세상을 떠나 자비로운 하느님 아버지가 파견한 천사들의 환호 속에 영원한 왕국의 문으로 들어가는 것이다. 여기에는 죽음에 대한 두려움이나 불안이 없다. 적어도 7세기 이전 초기 교회에서 죽음이란 하느님의 자비심에 의해 세속의 삶을 마치고 영원한 왕국으로 떠나는 여행과 같은 것으로 여겨졌다. 교회에 무덤이 생기고 무덤은 아주 친숙한 공간으로 탈바꿈했다. 그것은 부활에 대한 믿음이 초기 순교자와 그들의 무덤에 대한 숭배 관행과 결합한 결과다.

죽음수용 ━━━━━━━━━━━━━━━━━
모차르트에게는 행복의 문, 베토벤에게는 불행한 삶의 도피처

사람들은 '언젠가 죽는다'는 사실은 알지만 자기 자신에게는 아직 임박한 문제가 아니기에 위협적이지 않은 것으로 생각한다. 죽음의 확실성은 알지만 '당장은 아니라고' 믿으면서 당면한 일상에 몰두한다. 이렇게 사람들은 죽음을 회피하지만, 그래도 자신의 죽음에 대해서는 항상 생각한다. 이는 죽음을 향한 자신의 존재에 대해 이미 어떤 결정을 내리고 있다는 의미다.

'죽음을 수용한다(accept)'는 개념은 1969년 퀴블러-로스가 제안한 죽음의 5단계 이론에서 마지막에 해당한다. 죽음이 임박했다는 사실을 통보받은 사람이 죽음을 피할 수 없는 것으로 받아들인다는 의미인데, 퀴블러-로스는 '거의 공허한 기분 상태'라고 설명했다. 하지만 이후 심리학 연구에 따르면 수용은 열정적인 환영일 수도 있고, 괴로운 포기일 수도 있는 아주 다양한 스펙트럼을 가진다.

심리학자 웡은 1994년 죽음태도를 죽음공포, 죽음회피, 죽음수용으로 구분하고, 죽음수용을 다시 접근적 수용(approach acceptance), 탈출적 수용(escape acceptance), 중립적 수용(neutral acceptance)으로 나누었다. 그리고 각 개인의 죽음태도를 측정하는 설문지를 개발했다. 웡의 설문지는 총 32문항으로 구성되는데, 심리학자 이운영은 이를 우리말로 번안하면서 23문항으로 정리했다. 다음은 이운영이 번안한 태도별 설문 문항이다. 문항별로 '전혀 그렇지 않다'(1점), '그렇지 않다'(2점), '약간 그렇지 않다'(3점), '잘 모르겠다'(4점), '약간 그렇다'(5점), '그렇다'(6점), '매우 그렇다'(7점)로 점수를 매긴 다음 합산한다.

죽음공포

① 죽음이 모든 것의 마지막이라는 사실을 아는 것은 나를 두렵게 한다.

② 죽음이 끝이라는 생각 때문에 나는 혼란스럽다.

③ 죽을 것이라는 생각은 나를 불안하게 한다.

④ 죽음 후에 어떤 일이 일어날지 알지 못하기 때문에 나는 죽는 것을 걱정한다.

⑤ 나는 죽음에 대한 강한 공포를 가지고 있다.

죽음회피

① 나는 죽음에 관해 생각하지 않으려고 언제나 애를 쓴다.

② 나는 어떤 일도 죽음과 관련짓지 않으려고 애를 쓴다.

③ 죽음이라는 생각이 떠오를 때마다 나는 생각하지 않으려고 애를 쓴다.

④ 나는 죽음에 대해 전혀 생각하지 않으려고 한다.

접근적 수용

① 나는 죽음을 영원한 축복의 장소로 가는 통로라고 생각한다.

② 죽음은 신과의 결합이고 영원한 축복이다.

③ 죽음은 새롭고 멋진 삶을 다시 살 수 있게 할 것이다.

④ 나는 사후의 세계를 기대한다.

⑤ 내가 죽음에 편안할 수 있는 것은 내세를 믿기 때문이다.

⑥ 죽은 후에 나는 천국에 있을 것이라고 믿는다.

⑦ 나는 천국이 이 세상보다 훨씬 더 좋은 곳이라고 믿는다.

⑧ 죽음은 영혼의 해방이다.

탈출적 수용

① 죽음은 이 끔찍한 세상으로부터 나를 벗어나게 한다.

② 죽음은 고통과 괴로움으로부터 나를 벗어나게 한다.

③ 나는 죽음을 삶의 짐으로부터의 해방이라고 생각한다.

중립적 수용

① 죽음은 삶의 자연스러운 부분이다.

② 죽음은 삶의 과정의 일부일 뿐이다.

③ 죽음은 지극히 자연스럽고 불가피한 사건으로 생각되어야 한다.

우리나라에서 이운영이 60~70대 노인 281명을 대상으로, 이 설문지로 죽음태도(평균점수±표준편차)를 조사한 결과는 다음과 같다.

죽음공포: 2.4±1.2

죽음회피: 3.7±1.5

접근적 수용: 3.6±1.5

탈출적 수용: 3.9±1.6

중립적 수용: 6.1±0.9

죽음공포와 죽음회피는 죽음에 대한 부정적 태도라는 면에서는 공통되지만, 죽음공포는 죽음을 위협적으로 느끼는 감정적 태도인 반면, 죽음회피는 죽음공포나 죽음불안을 줄이기 위한 노력이다. 이와 반대되는 태도는 죽음을 받아들이는 수용(acceptance)인데, 이는 죽음에 대해 이야기하는 것을 피하지 않고 자연스러운 과정으로 수용하기 때문에 죽음불안이나 죽음공포에서 자유롭다.

죽음수용 중 '접근적 수용'이란 사후 세계를 확신하고 그곳에서의 행복을 기대하며 죽음에 다가가고 싶어 하는 태도다. 이는 사후의 행복을 믿는 것으로, 불확실한 미래에 긍정적 시각을 부여함으로써 죽음에 대해서도 긍정적 태도를 보이는 것이다. 내세를 믿고 사후 세계에 대한 기대감으로 죽음을 수용하는 것이므로 종교와 밀접한 관련이 있다. 모차르트가 보여준 다음과 같은 태도가 그런 예의 하나다.

저는 인간의 가장 절친하고 진실한 친구인 죽음과 친해졌습니다. 죽음은 제게 더 이상 두려운 것이 아닐뿐더러 진정한 위로가 됩니다. 또한 죽음이라는 것이 진정한 행복의 문을 열 수 있는 열쇠라는 사실을 깨우치도록 기회를 허락하신 하느님께 감사드립니다. 아직 젊지만 저는 내일 제가 더 이상 이 세상에 없을지도 모른다는 생각을 하지 않고 잠을 청한 적이 없습니다.

'탈출적 수용'이란 고통과 불행으로 가득 찬 삶에서 벗어나기 위한 수단으로, 즉 도피처로서 죽음을 기대하고 수용하는 태도다. 불행한 삶의 한 대안으로, 힘든 삶의 도피처로 죽음을 수용하는 것이다. 베토벤은 이런 말을 했다.

내 예술적 재능이 충분히 발휘되기도 전에 죽음이 찾아온다 해도 기꺼이 죽음을 맞이하리라. 나의 운명이 가혹하다 해도 죽음은 내게 너무 이른 것이다. 하지만 나는 행복하다. 죽음은 나를 이 끝도 없는 고통에서 벗어나게 하지 않겠는가. 죽음이여, 오라! 용감하게 맞으리라.

'중립적 수용'이란 죽음을 삶의 한 부분으로 자연스럽게 받아들이는 것을 말한다. 죽음을 삶의 최종 단계, 즉 삶에서 변할 수 없는 하나의 부분으로 인식하는 것이다. 죽음을 자연스러운 삶의 일부로 받아들이는 태도인 중립적 수용은 심리적으로 안정된 사람에게 많이 보인다. 이들은 자신의 삶을 되돌아보고 검토하여 의미를 찾아내며, 죽음에 잘 대처한다. 또 이런 태도를 가지면 공격적 행동이 줄어들며, 운동을 열심히 하는 등 건강한 행동이 증가하고, 남을 돕고 싶은 마음이 들 뿐만 아니라, 흡연율과 이혼율도 감소한다. 죽음을 숙고하고 수용하는 사람은 사회규범을 더 잘 준수하고 이타심, 기부, 타인과의 평화를 중시하는 태도를 보이는 등 친사회성이 증가한다.

죽음을 자연스러운 과정으로 편하게 받아들이지 못하고, 죽음과 관련된 생각이나 언급을 일절 하지 않으려는 죽음회피 태도를 가진 사람은 죽음에 대해 극단적 판단을 내리는 경향이 있다. 이러한 선택이나 판단이 죽음으로 야기되는 공포와 불안을 회피하고 해소하는 수단으로 작용하기 때문이다. 또 죽음에 대해 부정적 사고나 믿음을 가진 사람일수록 물질주의 가치관이 더 강하며, 죽음에 대한 공포 감정이 강할수록 충동구매와 소비량이 증가하고 고급 제품을 선호하는 경향도 강해진다. 죽음회피 태도는 삶의 유한성을 인정하지 않으면서 눈에 보이는 물질의 획득이나 부의 축적과 같은 세속적인 것에 높은 가치를 부여하기 때문이다. 또 물질주의 가치관을 가진 사람일수록 불안증과 우울증이 더 많고, 육체적으로도 불편함을 더 많이 느낀다. 결국 삶의 만족도와 행복도가 떨어진다.

3

죽음의 양상
Death Encounters

죽음에 이르는 원인은 자살, 사고, 타살 등을 제외하면 대부분 질병이다. 질병은 크게 감염병과 만성질환으로 나눌 수 있는데, 선진국의 사망 원인은 대부분 만성질환이다. 그런데 만성질환을 효과적으로 치료할 수 있는 방법이 개발되면서 삶은 그만큼 연장됐고, 죽음의 시기는 미루어졌다. 비록 많은 노인이 삶이 지겨워질 정도로까지 살게 됐다는 말을 하기도 하지만, 죽기에 가장 적당한 시기는 없다. 너무 일찍 죽는 사람과 너무 늦게 죽는 사람, 두 부류가 있을 뿐이다.

수명 ————————————————————

인간의 최대 수명은 125세

생명체 중 가장 오래 사는 것은 미국 캘리포니아의 브리슬콘소나무(bristlecone pine)다. 현재 수령은 약 5000년이다. 수명이 짧은 생명체인 하루살이는 유충에서 태어난 지 5분 안에 죽는다. 한편 최장수 기록을 가진 사람은 프랑스인 장 칼망(Jeanne Calment)으로, 그녀는 1997년 122세에 사망했다. 과학자는 인간의 최대 수명(life span)이 125세라고 생각한다.

개개인의 수명(longevity)은 살면서 발생하는 우연한 사건으로 결정되는 경우가 많지만, 특정 사회에 속한 사람들의 평균수명을 따져보면 크게 유전, 생활 스타일, 환경 요인에 따라 결정된다. 100세 이상 장수하는 인구 집단을 연구해보니 이들과 같은 유전자를 25%씩 공유하는 형제나 자매가 100세 이상 장수할 확률은 여성은 8배, 남성은 17배나 높았다. 장수 유전자가 존재한다는 간접적인 증거다.

그래서 부모가 장수하는 집안은 자녀도 장수할 것이라고 흔히 예측된다. 그러나 자식의 사망 연령과 부모의 사망 연령을 비교한 연구 결과를 보면 상관관계가 있기는 하지만 약하다. 사망에 이르게 하는 모든 질병이나 생활습관 등이 유전적 영향을 강력하게 받기 때문에 부모의 수명이 자식의 수명에 큰 영향을 미칠 것 같은데, 이러한 일반적 생각과 달리 자식의 수명이 부모에 의해 결정되는 비율은 높지 않았다. 수명에 대한 유전적 기여도를 조사한 연구에 따르면 10~16% 정도였고, 나머지 84~90%는 환경 요인이나 생활 스타일의 차이 때문이었다.

현재 후진국과 선진국의 평균수명은 20년가량 차이가 나는데, 이러한 차이의 원인은 환경 요인과 생활 스타일에 있다. 수명에 영향을 미치는 환경 요인은 대기·식수·자원·토양 등인데, 인간은 이런 환경을 조작함으로써 수명을 늘려왔다. 100년 전만 해도 감염병은 사망 원인 1위였지만 지금은 극히 일부를 차지할 뿐이다. 감염병에 대한 지식이 쌓여가면서 공중위생 등 생활 조건을 바꿈으로써 수명이 그만큼 연장된 것이다. 인간은 환경의 영향을 받으면서도 환경을 변화시킨다. 현재 세계인의 평균수명은 72세 정도로 추정되는데, 100여 년 전까지만 해도 30~40세였다. 평균수명이 이렇게 급격히 증가한 것은 인류 역사 이래 최근 100년 동안 나타난 현상이다. 인류의 수명이 이렇게 크게 연장된 것은 무엇보다 감염병을 제어했기 때문이고, 이는 환경 요인을 개선한 덕이다.

사망률과 기대수명 ────────

현재 40세 남성은 81세까지, 여성은 87세까지 산다

사망률은 인구 10만 명(혹은 1000명)당 사망자 수를 말하는데, 이를 조사망률(粗死亡率)이라고 한다. 거칠게(crude) 계산한 사망률이라는 뜻으로, 가장 단순한 사망 통계 방법이다. 1년 동안의 총 사망자 수를 해당 연도의 연앙(年央)인구로 나눈 수치에 10만(혹은 1000)을 곱해서 계산한다. 연앙인구란 해당 연도의 중간 날짜(7월 1일) 당일의 총인구를 말한다. 우리나라에서 2017년 한 해에 사망한 사람은 전부 28만 5534명이었다. 인구 10만 명당으로 계산하면 557.3명이고, 인구 1000명당으로는 5.6명이다. 2017년 미국인의 1000명당 사망률 8.3명이나 2016년 일본의 10.5명에 비하면 낮은 수치다. 그러나 이는 연령을 고려하지 않은 것으로, 연령을 표준화해 계산한 사망률로는 우리나라가 미국보다 낮고, 일본보다는 높다.

1900년 미국의 총인구는 7600만 명이었는데, 그해의 인구 1000명당 사망률은 17.2명이었다. 이후 사망률은 해마다 떨어져 2009년에는 7.9명까지 줄었다가 이후 조금 올라갔다. 일본에서는 제2차 세계대전 이후 사망률이 점차 떨어지다가 1979년 5.9명으로 최저점을 찍은 이후 정체되거나 약간 상승했고, 우리나라는 2006년 5명으로 최저점을 찍었다가 약간 상승했다. 이러한 경향으로 보면 미국, 일본, 우리나라에서 사망률은 더 이상 떨어질 수 없는 최저점에 도달한 것으로 보인다.

연령과 성별에 따른 사망률로부터 기대수명(기대여명)을 계산할 수 있다. 기대수명은 현재의 연령별 사망 수준이 그대로 지속된다는 가정하에 만들어지는데, 2017년에 태어난 사람의 경우 남자는 80세, 여자는 86세, 평균 83세가 기대수명이다. 그리고 2017년에 40세가 된 남성은 81세까지 살 것으로 보이고, 40세 여성은 87세까지 살 것으로 예상된다. 60세 남성은 83세, 60세 여성은 87세까지 살 것으로 기대되며, 100세인 경우 남녀 모두 2년 더 생존할 것으로 예상된다. 유엔의 연구에 따르면 세계인의 기대수명은 해마다 늘어나 2090년에는 106세가 될 것으로 예상한다.

기대수명은 전체 인구에 대한 통계적 해석이다. 구성원이 10명인 집단이 있는데, 여섯 명은 한 살에 죽고 네 명은 80세까지 살다가 죽었다고 할 때, 이 집단의 기대수명은 33세다. 그런데 33세라는 기대수명은 한 살에 죽은 사람이나 80세에 죽은 사람의 기대수명과는 아주 동떨어진 것이며, 단지 특정 집단의 평균치를 알려줄 뿐 그 집단에 속한 사람이 모두 33세에 사망한다는 의미는 아니다. 산업국가의 기대수명은 20세기에 빠르게 상승했는데, 이는 영유아기의 사망률이 떨어졌기 때문이다. 그런데 시간이 흐르면서 영유아기의 사망률을 더 줄이는 것은 점점 어려워지고 있다. 영유아나 젊은 사람의 사망률을 낮추기가 어려울 때 성인과 노인의 사망률이 개선되는 것은 평균 기대수명을 늘리는 데 좀 더 큰 영향을 미칠 것인데, 이들의 사망률을 낮추는 것도 현재 한계에 이른 것으로 보인다. 해마다 사망률이 감소하지 않고 그대로 유지되고 있고, 심지어 약간 상승하는 경향마저 있기 때문이다.

대부분의 사람은 무조건 오래 사는 것보다는 건강하게 살기를 원한다. 그래서 개발된 개념이 건강기대수명(healthy life expectancy)이다. 질병이나 부상으로 고통받는 기간을 제외한 건강한 삶을 유지하는 기간을 말한다. 측정 방법은 여러 가지가 있다.

대표적으로 기대수명에서 유병 기간(병을 앓은 기간)을 빼거나, '자기가 건강하다고 생각하는지'에 대한 개별 응답 자료에 기초해서 산출한다. 산출 방법이 다른 만큼 기대수명에 대한 연구 결과도 다른데, 통계청에서 발표한 우리나라 국민의 건강기대수명은 2016년 기준 64.9세였다. 그해의 기대수명은 82.4세이므로 우리나라 사람은 평균 17.5년 동안 병을 앓으면서 산다고 할 수 있다. 우리나라 국민의 기대수명과 건강기대수명은 모두 증가하는 추세이긴 하지만, 건강기대수명의 증가 속도가 기대수명의 증가 속도를 따라가지 못하고 있어 병을 앓는 기간은 연장되고 있다.

2016년 국민건강보험공단은 2004년부터 2015년까지 국민이 부담하는 보험료를 기반으로 소득수준을 5개 층으로 분류하고, 통계청 사망 자료를 바탕으로 하여 기대수명을 비교 연구한 결과를 발표했다. 이에 따르면 2015년 우리나라 사람의 전국 평균 기대수명은 82.5세였는데, 소득 상위 20%의 기대수명은 85.1세, 하위 20%의 기대수명은 78.6세로, 두 그룹 간의 수명 차이는 6.6세였다. 즉 최상위 20% 그룹은 최하위 20% 그룹에 비해 6.6년을 오래 사는 것이다. 소득 격차에 따른 기대수명 차이를 성별로 보면 남성은 7.8세이고 여성은 3.1세로, 남성이 훨씬 소득수준의 영향을 많이 받았다. 또 소득이 높을수록 건강기대수명도 늘어났다. 그렇지만 동시에 소득이 높을수록 병을 앓으면서 사는 기간도 함께 연장됐다.

주목되는 점은 평균 기대수명이 증가하면서 우리 사회에서 '노인은 죽음'이라고 인식하는 경향이 점점 강해진다는 것이다. 2017년 통계를 보면 80세 이상 사망자가 전체 사망자 수에서 45%를 차지했는데, 이는 10년 전 대비 14%가 상승한 것이다. 그래서 오늘날 젊은이는 과거에 비해 주변인의 죽음을 덜 경험하고, 따라서 죽음은 노인에게나 해당하는 것이라고 인식하게 되는 것이다.

우리나라 노인을 대상으로 무엇이 '좋은 죽음'이라고 생각하는가를 조사한 2004년 연구 결과에 따르면, 천수(天壽)를 다한 죽음이 '좋은 죽음'의 범주에 속했는데, 천수의 나이 기준은 적어도 70세는 넘고, 70대 후반이나 80대 중반이었다. 4년 후인 2008년에 여성 노인을 대상으로 무엇을 호상(好喪)으로 생각하는지를 조사한 결과에 따르면, 살 만큼 살되 80대로 넘어가는 것을 호상이라고 생각했다. 이것을 보면 점차 자기가 죽어도 좋은 나이 기준이 상승하고 있음을 알 수 있다. 평균수명이 30~40세였던 100년 전에는 천수를 다한 죽음으로 간주하는 연령이 지금보다 훨씬 젊었을 것이다.

사망진단서

현대인은 사망진단서가 발행되어야 죽음을 인정받는다

사망진단서는 한 개인에 대한 법적 사망을 선언하는 문서다. 사망진단서로 사망신고가 되어야 법적 사망이 인정되어 그 개인은 법적 권리와 의무가 소실되며, 시신 처리도 가능해지고, 상속이나 보험 등의 법률적 절차도 이루어진다. 사망진단서는 의사가 발행한다. 진료를 받지 않고 사망하면 의사가 시체를 검안한 후 시체검안서를 작성하는데, 법적 효력은 사망진단서와 동일하다. 사망진단서는 망자가 사망한 원인을 의사가 알고 있거나 추정할 수 있을 때 작성하는 증명서이고, 시체검안서는 의사가 망자를 진료한 적이 없거나 진료한 적은 있지만 그 질환이 아닌 다른 원인으로 사망했을 경우 작성하는 증명서다. 의사가 망자를 진료한 적이 있다 하더라도 최종 진료 시점에서 48시간이 지나 사망한 경우는 사망진단서가 아닌 시체검안서를 작성한다.

사망진단서에는 사망한 시간과 장소, 사망 원인, 사망 종류 등이 기록된다. 사망진단서는 의사가 의학적 인과관계에 따라 정확하게 작성해야 하지만, 치료 중 정확한 원인을 밝혀내지 못한 상태에서 급박한 증상과 징후를 보여 사망하거나 환자가 응급실로 갑자기 이송되어 검사를 받기 전에 사망한 경우, 또 이미 사망한 상태로 병원에 왔다면 사망 원인과 종류의 판단이 매우 곤란하다. 이런 경우에는 '불상(不詳, undetermined)' 또는 '알 수 없음'으로 기록해야 한다. 의사가 사망 원인을 불상으로 기재하면 사망신고와 매장 또는 화장 등의 장례 절차를 진행할 수 없고, 변사자로 신고해 수사기관의 수사를 거쳐야 한다.

가족이 질병으로 기재해달라고 요구하거나 수사기관의 설명에만 의존해서 객관적 근거가 없는데도 의사가 사망 원인과 종류를 자의적으로 추정한다면 범죄가 은폐될 수 있다. 일단 병사로 기재된 사망진단서가 발급되고 나면 유족이 마음대로 시신을 처리할 수 있기에, 이러한 허점을 악용해 4년간 가족 세 명에게 제초제를 몰래 먹이고 병사로 위장한 사건이나, 쉼터 여성을 유인하여 살해한 뒤 병사로 기재된 시체검안서를 받아 즉시 화장하고 보험금을 편취한 사건 등 적지 않은 나쁜 사례가 있었다.

최근 보험시장이 커지면서 사망진단서에 기록되는 사망 종류가 사회적으로 중요해지고 있다. 사망과 관련한 보험금은 손해보험과 생명보험으로 지급되는데, 사망 원인이나 종류에 따라 미리 지정된 사망보험금을 지급한다. 생명보험사는 재해사망특약이 체결되어 있을 경우 질병이 아닌 재해로 인한 사망이었다면 추가 보험금을 지급하는데, 약관을 근거로 사망 종류에 따라 보험금 지급을 거부할 수 있기에 분쟁이 발생하기도 한다. 특히 외상과 질병이 같이 있는 경우 사망 원인에 따른 사망 종류의 판단이 현실적으로 어렵다. 그러나 몇 가지 원칙은 있다. 직접 사인(direct cause of death)이 질병이라도 위법한 외부 요인이 질병을 초래했다면 외인사로 보아야 하며, 외상으로 합병증이 생겨 치료 과정에서 호전되지 못하고 사망했다면 외상을 입은 시점부터 사망까지 시일이 오래 걸렸다 하더라도 외상을 원사인(原死因, underlying cause of death)으로 보는 것이 합리적이다. 현실적으로 사망 종류는 의사에 따라 매우 다양한 결론을 내릴 수 있고, 사망진단서의 오류 가능성이나 한계가 있기 때문에 사망진단서의 법적 증명력은 제한적으로만 인정된다.

사망 원인 ———————

죽음에 이르게 한 네 개의 진단명

사망 원인이란 '사람을 죽음에 이르게 한 질병 또는 손상'을 말하는데, 세계적으로 의사가 사망진단서를 작성할 때 참고하는 기준은 세계보건기구(WHO)의 사인 분류 지침이다. 세계보건기구는 사망 원인을 '죽음을 초래했거나 죽음에 이르게 한 모든 질병, 병적 상태 또는 손상 그리고 그러한 손상을 일으킨 사고나 폭행'으로 규정하고, 원사인에서 직접 사인에 이르기까지 시간 순서대로 총 네 가지의 진단명을 적도록 권유했다. 죽음에 이르게 한 근원 요인을 원사인이라고 하는데, 세계보건기구는 원사인을 '직접 사망에 이르게 한 일련의 상태를 초래한 질병이나 손상, 치명적 손상을 일으킨 사고나 폭행 상황'으로 정의했다.

세계보건기구는 사망진단서에 기록되는 사망 원인으로 심장마비, 심장정지, 호흡부전, 심부전(심장기능상실) 등과 같이 사망 과정에서 발생하는 증상을 적지 말도록 권유했다. 이는 사망의 기전 (mechanism)에 해당하는 것으로, '숨이 멈추는 것'이나 '심장이 정지하는 것'은 죽는 과정에서 항상 나타나는 현상이기 때문이다. '실혈사'도 마찬가지다. 출혈을 많이 해서 죽었다는 것인데, 그게 아니라 출혈 원인을 사망 원인으로 기록해야 한다. 복부를 칼에 찔려서 과다출혈로 사망했다면 사인은 복부자창이 되고, 대동맥류가 터져서 과다출혈로 사망했다면 사망 원인은 대동맥류파열이 된다. 사망 원인은 '왜 죽었느냐?'에 대한 대답이어야 하기에 노화도 사망 원인에서 배제된다. 노화는 거의 모든 종류의 질환을 초래하는 근본 요인이기 때문에 노화로 초래되는 특정 질병을 기록해야 한다. 특별한 이유 없이 고령의 노인이 갑자기 사망했을 때 사망 원인을 노쇠라고 기록하는 경우가 현실적으로 많지만, 원칙적으로 의사는 과거 병력을 면밀하게 확인하고 또 손상은 없는지 검안을 실시한 후 적절한 사망 원인을 기록해야 한다.

우리나라 통계청에서는 1980년부터 사망률과 사망 원인 통계를 매년 발표한다. 의사가 발행하는 사망진단서(또는 시체검안서)를 바탕으로 통계를 산출하는데, 우리나라에서 발급되는 사망진단서를 살펴보면 약 11%가 심폐정지, 미상, 노환 등 사망 원인을 파악할 수 없도록 기재되어 있어서 통계청에서는 사망진단서 외에 건강보험수진기록, 국가암등록자료 등 행정 자료를 연계하여 사망 원인을 발표한다. 그럼에도 19%는 사망 원인이 불명확하다.

2017년 총 사망자 수 28만 5534명 중 가장 많은 사망 원인은 암으로, 전체 사망의 28%를 차지했다. 그 뒤를 이어 심장질환이 11%, 뇌혈관질환이 8%를 차지했다. 이 3대 질환이 전체 사망의 46.4%로 절반가량을 차지한다. 뒤이어 폐렴 7%, 자살 4.4%, 당뇨병 3.2%, 간질환 2.4%, 만성하기도질환 2.4%, 고혈압성질환 2%, 운수사고 1.8%였다. 이상이 우리나라 10대 사망 원인이다.

오늘날 사망 원인의 대부분은 퇴행성질환이다. 신체기관의 오랜 사용이나 노화에 따른 병을 퇴행성질환이라고 하는데, 대표적인 3대 사망 원인인 암, 심장병, 뇌혈관질환은 모두 나이가 들면서 증가하는 퇴행성질환이다. 퇴행성질환은 갑자기 증상이 나타나서 진단되기는 하지만, 증상이 보이기 전까지 이미 서서히 축적된 결과 발병한다.

연령별 사망 원인 중 특이한 것은 40세를 기준으로 주요 사망 원인이 바뀐다는 것이다. 40세 미만에서는 병이 아닌 외부 요인, 즉 자살, 사고, 타살 등에 의한 죽음이 주요 사망 원인이다. 10~39세, 즉 10대, 20대, 30대에서 가장 많은 사망 원인은 자살이었다. 1세 미만 영아의 사망 원인은 타살이 5위를 차지했고, 1~9세의 아동에서도 타살이 4위를 차지했다. 또 운수사고로 인한 사망은 1~29세에서는 2위, 30~39세에서는 3위였다. 반면 40세 이상에서는 암이나 심혈관질환 등 노화 관련 질병이 주요 사망 원인이다. 고혈압이나 당뇨병 등은 주로 40대 이후 발병하고, 음주와 흡연에 의한 악영향이 축적되기까지 시간이 그만큼 소요되기 때문이다.

사망 종류 ──────────────
병으로 죽은 것인가, 사고로 죽은 것인가

사망 원인이 '왜 사망했는가'에 대한 의학적 사망 원인이라면, 사망 종류(manner of death)는 '어떻게 사망했는가' 하는 법률적 사망 원인이라고 볼 수 있다. 사망 종류는 크게 병사(病死)와 외인사(外因死)로 나눈다. 병사란 병으로 인한 죽음을 말하고, 외인사란 외부 요인에 의한 죽음을 뜻한다. 병으로 인한 죽음(병사)은 내부 요인에 의한 죽음이니 내인사(內因死)와 같은 말이다. 자연사란 보통 나이가 많아서 여러 장기가 쇠약해져 사망하는 것을 의미하는데, 법적 사망 종류의 관점에서 보면 병사와 같은 의미다. 그래서 병사, 내인사, 자연사 등은 모두 법적으로는 같은 말이다.

외인사는 행위자와 관계에 따라 자살, 타살, 사고사, 불상 네 가지로 나눈다. 불상이란 외인사는 확실하지만 자살인지, 타살인지, 사고사인지 불확실한 경우다. 자살(suicide)은 사망자 자신의 행위로 인한 죽음을 말하는데, 죽을 뜻을 가지고, 죽을 것을 알고, 스스로 한 행위의 결과 죽었다는 조건에 맞아야 한다. 타살(homicide)은 다른 사람의 행위에 의한 죽음을 의미하며, 사고사(accidental death)는 사람의 의지가 개입되지 않은 죽음이다. 사고사로는 자연재해와 재해사고가 있는데, 자연재해는 홍수·해일·낙뢰 따위로 사망한 것을 말하며, 재해사고에는 산업재해·교통사고·의료사고 등이 있다.

우리나라의 경우 2017년 전체 사망자 28만 5534명 중 외인사는 2만 7154명으로 9.5%를 차지했고, 나머지 90.5%는 질병에 의한 내인사였다. 외인사 중에는 사고사가 47%를 차지했고, 자살이 46%였다. 즉 사고사와 자살은 거의 같은 비율로 발생했다. 사고사 중에서는 운수사고가 가장 많았고, 추락사, 익사, 화재사, 중독사 등의 순서였다. 외인사의 경우 전체적으로 남성 사망률이 여성보다 2.2배 높으며, 특히 익사사고는 3.4배, 운수사고는 2.9배, 추락사고는 2.6배로 남성 사망률이 높다.

내인성 질병에 의한 사망은 나이와 무관하게 병사＝자연사＝내인사가 된다. 그러나 사망하게 된 직접 원인이 질병이라 해서 모두 병사는 아니다. 이를테면 고혈압 환자가 폭행을 당해 신체적 또는 감정적 요인으로 혈압이 갑자기 올라 뇌혈관이 터져 뇌출혈로 사망했다면, 직접 사인은 뇌출혈이지만 사망 종류는 폭행에 의한 외인사, 즉 타살(폭행치사)이다. 고혈압이나 당뇨병처럼 일반적인 질병 말고도 석탄가루 흡입(吸入, inhalation)처럼 환경적 외부 요인이 장기간 작용해서 발생하는 경우, 예를 들면 진폐증으로 사망해도 병사에 해당한다. 그러나 환경적 외부 요인이 짧게 작용했다면 사고사에 해당한다. 그러니까 벌에 쏘여 바로 사망한 경우는 사고사다. 또 알코올의존자가 다량의 알코올을 섭취한 후 사망했다면 만성질환의 결과로 보아 병사로 판단할 수 있지만, 평소 술을 잘 마시지 못하던 사람이 일회성으로 과음하여 죽었다면 사고사에 해당한다.

사망 종류는 사망 상황을 기반으로 판단하는 것이기에 대개 사망 원인 중 최초의 원인인 원사인에 따라 결정되지만, 궁극적으로는 수사기관이나 법원에서 판단한다. 예를 들어 고층빌딩에서 추락해 병원으로 이송되어 치료 도중 사망한 경우, 사망 원인은 추락이지만 사망 종류는 사법기관의 조사와 법의부검을 통해 자살인지, 타살인지, 사고사인지 판단된다. 따라서 사망진단서를 작성하는 의사가 사망 종류를 판단할 수 없는 경우에는 '불상'으로 표시해야 한다.

사망 장소

자신은 집에서, 자신의 부모는 병원에서 죽기를 원한다

죽음은 전통적으로 집에서 맞는 것이 일반적이었고, 대개 가족이 임종 간병을 제공했다. 과거 사람들은 움직이지 못하고 음식을 넘기지 못하게 되면 대부분 가족에게 둘러싸여 익숙한 소리와 냄새 속에서 죽음을 맞았다. 죽음 이후 시신을 깨끗하게 하고 옷을 입히는 것도 가족이 했다. 상황이 이러하니 죽음은 모두에게 친숙했다. 어린이도 참여했다. 하지만 지금처럼 병원에서 사망하게 되면 가족은 죽음 과정의 참여자가 아니라 점점 관중이 되어간다.

전통적으로 집에서 가족과 함께 맞는 죽음은 호상(好喪)이라 하고, 집 밖에서 죽는 것은 객사(客死)라 하여 비정상적 죽음으로 생각했다. 심지어 집 근처 자기 논에 일을 나갔다가 수로에 빠져 죽어도 객사로 여겼다. 그래서 그 시신은 집이 아니라 임시 빈소에 모셨다. 객사한 사람에 대해서는 정상적인 상례를 바로 행할 수 없었고, 우선 죽은 자의 '혼(넋) 부르기' 절차가 행해졌다. 그렇게 혼을 불러온 뒤에야 일반적 장례 절차를 진행했다. 객사를 하면 죽은 자의 혼이 죽음이 발생한 장소에 붙잡혀 있다고 생각했기 때문이다.

충분한 수(壽)를 누리고 자연스럽게 맞이하는 죽음이 아닌 사고, 타살, 자살 혹은 전쟁 등으로 인한 죽음 모두 비정상적 죽음으로 여겨 객사로 간주했다. 비정상적 죽음을 맞으면 망자는 죽은 자의 세계로 가지 못하고 원혼(冤魂)이 되어 자신이 죽었던 곳을 맴돌며 그곳을 위험하게 만든다. 따라서 사람이 자살한 집은 흉가가 되고, 사고로 사람이 죽은 곳에서는 같은 사고가 이어진다고 여기는 것이다. 그래서 이런 원혼을 그 공간에서 자유롭게 해주는 의례가 필요했던 것이다.

2016년 기준으로 사망자의 75%는 병원에서 죽었고, 15%는 집에서 죽음을 맞았다. 1990년대 이전만 해도 대부분은 집에서 사망했고, 병원에서 임종하는 경우는 10%에 불과했던 것과 비교해보면 커다란 변화다. 당시만 해도 집을 떠나 사망하는 것을 꺼려했기 때문에 병원에서 오랜 기간 투병했던 환자라도 임종이 다가오면 집으로 갔다. 장례 장소도 1990년대 중반을 계기로 집에서 장례식장(병원)으로 급격히 이동했다. 이제 병원은 사람을 살려내는 곳이면서 동시에 죽음을 치러내는 곳이 됐다.

2014년 국민건강보험공단에서 성인 남녀 1500명을 대상으로 본인이 죽기를 원하는 장소에 대해 설문조사를 했다. 이에 따르면 병원에서 죽고자 하는 사람은 16%였고 호스피스에서 죽기를 원하는 사람은 20%였는데, 이 둘을 합한 것보다 많은 57%는 집에서 죽기를 원했다. 현실은 병원에서 사망하는 경우가 대부분이지만, 여전히 많은 사람이 집에서 죽기를 원하는 것이다. 가족과 다소 소원했던 경우나 자녀가 간병하는 경우 의료 시설을 선호하기도 한다. 더 나은 치료를 원해서, 또는 주변의 간병 부담을 덜어주기 위해서 병원을 선택하는 환자도 있다. 반대로 경제적으로 어려운 형편일 경우 의료 시설을 피하고 집을 선호하기도 한다. 한편 자신이 죽을 때는 집을 선호하는 경향이 강하지만, 부모는 병원에서 돌아가시면 좋겠다는 이중적 심리를 가진 사람도 많다.

변사

검시가 필요한 죽음

의사가 사체를 검안하여 병사인지 외인사인지 알 수 없을 때는 사망진단서에 '불상'이라 표기하고, 사체의 소재지를 관할하는 경찰서에 신고해야 한다. 이런 사체를 변사체라고 한다. 변사(變死, unusual death)란 법률 용어로서, 질병이 아닌 이유로 사망하여 그 사인이 범죄에 기인한 것이 아닌가 의심이 가는 죽음을 말한다. 법적 의미의 변사는 사망진단서에 불상으로 표기된 것뿐만 아니라, 외인사도 포함된다. 대부분의 외인사는 예상치 못한 상황에서 발생하는 죽음이기에 원인을 밝혀야 하기 때문이다. 하지만 외인사 가운데 천재지변이나 본인의 단순 과실로 인한 죽음처럼 범죄와 전혀 관련 없는 죽음이 확실하다면 변사에서 제외한다. 그리고 병사인 것처럼 보여도 외인사를 완전히 배제할 수 없는 죽음은 변사에 포함된다. 따라서 명백한 병사가 아닌 모든 죽음은 변사체로 신고하여 검시(檢視, postmortem investigation, death investigation)를 통해 사망의 원인과 종류를 명확히 밝혀야 한다.

'검시'는 죽음에 대한 조사를 의미하는 것으로, 죽음에 대한 법적 판단을 내리기 위해 시체와 그 주변 현장을 종합적으로 조사한다. 검시에는 검시(檢視)와 검시(檢屍), 두 가지가 있다. 검시(檢視)가 폭넓은 의미로 사용되고, 검시(檢屍, postmortem examination)는 시체를 의학적으로 검사하는 것만을 의미한다. 검시(檢屍)에는 검안(檢案, postmortem inspection)과 부검(剖檢, autopsy)이 있다. 우리나라에서는 변사 혹은 변사가 의심되는 사건일 경우 경찰서에 신고하도록 되어 있다. 신고를 받은 경찰은 검사에게 변사체 발생 보고를 하고, 검사는 검시책임자가 되어 검시를 지휘한다. 검사는 의사의 시체검안서와 경찰의 수사 내용을 보고 부검이 필요하다고 판단되면 법원의 영장을 발부받아 국립과학수사연구원과 의과대학 법의학교실에 부검을 의뢰한다. 법의학자는 부검을 한 후 그 결과를 부검감정서로 작성하여 수사기관에 제출한다.

2017년 우리나라 경찰청과 해양경찰청에서 집계한 변사자는 3만 7096명으로 총 사망의 13%에 해당했고, 변사자 중 부검을 한 경우는 24%였다. 부검을 하면 좀 더 정확한 사인을 알 수 있는데, 부검 결과 사망 원인이 사망진단서(또는 시체검안서)에 기록된 내용과 다른 경우가 많다. 2014년 발표된 〈부검감정서와 사망증명서상의 사인 및 사망의 종류 불일치에 대한 연구〉에 따르면, 사망진단서와 부검감정서에 기재된 사망 원인은 41%가 일치하지 않았고, 사망 종류는 37%가 일치하지 않았다. 시체검안서와 부검감정서의 사망 원인은 65%가 일치하지 않았고, 사망 종류는 58%가 일치하지 않았다.

사망진단서·시체검안서가 의사가 발행하는 전문 문서임에도 부검감정서의 내용과 일치하지 않는 비율이 이렇게 높다는 것은 이해하기 어려운 일인데, 우리나라만 그런 것은 아니다. 다른 나라에서도 최소 3분의 1 이상에서 사망진단서의 진단이 바르지 않았다. 물론 이는 사망자에 대한 수사가 필요해서 의뢰한 경우만을 대상으로 한 연구이기 때문에 불일치율이 이렇게 높게 나올 수 있다. 또한 부검이 시행되지 않은 경우는 사망진단서의 정확성에 대한 연구 자체가 불가능하기에 사망진단서의 내용을 그대로 믿는 수밖에 없다.

2017년 우리나라에서 전국적으로 시행된 부검 결과 사망 원인은 외인사가 45%, 내인사가 42%, 사인 불명은 13%였다. 외인사 중에서는 사고사, 자살, 타살의 순이었다. 부검 결과 내인사, 즉 질병에 의한 죽음이 42%였다는 말은 굳이 부검이 필요 없었던 경우가 그만큼 된다는 말이다. 사람이 너무 갑자기, 미처 알지 못한 채 이상한 상황에서 사망했기에 병이 아닌 다른 이유가 있을지 몰라 이를 확인했어야 한 것이 그만큼 된다는 말이기도 하다. 내인사 중에서는 심장질환이 49%로 가장 많았고, 그다음으로 혈관질환, 내분비질환, 영양질환, 대사질환의 순이었다.

급사

예상치 못했던 돌연한 죽음

급사(急死)란 급하게 죽었다는 뜻으로, 예상치 못한 급작스러운 죽음을 말한다. 영어로는 서든 데스(sudden death)이며, 돌연사(突然死)라고도 한다. 보통 증상이 발생한 후 한 시간 이내의 죽음을 말한다. 목격자 없이 혼자 사망한 경우는 증상 발현에서 사망까지 이르는 시간을 알 수 없기 때문에 24시간까지 연장해서 돌연사의 범주에 포함한다. 돌연사의 40%는 사망을 목격한 사람이 없는 경우인데, 자다가 사망했거나 혼자 생활하다가 사망한 경우다.

　교통사고나 자살한 경우도 사망을 예견하지 못한 죽음이기 때문에 급사라고 할 수 있지만, 의학에서 돌연사란 사망 원인이 신체의 자연 경과에 따른 것만을 말한다. 즉 외인사는 배제된다. 사고로 인한 죽음이나 자살 혹은 살인에 의한 죽음은 원인이 명확하기 때문이다. 우리나라에서 돌연사는 매년 2만 4000건 이상 발생하는 것으로 추정되는데, 이는 전체 사망의 8.5% 정도에 해당한다. 미국에서 전체 사망의 15%가 돌연사인 것과 비교하면 매우 낮은 수치다. 미국과 우리나라의 돌연사 수치가 실제로 이렇게 차이가 날 수도 있지만, 아직 우리나라에서 돌연사를 발견하고 신고하는 비율이 낮아서 이런 통계상의 차이가 생겼을 수도 있다.

　우리나라에서 2006년부터 2010년까지 119구급대가 이송한 환자 중 심정지, 호흡정지 또는 심폐소생술을 했던 환자, 즉 돌연사라고 할 수 있는 사례를 종합 분석한 결과에 따르면, 74%는 심장병에 의한 사망이었고, 26%는 외상, 질식, 익사, 화상, 전기 감전 등에 의한 사망이었다.

　돌연사는 주로 성인에게서 발생하는데, 30세부터 증가하기 시작해서 45~75세에 가장 많다. 하지만 출생 후 1년 미만의 영아에게서도 종종 나타난다. 건강했던 아기가 전혀 예상치 못한 상황에서 사망하는 경우를 '영아돌연사'라고 하는데, 특히 생후 1개월에서 1세 사이에 많다. 이 시기에 사망하는 영아의 40%가 돌연사에 해당한다. 소아의 돌연사는 영아기를 제외하면 사춘기까지는 거의 없다.

특별한 이유 없이 갑자기 사망하면 부검을 의뢰하게 되는데, 2017년 변사자 중 부검을 통해 내인사로 확인된 경우를 원인별로 보면 68%가 심혈관질환이었다. 다른 연구도 종합해보면 돌연사의 대부분은 심장병이며, 그중 관상동맥질환이 80% 정도를 차지한다. 나머지 원인으로는 천식, 폐색전증, 뇌출혈, 뇌전증, 복부출혈 등이 있다. 부검을 했는데도 사망 원인을 밝힐 수 없는 경우는 전체 돌연사의 5%가량이다. 특히 과거 병을 앓은 적이 없었던 젊은 사람이 돌연사했을 때는 부검을 하더라도 원인을 밝힐 수 없는 경우가 많다.

우리나라에서는 자살이나 사고로 인한 죽음이 전체 죽음의 9.5% 정도니까 돌연사의 8.5%를 합하면 모든 죽음의 18% 정도는 평소 죽을 것이라고 생각하지 못했던 죽음이라고 할 수 있다. 갑자기 사망한다는 것은 힘든 임종 과정 없이 죽는다는 면에서는 좋다고 생각할 수도 있지만, 죽기 전 아무런 말도 하지 못하고 떠나면 남은 가족은 힘들게 사별 과정과 애도 과정을 거쳐야 한다. 그런 면에서는 서서히 죽어가는 경우에 이점이 있다. 끝을 향해

다가가는 삶은 어떤 기분인지, 무엇을 후회하고 추억하는지 등등 삶의 새로운 의미를 생각하고 이야기할 기회가 있기 때문이다.

고독사 ────────────────

현재 급증하는 사망 유형

고독사(孤獨死)란 돌봐주는 사람 없이 혼자 사망하는 것을 말한다. 자살도 혼자 죽는 것이니 말 자체로만 보면 고독사일 텐데, 고독사의 범주에 자살을 포함해야 하는지는 논란 중이다. 또 시신이 얼마나 방치된 후 발견되어야 고독사라고 할지 등과 같은 문제에 대해서도 아직 합의에 이르지 못한 실정이지만, 가장 단순하게는 임종을 지켜보는 사람이 없는 죽음으로 정의할 수 있다.

고독사의 개념은 일본에서 처음 만들어진 것으로, 영어로는 일본어 고도쿠시(孤獨死, こどくし)를 그대로 옮긴 코도크시(Kodokshi)나 론리 데스(lonely death) 등으로 번역된다. 일본에서 고독사라는 개념이 등장한 것은 1970년대 이후 인구가 고령화되고 독거노인이 증가하면서부터다. 또 아파도 병원에 가지 못하는 노인 빈곤이라는 경제적 요인과, 남에게 폐를 끼치면 안 된다는 일본 전통의 사회적 관념, 스마트폰과 인터넷의 보편화에 따른 개인주의 경향의 강화 등도 고독사가 증가하는 원인이 됐다.

고독사란 말이 일본에서 만들어져 세계적으로 유행하기는 했지만, 일본에서도 고독사와 관련된 정확한 통계 자료는 없다. 고독사에 대해 공식적으로 합의된 정의가 아직 없기 때문이다. 다만 '입회자 없는 사망'이라는 사인(死因) 범주가 있는데, 이것이 일본에서 고독사의 범주에 해당하는 사망이라고 할 수 있다. 고독사가 가장 많은 연령대는 60대이며, 성별로 보면 남성이 서너 배는 더 많다. 2015년 통계만 보면 60대 남성 사망자의 26%가 '입회자 없는 사망'이었다.

우리나라도 고독사 통계가 없는 것은 마찬가지다. 다만 보건복지부가 발표하는 '무연고(無緣故) 사망자 통계'에 따라 추정할 뿐이다. 무연고 사망은 법적 개념으로 '유가족이 없거나 유가족이 시신 인수를 거부한 경우'인데, 이 경우 사망을 확인한 지역의 지방자치단체가 '장사에 관한 법률'에 근거해 시신을 처리한다. 2012년에는 무연고 사망자가 1021명이었는데, 매년 증가해서 2016년에는 1833명이었다. 연령대별로 보면 50대가 가장 많으며, 전체 무연고자 사망의 30%를 차지했다. 일본처럼 전체 사망자 가운데 고독사로 추정되는 사망자 수가 어느 정도인지에 대한 데이터는 아니지만, 일본에서 고독사가 가장 많은 연령대가 60대인 것과 비교하면 우리나라는 상대적으로 젊은 나이에 고독사가 많은 것으로 보인다. 우리나라에서도 역시 남성이 여성보다 네 배 이상 많으며, 증가 속도도 남성이 훨씬 빠르다.

보건복지부에서 발표하는 무연고 사망자 통계는 보건복지부가 자체 기준을 세워 조사하는 것이 아니라, 통계 수치가 필요할 때마다 지방자치단체에 요구해서 집계하는 것이다. 그런데 지자체마다 무연고 사망이라고 보고하는 기준이 서로 달라서 자료를 취합할 때마다 수치가 달라지는 문제점이 있다. 연고자가 없는 사망자가 기초수급자일 경우는 장례비를 지자체에서 지급하기 때문에 자치단체장을 연고자로 간주한다. 따라서 무연고 사망 통계에서 제외되는 경우도 흔하다. 반대로 가족 등 연고자가 있더라도 이들이 시신을 인수하지 않으면 법적 기준으로는 무연고 사망이 된다.

고독사에 대한 통계 데이터를 얻는 방법으로 경찰청에서 작성하는 변사보고서를 활용할 수도 있다. 질병으로 인한 사망이 아닌 변사는 범죄로 인한 죽음인지 확인을 해야 하기 때문에 경찰은 변사보고서를 작성하여 경찰청과 검찰청에 보고해야 한다. 변사보고서에는 신고자, 발견자, 변사자의 기본 정보, 현장 상황(침범 흔적 여부), 시체 상황(범행 도구 여부), 변사 종류(자살, 타살, 과실사, 재해사, 자연사, 불상) 등이 기록된다. 2013년 《국제신문》은 2013년 1월부터 10월까지 부산경찰청에서 작성한 변사보고서 1011건 중 고독사로 추정되는 108건을 분석해서 발표했다. 고독사 108명 중 70명(65%)은 집에서 사망했고, 15명(14%)은 모텔이나 여관에서 장기 투숙하다가 사망했다. 고독사의 최초 발견자는 월세나 숙박료를 받으러 간 집주인과 여관업주가 42명(39%)으로 가장 많았고, 사망자와 아무런 관련이 없는 제삼자가 발견한 죽음도 26명(24%)이었다. 가족이나 친지가 발견한 사례는 12명(11%)에 불과했는데, 이마저도 경찰이나 이웃의 연락을 받고 뒤늦게 찾은 경우가 많았다. 주민센터 직원이 사망자의 가족이나 친지에게 연락하면 가장 많은 답변은 "누구요? 그런 사람 모르니까 연락하지 마세요" 혹은 "얼굴 본 지 몇십 년 지난 사람이에요. 알아서 처리해주세요"였다. 고독사의 원인 중 73명(68%)은 자살이었고, 질병으로 인한 죽음은 22명(20%)이었으며, 시신의 심한 부패로 신원 파악이 어려운 경우도 있었다. 사망자가 죽기까지 혼자 산 기간은 평균 9년이었으며, 혼자 살게 된 이유는 이혼이 37명으로 가장 많았다.

일본 후생노동성은 고독사 문제 대책으로 2007년부터 '고독사 제로 프로젝트'를 운영하기 시작했다. 그럼에도 고독사는 증가하고 있다. 특히 남성 고독사의 증가 속도가 여성에 비해 훨씬 빠르다.

고독사가 늘어나면서 망자의 유품 정리와 특수 청소를 전문으로 하는 업체도 늘고 있다. 유품 정리 업체에 따르면 유품 의뢰의 90%는 고독사한 경우다. 유품 정리는 대부분 유족이 의뢰하는데, 가족이 아닌 건물주가 의뢰하는 경우도 많다. 고독사가 증가하면서 집을 임대할 때 임대주가 노인 세입자에게, 사망 시 피해보상을 위해 고독사보험에 가입할 것을 요구하기도 한다. 고독사보험은 임대료 손실을 보상하고 사망 현장에 대한 특수 청소 등 원상 복구 비용을 감당하는 데 사용된다.

2007년 보건복지부는 전국적으로 독거노인의 사회 교류 실태를 조사한 적이 있는데, 가족이나 친구, 이웃과 접촉이 없는 상태에서 생활하는 비율이 전체 독거노인의 4분의 1에서 3분의 1 정도에 이르렀다. 특히 농어촌 지역보다 도시 지역에서 많았고, 여성 노인보다 남성 노인에게서 사회적 단절 현상이 심했는데, 이들이 고독사의 고위험군에 속한다. 정부는 같은 해인 2007년부터 독거노인 돌봄 사업을 시작했는데, 현재 노인 돌봄 기본 서비스, 독거노인·중증장애인 응급안전 알림 서비스, 노인 돌봄 종합 서비스, 독거노인 사회관계 활성화 사업, 독거노인 사랑 잇기 사업 등을 하고 있다.

외로운 죽음 ──────────────

현대인은 육체적 죽음 훨씬 전에 사회적 죽음을 맞이한다

과거에는 사람을 교수형에 처하거나 사지를 찢어 죽이는 장면을 길거리에서 보여주던 시절이 있었지만, 지금 그런 처형 방식은 모두 사라졌다. 만약 있다고 하더라도 그런 장면을 구경거리로 생각하지는 않을 것이다. 모든 사람에게 평등한 인권이 보장되는 현대 사회에서는 많은 이들이 타인의 죽음을 자신의 일로 받아들이기 때문이다. 즉 과거에 비해 현재는 타인의 고통과 죽음을 공유하는 수준이 높아졌다. 그런데 역설적으로 그러면 그럴수록 반대 현상도 나타난다. 즉 사람들은 죽음 문제를 자신의 일로 수용하기를 어려워한다. 그래서 죽음에 대한 때 이른 격리가 일어난다.

서양이나 동양이나 할 것 없이 19세기 이전의 전통 사회에서는 집단의 일이었던 죽음이 오늘날에는 개인의 일이 됐다. 모든 면에서 그렇게 됐다. 그렇다고 현대인의 죽음이 과거 전통 시대의 죽음에 비해 덜 인간적이라거나 공허한 것이라고 할 수는 없고 '좋다, 나쁘다'를 판단할 문제는 더욱 아니지만, 죽음의 발생과 관계된 현실적인 조건에서부터 죽음이 야기하는 믿음에 이르기까지 모든 면에서 변한 것은 사실이다. 죽어가는 과정에서 느끼는 외로움은 그 어떤 것 못지않게 오늘날 우리의 죽음을 규정하는 특징이다.

죽음을 앞둔 이들이 느끼는 고립감은 현대 의료 체계의 산물이기도 하다. 임종이 산 자와 죽은 자가 이별하는 순간이기는 하지만, 사실 이별은 그보다 훨씬 일찍 시작된다. 죽어가는 사람은 서서히 쇠락해가기 때문에 삶의 현장에서 천천히 격리된다. 점차 사람들과 잘 어울리지 못하게 되는데, 그러면서도 여전히 사람들이 주위에 남아 있기를 바란다. 그것이 가장 쓸쓸하고 힘들다. 2017년 노인실태조사에 따르면 우리나라 노인 중 24%는 독거 가구이며, 남성 노인은 11%가, 여성 노인은 33%가 독거인이었다. 또 마음을 터놓을 수 있는 친인척이 있는 노인은 46%에 불과했으며, 친한 친구나 이웃, 지인이 있는 노인은 57%였다.

병든 사람이나 노인은 사회생활과 생존 투쟁의 격전지에서 다른 사람에게 짐이 된다고 느끼면서 생활이 분리될 때, 친한 사람과 맺었던 관계가 점차 차가워지기 시작할 때, 삶의 의미와 안온함을 주었던 사람들로부터 멀어질 때, 이미 죽음 과정이 시작돼 간병인이 지칠 때쯤 요양 시설에 입소한다. 요양 시설에 입소하면 그동안 살아온 방식을 포기하고 완전히 다른 새로운 형태의 삶을 살아야 한다.

우리는 많은 사람과 같이 어울려 살지만 실존적으로는 고독한 존재인데, 외로움을 느끼는 정도는 사망에도 영향을 미친다. 외로움과 사망률의 관계를 조사한 연구에 따르면, 외로움은 사망률을 50%나 증가시킨다. 이는 흡연에 의한 사망률 증가 정도와 비슷한 수준이다. 이런 연구를 하려면 외로움의 정도를 평가해야 하는데, 보통 배우자가 있는지, 사회적으로 교류하는 범위가 얼마나 넓은지, 교류의 빈도 등을 평가한다. 이런 방법으로 측정해보면 외로움의 정도가 높은 사람, 즉 인간관계가 적은 사람이 사망률이 높다. 그 이유는 아직 밝혀내지 못했지만, 배우자가 없는 사람일수록, 사회적 교류가 적은 사람일수록 건강에 유익한 행동을 많이 하지 못하기 때문인 것으로 추정된다.

죽음의 질 ─────────────
얼마나 품위 있게 죽음을 맞이하는가

2010년 영국의 경제지 《이코노미스트》의 계열사 연구소인 EIU(Economist Intelligence Unit)는 경제협력개발기구(OECD) 회원국을 포함한 40개국을 대상으로 '임종을 앞둔 환자가 얼마나 품위 있게 죽음을 맞이하는가'를 조사해 국가별 '죽음의 질 지수(Quality of Death Index)' 보고서를 발표했다. 이는 죽음의 질을 평가하는 체계적인 방법을 이용해 국가 간을 비교한 첫 번째 연구 보고인데, 이 연구에서는 죽음의 질을 '임종 관련 보건의료 환경',

'임종의료 이용 가능성', '임종의료 비용', '임종의료의 질'이라는 네 개의 카테고리로 나누어 평가했다.

2010년 당시 가장 죽음의 질이 높았던 나라는 영국과 호주였고, 미국은 9위, 일본은 23위, 우리나라는 32위로 하위권이었다. 당시에는 암 진단을 받아도 가족이 환자에게 알리지 않는 경향이 컸고, 의료진은 치료 가능성이 극히 희박해도 항암치료 등 체력적으로 힘든 치료를 지속했으며, 환자는 인공호흡기 등 연명을 위한 기계에 의존해 중환자실에서 가족과 떨어진 상태로 죽음을 맞는 경우가 많았기 때문이다.

5년 뒤 같은 기관에서 발표한 죽음의 질에서 우리나라는 조사 대상 80개국 중 18위로 커다란 개선을 이루었다. 암 진단이 나와도 환자에게 숨기지 않고 정보를 공개하고 함께 상의해서 치료 방침을 정하는 경우가 많아졌으며, 바람직한 임종의료에 대한 논의도 활성화됐기 때문이다. 2018년 2월부터는 연명의료결정법도 시행되면서, 무의미한 연명의료가 환자와 가족 모두에게 바람직하지 않다는 인식이 정착되어가고 있다. 국가 정책적으로도 호스피스 완화의료를 지원하며 관련 의료기관이 늘어나고 있고 대중의 인식도 많이 나아졌다.

4

생활습관과 죽음
Lifestyle & Death

음식
운동
담배
알코올

모든 병과 사망은 유전, 생활습관, 환경 요인 때문에 발생한다. 이 세 요인이 질환에 어느 정도 영향을 미치는지에 대한 연구는 각기 서로 다른 데이터를 보여주지만, 세 요인이 상호 영향을 미치면서 병을 유발하고 사망에 이르게 한다는 것만은 공통적이다.

질병의 발생과 진행에 영향을 주는 생활습관이란 음식 · 운동 · 흡연 · 음주 습관 등인데, 2000년대 이후 우리나라의 총 사망원인의 절반을 차지하는 암, 심장질환, 뇌혈관질환, 당뇨병, 고혈압, 간질환 등과 같은 만성질환이 모두 생활습관과 직간접적인 관련이 있다. 그래서 이를 생활습관병(lifestyle related disease)이라고 한다. 또 주로 중년(45~64세) 이후 발생하기 때문에 성인병(adult disease)이라고도 하며, 대부분 병의 경과가 6개월 이상 거의 평생 지속되기 때문에 만성질환(chronic disease) 범주와도 거의 동일하다.

세계보건기구에서는 만성질환을 유발하는 생활습관의 4대 위험 요인으로 흡연, 건강하지 않은 식습관, 신체 활동 부족, 음주를 꼽았다.

음식

채식은 수명과 아무런 관련이 없다

암, 심장질환, 뇌혈관질환, 당뇨병, 고혈압, 간질환 등 만성질환은 직간접적으로 무엇을 먹느냐와 관련성이 있다. 특히 대장암, 유방암, 전립선암, 심혈관질환 등은 식사 패턴과 관련성이 높다. 지난 30년 동안 서구에서는 식사 패턴과 영양 수준이 질병과 사망에 미치는 영향에 대해서 많은 연구를 해왔는데, 종합해보면 적절한 식사 패턴, 질 높은 식사, 지중해식 식사 등은 만성질환과 사망 위험성을 줄인다. 세계보건기구는 2003년 〈식사와 영양 및 만성질환 예방〉을 발표해 과일과 채소를 적당히 잘 섭취하면 고혈압과 심혈관질환이 감소한다고 밝혔으며, 2013년에는 〈만성질환 예방과 통제를 위한 액션 플랜 2013~2020〉을 발표해 '적절한 식사'를 금연, 알코올 섭취 감소, 신체 활동 증가 등과 함께 중요한 전략으로 강조했다.

음식을 통한 질병으로 전 세계에서 매년 42만 명 정도가 사망한다. 식품을 매개로 한 질병은 미생물 또는 미생물의 독소나 독성 물질 등에 오염된 음식을 섭취함으로써 발생한다. 흔히 식중독 (food poisoning)이라고 하는데, 주로 위생이 불량한 후진국에서 발생하지만 우리나라에서도 간혹 일어난다. 세균이나 바이러스에 의한 식중독은 수액 치료 같은 보존적 치료만 해도 충분히 건강을 회복하고, 사망하는 경우는 매우 드물다. 하지만 독소를 함유한 버섯이나 복어, 조개를 먹었을 때는 적절한 치료를 해도 종종 사망에 이른다. 복어 독이나 조개 독은 섭취한 지 30분 정도가 지나면 얼굴과 목 주변을 마비시키기 시작하고, 구토와 호흡곤란을 일으킨다. 가벼우면 수시간 내에 회복되지만 섭취량이 많으면 사망한다. 독버섯은 종류가 다양해서 복통과 구토가 첫 증상일 수도 있고, 눈물 과다나 경련 등이 첫 증상일 수도 있다.

음식을 먹다가 기도가 막혀 질식사하는 경우도 종종 있다. 후두에 걸려서 막히기도 하고, 기관지가 막히기도 하는데, 영아나 노인에게서 자주 발생하지만 건강한 젊은 성인에게도 일어난다. 고기나 채소처럼 형태가 잘 변형되는 음식이 기도에 잘 걸리며, 살아 있는 생물도 잘못 삼키면 기도를 막는다. 낚시를 하다가 잠깐 입에 물고기를 물었거나 죽이기 위해 깨무는 과정에서 물고기가 미끄러져 입안으로 들어가기도 하는데, 이때 식도나 기도에 펄럭거리며 들어가 후두나 기관에 박히면 빼기가 어려워 급격한 질식을 유발하여 사망에 이른다. 낙지나 주꾸미도 날 것을 씹지 않고 단번에 먹다가 잘못 삼키면 기도에 딱 달라붙기 때문에 질식사를 초래할 수 있다.

아나필락시스(anaphylaxis)는 급격하게 진행되는 전신 중증 알레르기 반응으로, 단시간 내에 여러 장기에 급성 알레르기 증상을 유발하여, 치료가 빨리 이루어지지 못하면 사망에 이르게 된다. 우리나라에서 소아에게 발생하는 아나필락시스는 75%가 식품이 원인인데, 우유가 가장 흔하고 달걀, 호두, 밀, 메밀, 땅콩의 순이다. 식품 유발성 아나필락시스는 젊은 연령에서 증가하고 있으며, 특히 소아청소년에게서 급속히 증가하고 있다.

열량 섭취 부족은 암 사망과 심혈관질환 사망을 포함해 총 사망률을 높인다. 특히 노인은 영양 상태가 불량하면 신체 기능이 심각하게 저하되어 삶의 질이 떨어지고, 질병과 사망 위험이 증가한다. 1998년과 2001년에 실시된 우리나라 국민건강영양조사에 따라 등록된 사람들의 사망 데이터를 2012년까지 11~14년 동안 분석한 연구가 있다. 이 연구 결과에 따르면 영양 섭취의 질, 특히 영양불량은 암과 심혈관질환으로 인한 사망을 포함해 전체 사망 위험을 높였다. 또한 2004년부터 2013년까지 38개의 종합검진센터에서 검진을 받은 13만 4547명에 대한 식사 패턴 데이터와 2015년까지 사망률과의 관계를 조사한 연구도 있는데, 연구자는 식사의 질을 단백질 섭취량, 총 에너지 섭취량 중 차지하는 지방 비율, 포화지방 섭취량, 콜레스테롤 섭취량, 통곡식(whole-grain) 섭취량, 과일 섭취량, 채소 섭취량, 소금 섭취량의 여덟 개 요인으로 세분해 평가했다. 조사 결과 식사의 질이 좋지 않은 사람들의 경우 좋은 사람들에 비해 사망률이 23% 높았다.

질 좋고 건강한 식사란 탄수화물, 단백질, 지방을 골고루 섭취하고 섬유소, 과일, 채소 등을 적당히 섭취하며, 소금을 적게 먹는 것이다. '건강한 식사를 하는 사람의 사망률이 낮다'는 사실은 여러 연구에서 밝혀졌는데, 그렇다면 지금부터라도 식사의 질을 좋게 유지하면 향후 사망률에 영향을 미칠 수 있을까? 이를 밝히고자 미국에서 간호사와 보건 전문직 종사자 7만 3739명을 대상으로 식사의 질을 평가한 다음, 질을 개선한 그룹과 개선하지 않은 그룹을 구분하여 사망률 변화를 12년간에 걸쳐 살펴보는 연구가 진행됐다. 이에 따르면 질을 개선한 그룹의 총 사망률이 9~14% 낮았다. 즉 식사 패턴을 건강한 방식으로 바꾸는 것은 어느 나이에 시작하더라도 사망률 개선 효과가 있다는 뜻이다.

여러 연구에서 질병과 사망률을 줄이는 식문화로 입증된 지중해식 식사(mediterranean diet)는 2013년 유네스코 인류무형문화유산에 등록됐다. 이는 섭취하는 음식에 국한되는 것이 아니라 지중해의 경관에서 식사 테이블에까지 이르는 일련의 기술·지식·의례·상징·전통 등을 포함하며, 지중해 연안에서 이루어지는 농사·수확·채집·어로·축산·저장·가공처리·조리 그리고 음식을 함께 나누고 소비하는 것 등을 포괄한다. 이 지역 사람들에게 건강한 식사란 단순히 올리브오일을 많이 먹는다는 차원이 아니라, 함께 어울려 식사하는 일상의 생활 문화를 뜻한다.

많은 이들이 채식은 당뇨병, 고혈압, 비만을 개선해 건강에 좋을 것이라고 흔히 주장하는데, 따라서 채식주의자는 사망률이 낮을 것으로 추정하고 실제 그렇다는 연구 결과도 있다. 그러나 2017년 호주에서 45세 이상 성인 26만 7180명을 대상으로 6.1년 간 경과 관찰한 최대 규모의 역학 연구 결과에 따르면, 채식주의 자라고 해서 전체 사망률이 낮은 것은 아니었다. 한편 우유와 치즈를 포함한 유제품을 많이 먹으면 심혈관질환 예방에 좋고 전체 사망률을 낮추어줄 것이라는 주장도 많다. 이를 검증하고자 그동안 발표된 29개의 연구를 종합한 결과를 보면, 유제품 섭취가 심혈관질환 사망이나 총 사망률에 영향을 주지는 않았다. 또 고추와 같은 매운 음식을 많이 먹으면 건강에 이로울 것이라는 주장도 있는 반면 해롭다는 주장도 있다. 이를 검증하고자 중국인 48만 7375명을 7.2년 정도 경과 관찰했는데, 그 결과 매운 음식을 매일 먹은 사람은 일주일에 한 번 미만으로 먹는 사람에 비해 사망률이 14% 낮았다. 향신료에 포함된 캡사이신과 같은 성분이 비만을 줄이고 심혈관기능을 좋게 하며 암을 예방하기 때문이라는 주장이 있지만, 아직 왜 사망률이 낮았는지는 잘 모른다.

다이어트(diet)란 '먹는 음식의 종류'를 말하는데, 체중 조절을 위해 '음식 섭취를 조절'하는 것을 의미하기도 한다. 체중 조절은 일반적으로 체중 감량을 의미하지만, 체중 증량을 위한 다이어트가 필요한 경우도 있으며, 체중은 그대로 두고 근력을 증강하기 위해서 하기도 한다. 체중 감량을 위한 다이어트에는 섭취하는 음식의 양에 따라서 초저열량식, 저열량식 등이 있으며, 음식의 종류에 따라서는 저탄수화물식과 저지방식 등이 있다. 다이어트가 체중 감량이나 사망률에 영향을 미치는지에 대한 장기간의 추적 관찰 연구를 종합해보면, 각 식사요법 간에 체중 감량 효과나 사망률에는 큰 차이가 없었다. 체중 감량을 위한 다이어트는 대부분 실패한다. 이런 다이어트는 보통 3개월에서 길게는 6개월까지 하는데, 1년 이상 지속적으로 10%의 체중 감량을 유지하는 경우는 다이어트를 시도하는 사람의 약 20%밖에 되지 않는다. 게다가 이들도 대부분 3년에서 5년 사이에 다시 체중이 원상 복귀된다.

음식을 아무것도 먹지 않으면 얼마나 살 수 있을까? 보통은 물을 포함해서 아무것도 먹지 않는다면 7일 이상 생존이 불가능하다. 물은 마시면서 음식은 먹지 않는 단식이 장기간 지속될 때의 결과는 북아일랜드 분쟁 당시 아일랜드공화국군(IRA)이 영국 감옥에서 벌인 단식투쟁으로 많이 알려지게 됐다. 칼로리가 공급되지 않으면 인체는 근육과 간에 저장된 탄수화물인 글리코겐을 쓰는데, 글리코겐이 분해되면서 같이 있던 수분도 빠져나오기 때문에 체중이 하루 0.8kg씩 빠진다. 금식 초반에 빠진 체중은 이처럼 글리코겐이기에 다시 식사를 하면 금방 원상 복귀되고, 금식을 계속하면 인체는 지방을 연소해서 칼로리를 보충한다. 물과 전해질이 공급된다면 칼로리 섭취를 전혀 하지 않아도 2개월 정도까지는 생존할 수 있다. 만약 금식 전에 비만 상태였다면 생존 기간이 몇 개월 더 연장되고 최대 1년까지 가능하다.

장기간 단식을 하는 경우 물을 계속 마신다고 해도 탈수에 의한 갈증 반응이 약해지기 때문에 몸에서 필요한 수분을 충분히 섭취하지 못하게 된다. 단식으로 인한 심각한 문제는 주로 금식 40일째 혹은 금식 전 체중의 18%를 잃을 때 일어나는데, 쇼크(shock)나 신부전, 저혈당에 의한 의식상실, 전해질장애에 따른 부정맥, 소화궤양, 요로결석 등이 나타난다. 이런 상태에서는 식사를 재개할 때도 심각한 문제가 발생할 수 있는데, 식사 재개 초기 4일 동안이 가장 위험하다. 식사 후 증가되는 인슐린이 전해질의 이동을 촉진하기 때문에 전해질장애가 잘 발생하며, 특히 티아민이라는 비타민이 결핍된 경우는 흡수된 탄수화물의 정상 대사가 일어나지 않아 티아민 부족에 의한 각기병 같은 문제를 일으킨다.

간헐적 금식으로 얻는 효과는 라마단과 같은 종교적 금식에 대한 연구로 알려지게 됐다. 이슬람교도는 라마단 기간 한 달 동안 금식에 들어간다. 이 기간 동안에는 해가 뜬 다음부터 해가 질 때까지 물도 마시지 않는다. 그러나 해가 지면 식사를 하기 때문에 전체 음식 섭취량이 꼭 줄어드는 것은 아니다. 예를 들어 사우디아라비아에서는 라마단 동안 오히려 음식 섭취가 증가한다고 한다. 그래서 이 기간 동안의 금식이 건강에 미치는 영향을 평가하기는 어렵다. 라마단 동안에는 흡연도 금지하기 때문에 금식 자체보다는 금연으로 인해 건강에 좋은 효과가 나타날 수도 있다. 어쨌든 라마단 금식에 대한 지금까지의 연구 결과는 건강에 나쁜 영향보다는 좋은 영향을 미칠 것이라는 결론이다.

운동

운동은 사망률을 20~40% 줄인다

신체 활동이 부족한 경우 여러 질병을 유발하고 사망률을 높인다. 1950년대 영국의 역학 연구에 따르면, 런던의 버스 운전사는 앉아서 일하는 동료보다 관상동맥질환이 50% 덜 생기고, 우편배달부도 실내에서 근무하는 신체 활동이 적은 동료보다 질환이 덜 생긴다. 신체 활동 수준과 상관없이 앉아 있는 시간이 많은 사람은 그렇지 않은 사람에 비해 사망위험도가 높다. 하루 두 시간 이상 TV를 시청하는 사람은 그렇지 않은 사람에 비해 당뇨병이 20%, 심혈관질환이 15% 증가하고, 사망률은 13% 증가한다.

운동 부족은 혈압과 혈당을 상승시키고 체중 증가를 유발하여 심혈관질환, 당뇨병, 암의 주요 원인이 된다. 2009년 세계보건기구는 전 세계적으로 사망률을 높이는 위험 요인을 발표하면서 '운동 부족'을 고혈압, 흡연, 고혈당에 이은 네 번째 위험 요인으로 규정했다.

운동(運動, exercise)은 건강을 증진시키는 몸의 움직임을 말하며, 뼈에 대한 근육의 작용으로 발생한다. 흔히 운동을 오래달리기처럼 심폐지구력을 증강하는 유산소운동과, 아령 들기 같은 근육의 양과 근력을 향상시키는 무산소운동으로 분류하지만, 모든 운동은 유산소운동과 무산소운동을 동시에 포함한다. 운동 시간이 2분 정도 소요되는 800m 달리기나 200m 수영은 유산소운동과 무산소운동이 반반 정도 차지하는데, 이보다 짧은 시간일수록 무산소운동의 비율이 커지고, 이보다 긴 운동은 기본적으로 유산소대

사를 이용한다.

유산소운동은 운동 강도에 따라 포도당과 지방의 이용 비율이 다르다. 자신이 할 수 있는 최대 운동 능력의 65% 이내에서 운동할 때는 지방이 전체 에너지 대사의 40~60% 정도 차지하는데, 이 정도가 지방을 최대한 이용하는 운동 강도다.

운동 강도는 메츠(METs)로 평가하는데, 1MET는 조용히 앉아있을 때의 산소 소모량을 말한다. 그러니까 2METs는 가만히 앉아있을 때보다 두 배의 산소를 소모하는 운동 강도. 운동 종류는 강도를 기준으로 저강도(3METs 미만), 중간 강도(3~6METs), 고강도(6METs 초과) 3단계로 나누는데, 단계별로 다음과 같은 신체 활동이 있다. 보통 중간 강도의 운동이 권장되는데, 이는 심박동과 호흡수는 증가하지만 대화는 할 수 있는 수준이다.

- 저강도(가벼운) 운동: 천천히 걷기, 당구, 낚시, 악기 연주, 그릇 썻기, 다리미질, 침상 정리, 책상에서 일하기
- 중간 강도 운동: 빠르게 걷기, 배드민턴, 댄스, 골프, 천천히 자전거 타기, 창문 닦기, 바닥 청소, 잔디 깎기
- 고강도(격렬한) 운동: 조깅, 달리기, 농구, 축구, 스키, 빠른 자전거 타기, 수영, 삽질, 도랑 파기

운동을 시작하면 근육에서 산소 소모량이 늘면서 근육으로 가는 혈류가 증가하고 심박수가 올라가며, 심장이 한 번 박동으로

내보내는 혈액량도 많아지고 혈압도 높아진다. 호흡수와 호흡 깊이가 증가하고, 소모되는 혈당을 공급하기 위해 인슐린 분비는 감소하며, 반대로 글루카곤과 카테콜아민 분비는 증가한다. 운동을 마치고 휴식을 취하면 혈압은 서서히 떨어지면서 평상시보다 더 낮아진다. 운동을 하면 폐활량과 근육의 유산소 능력이 증가하면서 지방 분해 능력이 높아진다. 따라서 중성지방과 콜레스테롤은 감소하고, 당뇨병 환자의 경우 인슐린감수성이 개선돼 혈당이 떨어진다. 당뇨병이 없는 사람은 운동으로 인한 혈당의 변화가 없다.

운동을 규칙적으로 했을 때 누릴 수 있는 유익한 효과는 신경계, 심혈관계, 내분비계, 근골격계, 종양(암)의 다섯 분야로 나누어 생각할 수 있다. 신경계 효과로는 불안과 우울증 개선, 인지기능 향상으로 인한 치매 발생 감소, 뇌졸중 발병 감소를 들 수 있다. 중간 정도 강도의 운동을 규칙적으로 하는 사람은 뇌졸중 위험성이 20% 감소하며, 고강도 운동을 규칙적으로 하는 사람은 27% 감소한다. 또 신체 활동은 수면장애를 개선하고 수면의 질을 좋게 한다.

허혈심장질환(관상동맥질환)의 30%는 운동 부족이 원인인데, 유산소운동을 장기간 하면 평상시 혈압이 5~7mmHg(수은주밀리미터) 감소한다. 혈압이 낮아지면 고혈압으로 인한 허혈성뇌졸중, 출혈성뇌졸중, 심장질환 등의 발생이 줄어든다. 그뿐 아니라 고지혈증을 호전시키며, 혈관의 내피세포기능을 개선하고 혈전이 덜 생기게 하여 궁극적으로 여러 심혈관질환 발생이 감소한다. 이런 효과는 운동 강도에 비례하는데, 격렬한 운동은 관상동맥질환의 위험성을 27% 줄이고, 중간 강도의 운동은 12% 줄인다.

운동은 에너지 소모를 결정하는 주요 요인이므로 에너지 균형과 체중 조절에 핵심이라고 할 수 있다. 1년 동안 매주 150분 이상 유산소운동을 하면 체중이 1~3% 감소한다. 명지대학병원에서 2008~2009년 건강검진을 받은 성인 1007명을 대상으로 심폐체력과 대사증후군의 관계를 살펴본 결과, 비만하고 심폐체력이 낮을수록 대사증후군 위험률이 여성은 여덟 배, 남성은 열아홉 배 증가하는 것으로 확인됐다. 대사증후군이란 체지방 증가, 혈압 상승, 혈당 상승, 혈중지질 이상 등이 복합적으로 나타나는 상태로, 뇌졸중과 심혈관질환의 위험을 두 배 이상 높이며, 당뇨병 발병을 열 배 이상 증가시킨다. 당뇨병의 27%는 운동 부족이 원인이다.

규칙적 운동의 근골격계 효과로는 골다공증이 개선되고, 체형이 바뀌어 낙상 위험도가 낮아져서 결국 장애 발생이 감소한다는 것을 들 수 있다. 또 비만과 신체 활동 부족은 암 발생의 위험 요인이다. 신체 활동이 부족해서 발생하는 암 종류는 비만으로 인한 암 종류와 겹치는 경향이 있는데, 유방암과 대장암이 대표적이다. 유방암과 대장암의 21~25%는 운동 부족이 원인이다. 그러나 장시간 누워 있거나 앉아 있으면서 에너지를 거의 소비하지 않는 생활습관 자체가 비만과 관계없이 암을 유발한다. 하루에 45~60분 정도 걷기 운동을 주 5~6회 하면 암 발생 위험이 20% 정도 감소한다. 유방암 중에서 폐경 이후 발생하는 유방암은 운동과의 연관성이 높지만 폐경 전 유방암은 연관성이 낮은데, 이는 여성호르몬의 변화와 관련된 것으로 보인다. 운동에 의한 대장암 발생 감소는 남성에게서 더 뚜렷하다. 암 치료를 받은 후에도 적절한 운동을 계속하면 암 재발률이 낮아지는데, 운동량이 많을수록 암 예방 효과가 좋다.

운동은 사망률을 20~40% 정도 줄인다. 운동량이 많을수록 사망률은 더 많이 감소하는데, 운동량을 1MET 올리면 그때마다 사망률이 13%씩 감소한다. 단, 10METs 이상에서는 운동 강도를 높여도 사망률 감소 효과가 없다.

한편 운동량이 극단적으로 높을 경우 오히려 사망률이 증가한다는 주장이 있지만, 이는 사실과 다르다. 운동선수는 보통 15METs 이상의 운동을 하는데, 운동선수가 경기 중 돌연사하는 일이 TV 등에 방영될 때마다 극단적 운동이 위험할 수 있다는 인식이 퍼진다. 그러나 사실 아무리 격렬한 운동을 한다고 해도 돌연사하는 경우는 매우 드물다. 올림픽 메달리스트의 수명을 연구한 결과를 보면 일반인보다 2.8년가량 더 오래 살았다. 프로야구 선수나 테니스 선수도 평균보다 오래 살았다. 투르 드 프랑스(Tour de France)는 3개월 동안 프랑스 전역과 인접 국가를 일주하는 경주로, '지옥의 레이스'라고 불릴 만큼 극한의 스포츠다. 여기에 참여한 선수는 일반인보다 사망률이 41% 낮았다. 결론적으로 운동은 많이 할수록 좋다고 할 수 있다.

심장질환이 없는 사람이 극단적 운동으로 사망하는 예는 극히 드물지만 이렇게 사망한 사람들을 부검한 연구 결과를 보면, 사망자 가운데 35세 이상의 사망 원인은 주로 허혈심장질환이었으며, 35세 미만에서는 심근병증 등 원래 심장질환이 있었던 경우가 대부분이었다. 또 운동력을 향상시키기 위해 스테로이드와 같이 금지된 약물을 복용했다가 그 부작용으로 사망한 사람도 있었다.

그렇다면 어느 정도의 운동이 건강에 좋을까? 신체를 단련하고 만성질환을 줄이기 위해서는 짧은 시간 운동하는 것도 좋지만 많을수록 더 좋다. 신체 활동을 많이 할수록 건강에 유익하므로 권장되는 최소의 운동량보다는 더 많이 하는 것이 좋다. 미국심장학회는 건강한 성인을 위한 운동으로 '일주일에 150분 이상 중간 강도의 유산소운동 혹은 75분 이상 고강도 유산소운동'을 권장한다. 중간 강도의 운동과 고강도 운동을 복합적으로 하면 이 권장량을 채울 수 있다. 예를 들어 일주일에 이틀은 30분 정도 빠르게 걷고, 이틀은 20분 정도 조깅을 한다. 유산소운동의 강도가 올라갈수록 심장에 부담이 될 수 있기 때문에, 심폐기능이 저하된 사람은 10분씩 나누어서 하면 심장 부담을 줄일 수 있다.

담배

흡연자는 10년 빨리 죽는다

남아메리카가 원산지인 담배는 16세기에 유럽에 전해졌고, 우리나라에는 임진왜란 이후 일본을 통해서 전래됐다. 세계여행이 활발해진 19세기 말부터는 세계적으로 보급되기 시작했는데, 특히 제1·2차 세계대전 이후 사용이 간편한 궐련(cigarette) 형태의 담배가 나오면서 흡연도 급격히 증가했다. 담배의 유해성이 알려지기 시작하던 1950년대 이전에는 담배가 문화인이 향유하는 것이었으나, 담배의 유해성이 널리 알려진 현재 전 세계적으로 흡연자의 80%는 가난한 나라 사람이다.

우리나라 성인 남성의 흡연율은 2011년 47%, 2013년 42%, 2015년 40%로 조금씩 줄어드는 추세다. 하지만 여전히 경제협력개발기구 국가 중 최고 수준이다. 성인 여성의 흡연율은 설문조사에서는 5~7%로 그동안 큰 변동이 없었으나, 소변검사로 알 수 있는 니코틴 대사산물 코티닌(cotinine) 연구에 따르면 성인 여성의 흡연율은 13%에 달한다. 실제로는 담배를 피우지만 설문조사에서는 흡연하지 않는다고 대답한 여성이 많았다는 뜻이다.

담배에는 암을 유발하는 62가지 발암물질이 들어 있는데, 이 중 열다섯 가지가 암 유발이 확실한 1그룹 발암물질이다. 대표적으로 니트로사민, 벤조피렌 등이 있다. 니트로사민은 담배의 구성 성분으로 담배 생산 공정에서 만들어지고, 벤조피렌은 담배가 불에 타면서 생성된다. 니코틴은 암을 유발하고 심혈관질환을 초래하기도 하지만, 그보다 더 큰 문제는 중독성을 유도하여 담배를 계속 피우게 한다는 사실이다.

흡연은 동맥에 죽경화증을 유발하고, 이에 따른 심혈관질환을 초래한다. 죽경화증을 일으키는 위험 요인은 당뇨병, 고혈압, 고지

혈중 등으로 다양하지만 흡연이 가장 중요하며, 모든 심혈관질환의 10% 정도는 흡연이 원인이다. 여기에는 담배의 다른 독성 물질과 함께 니코틴이 중요한 역할을 한다. 니코틴은 혈관의 내피세포기능을 교란하고 혈소판을 과잉 활성화해 혈전을 잘 만든다. 흡연과 관련된 암이나 호흡기질환 등은 보통 흡연한 기간과 양에 비례해 나타나는데, 심혈관질환은 낮은 수준의 흡연에서 나타나기도 한다. 특히 30~44세의 젊은이에게서 발생하는 심혈관질환은 다른 연령에 비해 담배의 위험성이 매우 높아, 심혈관질환 사망의 38%가 흡연이 원인이다.

니코틴은 적은 양으로도 사망에 이를 수 있는 고독성 물질이다. 최근 전자담배 사용이 많아지면서 전자담배에 넣는 액상 니코틴에 의한 자살, 타살, 사고사 등이 증가하고 있다. 니코틴이 함유된 금연보조제(니코틴 껌, 니코틴 패치, 코 분무액)도 부적절하게 사용하면 니코틴중독으로 인한 사망 사고가 발생할 수 있다. 니코틴 패치를 사용하면서 담배를 피우던 32세 남성이 가슴에 니코틴 패치를 붙인 상태로 쓰러져 병원으로 옮겨졌으나 사망한 경우도 있는데, 법의학 부검에서 니코틴중독으로 인한 사망으로 밝혀졌다. 또 상처에 담배 가루를 뿌리면 지혈 효과가 있다는 속설을 믿고 입안에 난 상처에 담배 다섯 개비를 뿌렸다가 사망한 경우도 있었다. 치사량의 니코틴은 성인 기준으로 40~60mg인데, 담배 다섯 개비는 그 정도의 치사량에 달한다.

흡연으로 인한 대표적 질병은 폐암이고, 폐암의 80~90%는 흡연이 원인이다. 흡연자의 암 발생은 흡연 기간과 양에 비례하는데, 통상 20~30년간 흡연한 이후 폐암이 발생한다. 폐로 들어간 담배의 성분은 혈액으로 흡수되기 때문에, 담배 연기에 직접 노출되지 않는 위, 대장, 간, 췌장, 신장, 방광 등에도 암을 유발한다. 담배는 모두 열여덟 가지의 암을 일으키며, 대략 모든 암 사망의 30%는 흡연이 원인이다. 흡연이 폐암을 유발한다는 것은 1950년대 이후 밝혀지기 시작했는데, 1964년 미국 보건후생성은 흡연을 폐암 발생의 주요 원인으로 선언하고 강력한 금연 정책을 펼치기 시작했다. 그리하여 1980년대를 기점으로 흡연율이 감소하기 시작했고, 그로부터 10년 뒤인 1990년대부터는 미국인의 암 발생률도 줄어들고 있다.

2014년 미국 보건후생성은 지난 50년간 담배에 대해 연구한 자료를 종합해 보고서를 발행했다. 이 보고서에 따르면 흡연은 이미 많이 알려진 암, 폐질환, 심혈관질환뿐 아니라 당뇨병 발병도 30~40% 증가시키고, 관절질환, 류마티스질환, 망막질환, 치과 질환, 유산, 태아 기형, 발기부전 등 거의 모든 신체에 영향을 미친다. 결국 담배를 피우는 사람은 시력 상실, 청력 상실, 결핵, 감염, 골다공증, 말초혈관질환 등을 앓게 되고, 40세 이후에는 통증과 질병으로 인한 장애를 가지고 살 위험성이 매우 높다. 흡연이 치매 예방에 좋다고 믿는 사람이 있지만 실제로는 반대이며, 흡연은 뇌졸중에 의한 혈관치매뿐 아니라 알츠하이머치매의 주요 위험 요인이기도 하다. 그리고 흡연은 여성과 남성 모두에게 불임을 유발하며, 특히 임신부의 흡연은 태아의 정상 발달을 지연시켜 유산의 위험성을 높이고 출산 후에도 신생아의 사망률을 증가시키며 아기의 성장 과정에서 호흡기질환과 정신질환 발생을 높인다.

흡연자는 비흡연자에 비해 질병이 10년 정도 빨리 발생하며, 사망도 10년 정도 빠르다. 또 30세 이상 성인이 사망에 이르게 되는 근본 원인을 따져보면, 전체 사망 원인의 12%는 흡연 때문이다. 흡연으로 사망하는 주된 이유는 심혈관질환, 뇌졸중, 암, 만성폐쇄성폐질환, 태아 유산 등이다. 우리나라에서 2012년 사망한 26만 7221명 중 흡연으로 인해 사망한 사람은 5만 8155명으로, 전체 사망의 22%를 차지했다. 성별로 살펴보면 남성 사망자의 35%, 여성 사망자의 7%가 흡연 관련 사망이었다. 흡연 관련 사망의 원인별로는 암·심혈관질환·자살·당뇨병 등이 있었는데, 남성은 폐암이 가장 많았고 뇌졸중·허혈심장질환·자살 순이었으며, 여성은 폐암·허혈심장질환·뇌졸중·당뇨병 순이었다. 암과 심혈관질환만 보면 암으로 사망한 남성 환자의 41%는 흡연이 원인인 반면, 여성은 5%만이 흡연이 원인이었다. 심혈관질환에서는 남성 사망자의 33%가 흡연 때문이었으며, 여성 사망자는 5%만 흡연이 원인이었다.

흡연 시 뿜어져 나오는 연기는 실내 공기를 오염시키므로 그 안에 있는 거의 모든 사람에게 영향을 미친다. 담배에서 나오는 휘발성 유기화합물이 실내에 잔류하면서 다른 오염물질과 반응하여, 새로운 유해물질을 만들어 인체에 영향을 미칠 수 있다. 연기로 배출되는 니코틴은 가구 등에 흡착이 잘 되고 표면에 고농도로 잔존하며, 특히 페인트칠이 된 벽과 카펫에 잘 흡착된다. 직접흡연뿐 아니라 간접흡연 역시 사망률을 증가시킨다. 흡연으로 인한 사망의 10% 정도는 간접흡연으로 인한 것이다. 간접흡연만으로도 세계적으로 60여만 명이 조기에 사망한다는 보고도 있다.

간접흡연에는 2차 흡연과 3차 흡연이 있다. 2차 흡연은 흡연자가 들이마신 후 내뿜는 담배 연기나 담배가 타면서 나오는 연기를 마시는 것을 말한다. 전체 간접흡연의 15~20%는 흡연자가 내뿜는 연기 때문이고, 80~85%는 담배가 타면서 나는 연기 때문이다. 그런데 흡연자가 내뿜는 연기보다 담배가 타면서 나오는 연기 속에 타르, 니코틴, 일산화탄소가 3~5배 많고 발암물질도 더 많다. 또 입자 크기가 작아서 폐 안 깊숙한 곳까지 들어간다.

3차 흡연은 담배 연기를 마시지 않았는데도 다른 경로로 담배의 유해물질을 흡입하는 것이다. 흡연의 부산물은 연기 외에도 입자 형태로 피부나 옷, 가구 등에 남아 있기 때문이다. 어떤 사람이 흡연 장소에 있다가 실내로 들어온다면 그 사람의 옷이나 피부, 머리카락 등에 흡착된 독성 물질이 피부 접촉에 의해 타인에게 흡수될 수 있고, 실내 공기로 다시 날아가 타인의 호흡으로 흡입되거나 벽이나 바닥, 커튼, 가구 등에 흡착돼 있다가 흡입되기도 한다. 3차 흡연은 잔류→반응→재방출→재부유 과정을 거쳐 짧게는 몇 시간에서 길게는 몇 개월까지 오염물질이 배출될 수 있다. 유해물질이 실내에 장기간 남아 있기에 비흡연자뿐 아니라 흡연자도 본인이 인지하지 못하는 상태에서 3차 흡연에 지속적으로 노출된다.

담배의 해악 때문에 흡연자의 70%는 금연을 원하지만 금연 성공률은 매우 낮다. 담배를 끊었을 때 나타나는 금단 증상을 견디지 못하기 때문이다. 니코틴이 담배 중독을 일으키는 원인 물질인데, 이것은 헤로인이나 코카인 같은 마약성 중독 물질과 유사하다. 일반적으로 하루에 담배를 열 개비 이상 피우고, 아침에 일어나 첫 담배를 무는 시간이 기상 후 30분 이내이며, 과거 금연을 시도했을 때 금단 증상이나 흡연 갈망이 심했던 경우라면 니코틴중독이라고 할 수 있다.

흡연할 때 니코틴은 폐 점막을 통해 신속히 흡수되어 7초 이내에 뇌에 도달한다. 그래서 담배를 한두 번만 흡입해도 그 효과를 금방 느낀다. 담배를 처음 피울 때는 메스껍고 구역질이 나면서 얼굴이 창백해지기도 하지만, 금방 내성이 생겨 이런 증상은 곧 없어진다. 대부분의 흡연자는 흡연이 불안, 스트레스, 분노, 우울증 등을 줄여주고 긍정적인 감정 상태를 만든다고 주장하지만, 이는 니코틴의 진짜 효과라기보다 금단 증상을 없애주는 효과에 의한 것일 가능성이 크다.

지난 40년 동안 담배는 공공의 적으로 지탄받아왔다. 그래서 담배 회사는 타르와 니코틴 함량을 줄인 담배를 개발하는 등 다양한 노력을 하고 있다. 하지만 타르와 니코틴이 적은 담배는 니코틴의 낮은 양을 보충하기 위해 연기를 더 깊숙이 들이마시게 하기 때문에 폐암 발생을 감소시키는 효과가 없다. 다만 암 종류를 조금 바꾸어주는 효과를 보일 뿐이다. 실제로도 담배에 함유된 타르나 니코틴 함량 자체는 질병 유발과는 별 관계가 없다. 사실 담배 회사는 니코틴이 좀 더 잘 전달되도록 니코틴의 화학 성분을 바꾸려고 노력하고 있고, 담배의 불쾌한 맛을 없애고 담배 연기를 마실 때 목에 자극이 없고 기침 반사를 일으키지 않도록 질을 개선해가고 있다.

전자담배는 기존 담배의 유해성을 줄였기 때문에 담배의 대안으로서 가치가 있지만, 아직 안전하다고 하기에는 연구 결과가 충분하지 않다. 전자담배의 주성분인 니코틴 자체가 중독성 있는 유해한 물질이고, 전자담배에도 역시 유해 가능성이 있는 많은 물질이 함유되어 있기 때문이다. 또 다른 문제는 전자담배가 금연을 위한 임시 단계가 아니라 담배 대용으로서 담배와 번갈아가며 사용되고 있고, 담배를 전혀 피우지 않았던 여성이나 청소년이 덜 해롭다는 이유로 전자담배를 피우다가 나중에는 진짜 흡연을 하게 되는 중간 단계가 될 가능성이 있다는 것이다. 실제로 전혀 흡연하지 않았던 사람이 전자담배를 계속 피우면 진짜 담배를 원하게 된다.

금연을 하면 모든 연령대에서 즉각적이고 장기적인 이득이 있다. 흡연에 따른 건강 위험은 금연을 하자마자 바로 감소한다. 사망률에 금연이 미치는 영향은 젊을수록 더 크게 나타나지만, 어느 연령에서 금연을 하더라도 담배를 끊는 사람이 계속 피우는 사람보다 더 오래 산다. 35세 이전에 금연한다면 평균수명이 담배를 피우지 않은 사람과 비슷해진다.

알코올 ─────────────
모든 죽음의 3분의 1은 알코올과 관련이 있다

통계청에서 조사한 2017년 알코올 관련 사망자는 총 4809명으로, 전체 사망자 중 1.7%를 차지했다. 성별로는 남성이 일곱 배 많았고, 연령별로는 30세 이후 급증하기 시작해서 50대가 정점이었다. 이 통계에 포함된 질병은 알코올과 관련된 신경계질환, 간질환, 만성췌장염, 불의의 중독 등이 있으며, 사고나 타살과 같은 간접적 사망은 포함되지 않았다. 교통사고, 추락, 익사 또는 자살이나 타살 등의 상당수가 알코올과 관련된 사망인데, 이것들까지 모두 포함하면 알코올로 인한 사망은 훨씬 많아진다.

알코올은 엄밀한 의미에서는 하이드록시(-OH)가 포화탄소 원자에 결합한 유기화합물을 말하는데, 술의 주요 성분인 에탄올이 알코올을 대표한다. 일반적으로 알코올이라고 하면 에탄올이 포함된 음료인 술을 지칭한다.

술을 마셨을 때 알코올의 10%는 위에서 흡수되고, 나머지는 소장에서 흡수된다. 음식을 먹지 않고 술만 마시면 알코올 흡수 속도가 빠르며, 20도 정도의 술이 가장 빠르게 흡수되고 맥주처럼 탄산가스가 있을 때도 흡수가 빨라진다. 흡수된 알코올의 2~10%는 알코올 상태 그대로 폐, 땀, 소변을 통해 배설되고 나머지는 간에서 대사된다. 간에서는 알코올탈수소효소(ADH)에 의해 수소가 탈락되어 아세트알데히드가 된 다음, 아세트알데히드탈수소효소(ALDH)가 작용하면 수소가 또 제거되어 아세트산(초산)이 되고, 최종적으로는 TCA 회로를 거쳐 이산화탄소와 물로 전환된다.

술을 마시고 얼굴이 벌게지는 것은 아세트알데히드 때문인데, 보통은 탈수소효소에 의해 신속히 제거되지만 습관적 음주자는 혈중 알코올 농도가 항상 높아 얼굴이 벌겋게 된다. 알코올(에탄올)은 주로 알코올탈수소효소에 의해 대사되지만, 다른 효소인 마이크로솜에탄올산화체계(MEOS)에 의해서도 아세트알데히드로 대사된다. 마이크로솜에탄올산화체계효소는 혈중 알코올 농도가 높을 때 보조적으로 작용하는데, 보통은 혈중 알코올의 10% 정도를 대사하지만 음주가 장기화되면 효소 활성이 증가하여 알코올 분해 능력이 다섯 배 혹은 열 배까지 증가한다. 술을 자주 마시면 술이 느는 현상은 이 마이크로솜에탄올산화체계 효과 때문이다.

아세트알데히드를 분해하는 탈수소효소 기능이 없으면 술을 마실 수 없다. 우리나라 사람의 40%가 변이형 탈수소효소를 가지고 있는데, 이들은 아세트알데히드를 빨리 처리하지 못하기 때문에 아세트알데히드 혈중농도가 급상승하여 얼굴이 붉어지고 가슴이 뛰며 몸이 편치 않게 된다. 특히 우리나라 사람의 2~3%는 변이 유전자를 두 개나 가지고 있어서 술을 마시면 쇼크에 빠질 수 있다. 이런 사람은 술을 전혀 마실 수 없는데, 이들에게 술을 강요해 마시게 되면 사망하는 사고가 발생한다. 탈수소효소 변이형을 한 개라도 가진 사람은 과음을 견디지 못하기 때문에 알코올성 간질 환은 거의 발생하지 않는다. 따라서 이들에게서는 음주와 관련된 질병이나 사건이 거의 발생하지 않는다.

술병에는 알코올 농도가 퍼센트(%, vol)로 표기되는데, 이것을 '도'라고 읽는다. 술 100ml에 그 정도의 알코올이 들어 있다는 의미다. 예를 들어 소주의 알코올 농도가 20도라는 말은 100ml의 소주에 알코올이 20ml 들어 있다는 뜻이다. 알코올 1ml의 무게는 물보다 가벼운 0.8g이므로, 소주 100ml에는 20×0.8=16g의 알코올이 들어 있다. 따라서 20도 소주 2홉(360ml)에는 58g의 알코올이 들어 있다.

혈중 알코올 농도는 섭취량과 알코올의 분포에 따라 달라진다. 인체에서 알코올이 분포하는 공간은 인체의 수분량에 비례한다. 체중이 70kg인 남성의 경우 수분 보유량은 50l 정도인데, 이 남성이 알코올 14g을 마시면 혈중 알코올 농도는 0.025%(g/dl)가 된다. 알코올은 혈액에 유입되자마자 곧 분해되기 시작하지만 분해는 흡수보다 천천히 이루어지기 때문에, 혈중 알코올 농도는 급속히 상승하여 음주 시작 후 30분에서 한 시간 뒤 최고에 이른다. 간에서는 알코올이 한 시간에 8g의 속도로 분해되므로, 소주 한 병을 마셨다면 일곱 시간 후면 혈중 알코올은 없어진다.

주취(酒醉, inebriation), 즉 술에 취하는 현상은 알코올이 중추신경계에 작용해서 나타나는 것인데, 혈중 알코올 농도 0.02~0.03%에서부터 행동 변화가 시작된다. 소주를 한두 잔 마시면 이 정도의 혈중 알코올 농도에 도달한다. 주취 상태의 법적 기준은 나라마다 다르지만, 우리나라의 '특정범죄가중처벌 등에 관한 법률'에 따르면 혈중 알코올 농도 0.03% 이상에서 운전하면 면허정지 등의 처벌을 받는다.

취한 상태에서 나타나는 정신신경계의 변화는 감각장애, 운동장애, 정신기능장애 세 가지로 나누어 설명할 수 있다. 술을 마시면 처음에는 행복해지고 머리가 맑아지는 듯 느껴진다. 점차 자신감이 증가하고 판단력이 변하며, 지인끼리 우정이 돈독해지고 관대해진다. 하지만 주의력은 감퇴하고 결국 자제력을 잃는다. 이는 정신 기능을 지배하는 대뇌 전두엽의 증상으로, 혈중 알코올 농도 0.1%에서 나타나기 시작한다. 대략 소주 한 병을 마셨을 때의 농도다. 이 시점부터는 음주운전이 사고를 유발할 가능성이 매우 높아진다. 혈중 알코올 농도가 더 높아지면 두정엽의 감각영역과 운동영역, 후두엽의 시각영역, 소뇌의 평형유지기능이 마비되고 통증을 느끼지 못하게 되며, 비틀거리면서 걷다가 결국 걷지 못하게 된다. 이러한 정신 증상의 출현은 어느 정도 개인의 성격이나 긴장도에 따라 변하므로 혈중 알코올 농도에 정확히 비례하는 것은 아니다.

시각장애는 혈중 알코올 농도 0.05~0.1%(소주 0.5~1병)부터 나타나기 시작하는데, 처음에는 시력이 떨어지고 시야가 좁아지다가 혈중 알코올 농도가 0.1~0.2%가 되면 물체가 두 개로 보이는 복시가 나타난다. 또 다양한 크기의 소리와 높낮이에 대한 인지력 및 이해력이 감퇴되는 청각장애도 생기므로 술자리에서는 소리가 커지며, 술에 취한 사람은 경적 소리나 경고 소리를 잘 듣지 못한다. 촉각도 둔해져서 통증도 잘 느끼지 못한다. 그래서 예전에는 알코올을 마취제로도 많이 사용했다. 알코올의존자(알코올중독자)가 담뱃불에 화상을 자주 입는 것도 그러한 이유다. 미각도 변해서 기분 좋게 취한 상태에서는 모든 음식이 맛있게 느껴진다. 손님을 접대할 때 음식을 내오기 전 먼저 술을 제공하는 것도 그런 이유다. 그러나 일단 술에 취하면 술맛도 구분하지 못하게 되고, 후각 능력이 감퇴해 냄새도 잘 못 맡게 된다.

술에 취하면 판단 능력이나 학습 능력이 저하되기 때문에 취한 상태에서 학습한 내용은 나중에 기억하지 못한다. 자극에 대한 반응 시간이 저하되는 것은 비교적 낮은 알코올 농도에서부터 나타나기 시작하며, 운동 능력도 감퇴한다. 특히 정밀함을 요하는 작업 능력은 많이 떨어진다. 술에 취했어도 운전을 잘하는 사람이 있기는 하지만 반복 훈련에 의해 그렇게 보이는 것일 뿐이고, 갑작스러운 상황 변화에는 대처 능력이 떨어진다.

알코올은 감정에도 영향을 주기 때문에 도덕심이 둔해지고 자아(ego)가 확대되는 것같이 느껴지며, 충동에 따른 행동을 많이 하게 된다. 법적·도덕적·사회적 억압과 장애가 사라지고 현실이 왜곡되므로, 억제할 수 없는 성적 환상을 느끼게 되어 착각에 의한 성범죄를 일으키기도 한다. 알코올은 성적 욕구를 증대시키지만 성교 능력은 감퇴시킨다. 또한 이러한 여러 작용으로 인해 음주가 행동 변화를 일으켜 자살, 타살 등 사고사를 직간접적으로 유발하기도 한다.

전남대학교 법의학교실에서 2007~2009년 부검을 시행해 알코올 농도를 측정했던 사례를 분석해 알코올이 사망에 어느 정도 영향을 미치는지 연구한 결과를 보면, 알코올 관련 사망은 전체 사망자의 36%였다. 연령대별로는 40~50대가 대부분을 차지했고, 성별로는 남성이 70%, 여성이 30%였다. 전체적으로 보면 총 사망의 3분의 1은 알코올과 관련이 있었으며, 사인별로는 질병으로 인한 자연사의 21%, 자살·타살·사고사 등 외인사의 45%가 알코올과 관련된 사망이었다. 통계청의 공식 발표 수치인 1.7%보다 훨씬 많은 것이다. 사망에 직접 이르게 한 알코올 관련 질병은 확장성심근병증·간경화·간암 등이었으며, 기존에 앓던 질환이 음주로 인해 악화된 경우는 허혈심장질환·비후성심근병증·심근염·뇌동맥류 등이었고, 음주로 인한 사고사는 익사와 추락사가 가장 많았다.

일반인의 절반 정도는 술을 즐기는데, 소량의 술은 허혈심장질환을 감소시키고 사회활동에 윤활제 기능을 하지만, 한편으로는 질병과 사고를 초래하는 원인이 된다. 알코올은 200여 가지의 질병을 유발한다. 이 중 사망을 직접적으로 초래하는 주된 원인은 암, 간경변, 손상 세 가지다. 알코올의 대사산물인 알데히드가 암을 유발하는 직접 원인 물질이다. 주로 구강, 인두, 후두, 식도, 간, 대장, 직장 암과 여성 유방암 등이 알코올과 관련된 암이다. 전체적으로 보면 암으로 인한 사망의 4~5%는 알코올이 유발한 암이다. 어느 정도의 알코올이 암을 유발하는지 그 경계는 없으며, 소량이어도 암을 유발할 수 있다. 알코올에 의해 위암이 발생한다는 주장도 있는데, 현재까지의 연구 결과를 보면 인과관계가 확정적인 것은 아니다.

알코올성 간질환은 세계적으로도 만성간질환의 주요 원인 중 하나로, 지방간·간염·간경변 등 다양한 간질환을 유발한다. 알코올에 의한 간질환은 섭취한 알코올의 양과 기간, 영양 상태 등에 따라 심각성 정도가 결정되며, 사망은 주로 간경변증 때문이다. 전 세계의 평균을 보면 사망을 초래하는 간경변의 48%는 알코올이 원인이다. 암과 간경화 외에 만성알코올의존자가 사망하는 질환으로는 췌장염, 심장질환, 감염병 등이 있다. 만성췌장염의 64%는 알코올이 원인이며, 알코올의존자는 면역기능이 떨어지기 때문에 폐렴·폐결핵·농양과 같은 감염증도 잘 생긴다. 알코올은 심장근육에도 영향을 미치는데, 소주 한 병을 매일 10년 동안 마시면 심근병증을 유발한다. 알코올과 알데히드는 심장근육세포에 직접 손상을 유발해서 심장기능을 떨어뜨리는데, 간손상과 동시에 발생하는 것은 아니다. 간경변 증상이나 간기능저하가 없는 상태에서 심장기능이상이 먼저 나타나기도 한다.

알코올에 의한 뇌기능손상은 자살, 타살, 사고사 등 외인사로 분류되는 사망을 초래하기도 한다. 응급실을 방문하는 중증 외상 환자의 40%가 음주와 관련된 손상일 정도로, 알코올은 손상의 가장 강력한 위험 인자다. 음주 상태에서는 충동적 행동을 할 가능성이 높아지고, 평상시에는 공포심을 유발하던 자살 도구나 고층 빌딩 옥상 등 특정 장소에 대한 공포심이 감소하기 때문이다. 미국 자살예방협회에 따르면 자살 사건에서 음주 관련성은 60% 이상이다. 실제로 자살자의 60% 이상은 술을 마신 상태에서 자살한다. 그리고 자살자의 25%는 알코올의존자이며, 이들의 자살 위험성은 일반인의 60~120배다. 알코올은 특히 20~50대의 자살률과 관련이 높다. 이 연령층은 다른 연령층에 비해 음주 기회가 많은 경제활동인구라는 점에서 알코올에 접근성이 높다. 10대와 70대 이상 연령층의 자살은 알코올 관련성이 거의 없는 것과 대조적이다. 우리나라의 고위험음주율은 2012년 조사에 따르면 18%인데, 30~50대의 경제활동인구에서는 21%였다. 고위험음주란 1회 평균 음주량이 일곱 잔(여성은 다섯 잔) 이상, 주 2회 이상의 음주를 말한다. 여기서 '잔'은 소주잔이 기준인데, 양주나 와인, 맥주 등을 마시는 경우에는 각각의 술을 따라 마시는 일반적인 크기의 잔이라고 생각해도 된다.

5

만성질환과 죽음

Chronic Illness & Death

2009년 세계보건기구는 전 세계적으로 사망을 초래하는 10대 위험 요인을 발표했다. 그중 1위는 고혈압이었는데, 전체 사망 원인의 13%가 고혈압 때문이다. 이어서 흡연(9%), 고혈당(6%), 신체 활동 부족(6%), 과체중과 비만(5%), 고콜레스테롤(5%), 안전하지 않은 성행위(4%), 음주(4%), 아동 저체중(4%), 고체연료(연탄)의 실내 흡입(3%) 등의 순이었다. 사망을 초래하는 10대 위험 요인 중 고혈압, 비만, 고콜레스테롤 등은 대표적 만성질환이고, 신체 활동 부족, 안전하지 않은 성행위, 음주, 아동 저체중 등은 만성질환을 초래하여 사망에 이르게 하는 요인이다. 만성질환이란 3개월 이상 지속되는 병인데, 현대인이 사망하는 주된 원인이다.

고혈압 ——————————————

전 세계적으로 사망을 초래하는 10대 위험 요인 중 압도적 1위

2017년 우리나라에서 고혈압성 질환으로 인해 사망한 사람은 5775명으로, 전체 사망의 2%였다. 고혈압 자체로 사망하는 것은 아니고 고혈압에 따른 합병증이 발생할 때 사망하게 되는데, 통계청에서 집계하는 '고혈압성 질환에 의한 사망'에 포함되는 합병증은 고혈압성 심장질환이나 신장질환 등이다. 사망을 초래하는 가장 흔한 고혈압 합병증인 뇌출혈이나 죽경화증 등과 같은 심혈관질환은 제외하고 계산된 사망률이다. 이런 질환까지 모두 합하면 훨씬 많은 사람이 고혈압으로 인한 합병증으로 사망한다.

인류가 고혈압을 알게 된 것은 1900년대 초반이다. 하지만 1960년대 이전까지는 혈압을 조절하는 약이 없었기 때문에 고혈압을 치료하지 못하고 지켜볼 수밖에 없었는데, 이 과정에서 고혈압의 자연 경과가 알려졌다. 그 당시 연구에 따르면 고혈압 환자의 혈압은 보통 30대 초반부터 올라가기 시작하는데, 10년 정도는 스트레스를 받을 때라든지 컨디션이 좋지 않을 때 일시적으로 혈압이 상승하지만, 40대 초반 이후에는 언제 측정해도 항상 혈압이 높은 상태가 된다. 이후 10년이 지나 50대가 되면 합병증이 생겨 사망하게 된다. 물론 지금은 고혈압 치료를 하기 때문에 50대에 고혈압 합병증으로 사망하는 경우는 많지 않다.

고혈압 치료가 보편화된 현재 고혈압을 가진 사람의 수명은 어느 정도일까? 일본에서 30세 이상 1만 546명을 고혈압 유무에 따라 분류하고 24년 동안 관찰하면서 사망률을 비교한 연구 결과에 따르면, 고혈압 환자의 수명은 고혈압이 없는 사람에 비해 남성은 2.2년, 여성은 2.9년 단축됐다. 미국인을 대상으로 한 비슷한 연구에서는 고혈압으로 인한 수명 단축이 남성은 5.1년, 여성은 4.9년으로 나타났다. 일본과 미국에서 고혈압이 수명 단축에 미치는 영향이 2~5년밖에 되지 않는 이유는 이들 나라에서는 고혈압 치료가 보편화됐기 때문이다.

미국에서 고혈압에 대한 약물요법이 보편화된 시기는 1960년대 이후인데, 1950년대부터 2000년대까지 추이를 보면 심혈관질환에 의한 사망이 60% 감소했다. 고혈압 치료 효과는 혈압이 약간만 감소해도 나타나기 때문에, 심혈관질환으로 인한 사망률 감소는 고혈압 치료 덕분이라고 할 수 있다. 의학계에서는 이를 예방의학의 승리라고 한다. 아무런 증상이 없는 고혈압을 치료해서 질병과 사망을 감소시켰기 때문이다.

매일 드릴 작업을 하는 사람은 드릴과 접촉하는 손바닥이 두꺼워지고 딱딱해지는데, 이와 마찬가지로 동맥도 높은 압력을 지속적으로 받으면 탄력을 잃어 죽경화증이 발생하고 내막이 찢어지기도 한다. 내막이 파열되면 혈전이 생기고 혈관이 막힌다. 그 결과가 뇌경색증이나 심근경색증이다. 또 혈압이 높으면 동맥으로 혈액을 내보내는 좌심실의 심근이 두꺼워진다. 근육은 힘든 근력 운동을 할수록 비대해지기 때문이다. 심근비대가 생기면 심근에 필요한 산소량이 증가하는데, 산소 공급이 그에 미치지 못하면 심근이 손상되고 심부전이 발생한다. 한편 고혈압으로 인해 사망을 초래하는 장기손상은 뇌와 심장 이외에 신장에서도 나타난다. 혈액에서 찌꺼기를 걸러내는 모세혈관 덩어리인 사구체가 손상되기 때문인데, 신부전의 20%는 고혈압이 원인이다.

혈압이 높을수록 심혈관질환이 잘 생긴다. 그 기준점은 115/75 mmHg인데, 여기서 수축기 혈압이 20mmHg, 확장기 혈압이 10mmHg 증가할 때마다 심혈관질환은 두 배 증가한다. 즉 혈압이 115/75mmHg 이상이면 혈압이 높은 정도에 비례해서 심혈관질환이 증가하는 것인데, 그렇다고 무조건 약을 먹어서 혈압을 떨어뜨려야 하는 것은 아니다. 약에는 항상 효과/부작용이라는 야누스적인 양면이 있기 때문이다. 고혈압을 약으로 치료해서 심혈관질환을 낮춰주는 효과가 확실히 입증된 것은, 즉 혈압약을 복용해야 하는 시기는 혈압이 140/90mmHg 이상일 때다. 이것이 현재 고혈압에 대한 세계적 진단 기준이다. 그런데 2017년 미국 고혈압학회는 이 진단 기준을 130/80mmHg로 낮추었다. 최근 혈압을 130/80mmHg로 낮추었을 때 사망률이 감소한다는 대규모 연구 결과를 반영한 것이다.

두 번 측정한 혈압의 평균이 140/90mmHg 이상이면 고혈압으로 진단된다. 우리나라에서 1998년부터 2011년까지 다섯 차례에 걸쳐 진행된 국민건강영양조사의 결과에 따르면, 30세 이상 성인 중 30%는 고혈압이 있었다. 남녀를 구분해보면 남성은 33%, 여성은 24%로 남성이 더 많았다. 고혈압은 나이가 들수록 많아져서 평균 10세가 증가할 때마다 10%씩 증가하여, 65세 이상이 되면 60~70%에서 고혈압이 발생한다. 과거에는 두통, 목 뒤 뻣뻣함, 코피 등이 고혈압의 증상으로 알려졌으나 이는 혈압이 매우 높을 때 나타난다. 혈압 측정과 치료가 보편화된 요즘에는 이런 증상을 일으킬 정도로 혈압이 높이 올라가는 경우는 드물다. 사실 고혈압은 일반적으로 증상이 없으며, 고혈압에 의한 증상이 나타나는 것은 뇌졸중이나 협심증 등 합병증이 발생했을 때다. 그래서 고혈압을 '침묵의 살인자'라고 한다.

고혈압은 심혈관질환이나 신장질환뿐만 아니라, 심혈관과 관계없어 보이는 당뇨병, 폐렴, 알코올성 간질환, 장허혈 등으로 인한 사망률도 증가시킨다. 고혈압과 당뇨병은 모두 심혈관질환의 위험 요인인데, 고혈압 환자의 20%는 당뇨병이 있으며, 당뇨병 환자의 50%에서 고혈압이 동반된다. 따라서 당뇨병과 고혈압을 동시에 발현시키는 원인이 있을 것으로 생각되고, 두 질환이 동시에 있는 경우 심혈관질환의 발생과 사망이 급증한다. 과도한 음주는 간염을 유발할 뿐만 아니라 혈압을 상승시키기 때문에, 고혈압이 있으면 알코올성 간질환에 의한 사망률도 상승한다. 고혈압 환자는 폐렴 사망률도 높은데, 아마도 고혈압으로 인한 뇌졸중이 있으면 폐렴이 많아지기 때문일 것이다. 장허혈이란 장에 혈액을 공급하는 동맥의 죽경화증으로, 장에 혈액이 잘 공급되지 못하기 때문에 나타나는 것이다. 고혈압은 인체의 모든 동맥에 죽경화증을 유발하는 원인이기 때문에, 고혈압 환자는 장허혈로 인한 사망률도 증가한다.

그러나 고혈압은 치료 대비 질환 예방과 사망률의 감소 효과가 매우 크다. 우리나라 국민건강영양조사에서 밝혀진 고혈압 치료율의 추이를 보면, 1998년 22%에서 2016년 61%로 많이 좋아졌다. 물론 고혈압약을 먹는다고 모두 혈압이 목표치 이하로 조절되는 것은 아니고, 2016년 기준 조절률은 44%였다. 그럼에도 치료를 받지 않는 그룹은 사망률이 치료 그룹에 비해 훨씬 높고, 치료를 받더라도 목표치 이하로 혈압을 조절해야 치료 효과가 극대화된다.

고혈압은 보통 약물 치료를 하지만 생활습관 개선만으로도 약 복용에 버금가는 효과가 나타난다. 미국 고혈압학회에서 제시한 방법은 체중 감량, 식사 개선, 저염식, 운동, 절주 등이다. 과체중인 사람이 체중을 1kg 감량하면 혈압이 1.6/1.3mmHg 감소하고, 지속적 운동은 체중감소와 무관하게 혈압을 낮춘다. 우리나라 사람의 평균 염분 섭취량은 하루 20g 정도인데, 염분 섭취를 하루 6g 이하로 줄이면 혈압이 2~8mmHg 떨어진다. 이 정도까지 줄이려면 요리 시 소금이나 간장을 따로 넣지 않고 음식 재료 자체에 들어 있는 염분만 섭취해야 한다. 채식 위주의 식사도 혈압을 떨어뜨리는데, 포화지방산과 지방 섭취를 줄이고 그 대신 채소나 저지방 유제품 등을 섭취하면 혈압이 8~14mmHg 떨어진다. 과도한 음주는 혈압을 상승시키고 심혈관질환을 증가시키는데, 소량의 음주는 오히려 심혈관질환을 감소시킨다. 이런 효과를 보이는 음주의 양은 와인의 경우 하루 한두 잔이고, 소주는 두세 잔, 위스키는 한두 잔, 맥주는 한 병에 해당한다. 그 이상의 음주는 심혈관질환을 증가시킨다.

혈압은 적당히 유지되어야 한다. 너무 높으면 혈관이 손상되고, 너무 낮으면 인체에 혈액이 제대로 공급되지 못하기 때문이다. 고혈압은 기준점이 있고 치료 가이드라인이 제시되어 있지만, 저혈압의 기준은 없다. 종종 100/60mmHg 미만을 저혈압이라고 하지만, 혈압이 그렇게 떨어지더라도 일상생활에 지장이 없다면 문제가 되지 않는다. 또 평소 혈압이 높던 사람이 일시적으로 혈압이 조금 떨어져 증상이 나타난다면 저혈압이라고도 할 수 있기에, 혈압 수치만을 기준으로 저혈압을 진단하지는 않는다. 그런데 대규모 역학조사에 따르면, 이완기 혈압이 60mmHg 미만이면 사망률이 증가한다. 우리나라에서 1992년부터 1995년까지 국민건강보험 검진을 받았던 123만 4435명을 대상으로 18.2년간 사망률 추이를 관찰한 연구에 따르면, 가장 사망률이 낮았던 그룹은 이완기 혈압이 70~79mmHg였으며, 이완기 혈압이 60mmHg 미만인 그룹은 이완기 혈압 70~79mmHg 그룹보다 심혈관질환 위험성과 사망률이 37% 높았다. 인체 조직은 주로 심장의 수축기에 혈액을 공급받지만, 심장근육은 수축기가 아닌 이완기에 혈액을 공급받는다. 그래서 이완기 혈압이 낮으면 심근에 혈액이 정상적으로 공급되지 못하기 때문에 심근이 손상되어 심혈관질환 사망이 증가한다.

저혈압이 심각한 문제가 되는 상황은 갑자기 쇼크가 발생할 때다. 쇼크란 조직 혈류가 심하게 감소해서 세포가 손상되는 상태를 말한다. 혈압이 떨어져도 마지막까지 버티는 장기는 뇌와 심장인데, 혈압이 80/50mmHg 이하로 떨어지면 뇌와 심장도 손상을 받게 되어 곧바로 회복되지 않으면 사망한다. 쇼크가 발생하는 원인은 크게 두 가지다. 하나는 큰 사고로 혈관을 다쳐서 출혈이 일어나는 경우나 과다한 위장출혈 등이 있을 때 혈액량 감소에 따른 것이고, 다른 하나는 심장기능의 갑작스러운 장애로 인한 것인데 급성심근경색이 대표적이다. 이 두 경우가 아니더라도 어떤 원인이든 사망할 때는 혈압이 떨어지고 쇼크가 발생한다.

당뇨병

당뇨병 환자는 10년 빨리 죽는다

현재 대략적으로 우리나라 국민 중 10%는 당뇨병을 앓고 있다. 2013년 국민건강영양조사에서는 30세 이상 인구의 11.1%가 당뇨병을 가지고 있었고, 65세 이상 노인 인구에서는 30%가 당뇨병을 가지고 있었다. 2017년 당뇨병으로 사망한 사람은 총 9184명으로 전체 사망자의 3.2%를 차지했고, 사망 원인의 순서로는 여섯 번째였다. 통계청에서 매년 발표하는 사망 원인 통계는 의사의 사망진단서를 참고해서 만들어지는데, 사망진단서에는 직접 사인, 원사인 등 네 가지 차원에서 사인을 적게 되어 있다. 미국의 경우 당뇨병을 앓던 환자가 사망했을 때 사망진단서에 당뇨병을 원사인으로 기록하는 경우는 10~15%에 불과하고, 사망 원인 진단명 네 개 중 어디에도 기록하지 않는 경우가 35~45%에 이르기 때문에, 사망 원인으로서의 당뇨병은 실제보다 과소평가된 것이다. 이는 우리나라도 마찬가지다.

당뇨병은 제1형 당뇨병, 제2형 당뇨병, 기타 당뇨병, 임신성 당뇨병 네 종류가 있는데, 제2형 당뇨병이 전체 당뇨병의 95%를 차지한다. 제2형 당뇨병은 대부분 40세 이후 발생하고, 당뇨병에 의한 합병증은 주로 당뇨병 발병 후 10년이 지나면서 발생하기 시작한다. 혈당을 잘 조절하지 않았을 때 합병증이 발생하지만, 혈당을 잘 조절하는데도 합병증이 발생하기도 한다.

당뇨병의 합병증은 급성합병증과 만성합병증으로 구분할 수 있다. 급성합병증이란 혈당이 너무 높거나 낮아서 발생하는 것으로, 혈당을 조절하면 금방 회복될 수 있는 합병증을 말한다. 저혈당과 고혈당 모두 의식저하, 혼수, 사망과 같은 심각한 문제를 일으킬 수 있다. 이는 당뇨병으로 인한 전체 사망의 1~2%를 차지한다. 고혈당 합병증은 당뇨병을 치료받지 않거나 치료를 중단했을 때 주로 발생하는데 폐렴과 같은 급성감염증이 있을 때 잘 나타나고, 저혈당 합병증은 식사를 거른 경우 잘 발생한다. 저혈당 합병증은 증상이 경미한 경우 사탕 등을 섭취함으로써 회복되지만, 심근경색·뇌졸중·낙상으로 인한 골절 등의 합병증이 동반되면 사망에 이르기도 한다. 고혈당 합병증도 탈수나 쇠약감 등 증상이 경미한 경우는 대부분 수액 주사와 인슐린 치료로 금방 회복되지만, 혈당이 600mg/dL을 초과하고 혈중 삼투압이 급상승하는 경우에는 혼수상태나 사망에 이를 수 있다.

만성합병증은 당뇨병을 장기간 앓고 있을 때 발생하는 것으로, 주로 혈관 변화에 따른 합병증이다. 미세혈관합병증과 대혈관합병증으로 나뉜다. 미세혈관합병증이란 모세혈관을 비롯한 매우 작은 혈관에서 나타나는 합병증이고, 대혈관합병증이란 상대적으로 큰 동맥에서 발생하는 합병증이다. 혈관은 내막, 중막, 외막의 세 층으로 구성되며, 내막은 혈액과 바로 접하는데, 혈당이 상승하면 내막의 내피세포 안쪽에도 혈당이 상승한다. 미세혈관합병증이란 바로 내피세포 내 고혈당 때문에 발생하는 것으로 눈, 신장, 신경의 세 장기에서 발생한다. 특히 눈의 망막(당뇨병성망막병증), 신장의 사구체(당뇨병성신증), 말초신경(당뇨병성신경병증) 등에 나타난다. 당뇨병으로 인한 망막병증은 후천적 실명을 초래하는 가장 흔한 질환이며, 우울증·환시·정신병·낙상 등의 과정을 거쳐 죽음에 이르게 하기도 한다. 당뇨병성신증은 말기 신부전의 가장 흔한 원인이며, 당뇨병으로 인한 직접 사망의 5%를 차지한다. 당뇨병성신경병증은 기립성저혈압과 낙상의 위험성을 증가시켜 사망 위험성을 간접적으로 높이며, 족부궤양을 초래한다. 현대인이 발가락이나 다리를 절단하게 되는 가장 흔한 원인은 당뇨병성족부궤양이며, 족부궤양 감염은 패혈증으로 이어져 사망을 초래하기도 한다.

미세혈관합병증은 당뇨병 환자에게만 특이하게 발생하는 질병인 반면, 대혈관합병증은 죽경화증에 의한 것으로 당뇨병이 없는 사람에게도 발생하는데 당뇨병이 있는 경우 더 자주 발생한다는 차이가 있다. 대혈관합병증은 일반적인 죽경화증과 마찬가지로 관상동맥, 뇌혈관, 말초혈관 등에 잘 나타나며, 당뇨병이 없는 사람에 비해 2~4배 높게 발생한다. 이는 당뇨병 환자의 주된 사망 원인이 된다. 이러한 대혈관합병증은 사망 원인 통계에서 심혈관 질환으로 분류되는 경우가 많아, 당뇨병이 사망 원인 통계에서 실제보다 낮게 보고되는 원인이 된다.

2017년 일본의 한 연구 결과에 따르면, 당뇨병 환자만 모아서 사망 원인을 분류했을 때 암 38.3%, 심혈관질환 23.6%, 감염병 17%, 간경화 3.3%, 고혈당 및 저혈당 급성합병증 0.8%, 자살 0.3%, 기타 13.9%, 미상 2.8%였는데, 당뇨병이 없는 사람들의 사망 연령과 비교했을 때 남성은 8.2년이 젊었고, 여성은 11.2년이 젊었다. 즉 당뇨병이 있으면 평균수명이 8~11년가량 짧았다. 이렇게 당뇨병 환자의 수명이 10년이나 단축되는 이유는, 당뇨병이 있는 경우 심혈관질환이 2~4배 더 많이 발생할 뿐만 아니라 암 발생도 5~22% 더 많고, 자살·감염병·간경화 등도 당뇨병이 있는 경우 더 많기 때문이다.

비만

키 175cm일 때 체중 77kg인 체형이 가장 장수한다?

비만이란 단순히 체중이 많이 나간다는 의미가 아니라 지방이 과다하게 증가된 상태를 말한다. 비만을 진단하려면 지방 무게를 측정해야 하는데, 지방은 온몸 여기저기에 분포하며 분포 양상도 사람마다 다르기 때문에 정확하게 측정하는 것이 거의 불가능하다. 그래서 보통 체중으로 비만을 평가한다. 현재 비만 진단에 가장 많이 사용되는 것은 체질량지수(BMI, Body Mass Index)다. 이는 체중(kg)을 키(meter)의 제곱으로 나눈 수치인데, 키가 174cm, 체중이 70kg이라면 체질량지수는 $70 \div 1.74^2 = 23.1$이다. 서구에서는 체질량지수 30 이상이면 비만으로 정의한다. 하지만 연구 결과 아시아인은 체질량지수 25 이상일 때부터 건강에 영향을 미치는 것으로 나타나, 2000년 세계보건기구에서는 아시아인의 정상 체질량지수를 18.5~22.9로, 18.5 미만은 저체중, 23 이상은 과체중, 25 이상은 비만으로 정의했다.

비만을 말할 때는 지방 총량뿐 아니라 분포도 중요하다. 건강에 문제가 되는 비만은 복부비만이기 때문이다. 누구나 나이가 들면 점차 복부비만이 증가하는데, 여성은 폐경기를 기점으로 복부비만이 급격히 증가하면서 남성과 체형이 비슷해진다. 복부비만을 측정하려면 복부 CT를 촬영하는 것이 정확하지만, 간편하게는 허리둘레를 측정한다. 복부비만의 기준도 체질량지수처럼 서양인과 아시아인이 다르다. 우리나라 사람은 남성의 경우 허리둘레 90cm

이상, 여성은 85cm 이상이면 복부비만으로 판정한다.

선진국에서 비만은 사회경제적 수준이 낮은 계층에 많지만, 후진국에서는 경제 수준이 높은 계층에 많다. 체질량지수 25 이상을 비만이라고 정의할 때 한국인 성인의 33%는 비만에 해당한다. 성별로 보면 남성은 36%, 여성은 30%가 비만이다. 연령대별로는 남성은 40~50대까지 비만이 증가하다가 65세 이상이 되면 감소하는 경향을 보이는 반면, 여성은 40~50대에 급격히 증가하여 60대까지 계속 증가하다가 70대에 들어서면서 감소한다.

비만은 인슐린저항성과 죽경화증을 초래하고 암을 유발한다. 구체적으로는 당뇨병, 고혈압, 고지혈증, 심근경색증, 역류성식도염, 대장암, 유방암, 신장암, 전립선암 등이 비만으로 유발되는 병이다. 현재까지의 역학 연구에 따르면 체질량지수와 사망률은 U자 혹은 역 J 관계를 가진다. 즉 체중이 너무 적거나 너무 많은 경우 모두 정상 체중에 비해 사망률이 증가한다. 역 J 관계란 과소체중일 때 사망률이 매우 높지만 체중이 정상 수준에 가까워지면서 급격히 사망률이 감소하여 최저 수준을 유지한 다음 체중이 과체중과 비만 수준으로 증가하면 사망률이 서서히 증가하는 패턴을 말한다.

그런데 흥미로운 것은 시대가 바뀌면서 사망률이 가장 낮은 체중(체질량지수)이 서서히 증가하는 경향을 보인다는 점이다. 덴마크에서 1976년부터 2013년까지 비만과 사망률의 관계를 연구했는데, 시간이 지날수록 사망률이 가장 낮은 체질량지수가 변하고 있다. 1976~1978년에는 사망률 최저점의 체질량지수가 23.7이었는데, 1991~1993년에는 24.6으로 올라갔고, 2003~2013년에는 다시 27로 상승했다. 체질량지수 27은 키가 175cm일 때 체중 83kg에 해당한다.

중국인을 대상으로 체중과 사망률의 관계를 조사한 연구에 따르면, 남성은 체질량지수 24~24.9에서 사망률이 가장 낮았고, 여성은 24.9~25에서 가장 낮았다. 우리나라에서 2015년 발표한 연구에서도 남성은 체질량지수 25~27.9, 여성은 24~27.9에서 가장 사망률이 낮았다. 다른 연구에서도 사망률이 가장 낮은 집단은 체질량지수 23~24.9였고, 또 다른 연구에서는 체질량지수 25~27.4였다. 사망률이 가장 낮은 체질량지수가 25라는 것은 키가 175cm인 사람의 체중이 77kg일 때의 수치이기 때문에 약간 통통한 체형이라고 할 수 있다. 즉 이런 체형이 장수한다는 결론이다. 이러한 많은 연구 결과는 2000년 세계보건기구가 체질량지수 23 이상을 건강에 해로운 과체중 기준으로 정한 것이 사망률 기준으로 보면 적절하지 않다는 것을 의미한다.

당뇨병이 있으면 사망률이 높다. 심혈관질환이 2~4배 더 많기 때문이다. 그렇다면 당뇨병 환자에게 비만이 동반되면 사망률에 어떤 영향을 미칠까? 역설적으로 당뇨병 환자만을 보면 남성의 경우 체질량지수가 31~35일 때, 여성은 28~31일 때 사망률이 낮았고, 오히려 정상 체중인 경우 사망률이 높았다. 그런데 이것이 혹시 정상 체중인 사람 가운데 흡연, 심혈관질환, 암, 만성기관지염, 신부전 등과 같은 질병 때문에 체중이 감소한 사람이 많이 포함되어 그런 결과가 나온 것은 아닐까? 그래서 미국인을 대상으로 체중이 감소하는 질환을 가진 환자를 제외하고 평가해봤다. 그런데도 당뇨병 환자 가운데 가장 사망률이 낮은 체질량지수는 26.6이었다. 역시 과체중 범주에 든 사람의 사망률이 가장 낮았다.

비만이 만성질환의 위험 요인인데도 사망률은 비만인 사람이 더 낮은 현상을 '비만역설(obesity paradox)'이라고 한다. 이런 현상은 실제로 지방이 많은 비만과 사망률의 연관성을 살펴본 연구가 아니라, 비만과 사망률의 관계를 체질량지수, 즉 키와 체중의 비율을 기준으로 연구했기 때문에 나타난 것이라고 할 수 있다. 다시 말해 현재 비만의 진단 기준 자체가 현대인에게 맞지 않는 것일 수도 있다.

사람은 30대에 들어서면서부터 서서히 근육의 양과 근력이 감소하기 시작한다. 반대로 지방의 양은 증가하는데, 지방의 증가와 근육의 감소는 운동량이나 체중 변화와 관계없이 나타난다. 체중이 같더라도, 즉 체질량지수는 변화가 없어도 지방과 근육의 상대적 비율은 변하는 것이다. 이를 근감소증(sarcopenia)이라고 한다. 근감소증은 일종의 노화현상으로 성장호르몬, 테스토스테론, 에스트로겐 등과 같은 호르몬 감소가 원인이다. 지방 증가는 피부밑(피하)과 내장뿐 아니라 근육조직에서도 나타난다. 즉 마블링처럼 근육 내에서 지방이 증가한다. 반대로 근육 내 단백질 양은 감소한다. 따라서 노인의 체질량지수는 지방의 양보다 근육의 양이나 뼈 무게를 반영하는 수치일 수 있기에 체질량지수가 높을수록 사망률이 낮게 나타날 수 있다. 그래서 비만역설은 노인층에서 많이 보인다.

병을 앓으면 식욕이 감소하고 에너지 요구량이 증가하기 때문에 원하지 않더라도 체중이 감소한다. 체중감소는 질병이 진단되기 몇 년 전부터 나타날 수 있기에, 체중이 낮을수록 사망률이 증가하는 현상은 진단되지 않은 질병 때문일 수 있다. 특히 흡연은 체중을 줄이면서 사망률을 높인다. 그래서 체중이 낮으면 사망률이 높아지는 결과가 나타난다. 한편 운동을 정기적으로 해서 심폐기능이 좋은 사람은 비만하더라도 사망률이 증가하지 않는다. 따라서 체중과 사망률의 관계를 연구하려면 질병, 흡연, 심폐기능 등 여러 변수를 같이 살펴봐야 하고, 15년 이상 장기간 관찰해야 한다. 비만이 질병을 유발하고 사망률에 영향을 미치려면 15년 이상 세월이 필요하기 때문이다. 그래서 체중만으로 사망률을 예측하기는 어렵다.

허리둘레로 측정한 복부비만은 체중보다는 실제 비만 정도를 잘 반영하는데, 허리둘레와 사망의 관계를 연구한 결과를 종합해보면 허리둘레가 비만에 해당할수록 사망률이 높았다. 특히 과소 체중인 사람에게 복부비만이 있을 경우 사망률이 매우 높았다. 우리나라에서 2009년부터 2015년까지 국민건강보험공단의 검진을 받았던 약 2300만 명에 대한 사망률을 관찰한 연구에 따르면, 남성은 허리둘레 85~90cm 기준, 여성은 80~85cm 기준으로 이보다 5cm 증가하면 사망률이 15~16% 증가했고, 10cm 증가하면 40~41%, 15cm 이상 증가하면 61~91% 증가했다.

지방의 총량뿐만 아니라 지방의 분포도 사망률에 미치는 영향이 큰데, 피하지방(피부밑지방)은 복부지방과 달리 오히려 인슐린 저항성이나 지방산대사에 유익한 역할을 한다. 그리고 지방세포의 종류도 사망률에 영향을 미칠 수 있다. 인체의 지방은 백색지방과 갈색지방 두 종류가 있는데, 통상적으로 지방이라고 하면 백색지방이다. 갈색지방은 혈액 공급이 풍부하고 미토콘드리아가 많아서 갈색으로 보이기 때문에 이런 이름이 붙었는데, 운동을 하면 백색지방이 갈색지방으로 바뀐다. 갈색지방은 당뇨병을 비롯한 여러 대사질환 발병을 줄인다.

체중이 사망률에 미치는 영향은 성별, 나이, 지방의 종류와 분포, 운동 정도, 흡연 상태, 동반 질환 등 여러 변수에 따라 달라진다. 우리나라에서 2001년부터 2004년까지 4년 동안 건강검진을 받은 사람을 2013년까지 추적 관찰한 연구에 따르면, 가장 적절한 체질량지수는 나이와 성별에 따라 달랐다. 18~34세의 남성/여성은 23~25.9/15.5~24.9, 45~54세의 남성/여성은 24~27.9/21~26.9, 65~74세의 남성/여성은 25~28.9/24~28.9에서 가장 사망률이 낮았다. 예를 들어 키 170cm의 50세 남성은 체중이 69~81kg 정도일 때 가장 사망률이 낮았으며, 키 170cm의 50세 여성은 체중이 61~78kg일 때 가장 사망률이 낮았다. 결론적으로 체중 자체는 지나치게 야위거나 아주 심한 비만이 아니라면 사망률에 별다른 영향을 미치지 않는다.

암 ──────────────

한국인 사망 원인 1위, 현대인이 가장 두려워하는 병

정상 세포는 세포분열을 몇 번 반복하면 저절로 죽는다. 성인의 경우 매일 600억 개의 세포가 세포자살로 없어진다. 그래야 조직이 새로운 세포로 개편된다. 암(癌, cancer)이란 이러한 자살 프로그램이 작동하지 못해 세포가 계속 증식하는 현상인데, 세포분열을 담당하는 유전자의 돌연변이로 인해 발병한다. 인체의 2만 3000여 개 유전자 중 350개 이상의 유전자가 돌연변이에 의해 암을 유발할 수 있는데, 정상 유전자가 돌연변이를 일으켜 암세포를 유발하기 위해서는 20~30년간의 오랜 기간에 걸쳐 대략 5~7개 이상의 유전자 돌연변이가 면역계의 감시를 벗어나 축적되어야 한다. 암이 유전자 돌연변이에 의해 발생한다고 해서 부모로부터 자식에게 유전된다는 뜻은 아니다. 실제로 부모로부터 유전되는 암은 전체 암의 10~20%에 불과하고, 대부분은 유전이 아닌 후천적 돌연변이에 의해 발생한다.

2017년 암으로 사망한 사람은 8만 320명으로 전체 사망의 28%에 해당한다. 암은 우리나라 남성의 31~37%, 여성의 15~20%에서 발생한다. 남성은 30세 이후, 여성은 25세 이후 암 발생이 증가한다. 다섯 살이 많아질 때마다 두 배씩 증가하기 때문에 여성은 50세 폐경기 이후, 남성은 60세 이후 발생하는 암이 전체 암의 50~65%를 차지한다. 현대인이 가장 두려워하는 병은 암이다. 그 이유는 장기간의 통증과 고통 그리고 임종 과정과 관련이 있지만, 실제 암을 정확하게 묘사한 것은 아니다. 모든 암이 통증이 있는 것은 아니며 증상이 없는 암도 많고, 또 모든 암이 치명적인 것도 아니다. 암의 70%는 완치가 된다. 그럼에도 암 환자는 마지막까지 인지 능력을 가지고 있기 때문에 환자가 느끼는 죽음에 대한 실존적 공포가 사람들 사이에 회자되고, 특히 유명인은 대중매체를 통해 자신의 경험을 전달하기 때문에 암에 대한 공포가 강화되어온 것으로 보인다.

DNA에 돌연변이를 유발해 암을 일으키는 원인을 발암원이라고 하는데, 모든 암의 30%는 담배가 원인이다. 특히 폐암의 90%는 담배가 원인인데, 담배의 성분은 폐에서 혈액으로 흡수되기 때문에 위·대장·간·췌장·신장·방광 등에도 암을 유발한다. 알코올도 암을 유발하는 발암원이며, 전체 암의 3%는 알코올 때문이다. 만성적 음주는 간암뿐 아니라 식도암, 대장암, 유방암 등의 위험성을 증가시킨다. 담배와 알코올 외에도 현재 200종류 이상의 화학물질이 발암원으로 확인됐다. 발암원은 고무 공장, 도색 공장, 철공장 등에 많다.

화학물질 외에도 발암원에는 물리적 발암원, 생물 발암원, 유전적 요인이 포함된다. 물리적 발암원으로는 방사선이 대표적이다. 환자를 진단하기 위해 이용하는 엑스레이와 자외선도 발암 방사선이다. 생물 발암원은 세균, 바이러스, 기생충 등이다. 이런 암은 전체 암의 10~25% 정도로 추정되며, 가장 대표적인 것이 사람유두종바이러스(HPV)와 B형간염바이러스다. 사람유두종바이러스는 자궁경부암을, B형간염바이러스는 간암을 일으키는데, 바이러스 유전자가 인간 세포의 유전자에 삽입되어 암 유전자를 발현시킨다. 마지막으로 유전적 요인은 부모와 자식 사이에 유전되는 암 유전자를 말한다. 2013년 할리우드 배우 앤젤리나 졸리는 암이 발병하지 않았는데도 37세에 예방 차원에서 양쪽 유방을 모두 절제했다. 그녀에게 있는 유전자 BRCA1은 부모와 자식 간에 유전되는 대표적인 유전자다. 이외에도 암 유전자를 물려받아 암 발생이 5~50배 증가하는 증후군이 50여 가지나 알려졌는데, 유방암과 대장암이 대표적이다.

보통 암의 원인으로 많이 언급되는 것은 음식이다. 음식을 조절하면 전체 암의 30%까지 예방이 가능하다는 연구 결과도 있지만, 인과관계가 명확하지는 않다. 현재 암을 증가시킨다고 인정되는 음식은 붉은 고기, 소금과 염장 음식 등이며, 비만과 운동 부족은 아직 원인 관계가 불명확하다. 미국에서는 전체 암 사망의 14~20%가 비만이 원인으로 추정되고, 하루에 45~60분 정도 걸으면 암을 20% 감소시킨다는 연구 결과도 있지만 더 많은 연구가 필요하다.

심장질환

돌연사 가능성이 높은 사람을 예측할 수는 있다

2017년 총 사망자 28만 5534명 중 심혈관질환으로 사망한 사람은 5만 9372명으로, 총 사망 원인의 20.8%를 차지했다. 사망 원인으로는 암 다음으로 두 번째다. 심혈관질환은 크게 심장질환, 뇌혈관질환, 고혈압성질환으로 나눌 수 있다. 심장질환으로 사망한 사람은 3만 852명으로, 전체 사망 원인의 10.8%를 차지한다. 심장질환 중에서는 허혈심장질환(협심증, 심근경색)이 46%로 가장 많고 나머지는 판막질환, 심근병증, 심내막염 등이었다.

심장질환에 의한 사망의 절반 정도는 죽음을 예측하지 못한 돌연사다. 돌연사를 예측할 수는 없지만, 돌연사 가능성이 높은 사람을 예측할 수는 있다. 가장 신뢰할 수 있는 지표는 좌심실의 기능이다. 좌심실기능이 나쁜 경우(좌심실 박출률 40% 이하), 즉 심부전이 있는 경우 급사의 위험성이 높다. 그런데 심부전이 심하다고 해서 꼭 급사의 위험성이 더 높아지는 것은 아니다. 아주 심한 심부전보다는 심하지 않은 심부전에서 급사의 위험성이 더 높다. 급사는 대부분 심장근육이 손상된 후 남는 반흔에서 발생하는 부정맥이 원인이 되기 때문이다. 돌연사는 심장병 과거력이 없는 건강한 사람에게서 발생하는 경우도 많은데, 이런 경우도 허혈심장질환이 원인의 대부분이기 때문에, 병이 서서히 진행되어 증상이 없었거나 전조 증상이 있었더라도 무시하고 생활했을 가능성이 많다.

뇌혈관질환 ────────────

뇌졸중의 20~30%는 30일 이내에 사망

2017년 뇌혈관질환으로 사망한 사람은 2만 2745명으로, 총 사망자 중 8%를 차지했다. 사망 원인으로는 암, 심장질환 다음으로 세 번째다. 10년 전만 해도 암에 이어 두 번째로 흔한 사망 원인이었지만, 지금은 심장질환이 두 번째 원인으로 상승하면서 세 번째로 밀려났다. 뇌혈관질환은 중풍이나 뇌졸중과 같은 말인데, 뇌혈관이 막혀서 발생하는 뇌경색(허혈성뇌졸중), 뇌혈관이 파열되어 혈액이 뇌조직으로 유출되는 뇌출혈(출혈성뇌졸중) 두 종류가 있다. 대략 뇌졸중의 70%는 뇌경색이고, 30%는 뇌출혈이다. 우리나라에서는 1990년대까지만 해도 뇌출혈이 더 많았지만, 이후 점차 뇌경색이 증가해서 2003년에는 전체 뇌졸중의 65%가 뇌경색이었고, 2009년에는 76%였다.

우리나라 사람은 뇌졸중 증상이 발생하면 대개 24시간 이내에 병원 응급실을 방문하며, 90% 이상이 3일 이내에 방문해서 치료를 받는다. 건강보험심사평가원의 보고서에 따르면 2011년 뇌졸중은 12만 2409건이 발생했다. 뇌졸중 전체로 보면 20~30%는 발병 후 30일 이내에 사망하는데, 뇌경색과 뇌출혈의 예후는 많이 다르다. 뇌경색은 발병 후 30일 이내 사망률이 10% 이내이지만, 뇌출혈은 35~50%로 상대적으로 훨씬 높다.

뇌경색은 큰동맥죽경화증, 심장성색전증, 소혈관폐색(열공경색), 기타 네 가지로 나눌 수 있다. 큰동맥죽경화증은 내경동맥과 같은 큰 뇌혈관의 죽경화증에 의해 혈관이 좁아지거나 막힌 경우로, 주로 대뇌피질이나 소뇌에서 발생한다. 심장성색전증은 심장에서 만들어진 혈전이 떨어져 나와 동맥을 타고 이동하다가 뇌동맥을 막는 것을 말하고, 소혈관폐색이란 1mm 미만의 동맥이 고혈압이나 흡연 등으로 노화되면서 막히는 것이다. 그리고 특별한 원인을 밝힐 수 없는 경우는 기타로 분류한다. 우리나라에서 발생하는 뇌경색의 원인은 큰동맥죽경화증이 38%로 가장 많고, 심장성색전증은 21%, 소혈관폐색은 19%, 나머지는 기타에 해당한다.

뇌경색은 뇌경색의 종류나 동반 위험 요인에 따라 예후가 다양하다. 건강보험심사평가원의 자료를 이용한 2011년 국민건강영양조사 통계를 보면, 뇌경색 발생 당일 사망한 경우는 0.2%였고, 30일 이내 사망은 7.4%, 1년 이내 사망은 19.4%, 3년 이내 사망은 35.2%였다. 뇌경색 후 첫 한 달은 뇌경색 자체 혹은 심장과 폐질환 합병증으로 사망했는데, 첫 일주일 이내에는 의식저하·대뇌반구증후군·후순환뇌경색·뇌탈출 등 뇌경색 자체에 의한 사망이 많았고, 일주일 이후부터 한 달까지는 심장질환·폐렴·폐혈관색전증·패혈증 등 다른 신체 질환 합병증으로 인한 사망이 많았다. 뇌경색은 원인에 따라서는 큰동맥죽경화증과 심장성색전증에서 소혈관폐색보다 더 높은 치사율을 보였다.

나이는 뇌경색 후 사망을 예측하는 중요한 인자다. 나이가 들어감에 따라 사망률은 증가하여 60대보다 70대에서 네 배가량 높고, 80대 이상에서는 13배까지 증가한다. 또 심장질환은 뇌졸중 환자의 생존을 예측하는 인자 중 하나로, 특히 심방세동과 울혈성심부전이 있는 경우 높은 치사율을 보인다. 당뇨병 환자, 특히 고혈당 환자인 경우에도 뇌졸중 초기에 높은 치사율을 보인다.

출혈성뇌졸중은 출혈이 발생한 위치에 따라 뇌내출혈과 거미막하출혈 두 가지로 구별한다. 전체 뇌졸중 가운데 뇌출혈은 대략 30%를 차지하는데, 뇌내출혈이 20%, 거미막하출혈이 10% 정도다. 뇌내출혈이란 뇌조직 안쪽에서 발생하는 출혈로, 출혈이 발생하면 구토나 두통 등이 흔하게 발생하고 바로 혼수상태에 빠지는 경우도 25%나 된다. 뇌경색에 의한 뇌졸중이 오면 주로 반신마비나 언어장애와 같은 증상이 생기는 것과 대조된다. 뇌내출혈로 인한 30일 내 사망률은 35~52% 정도이며, 이 중 절반은 증상 발현 후 2일 이내에 사망한다. 뇌내출혈의 원인은 고혈압이 가장 흔한데, 고혈압 치료율이 상승하면서 뇌내출혈 발생률도 줄어들고 있다.

뇌는 세 개의 뇌막으로 둘러싸여 있는데, 뇌막 중 중간에 있는 거미막 안쪽에는 뇌척수액이 있어서 뇌를 외부 충격에서 보호한다. 이 거미막 안쪽에 출혈이 생기는 거미막하출혈은 대부분 뇌동맥류(腦動脈瘤)가 파열되면서 발생한다. 뇌동맥류란 뇌동맥 벽에 미세한 균열이 생기고 비정상적으로 부풀어 올라 혹처럼 되는 것을 말하는데, 이것이 순간적으로 파열되면서 뇌출혈이 발생하기 때문에 사전 증상이 전혀 없이 갑작스러운 극심한 두통을 느끼게 된다. 마치 망치로 머리를 맞은 듯한 매우 심한 두통을 느끼고 순간적으로 의식을 잃는 경우도 많다. 그 자리에서 바로 사망하는 일도 적지 않다. 거미막하출혈의 사망률은 51%인데, 약 10%는 병원 도착 이전에 사망하고, 15%가량은 출혈 발생 24시간 이내에 사망한다. 일시적으로 의식을 잃었다가 서서히 회복할 수도 있는데, 회복되더라도 뇌막 자극 증상이 심해 뒷목이 뻣뻣하고 극심한 두통과 오심이 지속되므로 응급실로 가게 된다. 급성뇌경색이나 뇌내출혈도 응급 상황이기는 하지만, 거미막하출혈은 매우 위험한 응급 상황인 동시에 빨리 치료하면 거의 후유증 없이 정상 생활이 가능할 수도 있기에 더욱 빠른 치료가 요구된다.

치매

치매 진단 후 평균 9.3년 더 산다

치매는 '뇌기능손상으로 인지기능이 감소하여 일상생활이 어려운 상태'로 정의되며, 진단은 심리기능검사와 MRI 등을 통해서 이루어진다. 오늘날 진단되는 치매는 단일 질환이 아니라 70여 가지에 이르는 여러 질환으로 인해 발병하는데, 알츠하이머병이 전체 치매 원인의 60~70%를 차지한다. 알츠하이머병은 65세 이상에서 주로 나타나며, 65세 이후 5년이 경과할 때마다 발병률이 두 배씩 증가한다. 그래서 고령화가 급격히 진행되는 우리나라와 같은 경우 이로 인한 치매도 급증하고 있다. 알츠하이머병 다음으로 치매를 유발하는 원인은 뇌졸중과 같은 혈관성뇌혈관질환이다. 이로 인한 치매를 혈관치매라고 한다. 이외에도 전두측두치매, 파킨슨병을 동반한 치매 등이 있다.

2017년 우리나라에서 치매로 인해 사망한 사람은 총 9291명으로, 전체 사망 원인의 3.3%를 차지했다. 하지만 통계청의 사망 원인 통계는 '알츠하이머병(노인성치매), 혈관치매, 상세 불명의 치매'만을 집계한 것이어서 다른 치매까지 전부 포함하면 이보다 더 많을 것이다. 성별로 보면 여성이 남성보다 치매 사망률이 두 배 높았다. 그래서 여성의 사망 원인만을 분석하면 알츠하이머병이 전체 사망 원인 순위에서 7위를 차지한다. 여성은 수명이 길어서 치매에 걸릴 가능성이 높고, 치매 환자가 고령이면 사망률이 높기 때문이다. 우리나라의 65세 이상 노인 인구 중 9.2%는 치매를 앓고 있기 때문에 사망에 이르게 하는 기저질환으로 치매를 폭넓게 인정한다면 사망 원인 중 치매가 차지하는 비율은 더 높아지겠지만, 치매 환자는 대부분 치매 자체로 사망하기보다 다른 질병으로 사망하기에 사망 원인 통계에서는 치매로 인한 사망률이 낮게 집계된다.

우리나라에서 치매 환자 6752명을 2년 동안 추적 관찰한 연구에 따르면, 치매 환자는 치매가 없는 사람에 비해 사망률이 2.7배 높았다. 특히 새롭게 치매로 진단된 경우 치매가 없는 사람에 비해 사망 위험이 8.4배까지 증가했다. 이미 치매를 앓고 있는 노인보다 최근 치매 진단을 받은 사람의 사망 위험이 월등히 높았다는 뜻이다. 그 이유는 사망 위험이 높은 신체 질환이 먼저 생긴 후 곧

바로 인지기능이 저하되어 치매 진단을 받았기 때문일 수 있으며, 또 치매가 발병하면서 과거에 일상적으로 해오던 건강관리를 하지 못해 갑자기 건강이 악화되었기 때문일 수도 있다.

알츠하이머병 환자는 치매 진단 후 평균 3~12년 동안 생존하는데, 우리나라의 치매 환자는 진단 후 평균 생존 기간이 9.3년이다. 치매 중 혈관치매 환자만 따로 살펴보면 평균 생존 기간이 3~5년으로, 알츠하이머병 환자보다 짧다. 치매 환자의 생존 기간에 전체적으로 가장 크게 영향을 미치는 요인은 진단 당시의 연령인데, 75세 이후 치매 진단을 받을 경우 생존 기간이 짧아진다.

우리나라 치매 환자의 사망 원인을 분석한 연구에 따르면 뇌졸중 10%, 암 9%, 당뇨병 6%, 심혈관질환 6%, 폐렴 5% 등이었다. 사망한 치매 환자의 모든 사례를 부검함으로써 사망 원인을 좀 더 정확히 밝힌 스웨덴의 연구 결과를 보면 호흡기질환이 46%로 가장 많았고, 심혈관질환이 37%를 차지했다. 두 질병을 합하면 83%로 사망 원인의 대부분임을 알 수 있는데, 호흡기질환은 주로 폐렴이었고 심혈관질환은 주로 협심증이나 심근경색 같은 허혈심장질환이었다. 치매 환자와 치매가 없는 사람의 사망 원인을 비교할 때 두드러진 차이는 폐렴이었다. 일반인은 3%가 폐렴으로 사망한 반면, 치매 환자는 45%가 폐렴으로 사망했다.

치매의 진행은 초기-중기-말기의 세 단계를 거치는데, 의사표현을 정상적으로 하지 못하며 음식을 잘 먹지 못하고 대소변을 조절할 수 없는 단계가 말기다. 말기 치매라도 반짝 정신이 명료해질 때가 있지만 그런 시간은 잠깐에 불과하고, 곧 낯익은 사람도 인식하지 못하고 환경 변화에 반응하는 능력도 잃게 된다. 말소리는 낼 수 있으나 의미 없는 말을 내뱉는 수준이라 의사소통이 불가능해지고, 몸도 쇠약해져서 비틀거리거나 불안정하게 걷다가 결국 휠체어에 의지하게 되고 곧 침상에 누워 지내게 된다. 음식을 씹거나 삼키기 힘들어질 뿐만 아니라, 음식에 관심을 잃고 혼자 밥을 먹을 수 없게 된다. 또 대소변을 조절하지 못하기 때문에 하루 24시간 내내 타인의 돌봄이 필요해진다. 이런 말기 치매 상태로 생존하는 기간은 사람에 따라 다른데, 짧게는 몇 주일이지만 길게는 몇 년씩 살기도 한다. 그래서 말기 치매가 시작되면 얼마 살지 못할 것으로 예상할 수는 있지만, 정확히 얼마나 더 살 수 있을지는 추정하기 어렵다.

간질환

간암 환자 세 명 중 한 명은 완치된다

2017년 우리나라에서 간질환(간암 제외)으로 사망한 사람은 총 6797명으로, 전체 사망 원인의 2.4%가 간질환이었다. 사망 원인 순서로는 일곱 번째다. 사망에 이르는 간질환에는 간경화·간부전 등이 있는데, 간암까지 포함하면 전체 사망의 6.1%가 간질환으로 인한 사망이라고 할 수 있다.

간경화는 간경변증이라고도 한다. 간염으로 간세포가 광범위하게 괴사되면서 섬유화가 진행되어 말랑말랑했던 간이 돌덩이같이 딱딱하게 변하는 질환이다. 경화(硬化)나 경변증(硬變症)은 모두 굳어졌다는 의미로 같은 말이다. 염증이 심할 때 후유증으로 나타나는 굳은 흉터 조직과 동일한 조직 변화 패턴이다. 간경변증은 증상이 전혀 없어 건강검진에서 우연히 발견되는 일이 많다. 이런 경우가 전체 간경변증의 30~40%를 차지한다. 간경변증이 심해지면 점차 황달, 복수, 간성뇌증, 정맥류출혈 등의 합병증이 나타나기 시작한다.

간경변증은 만성간염의 자연 경과로 나타난다. 우리나라의 만성간염 환자를 장기간 추적 관찰한 연구 결과를 보면, 만성간염을 10년 앓으면 23%가 간경변증이 되고, 20년을 앓으면 48%가 간경변증으로 진행한다. 간염과 간경변증의 원인으로 흔한 것은 알코올 과다 섭취, B형간염, C형간염 등인데, 우리나라에서는 65%가 B형간염으로 가장 많고, C형간염과 알코올성간경변증 등이 나머지 원인이다. 만성B형간염의 5~10%는 간경변증으로 진행하고, 만성C형간염에서는 10~15% 정도가 간경변증으로 진행한다. 중증 알코올의존증은 10~20%에서 간경변증으로 진행한다.

간염이나 간경변증 등으로 간기능이 심각하게 떨어져 생명을 유지하기 어려워지는 상태를 간부전(肝不全, liver failure)이라고 한다. 간부전은 급성과 만성으로 나뉜다. 만성간부전은 간염과 간경변증이 진행되는 상태를 말하고, 급성간부전은 이전에 간경변증을 비롯한 간질환이 없었던 사람에게서 간기능이 급격히 악화되는 상태를 말한다. 급성간부전의 경우 간손상 증상이 갑자기 나타난 지 26주 이내에 의식 변화(간성뇌증)와 혈액응고장애가 나타난다. 약물, 한약, 건강보조식품, 약초(독버섯) 등을 섭취한 후 간독성이 나타나는 경우나 바이러스성간염 등이 흔한 원인이지만, 간염을 일으킬 수 있는 모든 원인이 급성간부전의 원인이 된다. 급성간부전은 응급 상황으로, 간이식을 받지 못하면 사망률이 50~80%에 이른다.

간암은 대부분 만성간염과 간경변증에서 발생하기 때문에, 간암의 원인과 만성간염이나 간경변증의 원인 요인은 동일하다. 즉 만성B형간염, 만성C형간염, 간경변증, 알코올성간질환, 비만이나 당뇨병과 관련된 지방성간질환 등이 간암의 원인이다. 2014년 한 해 동안 진단된 간암은 1만 6178건이었으며, 사망자는 1만 1566명이었다. 간암 환자의 80%는 남성이며, 간암 진단을 받는 평균 나이는 55세 이상이다. 간암 치료 후 5년 생존율은 32.8%로 간암 환자 세 명 중 한 명은 완치되며, 세 명 중 한 명은 간암 진단 후 5년 이내에 사망한다.

6

사고사
Accidental Death

사고사(事故死)란 갑작스러운 사고로 인한 죽음을 말한다. 즉 어떤 일이 예상치 못하게 일어났는데 나쁜 일이면 사고(事故, accident)라 하고, 사고사란 그런 죽음을 뜻한다. 외인사 중 자살과 타살은 사람의 의지가 개입된 죽음이고, 사고사는 사람의 의지가 개입되지 않은 사고로 인한 죽음이다. 사고는 크게 자연재해와 인적 재해(재해성 사고)로 나눌 수 있다. 홍수·태풍·지진 등이 자연재해에 해당하며, 산업재해·교통사고·의료사고 등이 인적 재해에 해당한다. 우리나라에서 사고사는 인적 재해에 의한 것이 월등히 많으며, 운수사고가 전체 사고사의 38%로 가장 많고 뒤이어 추락사고, 익사사고, 화재사고 등의 순이다.

손상

사고사의 50%는 병원에 도착하기 전에 사망한다

손상(損傷)이란 '줄어들다'라는 뜻의 손(損)과 '다치다'라는 뜻의 상(傷)이 합해진 것으로, '다쳐서 생긴 상처'를 뜻한다. 영어로는 인저리(injury)라고 하며, 외부에서 기인하는 물리적·화학적 작용으로 인체에 형태적 변화 혹은 기능적 변화가 초래된 것을 의미한다. 손상은 피부의 상태에 따라 '개방성 손상(open injury)'과 '비개방성 손상(closed injury)'으로 나눌 수 있다. 피부의 연속성이 파괴됐다면 개방성 손상이고, 피부의 연속성이 유지된다면 비개방성 손상이다. 개방성 손상은 창(創)이라 하고 비개방성 손상은 상(傷)이라고 하며, 합해서 창상(創傷)이라고 한다.

상처란 손상에 의해 조직이 받은 결과를 뜻하며, 영어로는 운드(wound)라고 한다. 손상의 의미를 개체의 조직에 미치는 해로운 결과에 중점을 두는 경우 대미지(damage)라고 하는데, 우리말로는 인저리의 번역어와 동일한 '손상'이다. 손상 중에서도 물리적 외력에 의한 손상을 따로 외상(外傷, trauma)이라고 한다. 법률적으로는 손상보다 상해(傷害)라는 용어를 주로 사용하는데, 외부 원인으로서 건강 상태를 해치고 생리기능에 영향을 주는 모든 가해 사실을 지칭한다. 따라서 상해는 원인 중심적 개념이고 손상은 결과 중심적 개념이다. 손상이 있다고 해서 모두 상해죄를 묻는 것은 아니지만, 손상의 유무는 상해 사건의 증거로 중요하다.

2017년 외인사 중 법의부검이 시행된 사례 가운데 손상에 의한 사망이 40%로 가장 많았으며, 그다음으로 중독사, 질식사, 익사의 순이었다. 사망에 이르게 한 손상의 종류는 추락, 교통사고, 둔기손상, 예기손상의 순이었고, 사망 종류별로 보면 사고사, 타살, 자살의 순이었다.

손상은 원인 물체의 종류에 따라 둔기손상, 예기손상, 총기손상, 폭발물손상, 교통기관손상 등으로 나눌 수 있다. 둔기(鈍器, blunt force)는 돌, 파이프, 각목, 망치, 주먹, 구두 등을 비롯해 자동차와 열차에 이르기까지 무수히 많다. 또 높은 곳에서 추락할 때는 지면이 둔기로 작용한다. 예기(銳器, sharp force)란 날이 있거나 뾰족한 물체를 말하는데, 이에 의한 손상을 예기손상이라고 한다. 예기손상은 다시 둘로 나뉘는데, 면도날이나 칼, 가위처럼 날이 있는 물체에 다치면 절창(切創) 또는 '벤 상처'라고 하고, 주사침이나 바늘, 송곳처럼 끝이 뾰족한 물체에 다치면 자창(刺創) 혹은 '찔린 상처'라고 한다.

손상은 대부분 치료하면 회복되지만, 출혈이 아주 많거나 뇌, 심장, 폐 등 주요 장기가 손상되는 경우, 혹은 손상으로 인해 감염이 동반되는 경우 사망을 초래한다. 이 중 가장 많은 사망 원인은 출혈이다. 인간은 체중의 8% 정도가 혈액인데, 혈액의 비중은 물보다 약간 높은 1.06이다. 즉 체중이 70kg인 사람은 보통 5l의 혈액을 가지고 있다. 전체 혈액의 10%인 500ml 정도는 잃더라도 금방 회복되지만, 15~20%를 잃으면 혈압이 떨어지고, 20~30%를 잃으면 쇼크 증상이 나타나며, 40%를 잃으면 두세 시간 내에 사망하고, 50%를 잃으면 그 자리에서 사망한다. 대동맥이나 경동맥처럼 압력이 높은 큰 동맥을 다치면 대량 출혈이 발생하기 때문에 수분 이내에 사망하지만, 아주 작은 동맥이나 정맥이 다쳐서 발생하는 출혈은 치사량에 이를 정도가 되려면 수시간이 걸린다.

피부밑조직이나 근육 등 연부조직이 좌멸(crush), 즉 으깨졌을 때는 그 자체로는 출혈이 많지 않다. 으깨진 조직이 주먹 크기(지름 10cm 정도)라면 500ml 정도 출혈이 일어나는데, 으깨진 범위가 크고 여러 군데라면 쇼크에 빠질 수 있다. 이때 쇼크는 손상 즉시 나타나기보다는 수시간 또는 수일 후에 나타난다. 이것은 손상된 세포가 괴사할 때 생성되는 단백질의 분해 산물, 특히 미오글로빈이 전신에 순환하면서 발생하기 때문이다. 이런 이유로 건물이 무너져 오랫동안 눌린 상태로 있던 사람이 구조된 후 사망하기도 한다.

생명 유지에 필수인 장기는 뇌, 심장, 폐 셋인데, 이들 장기에 심각한 손상을 받으면 단독 손상으로도 사망을 초래한다. 뇌는 특히 호흡중추가 있는 뇌간이 다치거나 뇌간과 이어지는 경수가 다칠 경우 비록 심하지 않아도 곧장 죽음을 초래한다. 심장의 자창도 심장박동이 바로 멈추기 때문에 곧장 사망한다. 뇌, 심장, 폐는 모두 무언가에 싸여 있다. 뇌는 머리뼈, 폐는 흉막(胸膜), 심장은 심낭(心囊)에 싸여 있는데, 일종의 보호 장치인 셈이다. 그런데 뇌는 단단한 머리뼈에 싸여 있기 때문에 100g 정도의 적은 양이라도 머리 안에서 출혈이 발생하면 혈액이 다른 데로 빠져나가지 못하고 뇌를 압박해서 금방 사망에 이르게 된다. 심장을 싸고 있는 심낭도 단단한 섬유조직이어서 그 안에 혈액이 조금만 차도 심장을 압박하는데, 300㎖ 이상이면 심장박동이 멈춘다. 폐는 흉막으로 싸여 있는데, 흉막은 다시 흉곽과 횡격막으로 둘러싸여 있다. 흉막은 머리뼈나 심낭보다는 여유가 있지만 그래도 역시 안으로 혈액이 고이면 폐를 압박해서 호흡운동을 방해한다. 혈액이 고여서 폐를 압박하면 혈흉(血胸)이라 하고, 공기가 차서 압박하면 기흉(氣胸)이라고 하는데, 대개 1000㎖ 이상이면 사망할 수 있다.

신체 어느 곳을 다치든 상처를 통해 균이 침범해서 퍼지면 결국 패혈증으로 사망한다. 균은 외부에서도 들어오지만 평상시 정상적으로 존재하는 피부나 장내 세균일 경우도 많다. 항생제나 상처 치료 방법이 없었던 20세기 초중반까지만 해도 상처가 생기면 감염으로 사망하는 경우가 매우 많았다. 미국의 남북전쟁 기록을 보면 손상 자체보다는 감염으로 사망한 예가 훨씬 많았다. 손상 후 감염으로 사망하기까지는 보통 수일 또는 수개월이 걸린다.

고려대학교 부속병원인 안암병원, 구로병원, 안산병원의 응급의학과에서 2010년 발표한 연구 결과에 따르면, 사고 발생 이후 병원에 후송되기까지 걸린 시간은 11분에서 30분까지가 92%였고, 30분 이상 소요된 환자도 7% 정도 있었다. 사고로 사망하는 경우의 50% 정도는 병원에 도착하기 전에 사망했는데, 고려대학교 부속병원의 연구 결과를 보면 사고사의 70%는 사고 발생 이후 네 시간 이내에 사망했고, 사망 원인은 두부손상이 55%였다. 사고 이후 사망하기까지 걸린 시간에 따라 직접 사망 원인은 달랐다.

48시간 이내의 초기에는 뇌손상과 출혈이 주요 원인이었고, 이후에는 폐렴, 패혈증, 다장기부전 등이 주요 사망 원인이었다. 즉 초기에는 직접 외상으로 사망하지만, 이후에는 후유증과 초기 치료에 의한 합병증 때문에 사망한다. 치료에 따른 합병증의 대표적 사례는 사고로 대량 출혈이 있는 경우 응급치료를 목적으로 수액과 혈액을 대량 투여한 결과 나타나는 급성혈액응고장애다.

운수사고

교통사고 사망 원인의 60%는 음주운전

운수사고란 자동차, 트럭, 배, 비행기 등과 같은 육상, 수상, 항공 등의 교통사고뿐만 아니라, 논밭에서 발생하는 트랙터 사고처럼 이동을 하는 기계장치와 관련된 모든 사고를 의미한다. 2017년 우리나라에서 운수사고로 인한 사망자 수는 5028명이었고, 논밭의 트랙터 사고와 같은 운수사고를 제외한 교통사고만으로 한정하면 4185명이었다. 여기에는 자전거에 의한 사망자 13명도 포함된다. 교통사고가 발생했을 때 사망자의 40%는 보행자였으며, 운전자는 26%, 동승자는 34%를 차지했다. 2017년 교통사고는 21만 6335건이 발생했는데, 평균 교통사고 100건당 두 명 정도가 사망했다.

교통사고로 사망하는 보행자는 어린이, 노약자, 음주자가 많다. 어린이는 놀다가 차가 오는 것을 발견하지 못해 사망한 경우가 많고, 노약자나 음주자는 위험에 대한 인식이나 대응 능력이 떨어지기 때문에 사망한다. 교통사고로 인한 보행자의 손상은 차량에 처음 충돌해서 생기는 1차 손상, 신체가 차량의 다른 부분에 또다시 부딪혀 생기는 2차 손상, 땅바닥에 떨어지면서 생기는 3차 손상으로 나눌 수 있다. 성인이 승용차와 충돌하는 경우 다리가 보통 자동차의 범퍼에 부딪히게 되므로 1차 손상은 주로 다리에 생긴다. 시속 45km로 달리는 자동차와 충돌할 경우 충돌한 신체 부위에 거의 대부분 골절이 발생한다. 시속 40~50km로 달리던 승용차와 사람이 충돌하면 충돌 지점이 신체의 무게중심보다 아래쪽에 있으므로 몸이 공중에 떠올라 자동차 보닛 위로 올라가면서 앞유리창에 부딪혀 2차 손상이 발생한다. 혹은 와이퍼, 타이어 덮개(fender), 사이드 미러, 지붕 등에 부딪히기도 한다. 보닛이 있는 승용차라도 시속 30km 이하의 저속 운행 중이거나 앞면이 수직 형태인 승합차나 트럭, 버스 등과 충돌하면 피해자는 범퍼나 라디에이터 그릴에 얹힌 채 가다가 차의 속력이 줄거나 멈추었을 때 앞이나 옆으로 튕겨지므로 2차 손상은 발생하지 않는다. 또 승용차가 시속 70km 이상 고속으로 달리고 있을 때 충돌한다면 피해자가 높이 떠올라 차의 지붕을 지나 승용차의 뒤쪽에 떨어지게 되므로 역시 2차 손상이 발생하지 않는다.

차에 부딪힌 다음 땅바닥에 떨어질 때 받는 손상인 3차 손상은 전도(轉倒)손상이라고도 하는데, 이때 머리가 먼저 바닥에 떨어지면 두개골골절이나 뇌좌상 같은 치명적 손상을 입으며, 엉덩이로 떨어지면 골반뼈골절이 발생한다. 한편 목손상은 최초의 충격으로 갑자기 뒤로 젖혀지거나 2차 손상으로 머리가 앞 유리창과 충돌할 때 혹은 바닥에 떨어질 때 잘 생긴다. 피해자가 바닥에 떨어진 후 자동차 바퀴가 피해자 위를 지나갈 때 발생하는 손상을 역과(轢過)손상이라고 하는데, 근육과 피부가 벌어지는 박피손상이 대표적이다. 심하면 목이나 팔다리가 절단되기도 한다. 또 피해자의 옷이나 신체 일부가 차에 끼여 끌려가는 경우도 있는데, 이때는 바닥과 마찰에 의한 손상이 나타난다.

탑승자가 교통사고로 받을 수 있는 손상은 보행자에 비해 다양하게 나타난다. 자동차 내부는 한정된 공간이어서 충돌할 때 탑승자가 안전띠로 고정되어 있지 않으면 여러 방향으로 부딪힐 수 있고, 이 과정에서 다양한 손상이 발생하기 때문이다. 운전자가 받는 손상의 90%는 운전대에 부딪혀서 발생하며, 안전띠를 매지 않은 경우 특히 심한 손상을 받는다. 가슴과 배를 많이 다치는데, 흉골과 늑골 여러 곳이 골절될 수 있고, 외부 상처는 크지 않아도 폐가 심한 손상(좌상)을 받을 수 있으며, 골절된 늑골이 폐를 찔러 기흉이나 폐출혈을 일으키기도 한다. 심장도 흔하게 손상을 받아 파열되기도 하고, 대동맥손상도 자주 나타난다. 에어백이나 충격 흡수 운전대는 이런 손상을 줄여준다.

보통 몸은 상대적으로 좌석에 밀착된 상태에서 충돌이 발생하기 때문에 목이 앞으로 심하게 숙여졌다가 뒤로 젖혀지게 되는데, 이 과정에서 경추(특히 5~6번)가 골절되거나 어긋나게 되고 경추의 힘줄이나 연골이 손상된다. 이는 목이 채찍질에 휘둘리듯이 움직인다고 해서 채찍질손상이라고 하는데, 비록 작은 손상이라도 사망 원인이 될 수 있다. 자동차 의자에 달린 머리받침은 머리의 움직임을 최소화해서 채찍질손상을 예방한다.

운전자나 조수석 탑승자가 안전띠를 매지 않은 상태에서 자동차가 정면으로 충돌하게 되면 모두 앞으로 튀어나가게 된다. 하체는 대시보드에 걸리면서 멈추지만 머리는 앞 유리창에 후려치듯 부딪힌다. 자동차의 유리창은 위치에 따라 다른 유리가 사용되는데, 앞 유리창에는 접합유리가 사용된다. 이 유리는 두 장의 유리 사이에 플라스틱 필름 층이 삽입된 구조로 되어 있어서, 충격을 받으면 그 부위를 중심으로 거미줄처럼 갈라지지만 쉽게 깨지지는 않는다. 유리가 잘 깨지지 않기 때문에 얼굴이나 머리에 둔상(鈍傷, 무딘 손상)이 발생하고, 유리가 견딜 수 있는 한계를 넘어 머리가 앞 유리창을 뚫고 나가게 되면 깨진 유리에 몸이 베이는 손상이 발생한다. 한편 자동차의 옆이나 뒤쪽 유리창은 강화유리가 주로 사용된다. 이는 고온으로 열처리하여 깨졌을 때 날카롭지 않은 작은 조각으로 부서지도록 만든 것으로, 사고 시 충격을 받으면 깨진 조각이 피부에 박히기도 한다.

자동차 교통사고가 일어났을 때 탑승자가 받는 손상의 대부분은 몸이 차체 밖으로 튕겨져 나가면서 발생한다. 따라서 탑승자가 튕겨져 나가는 것을 막아주는 안전띠는 교통사고로 인한 사망과 치명적 손상을 예방하는 데 매우 중요하다. 실제로도 안전띠를 착용하지 않은 경우 사망률은 착용했을 때보다 네 배나 높다. 그러나 안전띠를 매더라도 머리와 상체 일부는 움직일 수 있으므로 채찍질손상을 완전히 막지는 못한다.

　자동차 교통사고의 원인은 운전자의 부주의, 졸음운전, 음주운전 등이 대부분을 차지한다. 하지만 교통사고로 인한 사망이 모두 이런 사고사는 아니며, 보험금을 타려는 자살이나 타살일 수도 있다. 또 운전자에게 갑작스럽게 가슴통증이 발생하거나 의식이 소실되면서 2차적으로 교통사고가 발생하는 경우도 있다. 충돌사고의 15~20%는 이런 내인성 급사가 원인이며, 심장질환이 가장 흔하다. 이런 사고는 현재 고령 운전자가 많아지면서 더 늘어날 것으로 보인다. 그런데 운전자에게 증상이 발생하더라도 대부분은 속력을 줄이고 충돌을 피할 수 있는 시간 여유가 있으므로 대개 큰 충돌은 일어나지 않는다. 그러나 증상이 아주 급격한 경우에는 다른 차량이나 도로의 구조물과 충돌할 뿐만 아니라, 화재 등의 2차 사고로 이어지기도 한다. 한편 음주운전의 위험성은 이미 잘 알려져 있으며, 잠재적 살인행위로 인식되고 있다. 음주운전으로 인한 교통사고는 전체 교통사고의 10% 정도지만, 피해자가 사망하거나 중상을 입는 치명적 사고만을 보면 60% 이상이다.

추락사

산업재해 사망 원인 1위

추락사(墜落死, death by falling)란 높은 곳에서 떨어져 죽는 것을 의미한다. 2017년 우리나라에서 추락사한 사람은 총 2672명으로, 사고로 인한 사망 중에서는 운수사고에 이어 두 번째로 많았다. 추락사는 자살의 일환일 수도 있고, 타살 가능성도 있으며, 부주의로 인한 사고가 원인일 수도 있다. 2017년 우리나라의 부검 결과를 보면 추락사로 결론지어진 737건 중 사고 때문인 것이 64%였고, 자살과 타살은 각각 23%, 2%였으며, 나머지 11%는 원인을 밝힐 수 없었다. 사망 원인 통계에서 추락사는 부주의로 인한 사고에 의한 사망만을 일컫는다.

추락과 낙상은 모두 넘어진다는 의미로 같은 말이고, 영어로도 모두 폴(fall)이지만, 사망 원인 통계에서 추락사란 계단에서 굴러 떨어지거나 높은 곳에서 떨어지는 것 혹은 바닥에서 넘어지는 사고 자체가 직접 사망 원인이 되는 경우에 사용된다. 반면 낙상은 떨어지거나 넘어지는 사고 자체로 사망하지 않는 경우에 사용한다. 그렇다고 낙상이 심각한 문제를 야기하지 않는다는 말은 아니다. 낙상은 주로 노인에게서 일어나며 낙상사고의 2~10%는 고관절이나 척추 등이 골절되는 결과를 초래하는데, 이는 수술을 하더라도 1년 이내에 사망할 확률이 20~40%다. 이 경우 직접 사망 원인은 폐색전증을 포함한 심혈관질환, 폐렴이나 요로감염과 같은 감염병 등이다.

추락사는 보통 높은 곳에서 떨어질 때 발생하지만, 사망 확률이 반드시 추락 거리에 비례하는 것은 아니다. 서 있다가 넘어지는 추락(전도顚倒)으로 바닥이나 벽에 부딪혀서 사망할 수도 있고, 수미터 높이에서 추락해도 생존할 수가 있다. 서 있다가 바닥에 넘어져서 사망하는 경우는 거의 모두 머리손상이 직접 사망 원인이다. 이때 대부분은 뒤로 넘어져서 뒤통수가 바닥에 부딪혀 사망한다. 의자에 앉아 있다가 뒤로 넘어져서 사망하는 경우는 있지만, 앞으로 넘어져서 사망하는 경우는 거의 없다. 넘어질 때 저절로 손을 내밀어 머리가 직접 충격을 받는 일이 없기 때문이다. 대신 손목관절골절이 잘 생긴다.

고층에서 추락 또는 뛰어내릴 때 몸은 지면에 대해 같은 방향을 그대로 유지하기도 하고, 회전하기도 하며, 비틀어지기도 한다. 일반적으로 회전은 추락 높이가 높을 때 발생하는데, 추락 도중 장애물에 부딪히면 예상치 못한 방향으로 몸이 회전하거나 비틀어진다. 그리고 몸이 미끄러져서 추락하면 벽면에 가깝게 떨어지지만, 자살 목적으로 몸을 공중에 내던질 때는 벽면에서 조금 떨어져 바닥에 충돌한다.

머리 방향으로 추락하면 정수리 두개골과 목과 인접한 두개골 아랫면 모두 골절되며, 때로는 경추가 머리뼈 아랫부분을 뚫고 올라가 뇌 안에 박히기도 한다. 다리가 지면에 먼저 충돌하면 주로 경골(정강이뼈)과 대퇴골(넙다리뼈)이 골절된다. 다리가 먼저 바닥에 충돌할 때도 높은 곳에서 추락했다면 경추가 두개골 아랫면을 골절시키고 뇌 안으로 들어간다. 또 갈비뼈가 골절되면서 폐가 손상되기도 하고, 복부손상으로 간이나 비장이 파열되면서 대량 출혈을 일으키기도 한다. 추락사의 80%는 머리·척추·척수 등의 손상이 직접 사망 원인이 되며, 추락사의 절반 정도는 추락 즉시 사망한다.

사고로 인한 추락사가 가장 빈번하게 발생하는 장소는 집과 산업 현장이다. 집에서 발생하는 경우는 화재를 피하기 위해 베란다에서 뛰어내릴 때, 도둑질하기 위해 베란다 난간을 올라가다가 떨어질 때, 아파트에서 창문을 열고 이불을 털다가 이불 무게를 못이겨 몸이 딸려나갈 때, 방충망에 무심코 기대고 있다가 떨어질 때, 베란다에서 의자 위에 올라가 밖을 보다가 떨어질 때 등이 있는데, 술에 취한 상태에서 발생하는 경우가 많다. 산업재해로 인한 사망의 절반은 건설업 현장에서 발생하는데, 건설 현장에서 가장 많은 사망 원인이 추락사다. 전체적으로 산업재해로 인한 사망의 3대 유형은 추락, 부딪힘·접촉, 끼임이고, 이 중 추락사가 가장 많다.

익사

물에 빠진 뒤 11~25분 정도 지나면 사망한다

익사(溺死, drowning)는 물속에서 물과의 접촉에 의해 사망하는 경우를 말한다. 사람이 물에 빠져 사망하는 원인에는 자살, 타살, 사고 등이 있으나, 사망 원인 통계에서는 사고에 의한 익사만을 '익사'의 범주로 분류한다. 이에 따르면 2017년 사고에 의한 익사는 585명으로, 사고사로서는 운수사고, 추락에 이어 사망 원인 세 번째였다. 성별로는 남성이 세 배 더 많았다. 특히 아동의 익사사고가 상대적으로 많은데, 미국에서는 1~12세 아동의 익사가 자동차 사고 사망에 이어 사망 원인 두 번째를 차지하며, 우리나라에서도 1~9세 아동이 사고로 사망하는 원인 중 익사가 운수사고 다음으로 많다.

사람이 물에 빠지는 익수사고는 유아에서 성인까지 세 번에 걸쳐 급증기가 있는데, 그중 5세 이하에서 가장 많이 발생하고, 두 번째는 15~24세이며, 마지막으로 노인층에서 증가한다. 유아기에는 수영장이나 개방된 물가에서도 사고가 발생하지만 집에서 욕조나 양동이에 빠지는 사고도 많다. 노인은 신체장애나 기저질환으로 인해 욕조에서 익수사고가 발생할 수 있다. 한편 수상 레저 스포츠를 즐기다가 물에 빠져 사망하는 사람도 많은데, 특히 젊은 연령층에서 증가하고 있다.

사람은 물에 빠져서 사망하기까지 다음의 네 단계를 거친다.

① 무증상기: 물에 빠지면 사람은 본능적으로 약 30초에서 1분, 길게는 1분 30초 동안 호흡을 멈춘다. 그전에 물을 마셔 한두 번 발작적 호흡을 하는 경우도 있다. 물에 익숙한 사람은 4~5분까지 버틸 수 있으나, 민감한 사람은 이 시기에 신경성 쇼크로 사망할 수도 있다.

② 경련기: 호흡이 멈추면 혈중 이산화탄소가 증가해 호흡중추를 자극

하기 때문에 호흡운동이 일어날 수밖에 없다. 결국 물속에서 호흡하므로 물이 폐로 들어간다. 그러면 경련이 나타나고 의식을 잃고 입에서는 거품이 흘러나온다.

③ 호흡정지기: 뇌에 산소가 지속적으로 공급되지 않기 때문에 가사(假死)에 빠진다. 이 시기는 약 1분간 지속된다.

④ 종말호흡기: 마지막으로 발작적 호흡을 몇 번 하다가 호흡이 완전히 멈춘다. 약 1분이 걸린다. 이때 심장박동은 어느 정도 지속될 수 있다.

물속에서 사망하면 인체는 일단 물속으로 가라앉는다. 인체의 비중은 폐에 공기가 가득 찼을 때는 0.967이고 숨을 완전히 내쉬면 1.057이므로, 숨을 완전히 내쉬고 가만히 있으면 몸이 가라앉는다. 그런데 폐 속에 물이 들어가면 신체의 비중이 올라가기 때문에 익사체는 대개 가라앉는다. 일단 가라앉은 익사체가 부패 과정을 거쳐 부패 가스가 생성되면 부력(浮力)이 생겨 수면에 떠오르게 된다. 부패 가스의 부력은 매우 커서 30kg의 추에 매달린 주검이 떠오른 예도 있다. 주검이 다시 떠오르는 시기를 결정하는 주요인은 수온이다. 수온이 높으면 부패가 빠르기 때문이다. 여름에는 대개 2~3일 만에 떠오르고, 겨울에는 2~3개월 후에 떠오른다. 이때 물의 오염 정도와는 관계가 없다. 부패는 외부 세균이 들어와서 진행되는 것이 아니라, 인체 내부의 세균에 의해 이루어지기 때문이다. 처음부터 가라앉지 않거나 금방 떠오르는 경우도

20~30%가량 되는데, 이런 경우는 입고 있는 옷에 공기가 들어 있어 부력이 높아졌거나 폐에 공기가 많이 찬 경우다. 또 바닷물은 비중이 높기 때문에 익사체가 떠오를 확률이 높다.

사람은 물에 잠긴 상태로 25분이 지나면 대부분 사망한다. 익사자의 88%는 11~25분 정도에서 사망하고, 56%는 6~10분에서, 10%는 5분 미만에서 사망에 이른다. 그런데 익사 과정에서 구조되어 소생한 경우라도 다시 의식을 잃고 수시간 내에 사망할 수 있다. 물에 빠졌다가 구조되어 집까지 멀쩡하게 왔다가 사망하는 사람도 있다. 사망 원인은 대개 폐부종이나 용혈이며, 흡인(吸引, aspiration)된 물로 인한 폐렴으로도 사망할 수 있다. 익사 직전까지 갔다가 소생한 후 사망하는 일은 대부분 1~3일 이내에 일어난다. 그래서 구조 이후 아무런 증상이 보이지 않는다 해도, 사고 당시를 기억하지 못하거나 의식이 저하된 경우 또는 인공호흡을 시행하는 등 잠시라도 무호흡이 있었다면 응급실로 이송해야 한다.

익사는 반드시 온몸이 물에 잠길 때만 발생하는 것은 아니다. 세면기에 고인 물에서도 익사할 수 있으며, 물을 접촉하는 것만으로도 가능하다. 갑자기 찬물에 들어가면 물을 흡인하지 않더라도 미주신경이 자극되어 심장이 멎을 수 있기 때문이다. 알코올을 섭취하면 혈관이 이완되어 이러한 변화가 더 촉진된다. 나아가 기도와 후두가 자극되면 방어적으로 인후가 폐쇄되면서 사망할 수 있다. 이를 건성익사(乾性溺死, dry drowning)라고 한다. 전체 익사의 약 10~20%가 이에 해당한다.

익사의 직접 원인은 산소 차단에 따른 질식사이지만, 산소 결핍 외에 전해질 이상이 원인이 되기도 한다. 물속에서 10여 분 동안 무호흡 상태로 견딜 수 있는 사람이 적지 않다는 사실에 비추어보면 산소 결핍이 사망 원인이 되는 정도는 생각보다 크지 않을 수 있다. 동물 실험에 따르면 물에 잠긴 상태로 호흡하면 처음 3분 이내에 혈액의 70% 정도 되는 물이 유입될 수 있는데, 그에 따른 혈액 희석과 세포 파괴에 따른 칼륨 증가가 심장부정맥을 유발해서 사망에 이르게 할 수 있다. 한편 바닷물에 빠지면 혈액 농축이 일어나는데, 혈액 희석보다는 덜 위험하기 때문에 민물에 빠졌을 때보다는 더 오래 생존한다.

익사는 주로 물놀이가 많은 여름에 발생한다. 특히 수상 스포츠 활동과 연관이 있으며 40~45%의 익사사고가 수영 중 발생한다. 사고 발생 장소는 하천, 계곡, 바다 등이다. 수영장 같은 실내 공간은 안전요원이 지키고 있어서 물에 빠지더라도 빨리 구조될 확률이 높아 익사사고로 이어지는 경우가 드물고, 해수욕장에서도 물에 빠지는 사고가 자주 일어나지만 구조대가 신속하게 움직이기 때문에 익사자는 많이 발생하지 않는다. 바다에서 발생하는 익사는 해수욕장이 아닌 한적한 바닷가에서 주로 일어난다.

다리 위에서 강이나 바다에 떨어져 사망하는 경우 대부분은 자살인데, 직접 사인은 익사, 즉 질식사다. 그런데 다리 위에서 뛰어내려 물과 충돌하는 낙하 거리가 길수록 그에 비례해 외상성손상이 많이 발생한다. 한강 다리에서 뛰어내릴 경우 강물까지 거리는 평균 20m 정도이며, 물에 닿을 때 신체의 낙하 속도는 시속 70km 정도다. 이때는 다이빙에 의한 손상과 달리 신체의 다양한 부위가 물과 충돌하기 때문에 두부, 얼굴, 흉부, 복부 등 여러 부위에 외상성손상이 발생하며, 이것이 사망 원인이 되기도 한다. 2011년부터 2015년 사이에 한강에 떨어졌다가 구조되어 응급실에 실려온 203건의 사례를 연구한 결과 사망률은 32%였다.

익사는 목욕탕에서도 발생한다. 특히 겨울이 되면 목욕을 하던 노인이 갑작스럽게 사망했다는 언론 보도가 종종 나온다. 목욕탕 욕조에서 사망한 경우 온욕사(溫浴死, hot bath-related death)라고 하는데, 우리나라에서는 아직 연구가 부족하고 일본의 연구 결과가 많다. 일본에서는 보통 앉았을 때 어깨높이까지 물이 차는 욕조에 40~42℃ 정도의 뜨거운 물을 받은 후 몸을 담근다. 이때 노인은 체온이 올라가 땀을 많이 흘리면서 일시적 탈수 상태가 되기 쉬운데, 이러한 변화가 심혈관계에 부담을 준다.

온욕사는 부검을 해서 정확한 사인을 규명하는 경우는 드물고 대부분 검안만으로 사건을 종결하지만, 일본법의학회에서 온욕사 사례를 부검 연구한 결과를 보면 물이 호흡기로 들어간 경우는 검안에서 23%가 확인됐고, 부검에서 67%가 확인됐다. 직접 사인은 익사가 62%, 병사가 25%, 나머지는 사인을 확인할 수 없었다. 부검 소견 중 명확한 질병이 있는 경우 가장 흔한 소견은 허혈심장질환과 심비대였다. 알코올을 섭취한 사례는 온욕사의 33%였는데, 음주가 사망에 직접 영향을 미쳤다고 생각되는 경우는 전체

온욕사의 13%였다. 약물 섭취가 사망에 영향을 미친 사례도 3%였는데, 수면제가 가장 많았다.

우리나라에서 2008년부터 2015년까지 목욕 중 사망한 84건의 부검 결과를 보면, 평균 나이는 61세, 남녀 비율은 2 : 1이며 여름보다 겨울에 4.6배 많았다. 사인은 68%가 익사였으며, 원래 가지고 있던 지병으로 인한 사망이 29%, 급성 알코올의존증으로 인한 사망이 4%였다. 직접 사망 원인이 알코올은 아닐지라도 혈중 알코올이 검출된 사례는 35%였다. 사망 장소는 공중목욕탕이 68%로 가장 높았고, 사망에 이르게 한 주원인은 심혈관질환과 음주였다.

재난

사망을 초래하는 재난은 대부분 인재다

재난(災難, disaster)이란 뜻밖에 일어난 재앙을 뜻한다. 같은 의미지만 재해(災害)는 재앙으로 말미암아 받은 피해를 강조한 말이다. 재난의 개념은 시대와 사회 환경에 따라 변해왔다. 전통적으로는 태풍·홍수·지진 등과 같은 천재지변만을 재난으로 인식했으나, 물질문명의 발달로 사람이 만들어낸 요인에 의한 대형 사고가 자주 발생하면서 오늘날에는 자연재해뿐만 아니라 인적 재난(인재)까지 포함하게 됐다. 현재 사망을 초래하는 재난은 대부분 인적 재난인데, 인적 재난을 폭넓게 정의하면 테러나 전쟁으로 인한 재해까지도 포함된다. 우리나라의 '재난안전법'에서는 재난을 자연

재난과 사회재난으로 나누는데, 사회재난은 인적 재난과 같은 뜻이다.

우리나라의 경우 자연재해로 인한 사망은 주로 호우와 태풍 때문이었다. 2008년부터 2017년까지 10년 동안 호우로 인한 사망은 연평균 12.4명이었고, 태풍으로 인한 사망은 2.8명이었다. 한편 2018년에는 전 세계적으로 자연재해로 인해 1만 733명이 사망했다. 사망이 가장 많았던 나라는 지진해일이 덮친 인도네시아였고, 북한에서는 237명이 사망해 자연재해 사망 9위를 차지했다. 북한이 9위에 오르게 된 가장 큰 이유는 그해 8월 태풍 솔릭으로 인한 홍수 때문이었는데, 이때 151명이 사망했다.

화재 ─────────

화재사고에는 대부분 탈출 기회가 있다

화재(火災, fire)는 불에 의한 재난으로, 인적 재난(사회재난) 중 가장 많은 유형이다. 화재로 인한 사망은 사고사 중에서는 운수사고, 추락사, 익사에 이어 사망 원인 네 번째다. 2017년 소방청 통계에 따르면 화재로 인한 사망자는 345명이었고, 통계청의 사망 원인 통계로는 322명이었다. 두 통계 간의 수치 차이는 사망자를 집계하는 방식이 기관별로 다르기 때문이다.

2017년 우리나라 전국에서 발생한 화재는 4만 4178건이었다. 장소별로 보면 주거 1만 1765건, 비주거 1만 5949건, 자동차·철도차량 4971건, 선박·항공기 80건, 위험물·가스 제조소 31건, 임야 3267건이었다. 주거와 비주거를 합하면 2만 7714건으로, 우리나라 화재의 63%는 건물에서 발생한다고 할 수 있다. 원인별로는 부주의가 54%로 가장 많았고, 그다음으로 전기화재가 26%였다. 대형 화재란 사망자 다섯 명 이상, 사상자 열 명 이상, 재산 피해액 50억 원 이상으로 추정되는 화재를 말하는데, 2017년에는 아홉 건이 대형 화재였으며, 가장 많은 사망자를 낸 화재는 12월에 발생한 제천 종합스포츠센터 화재였다.

화재로 인한 사망은 화상, 유독가스 흡입, 산소 결핍(질식) 등이 직접 원인이 된다. 특히 화재 현장에서 사망하는 원인의 대부분은 유독가스 중독이나 질식사다. 가연물(可燃物)이 발화되어 화재가 발생하면 연소가스, 화염, 열, 연기 등 연소 생성물이 만들어지는데, 이 중 연소가스가 가스중독이나 질식사를 유발한다. 한편 화상은 피부뿐 아니라 고온의 연기를 들이마심으로써 호흡기(기관지, 폐)에도 발생한다. 피부 화상은 요즘 의학 기술이 발전해 치료가 잘 되기 때문에 사망 원인이 되는 경우는 드물지만, 호흡기에 발생한 화상은 기도폐쇄, 폐부종, 폐렴 등으로 진행되어 수주일 혹은 수개월 뒤에 사망하기도 한다.

연소가스는 질식제(asphyxiants), 자극제(irritants), 기타 유기물 등으로 구분할 수 있다. 메탄가스나 질소는 공기 중에서 산소가 차지하는 공간을 대체함으로써 산소 결핍과 질식을 유발하며, 일산화탄소나 시안화수소는 세포호흡 수준에서 산소 결핍과 질식을 유발한다. 일산화탄소는 거의 모든 화재 현장에서 발생하는데, 유기물질이 불완전연소 되어 생성된다. 적혈구의 혈색소와 결합한 후 혈액 내 산소 운반을 방해하여 조직으로 산소가 공급되는 것을 차단할 뿐만 아니라, 시토크롬산화효소와 미오글로빈 등과도 결합하여 독성을 일으킨다. 시안화수소는 모직물이나 질소를 함유한 합성수지 등이 불완전연소 되면서 발생하는 것으로, 시토크롬산화효소의 작용을 차단하여 세포호흡 수준에서 질식을 일으킨다.

화재로 인한 사망은 대부분 유독가스 흡입이나 질식사이기 때문에 공간의 밀폐 여부가 결정적 영향을 미친다. 2017년 제천 종합스포츠센터는 목욕탕, 헬스장, 음식점 등이 있는 9층짜리 건물로, 발화 지점은 1층 주차장이었다. 2층으로 불길이 번지면서 외벽의 스티로폼 단열재와 엘리베이터를 타고 건물 상부로 유독가스와 불길이 확대됐다. 화재로 인한 사망자는 총 29명이었는데, 대부분(20명) 2층 목욕탕에서 사망했다. 화재가 나자 건물 안에 있던 사람들은 대부분 대피로를 이용해 대피했으나, 2층은 비상구가 목욕용품 수납장으로 막혀 있었고, 평상시 사용하던 출구는 자동문인데 화재로 문이 차단되어 목욕탕 안에 갇혀 있다가 질식사한 것으로 추정된다.

화재사고 때는 한순간 파괴되는 폭발사고에 비해 대개 현장에서 탈출할 수 있는 시간이 있는데, 대피 과정에서 나타나는 본능적 행동 패턴이 사망 위험을 증가시킬 수 있다. 사람들은 이상한 일이 발생하면 무엇인지 확인하려 하고, 긴급 사태라고 생각되면

반사적으로 그 지점에서 멀어지려고 한다. 건물 중심부에서 연기와 불꽃이 보이면 밖으로 탈출하려 하고, 건물 밖이 위험해 보이면 중앙으로 피하려 한다. 가능한 한 넓은 공간을 찾아서 이동하지만 의외로 좁은 장소, 예를 들어 목욕탕이나 화장실 등을 찾기도 한다. 오른손잡이는 오른손과 오른발이 발달해 왼쪽으로 돌게 되는 현상도 나타난다.

사람들은 탈출하고자 할 때 늘 사용하던 경로를 이용하려 한다. 비상구가 가까이 있어도 자신이 들어왔던 출입구를 고집한다. 또 정전되거나 검은 연기로 주위가 어두워지면 밝은 곳으로 피난하고자 한다. 따라서 사람들이 일상적으로 사용하는 경로, 즉 복도나 계단 등은 건물 출구까지 밝고 안전하게 보호되는 것이 구조 활동에 중요하다. 또 개개인은 사람들이 많은 쪽으로 모이는 경향이 있는데, 이를 동조행동이라 한다. 1903년 15분 만에 605명의 사망자가 발생한 미국 시카고의 극장 화재 때는 대부분의 사망자가 유독가스나 화상 때문이 아니라, 출입구와 계단 주변으로 한꺼번에 몰려 압사 또는 질식사했다. 한편 비상시에는 많은 군중이 한 사람의 리더를 추종하는 경향도 있기 때문에, 불특정 다수를 이끌고 피난 유도를 할 수 있도록 안전관리자 교육도 필요하다.

7

자살
Suicide

프랑스의 작가 카뮈(A. Camus, 1913~1960)는 《시시포스의 신화》에서 "오직 단 하나의 진정한 철학적인 문제가 있으며, 이는 자살이다"라고 말했다. 우리 삶이 살 만한 가치가 있는지 없는지 판단해서 죽어야 하는지 살아야 하는지 고민하는 것이 오직 단 하나의 진정한 철학적 문제라는 것이다. 자살(自殺, suicide)이란 '당사자의 자유의사에 따라 자신의 목숨을 끊는 행위'인데, 어떤 특정 죽음이 자살인지 아닌지를 판단하는 것은 때로는 매우 어렵다.

자살률 —————————————————————

하루 34명, 이기적 자살부터 숙명적 자살까지

2017년 기준으로 우리나라의 자살률은 10만 명당 24.3명으로 경제협력개발기구 국가 중 최고 수준이다. 2017년 한 해에 자살로 사망한 사람은 1만 2463명으로 전체 사망 원인의 4.4%를 차지했고, 순위로는 암, 심장질환, 뇌혈관질환, 폐렴에 이어 다섯 번째였다. 이는 하루에 34명이 사망하는 것으로, 교통사고로 인한 사망보다 2.5배 많다. 연령대별로 자살 현황을 보면 80대 이상 노년층에서 인구 10만 명당 자살자가 70명으로 가장 높았으며, 그다음은 70대가 49명으로 두 번째로 높았다. 즉 자살률은 노년기에 높다. 그러나 연령대별 사망 원인 중 자살이 차지하는 비중이 가장 높은 연령대는 10대, 20대, 30대다. 이 연령대에서는 자살이 사망 원인 1위다. 한편 자살 사망자 수가 가장 많은 연령대는 40대와 50대로, 이들이 전체 자살 사망자의 40%를 차지한다. 성별로 보면 자살자의 72%는 남성이고, 여성은 28%다.

자살은 자살 생각(suicidal ideation), 자살 시도(attempted suicide), 자살 행위(suicide behavior)의 세 단계로 나누어 살펴볼 수 있다. 자살 생각이란 죽음에 대한 일반적인 생각에서 자살 수단에 이르기까지 생각하는 것을 말하며, 자살을 준비하는 것도 포함된다. 사람들은 어려움에 봉착하면 자살을 문제 해결의 한 방법으로 여겨 많은 고민을 한다. 사람들의 24%는 평생 한 번 이상 자살을 생각한다. 자살을 한 번이라도 생각했던 사람 중 34%는 자살 계획을 세우고, 이들 중 72%는 계획을 실행으로 옮긴다. 26%는 계획 없이 즉흥적으로 자살을 시도한다.

자살 생각은 최초의 경고 신호인데, 일단 자살을 생각하면 대부분 5년 이내에 자살을 시도한다. 2012년 국민건강영양조사 자료 중 청장년(20~39세), 중년(40~59세), 노년(60세 이상) 인구 총 5522 명을 표본추출 하여 자살 생각의 여부와 자살 생각에 영향을 미치는 요인을 분석한 연구 결과가 2014년 발표됐다. 이 연구 결과에 따르면 청장년층의 12%는 '지난 1년 동안 죽고 싶다는 생각을 해 본 적이 있는가?'라는 질문에 '그렇다'고 대답했다. 중년층에서도 자살 생각의 빈도는 청장년층과 같은 12%였으며, 노년층은 20% 였다. 성별로는 여성이 월등히 많았는데, 청장년층은 80:20의 비율로 여성이 많았고, 중년층은 66:34, 노인층은 72:28이었다. 20 세 이상 모든 성인 연령에서 자살 생각과 연관된 위험 요인은 공통적으로 스트레스와 우울이었다. 스트레스 인지율은 '평소 일상 생활 중에 스트레스를 많이 느끼는가?'라는 질문에 '그렇다'고 대답한 비율인데, 청장년층은 33%, 중년층은 24%, 노인층은 21%였다. 우울 경험률은 '최근 1년 동안 연속적으로 2주 이상 우울을 경험했는가?'라는 질문에 '그렇다'고 대답한 비율인데, 청장년층은 10%, 중년층은 14%, 노인층은 15%였다.

 2015년 국민건강영양조사에서 성인 3만 9000명을 대상으로 조사한 자살 생각의 빈도는 5%였다. 2012년 조사 때보다 훨씬 낮은 수치다. 이처럼 자살 생각의 빈도가 어느 정도인지는 연구 방법에 따라 많은 차이를 보인다. 그나마 자살 생각에 대한 연구는 많이 이루어지고 있지만, 실제로 얼마나 많은 사람이 자살을 시도하는지에 대한 통계는 없다. 자살에 대한 사회의 부정적 시각 때문에 자살 시도자가 침묵을 택하기 때문이다. 반면 말을 하는 사람은 자살 시도를 보여줌으로써 2차적 급부를 얻으려는 욕구가 있는 것일 수 있기에, 자살 시도의 빈도에 대한 진정한 데이터는 얻기가 어렵다. 결국 자살에 성공한 경우에만 전 국민 사망 통계에서 집계된다.

자살 방법의 치사율을 근거로 역추적해서 자살 시도의 빈도를 추정해볼 수는 있지만, 자살 시도는 보통 여러 차례 이루어지므로 이 또한 정확한 추정은 어렵다. 2016년 자살 시도 후 응급실에 실려온 환자는 총 2만 6986명이었는데, 여성이 54%로 남성보다 많았다. 이 수치는 응급실에 왔던 사람만 계산한 것이고, 실제로 자살 시도가 얼마나 이루어지는지는 알기 어렵다. 그런데 자살 시도는 미래에 자살로 인한 사망의 가장 강력한 위험 인자 중 하나다. 자살 시도 후 1~2년 안에 12~30%가 자살을 재시도한다. 자살을 시도했다가 살아남더라도 2~7%는 결국 자살로 사망한다. 그 위험성은 자살 시도 후 1~2년 안에 가장 높다. 자살 사망자의 약 40%는 자살 재시도에서 사망한다. 즉 자살자의 약 60%는 첫 시도로 사망한다.

자살의 역사 —————

자살이 항상 비난받는 것은 아니었다

자살은 인류의 역사와 함께해온 행위로, 자살에 대한 찬반 입장은 역사·문화적 배경에 따라 매우 다르다. 고대 그리스의 도시국가는 법으로 자살을 금지했다. 아테네에서 자살자는 사체의 오른손을 절단하는 벌을 받았다. 반면 고대 로마는 자살에 호의적이었다. 기원전 5세기에서 2세기에 이르기까지 로마에서는 약 314명의 저명인사가 자살했다. 로마인, 특히 정치귀족에게 가장 중요한 덕목은 명예였기에 명예를 잃고 모욕과 굴욕의 삶을 사는 것은 가장 수치스러운 것이었다. 인격의 존엄성과 도덕적 의무 수행을 주장했던 스토아학파에서도 자살은 공공연히 행해지고 정당화됐는데, 스토아철학자 세네카도 자살로 생을 마감했다.

중세 유럽에서 자살은 용서받을 수 없는 범죄로 간주됐다. 악마에게 유혹된 자들이 신의 저주를 받아 지옥에 떨어져 더 이상 신의 자비와 구원을 기대할 수 없게 되자 절망에 빠져서 자살에 이르게 된다고 생각했기 때문이다. 자살자에게는 가혹한 벌이 가해졌는데, 자살자의 재산은 전부 몰수됐고 사체는 교수대에서 교수형에 처해지거나 불에 태워졌다. 르네상스 시기에도 자살자의 사체에는 사탄이 들어앉아 있다고 여겼기 때문에 부활을 저지하기 위해 사체에 말뚝을 박아 넣기도 했다.

유럽에서 자살자에 대한 태도가 바뀌기 시작한 것은 18세기 계몽주의 시기 이후다. 자살자라도 선별적으로 처벌을 면제하기 시작하면서 자살자에게 벌을 가하는 교회법을 아예 폐지하기에 이르렀다. 비록 칸트와 같은 일부 철학자는 자살을 여전히 범죄나 도덕적 실패로 규정했지만, 자살이 악마의 힘에 홀려 저지르는 것이라는 인식은 점차 줄어들어 18세기 후반에는 거의 사라졌다.

19세기에는 자살에 대한 찬반 논란보다 자살이 왜, 그리고 어떻게 일어나는가에 대한 논의가 본격적으로 등장하기 시작했다. 이러한 논의를 본격화한 사람은 사회학자 뒤르켐(É. Durkheim)이다. 그는 《자살론》(1897)에서 2만 6000건에 달하는 유럽 각국의 자살 통계 자료를 토대로 자살의 원인을 밝히고 유형을 나누었다. 자살을 하나의 사회현상으로 분석하기 시작한 것이다.

뒤르켐이 《자살론》을 출간하기 13년 전인 1884년 우리나라에서는 갑신정변이 있었다. 이 정변은 '삼일천하'로 끝났고, 거사의 주역이었던 김옥균, 박영효, 서재필은 일본으로 도피했다. 그러나 또 다른 주역이었던 우정국총판 홍영식은 도망가지 못하고 처형됐다. 흥선대원군이 집권했을 때 영의정을 지낸 홍영식의 아버지는 손자를 독살한 후 자살했고 홍영식의 부인도 자살했다. 박영효의 아버지, 서재필의 아버지와 아내도 자살했다. 자살은 조선시대에 이미 흔히 있었으며, 조선시대 이전에도 있었다. 백제 시조 온조의 형이며 동명성왕의 둘째 아들인 비류는 비류국을 세웠다가 자살했다.

조선 후기의 형사판례집이라 할 수 있는 《심리록(審理綠)》을 보면 '수치와 분노' 때문에 자살한 사람이 많았다. 이는 죄를 저지른 후 죽음을 택한 경우나 궁지에 몰렸을 때 자살한 경우보다 많았다. 훼손된 명예를 지키고 억울함을 호소하기 위해 자살하기도 했다. 조선시대 문헌에서 사대부가 우울이나 염세 혹은 처지를 비관해서 자살한 기록은 찾기 어렵다. 조선시대뿐만 아니라 근대 이행 초기까지 자살과 결부된 것은 '분(憤)'이었다. 분은 '수치심, 억울함, 분노' 등이 복합된 감정으로, 자살을 야기한 심리현상이자 윤리적 태도였다.

우리나라에서 실연(失戀)과 같은 개인적이고 감정적인 이유로 자살자가 나타나는 것은 일제강점기인 1920년대부터다. 1920년대는 '연애의 시대'라고 불릴 만큼 우리나라에 개인의 욕망과 행복 담론을 담은 서구 문화가 한꺼번에 밀려들어온 시기다. 젊은이가 실연 때문에 자살하는 사건은 당시 많은 사회적 파장을 불러일으켰고, 이러한 문화는 광복 이후인 1950~1960년대까지 이어졌다. 조선총독부의 통계연보에 따르면 1910년대 후반부터 1920~1930년대로 갈수록 자살은 점차 증가했다. 가장 정점을 기록한 1937년에는 인구 10만 명당 자살자가 12.2명이었다. 이 수치는 현재의 절반에 조금 못 미친다. 당시 조선의 자살률은 일본의 절반 정도였는데, 자살률의 증가를 당시에는 문명화의 증거로 간주했기에 조선인의 자살률이 낮은 것은 조선이 후진국이기 때문이라고 생각했다.

조선총독부가 파악한 1910~1930년대 자살의 원인은 정신착란 21%, 생활 곤란 20%, 병의 고통 16%, 가정 또는 친족과의 불화 13% 등으로 이 4대 원인을 모두 합하면 전체 자살의 60%를 차지했다. 이미 '정신착란'이라는 서구 정신의학의 틀로써 자살 현상을 분석하기 시작했다는 것을 알 수 있다.

자살의 원인

우울과 도취, 자살에 이르는 병

근현대 사회에서 발생하는 자살의 원인을 최초로 연구한 사람은 뒤르켐이다. 그는 자살 유형을 이기적 자살, 이타적 자살, 아노미적 자살, 숙명적 자살 네 가지로 나누었다. 이기적 자살이란 '개인주의적 자살'을 말한다. 즉 자신을 떠받쳐주는 집단의 가치나 믿음이 흔들리고, 이로 인해 자신이 속한 사회나 집단과 유대가 약해져 점차 개인주의에 빠져들고 깊은 고립감을 느끼면서 나타나는 자살이다. 이는 개인주의적 부르주아지 사회로부터 소외되는 근대적 자살 유형으로, 농촌보다 도시에서 빈번히 나타난다.

이타적 자살은 자신보다 집단이 더 중요하다고 여겨, 사회에 대한 과도한 책임감과 깊은 소명의식을 가지고 집단을 위해 목숨을 바치는 것이다. 즉 사회가 부과한 자기희생이라고 할 수 있다. 뒤르켐은 원시사회나 근대의 군대에서 나타나는 자살이 이타적 자살이라고 했는데, 정치적 항의 표시인 분신자살이나 무슬림의 자살 테러 등이 이에 해당한다.

아노미적 자살이란 정치경제적 또는 도덕적인 사회 위기로 발생하는 사회 혼란, 불안, 무질서로 인해 자신이 의지했던 전통적 삶의 규범과 가치가 무너지는 상황에서 나타나는 자살이다. 1990년대 우리나라는 IMF사태로 국가 부도 위기를 맞았는데, 이로 인해 갑자기 경제적 혼란에 빠지게 된 많은 이들이 자살을 택했다. 이런 경우가 아노미적 자살이다.

숙명적 자살은 사회의 과도한 규제로 말미암아 미래가 무자비하게 봉쇄되고 억압적 규율에 의해 감정이 난폭하게 질식당하게 된 개인이 깊은 절망감에 빠져 택하는 자살이다. 뒤르켐은 고대 사회에 노예가 행하던 자살이 이 범주에 해당하며, 근대 사회에서 이런 자살은 없을 것이라고 했다. 하지만 감옥에 갇힌 죄수나 전쟁포로, 말기 질환자 등의 자살이 이 범주에 해당한다고 할 수 있겠다.

뒤르켐의 연구는 나중에 많은 비판도 받지만, 어쨌든 그는 자살을 사회학적 연구 과제로 보고 현대 사회를 분석하는 기본 틀로 제시했다. 뒤르켐 이후의 연구는 뒤르켐 이론을 수정한 것에 불과하다. 그런데 20세기 후반 정신의학이 정치사회 체계에 영향력을 확대해 가면서 정신건강과 자살의 연관 관계에 대한 연구가 많아졌다. 현재 자살 연구는 정신의학에서 주도하고 있으며, 자살 예방을 위한 사회적 활동도 정신건강과 보건활동의 일환이 됐다. 정신질환의 진단 기준으로 자살의 원인을 연구한 바에 따르면, 자살 사망자의 90%가 정신의학적 질병을 갖고 있었다. 자살 사망자의 유족을 면담해 자살에 영향을 끼쳤을 다양한 요인을 살펴보는 것을 심리부검(psychological autopsy)이라고 하는데, 우리나라에서 2015년부터 2017년까지 3년간 시행된 심리부검 결과를 보면 자살 사망자의 88%가 정신건강과 관련한 문제를 갖고 있었을 것으로 보이며, 가족관계와 관련한 스트레스는 64%가 가지고 있었고, 경제적 문제는 61%, 직업 관련 스트레스는 54%가 가지고 있었던 것으로 나타났다.

조현병, 조울병, 우울증 등과 같은 중증정신질환을 앓고 있는 사람은 자살 고위험군에 속한다. 특히 자살자에게 가장 흔한 진단은 우울장애이고, 자살자의 60~80%는 주요 우울장애를 앓고 있다. 현대인이 자살하는 근본적 이유는 우울증인 셈이다. 사람들은 자살하는 이유로 흔히 절망감을 지목하지만, 그보다는 우울증이 더 자살 예측력이 높다.

2016년 정신질환 실태 조사에 따르면, 우리나라 국민의 25%는 하나 이상의 정신질환을 가지고 있었다. 그중 22%만이 정신과 치료를 받고 있었는데, 이는 미국의 정신건강 서비스 이용률 43%나 캐나다의 47%에 비하면 무척 낮은 수치다. 우리나라 사람은 정신질환에 대한 편견이 높은데, 우울증 같은 정신질환을 치료받지 않으려 하는 문화도 높은 자살률과 관련이 있다고 볼 수 있다.

알코올의존증은 우울증 다음으로 자살 사망자에게서 흔히 진단되는 정신질환이다. 알코올의존증 환자의 40%는 적어도 한 번 이상 자살을 시도하며, 15%는 자살로 생을 마감한다. 알코올의존증 환자가 아니라 그저 사람들과 함께 어울리고 원활한 사회활동을 위해서 마시는 '사회적 음주'도 자살 위험성을 증가시킨다. 자살 사망자의 절반 정도는 자살 당시 음주 상태였는데, 누군가 우울해하며 죽고 싶다고 할 때 술을 권하며 위로하는 것은 자살 위험성을 높일 수 있다.

우리나라에서 발생하는 모든 자살 사건은 일단 경찰로 넘어간다. 경찰은 타살 가능성을 살펴봐야 하는데, 자살을 교사하거나 방조한 사람이 있는지 유가족이나 참고인 등도 조사해야 한다. 이렇게 경찰청에 자살에 대한 1차 자료가 모이기 때문에 자살에 이르게 되는 직접적 동기는 경찰청 자료에서 파악할 수 있다. 2016년 경찰청 자료에 따르면, 자살의 주요 동기는 정신적·정신과적 문제가 36%, 경제생활 문제 23%, 신체 질병 21%, 가정 문제 9%, 직장 또는 업무상 문제가 4%였다. 이러한 자료를 보면, 자살자에 대한 정신의학적 심리부검의 약 90%에서 정신과적 질환이 발견됐다고 하더라도 자살에 이르는 직접적 동기에는 경제생활이나 신체 질환 같은 문제도 작용했던 것을 알 수 있다. 한편 가족 통합 정도가 높은 경우 자살률이 낮은데, 우리나라의 이혼율 증가 및 노부모와 자녀 간의 관계가 소원해지는 등 가족관계가 악화되는 것도 자살 문제에 부정적 영향을 미친다.

중앙자살예방센터에서 분석한 한국인의 자살 특성을 보면, 실업률 변동과 자살률 변동은 높은 상관관계를 지닌다. 즉 취업 상태에서 실업 상태로 변화될 때 자살 위험성이 증가한다. 우리나라는 1997년 외환위기, 2002년 신용카드 대란, 2008년 미국발 금융위기 등을 겪으면서 자살률이 수직 상승한 뒤 원상회복되지 않고 계속 높은 수준을 유지하고 있다. 심리부검 연구에서도 자살 사망자의 60% 이상에서 자살 당시 경제적 문제가 주된 스트레스로 작용했음을 볼 수 있다. 경제적 불평등과 차별에 대한 인지는 자살률을 상승시키는데, 서울에서 연구한 바에 따르면 기초수급 대상자는 자살 고위험군에 속한다.

국민건강보험공단의 빅 데이터 분석에 따르면 신체손상(신체장애), 피부질환(건선), 뇌전증(간질) 등 신체 질환이 있는 경우 자살 위험성이 높다. 만성피부질환인 건선 환자는 자살위험도가 일반인의 16배이며, 신체 여러 곳에 손상이 있는 사람은 11배, 뇌전증 환자, 특히 여성 환자는 20배나 높다. 암 환자도 일반인에 비해 자살 시도가 3배 정도 높으며, 폐결핵 환자는 13배나 높다. 신체 질환에 대한 비관뿐만 아니라 타인의 시선을 의식하는 분위기나 사회적 편견 등도 환자의 자살을 불러일으킨다. 자살 전 1년 이내에 1차 의료기관을 이용한 자살자가 4분의 3에 달한다는 통계를 보면, 그들이 신체 질환을 앓고 있었을 가능성이 높다.

자살 방법

목을 매는 자살이 가장 많다

자살 성공률은 '자살 생각이 얼마만큼 실제 자살 시도로 이루어지느냐' 혹은 '자살의 이유가 뭐냐'보다는 자살 방법과 연관이 있다. 총기로 자살을 시도하는 경우 치사율은 85%, 목을 매는 교수(絞首)는 69%, 추락 31%, 음독 2%, 창상(創傷, wound) 또는 자상(cutting)은 1%다. 성별 자살 치사율은 남성은 23%, 여성은 7%다. 남성은 성공률이 높은 방법을 이용하고, 여성은 덜 치명적인 방법을 사용하기 때문이다.

생활환경과 시대적 흐름에 따라 자살 수단이 달라진다. 한 예로 미국에서는 총기에 의한 자살 빈도가 높은 반면, 총기 소유가 금지된 우리나라에서는 0.1%에 불과하다. 우리나라에서 자살 방법은 2016년 통계에 따르면 교수가 52%, 중독사 25%, 추락 15%, 익사 4%, 기타 총화기, 분신, 둔기, 예기, 자동차, 기차 등이 있었다.

목을 매다는 교수는 매우 치명적인 자살 수단으로 남녀 모두에게서 빈번하다. 우리나라를 비롯해 주요 선진국의 자살 방법별 점유율과 사망률에서 교수에 의한 자살 비중이 점차 높아지고 있다. 우리나라의 자료를 보면 교수가 2003년 38%였던 것이 2011년 52%로 증가했다. 교수가 자살 수단으로 흔히 이용되는 것은 죽음이 확실하면서 빠르고 고통이 적다는 점과, 신체를 훼손하지 않고 타인에게 참혹한 이미지를 남기지 않는 깨끗한 수단으로 인식된다는 점, 전문 기술이나 사전 계획이 필요치 않은 단순한 방법이어서 쉽게 사용할 수 있다는 점 등의 이유 때문이다.

장소는 집이나 직장 등 자기가 친숙한 환경을 택하고, 목을 매는 끈으로는 일상생활에서 쉽게 구할 수 있는 빨랫줄, 포장 끈, 허리띠, 구두끈, 넥타이, 밧줄, 철사, 전깃줄, 새끼줄 등이다. 목에 압박이 가해진 지 10초 정도 지나면 의식을 잃고 수분 내에 사망한다. 사망 원인은 숨을 쉬지 못하는 질식이기도 하지만, 그보다는 목혈관의 압박과 목신경의 자극이 사망을 초래한다. 신경반응이 어떤 과정으로 일어나는지는 정확하게 밝혀지지 않았지만, 아마도 압력을 감지하는 압수용체(baroreceptor)가 자극을 받아 심장박동이 느려지고 정지하는 반사작용 때문인 것으로 생각된다. 혈관에는 동맥과 정맥이 있는데, 목정맥은 2kg 정도의 힘만 가해져도 막히고, 목동맥은 약 5kg, 척추동맥은 30kg의 힘이 가해지면 막힌다. 척추동맥은 척추 안쪽에 있기 때문에 이것이 눌리려면 목동맥보다 훨씬 큰 힘이 필요하다. 교수로 자살한 사람의 얼굴이 창백한 경우가 더 많은 것을 보면, 정맥혈관 폐쇄보다는 신경자극이나 동맥혈관 폐쇄가 사망의 주요 원인으로 생각된다. 목에 있는 동맥이 모두 막히면 곧바로 의식이 상실되고, 막힘이 4분 이상 지속되면 대뇌손상이 유발된다.

교수형은 몸이 갑작스럽게 떨어지다가 멈춤으로 인해 경추골절이 발생하고 이로 인한 경수손상으로 즉각 사망하도록 고안된 형벌로, 목을 매달아 자살하는 경우와는 사망 기전이 다르다. 자살 목적의 교수는 추락 높이가 높지 않아, 교수형에서 보이는 경추골절과 경수손상으로 사망하는 경우는 많지 않다.

우리나라에서 두 번째로 많은 자살 방법은 중독사다. 중독에는 음독(飮毒)과 가스중독이 있다. 2016년에는 음독이 13%, 가스중독이 12%로, 둘을 합하면 25%였다. 2003년 조사된 자살 방법 중에서는 중독사가 41%로 가장 많았으나, 2011년에는 28%로 2위로 밀려났으며, 2016년에는 25%를 차지했다. 음독제 중에서는 농약이 60%를 차지했고, 20%는 병원에서 처방받은 약물이었다. 수면제나 항정신병약과 같은 약물을 과다하게 복용해서 자살을 시도하는 것은 2005년 이후 급증하고 있다. 정신과 약물이 실제 자살 성공으로 귀결될 가능성은 농약에 비해 훨씬 낮기는 하지만 점차 증가하는 추세다. 자살 목적으로 이용되는 가스 휘발성 물질의 대표적인 예는 일산화탄소다. 일산화탄소는 번개탄을 피울 때나 자동차 배기가스에서 나오는 것으로, 사용하기 용이하고 고통 없이 사망할 수 있다는 점이 대중매체를 통해 전파되면서 자살 방법으로 증가하고 있다.

세 번째 자살 방법은 추락이다. 2016년 자살자의 15%는 높은 곳에서 뛰어내려 생을 마감했다. 자살하기 위해 투신하는 경우 3층 높이에서 뛰어내리는 것만으로도 충분하지만, 대부분은 더 높은 건물 꼭대기에서 투신한다. 추락 높이가 높을수록 신체가 받는 손상이 커지며, 지면과의 접점과 힘의 방향에 따라 내부 장기손상의 종류가 달라진다. 추락 높이와 몸이 바닥에 떨어질 때까지의 시간에 따라 몸의 어느 부분이 지면에 닿느냐가 결정되는데, 머리가 먼저 부딪치면 머리뼈가 위아래로 모두 골절되고 경추가 머리 속으로 박히기도 한다. 발이 먼저 닿으면 경골이나 대퇴골이 골절되고 고관절이 탈구되며 골반뼈가 골절되기도 하고 경추가 머리뼈 속으로 파고들기도 한다.

네 번째 자살 방법은 물에 뛰어드는 익사다. 물에 급작스럽게 빠지면 호흡이 가빠지다가 숨을 1~5분 정도 멈추게 된다. 호흡이 멈추면 혈중 이산화탄소가 증가하여 호흡중추를 자극하기 때문에 다시 호흡을 하는데, 이때 물이 흡입된다. 그러면 기침, 구토, 경련 등이 나타나고 또 호흡을 멈추게 된다. 이런 상태로 1분 정도 지나면 발작성 호흡을 몇 번 하고 사망에 이른다. 이때 심장박동은 어느 정도 지속될 수 있다. 갑작스럽게 찬물에 들어가면 미주신경이 억제되어, 폐에 물이 들어가지 않은 상태에서 심장마비로 사망할 수도 있다. 또 다리와 같이 높은 위치에서 물에 떨어지는 경우는 외상성손상이 발생한다. 다이빙할 때 받을 수 있는 손상과 달리 물과 충돌하는 부위가 다양하고 손상도 다양하게 나타난다. 자살 장소로 유명한 샌프란시스코 금문교에서 뛰어내린 720명의 환자를 대상으로 한 연구에서는 폐타박상, 기흉, 심장열상, 복부외상, 중추신경계외상, 근골격계외상 등이 관찰됐다.

공중보건 전략 측면에서 자살 수단을 규제하면 자살 예방이 가능하다. 자살 수단 선택은 주위 환경과 밀접한 관련이 있다. 농촌은 약물중독, 6층 이상 거주지는 추락과 연관이 있기 때문에 농약과 독극물을 통제 관리하고, 고층건물은 차단망과 안전망 등을 관리할 필요가 있다. 스위스의 한 연구에 따르면, 이런 방법으로 자살의 39%가 예방 가능했다. 이때 동원된 방법은 개인이 소유하는 무기 혹은 군대의 무기를 통제하고 추락 위험성이 높은 장소를 관리하는 것이었다. 우리나라에서는 2011년 맹독성 농약의 생산을 금지, 2012년부터는 유통을 금지함으로써 노인 자살이 감소했다.

8

타살
Homicide

—

타살(他殺)은 살인에 의한 죽음이다. 살인(殺人, homicide)은 타인을 죽이는 것인데, 경찰관이 법을 집행하는 과정에서도, 의사가 환자를 치료하는 과정에서도 사람은 죽게 될 수 있다. 물론 전쟁에 나간 군인도 사람을 죽인다. 하지만 이런 경우는 정당화가 가능한 살인이고, 통상적 의미에서 살인이란 한 개인이 타인에 의해 불법적으로 죽임을 당하는 범죄적 살인행위를 말한다. 통계청의 사망원인 통계에서 사망 원인으로 분류되는 타살은 이런 범죄적 살인행위에 의한 죽음에 해당한다. 우리나라에서 매년 살인으로 죽는 사람은 교통사고로 목숨을 잃는 사람의 10% 정도에 불과한데, 그럼에도 살인범죄에 의한 죽음은 인간에 의해 의도적으로 행해진다는 점에서 사회적 파장이나 유족에게 미치는 영향이 다른 죽음과는 많이 다르다.

살인의 종류 ━━━━━━━━━━━
범죄 살인, 범죄가 아닌 살인

살인은 범죄 살인(criminal homicide)과 범죄가 아닌 살인(non-criminal homicide) 두 가지가 있다. 범죄가 되지 않는 살인에는 정당한 살인(justifiable homicide)과 이유 있는 살인(excusable homicide) 두 종류가 있는데, 정당한 살인의 예는 경찰관이 범인이나 폭동을 진압하는 과정에서 사람이 죽는 경우이고, 이유 있는 살인의 예는 타인이 먼저 공격을 해서 정당방위로 행해지는 살인이다.

고대 로마 이래 오늘날 대부분의 국가는 범죄 살인을 모살(謀殺, murder), 고살(故殺, manslaughter), 과실치사(過失致死, negligent homicide) 세 가지로 나눈다. 과실치사는 살해하려는 의도가 없는 상태에서 부주의한 행동으로 사람을 죽음에 이르게 하는 것이다. 예를 들어 장난으로 총을 돌리다가 총알이 발사되어 사람이 죽는 경우, 야생동물을 잡으려던 사냥꾼이 실수로 사람을 쏘아 죽게 된 경우, 의사가 수술을 하다가 환자가 죽는 경우 등이다. 이런 경우는 살인죄로 처벌하지 않고 과실치사죄로 처벌한다.

모살은 계획적으로 사람을 죽이는 것이고, 고살은 죽일 계획은 없었지만 특정 상황에서 감정이 격해져 자신을 통제하지 못하고 우발적으로 사람을 죽이는 것이다. 즉 모살은 계획적 살인이고 고살은 우발적 살인인데, 살인죄를 판단할 때 모살과 고살을 구별하는 나라도 있고, 구별하지 않는 나라도 있다. 영미법에서는 둘을 구분하지만, 우리나라 형법에서는 구분하지 않고 판사의 판단에

맡긴다. 보통 계획적 살인은 우발적 살인에 비해 중형이 내려진다.

살인 통계

1년에 약 415명이 타살로 사망한다

2014년 기준 우리나라는 인구 10만 명당 살인범죄로 인한 사망자가 0.7명이었고, 일본은 0.3명, 미국은 4.4명이었다. 일본과 비교하면 우리나라가 두 배 이상 높았지만, 미국보다는 훨씬 낮았다.

통계청의 사망 원인 통계에 따르면 2017년 타살에 의한 사망자는 총 415명이었다. 이는 사망진단서를 기초로 국립과학수사연구원, 경찰청, 국방부 등의 자료를 보완해 밝힌 통계치다. 이 수치는 경찰청에서 조사한 살인사건으로 인한 타살 건수나 국립과학수사연구원에서 부검 결과 밝혀진 타살 건수보다 많다. 부검 결과 타살로 인한 사망은 2017년 기준 385건이었는데, 사망에 이른 직접 원인은 둔기나 예기에 의한 손상이 대부분이었고 질식사나 중독사(일산화탄소) 등도 있었다.

경찰청 자료에 따르면 2017년 살인범죄는 858건이었으며, 실제 피해자가 사망한 경우는 33%로 287건이었던 반면, 과실치사는 이보다 훨씬 많아 1288건이었다. 과실이란 통념상 보통 사람에게 요구되는 주의 의무를 다하지 못한 경우를 말하는데, 과실치사의 대부분은 업무상과실치사에 해당한다. 길을 바쁘게 지나가다가 다른 사람과 부딪쳐 상대방이 길바닥에 넘어져 사망했다면 일반적인 과실치사에 해당하고, 업무 중 주의를 게을리 하거나 실수를 해서 타인을 사망하게 했다면 업무상과실치사에 해당한다. 통상 업무상과실치사는 단순과실치사보다 무거운 형을 받는다. 진료 행위 중 의사가 잘못해 환자를 사망케 한 경우, 트럭에서 짐이 떨어져 사람을 사망하게 한 경우, 산업 현장에서 근로자가 추락사한 경우, 건물 화재로 사람이 사망한 경우 등에서 관리 책임자나 행위자에게 업무상과실치사죄를 적용할 수 있다. 이러한 경우 사망 원인 통계에서는 운수사고, 추락, 화재 노출 등에 의한 사망(외인사)으로 분류된다.

살인의 동기 —————

살인범은 대부분 아는 사람이다

일반적으로 살인의 80% 정도는 이미 알고 있는 사람이 저지른다. 금전이나 물건을 빼앗기 위해 사람을 죽이는 살인강도 같은 경우를 제외하면 대부분은 배우자나 가족 등 친밀한 관계에서 발생한다. 대검찰청에서 2016년 발생한 살인범죄를 분석한 자료에 따르면, 우리나라의 경우 범죄 피해자의 72%는 가해자와 지인 관계였다. 그중 친족이 23.5%로 가장 많았고, 이웃이 16.8%, 애인 10.7%, 친구나 직장 동료가 10.1%의 순이었다. 살인범죄의 피해자는 남성이 58%, 여성이 42%였으며, 살인범은 남성이 86%, 여성이 14%였다. 범행 당시 살인범의 정신 상태는 정상 46%, 주취

(酒醉) 45%, 정신장애 9%였다.

일반적으로 잔인하고 폭력적이며 상상조차 할 수 없는 범죄는 정신질환자의 소행이라고 생각해서 대중매체는 정신이상과 폭력의 관련성을 집요하게 추적한다. 정신적으로 이상이 있는 사람은 법을 준수하지 않고 예측 불가능하며 자신의 행동을 통제할 수 없다는 선입견에 따라 잠재적으로 위험한 사람으로 인식하는 경향이 있는 것이다. 하지만 실제로는 그렇지 않다. 범죄와 정신질환의 관계에 대한 실증적 연구 결과를 보면, 정신장애를 가진 범죄자가 일반 범죄자보다 위험성이 더 높은 것은 아니다.

그러나 일부 정신질환 환자층에서 살인범죄율이 높게 나타나는 것도 사실이긴 하다. 살인범죄율이 상대적으로 높은 정신질환은 조현병, 망상장애, 반사회적성격장애 등이다. 조현병 환자는 일반인에 비해 강력범죄 비율은 낮지만 살인 위험성은 높으며, 망상장애 중 피해망상은 범죄행동, 특히 폭력적 범죄행동과 밀접한 관련이 있는데 의처증이나 의부증 환자가 배우자를 살해하는 경우가 이에 해당한다.

알코올은 살인 및 폭력과 연관되며 폭력행위의 촉매가 될 수 있다. 알코올이 충동을 조절하는 뇌 영역을 억제함으로써 충동적 공격성을 유발하기 때문이다. 그뿐 아니라 살해된 사람도 알코올에 취한 경우가 많다. 미국에서 살인사건 피해자의 혈중 알코올 농도를 조사한 바에 따르면, 40%가 사망 직전 술을 마신 상태였다.

사람들은 살인사건 피해자에게 동정심을 갖기 마련이다. 이는 대부분의 살인사건 피해자가 연약할 뿐 아니라 강하고 공격적인 가해자에 의해 살해된 것으로 간주되기 때문이다. 그러나 이런 일반적 가정이 항상 맞는 것은 아니다. 살인사건 네 건 중 한 건은 피해자가 먼저 살인범을 공격한 결과이기 때문이다.

살인이란 극단적으로 심각한 인간의 행동이지만, 살인 동기는 의외로 매우 사사로운 것일 수 있다. 살인사건은 사소한 다툼에서 시작되는 경우도 많은데, 부부, 친구, 동료 등 친밀한 개인 간의 말다툼이 결국 살인으로까지 번질 수 있다. 살인사건이 벌어지는 상황을 분석한 연구에서도 가장 흔한 상황은 분쟁이었다.

살인범죄의 동기는 도구적(instrumental) 동기와 표현적(expressive) 동기로 구분할 수 있다. 도구적 동기는 돈을 얻기 위한 살인강도 사건이나 보험금을 노린 살인 또는 강간으로 인해 발생하는 살인사건 등에서 볼 수 있고, 표현적 동기는 화·분노·욕구불만 등으로 유발되는 살인사건에서 볼 수 있다. 피해자가 행한 모욕이나 무시 등으로 인해 화가 나서, 혹은 학대를 받아 공포에 휩싸여서 저지르는 살인사건이 바로 표현적 동기에 의한 것이다. 미국의 살인사건 연구 결과에 따르면 전체 살인사건의 20%는 도구적 동기에 의한 살인이고, 표현적 동기에 의한 살인이 80%를 차지한다.

9

임산부의 죽음
Maternal Death

죽음은 홀로 맞이하지만, 생명은 어머니와 아버지에 의해 태어난다. 어머니의 고통과 죽음의 위험을 동반한 채. 조선시대에 양반가 여성의 13%는 아이를 낳다가 사망했다. 오늘날 여성은 0.02%가 출산으로 인해 사망한다.

출산율

현재 우리나라 출산율 0.98명, OECD 최하위

조선시대에 양반가 여성이 평생 출산한 자녀의 수는 평균 5.1명이며, 이들 중 성년까지 생존한 수는 2.5명이었다. 출산한 자녀의 수는 동시대 동아시아의 다른 국가들과 비슷하며, 당시 서유럽 국가보다는 서너 명이 적다. 양반가 여성의 결혼 연령은 평균 15.8세였고, 평균수명은 45.3세였다.

현재 우리나라 여성이 평생 출산하는 자녀 수는 1.8명인데, 이는 할머니 세대를 포함한 모든 연령의 여성이 출산한 자녀 수다. 통상 여성이 낳는 자녀 수에 대한 통계는 출산율로 계산한다. 출산율이란 '가임기(15~49세) 여성이 일생 동안 출산하는 평균 자녀 수'를 말한다. 정확하게는 합계출산율(total fertility rate)이라고 한다. 한 국가의 인구가 늘지도, 줄지도 않는 합계출산율이 2.1명인데, 1970년까지만 해도 우리나라의 출산율은 4.7명이었다. 이는 조선시대 양반가 여성이 평생 출산한 자녀 수인 5.1명과 비슷한 수준이다. 1970년대 당시에는 경제적 빈곤 때문에 정부가 앞장서서 '둘만 낳아 잘 기르자', '덮어놓고 낳다 보면 거지꼴을 못 면한다'라며 산아제한 정책을 펼 정도였다. 정부의 이러한 가족 정책과 초혼 연령 상승, 미혼율 증가 등이 겹치면서 출산율은 지속적으로 낮아져 2018년에는 0.98명까지 떨어졌다. 이는 경제협력개발기구 회원국 중 최하위 수준이다.

모성사망 ───────────

결혼 연령이 높아지면서 더 이상 줄지 않는 모성사망비

1967년 세계보건기구가 제정한 모성사망(maternal mortality)에 대한 정의와 분류법에 따르면, 모성사망이란 임신 기간과 분만 후 42일 이내에 발생하는 사망을 말한다. 분만 후 42일(6주)을 기준으로 정한 이유는, 그 정도 시간이 지나야 분만으로 인한 상처가 완전히 낫고 임신 전 상태로 회복되기 때문이다.

모성사망의 주요 통계 지표에는 모성사망비(maternal mortality ratio)와 모성사망률(maternal mortality rate)이 있다. 모성사망비란 태어난 신생아 대비 임산부의 사망 비율을 말하는 것으로, (모성사망자 수/연간 출생아 수)×100,000의 공식으로 계산한다. 모성사망률은 가임기 여성 대비 임산부의 사망 비율을 말하는데, (모성사망자 수/가임기(15~49세) 여성 인구)×100,000의 공식으로 계산한다. 이 중 모성사망비가 모자보건(母子保健)의 주요 지표로 이용된다.

2017년 우리나라에서는 신생아 35만 7771명이 태어났는데, 같은 해 28명의 임산부가 사망했다. 모성사망비를 계산해보면 10만 명 출생당 7.8명이다. 이는 경제협력개발기구 평균 8.2명과 비슷한 수준이지만, 일본의 5명에 비하면 높다. 모성사망 관련 데이터가 축적된 미국의 경우 1930년대 모성사망비는 600이었다. 즉 10만 명 출생당 600명의 임산부가 사망했다. 그 후 1945년에는 210으로 줄었고, 1968년에는 38로 급격히 줄었으며, 1973년에는 15로 더욱 감소했다.

우리나라에서 모성사망 조사는 1995년 처음 실시됐는데, 당시 모성사망비는 20이었다. 즉 10만 명의 신생아가 태어날 때 20명의 임산부가 사망한 것이다. 2005년 발표된 '국민건강증진종합계획 2010'을 보면 모성보건 사업의 목표로 모성사망비를 2010년까지 출생아 10만 명당 11.6명으로 낮추겠다는 계획이 나오는데, 실제로는 2010년 모성사망비는 15.7이었고 2011년에는 더 증가해서 17.2였다. 그러다 2012년에는 9.9로 최저치를 보인 이후 다시 증가해 2013년 11.5, 2014년 11, 2015년 8.2였고, 이후에는 10 미만을 유지하고 있다.

우리나라에서 모성사망이 더 이상 줄지 않는 근본적인 이유는 임산부의 연령이 높기 때문이다. 결혼 연령이 높아지면서 고령 임신부가 증가하고, 고령 임신으로 인한 당뇨병·고혈압·비만과 같은 만성질환을 가진 고위험 임신부가 많아졌다. 한편 의료 시스템 면에서 보면 분만보험 수가가 낮아 의사가 분만을 기피하고 산부인과 전문의가 부족하며, 농촌에서는 수익성이 맞지 않아 분만 병원이 폐쇄되면서 분만 취약 지역이 증가한 것도 모성사망이 줄지 않는 원인이다.

모성사망의 원인 ────────

모성사망 원인 1위는 혈관이 막히는 색전증

이화여자대학교 산부인과에서 1960년부터 1980년까지 20년 동안 모성사망의 원인을 분석한 연구에 따르면, 출혈·임신중독증·감염이 주요 원인이었다. 이 세 가지는 과거 전통적으로 임산부가 사망하는 3대 원인이었다. 현대적 위생관리가 없었던 시절에는 병원 감염이 많아서 병원에서 분만하는 것이 집에서 분만하는 것보다 훨씬 위험하기도 했다. 1800년대 유럽에서는 병원에서 출산하는 임산부의 75%가 감염됐으며, 이들 가운데 20%가 사망했다. 그러나 위생관리와 항생제 치료가 일반화된 현재 감염에 의한 사망은 매우 드물다.

2009년부터 2014년까지 우리나라의 모성사망을 분석한 연구에 따르면, 임산부가 사망하는 원인 중 66%는 임신 자체로 인해 유발되는 사망이었고, 30%는 임신 전에 이미 가지고 있던 질병이 임신으로 악화되어 사망한 경우였다. 질병으로 보면 색전증이 24%로 가장 많았고, 분만후출혈이 18%, 고혈압 관련 질환이 6%였다. 한편 2003~2009년 모성사망 통계를 보면 출혈이 27%로 가장 많았고, 고혈압은 14%, 패혈증은 11%였다. 사망 시점을 보면 분만 후 2일 이내가 38.8%로 가장 많았다.

출혈은 분만 시 흔히 발생하는 문제다. 수혈이 필요할 정도의 출혈은 질식분만일 때 3%, 제왕절개분만일 때 6~8%의 빈도로 나타난다. 출혈 빈도를 줄이기는 어렵지만, 출혈이 발생했을 때의 처치 기술과 수혈 등이 일반화되면서 출혈로 인한 사망의 절대적 비율은 많이 줄었다. 그렇지만 아직도 사망 원인 가운데 상대적 비율은 여전히 높다.

임신중독증이란 임신 중 혈압이 상승하여 소변에서 단백질이 검출되는 질환이다. 일부 임신부는 경련을 하기도 하지만, 출산 후에는 이런 증상이 모두 좋아진다. 과거에는 임신 중 태반에서 독성물질이 나와 병을 일으킨다고 생각해 임신중독증(toxemia)이라고 명명했으나, 그렇지 않다는 것이 밝혀지면서 현재는 전자간증 (前子癎症)으로 병명이 바뀌었다. 자간증을 의미하는 이클램시아 (eclampsia)는 '갑작스러운 발생'을 의미하는 그리스어에서 유래한 말이며, 이를 번역한 자간은 '자식으로 인한 간질'이라는 뜻이다. 즉 임신으로 유발된 경련을 자간증이라고 하는데, 자간증은 전자간증이 이미 있는 상태에서 발생한다. 전자간증은 임신부의 2~8%에서 나타나고, 경련이 없다 하더라도 고혈압으로 인한 합병증을 초래해 임산부가 사망하는 3대 원인 중 하나가 된다.

2000년대에는 임산부가 사망하는 3대 원인 중 감염증이 빠지고 대신 색전증이 포함되면서 현재 우리나라 임산부 사망의 주요 3대 원인은 색전증, 출혈, 고혈압(전자간증)이 됐다. 색전증(塞栓症, embolism)이란 혈관이 막히는 병인데, 임산부에게 발생하는 색전증은 원인 물질의 종류에 따라 양수색전증과 폐색전증 둘로 나뉜다. 양수색전증이란 양수나 태아의 조직이 태반막이 찢어진 곳이나 자궁정맥이 터진 곳을 통해 임신부의 혈관 속으로 들어가 분만 중 혹은 분만 후 갑자기 호흡곤란이 나타나는 병이다. 임산부 5만 명당 한 명꼴로 생기는 매우 드문 병이지만 치사율이 20~40%로 매우 높다. 폐색전증이란 커진 자궁이 복부의 정맥을 압박해서 하지의 정맥에 혈액이 고여 혈전이 형성되고, 이것이 떨어져나가면서 폐동맥을 막는 병이다. 이는 분만 후 회복기에 많이 발생한다.

임산부의 사망은 대부분 고위험임신에서 발생한다. 고위험임신이란 임신 또는 기존의 질병으로 인해 임산부나 태아가 심각한 위험에 빠지게 되는 임신을 말하는데, 이와 관련된 질환은 조기진통, 조기양막파열, 전치태반, 출산후출혈, 전자간증, 양수 및 양막 질환, 자궁경관무력증, 임신성당뇨의 여덟 개 질병이다.

우리나라에서 고위험임신은 지속적으로 증가하고 있다. 건강보험심사평가원의 자료에 따르면, 2008년 고위험임신은 전체 임신의 39.7%였고, 2011년에는 42.8%로 증가했다. 고위험임신이 증가하는 가장 큰 이유는 늦은 결혼과 늦은 출산이다. 2017년 여성의 평균 초혼 연령은 30.2세로 10년 전인 2007년 28.1세보다 2.1세가 많았고, 20년 전인 1997년 25.7세보다 4.5세가 많았다. 그리고 2017년 평균 출산 연령은 32.6세로, 1997년의 28.3세보다 4.2세가 많았다.

2009년부터 2014년까지의 모성사망 자료를 보면, 연령에 따른 모성사망비는 20~24세에서 6.9로 가장 낮았다. 25세 이후 나이가 들면서 조금씩 상승하다가 35세 이후 급증하여 35~39세에서는 25.5로 증가하고, 45~49세에서는 143.7까지 증가한다. 임산부의 나이가 많을수록 모성사망비가 급격히 상승하는 것이다. 한편 임산부의 연령이 너무 낮아도 사망률이 증가한다. 평균적으로 초경은 약 12.8세에 시작하지만, 초경이 있다고 바로 임신이 가능한 것은 아니다. 아직 호르몬 체계가 미성숙해서 임신을 한다고 해도 유산 가능성이 높다. 정상 임신은 15세 이상이 되어야 하고, 임신이 된다 하더라도 15~19세의 모성사망비는 사망률이 가장 낮은 20~24세의 두 배 가까이 된다.

저출산 시대에 증가하는 늦은 임신·출산은 필연적으로 35세 이상 고령임신의 증가로 귀결된다. 고령임신은 그 자체로 고위험 임신에 속하는데, 2017년 35세 이상 고령임신부의 출산이 전체 출산의 29.4%를 차지했다. 이는 2007년 13.1%보다 무려 16.3%가 증가한 것이다. 고령임신에서 모성사망이 증가하는 이유는 젊은 여성에 비해 만성고혈압이나 비만과 같은 대사성질환이 있는 상태에서 임신할 가능성이 높고, 노화한 난소에서 생성된 난자는 태아의 염색체이상이나 성장지연 가능성을 높이며, 태아의 건강이상은 결국 임산부의 건강에 영향을 미치기 때문이다.

10

유산
태아사망
영아살해

태아의 죽음
Fetal Death

난자와 정자가 합쳐져 수정란이 된 이후 8주간의 개체를 배아라고 한다. 이때 인체 주요 기관의 골격이 만들어진다. 배아 이후 출생(임신 40주)까지의 개체는 태아라고 하는데, 임신 20주 이전에 임신이 종결되는 것을 유산(流産, abortion), 20주 이상 지나서 임신이 종결되는 것을 태아 사망이라고 한다. 20주를 기준으로 유산과 태아 사망을 구분하는 것은 태아가 모체 밖으로 나왔을 때의 생존 가능성 여부 때문이다. 수정 후 8주가 지나면 태아라고 불리기 때문에 유산도 엄밀하게 따지면 태아 사망이라고 할 수 있지만, 모체 밖으로 나왔을 때 생존 가능성 여부, 즉 생명권의 여부를 가지고 유산과 태아 사망을 구분하는 것이다. 한편 임신부는 18~20주부터 태동을 느끼기 시작하는데, 태동을 느낀 다음에 태아가 사망하면 임신부가 느끼는 정신적 트라우마의 강도가 유산과는 완전히 다르다.

유산

낙태죄 논란, 태아의 생명권은 언제부터 시작될까

유산에는 자연유산과 인공유산이 있다. 자연유산이란 의학적 시술을 하지 않은 상태에서 유산되는 것을 말한다. 전체 임신의 20%는 자연유산으로 종결된다. 자연유산은 대부분 출혈로 시작되어 복통이 뒤따르면서 임신 산물이 자궁 밖으로 배출된다. 임신 초기에 약 20~25%의 임신부가 출혈을 경험하는데, 그중 반 정도는 자연유산에 해당한다. 자연유산의 원인 가운데 50%는 태아의 염색체이상이며, 나머지는 임신부의 내분비이상(황체호르몬결핍·갑상선질환·당뇨병), 면역학적 이상, 유해물질(흡연·음주·과량의 카페인), 감염병, 자궁질환(자궁기형·자궁근종) 등이 원인이다.

인공유산이란 자연유산과 달리 약물을 사용하거나 수술로 임신을 종결하는 것을 말한다. 낙태(落胎) 혹은 인공임신중절이라고도 하며, 주로 임신부나 태아에게 심각한 건강 문제가 있을 때 시행된다. 이런 경우가 아니라면 형법에 따라 모든 낙태는 처벌 대상이다. 낙태를 법적으로 엄격히 제한하는 이유는 태아의 생명권을 존중한다는 취지에서다. 하지만 이러한 처벌 법령이 있는데도 낙태죄로 처벌되는 경우는 드물고, 실제 낙태수술은 많이 시행되고 있다. 2000년 조사 결과에 따르면 결혼한 여성은 임신 중 24%가

임신중절수술을 받았고, 미혼 여성을 포함하면 수술 건수는 연간 35만 건으로 추정된다.

태아의 생명권은 언제부터 존중해야 하는가? 이는 생명의 시작을 어느 시점으로 볼 것인가와 관련된 문제이며, 낙태 허용 문제와도 연관된다. 정자나 난자가 생명의 출발이라고 할 수도 있지만, 수많은 정자와 난자가 그냥 버려지는 현실에서 단순히 정자와 난자를 존중해야 할 생명이라고 할 수는 없다. 수정란도 마찬가지다. 그렇다면 수정란이 자궁에 착상해 자라기 시작한 배아를 생명의 시작이라고 할 수 있을까? 단순히 생물학적 생명이 아니라 존중받아야 하는 생명권을 가진 존재로서의 시작점을 확정하는 것이 쉬운 문제는 아니다.

가장 설득력이 있는 주장은 태아가 모체 밖에서 생존할 수 있는 능력이 있느냐 없느냐를 가지고 생명의 시작 시점을 정해야 한다는 것이다. 태아가 모체 밖에서 스스로 숨을 쉴 수 있으려면 임신 32주가 지나야 하기 때문에 이 시기를 기준으로 정할 수 있다. 그러나 최근 의료 기술이 발달해 그 이전에 태어난 아기도 생존이 가능하다. 1970년대에는 임신 28주 이전이나 출생 체중 1kg 미만인 경우 생존하기 어려웠으나, 현재는 90% 이상 생존한다. 현재 의학 수준에서 임신 22주에 태어난 신생아의 생존율은 1.7%지만, 임신 기간이 하루 길어질수록 생존율은 약 4%씩 증가하여 25주가 되면 54%까지 증가한다.

낙태는 안락사와 더불어 생명의 존엄성과 관련된 주된 논란거리다. 2012년 개정된 우리나라의 모자보건법 시행령에 따르면, 임신중절수술은 임신 24주 이내에 한해서 태아와 임신부에게 심각한 질환이나 위험이 예상되는 경우에만 허용된다. 따라서 우리나라에서 법적 생명의 시작점은 임신 24주라고 할 수 있다. 24주로 정한 것은 그 이전에 태어난 아기는 생존 가능성이 떨어지며, 생존하더라도 그중 반 정도에서 정신발달, 신경기능, 감각기능, 의사소통기능에 장애를 보인다는 연구 결과가 반영됐기 때문이다.

낙태를 허용하거나 금지하는 이유는 단순하지가 않다. 이와 관련한 윤리적 결정은 오랜 역사와 서로 다른 종교적·철학적 입장에 따라 다르며, 게다가 시대 상황까지 얽혀 점점 복잡해지고 있다. 그리고 이러한 윤리적 결정이 일단 법적으로 확정되면 그것은 우리 삶에 직접적 영향을 미친다. 결국 생명의 시작점은 생물학적 차원을 넘어 윤리적이고 법적인 차원에서 결정되는 문제가 된다. 한편 2019년 4월 헌법재판소는 '낙태죄가 헌법에 불합치한다'는 판결을 내렸는데, 이는 '태아의 생명권'보다 '여성의 건강권과 자기결정권'을 더 존중한다는 판결이다.

태아 사망

초음파검사로 태아의 심장박동이 없을 때 진단

전체 임신부 가운데 약 20%가 자연유산을 경험할 만큼 유산은 빈도가 높다. 그러나 태아 사망은 빈도가 낮아 전체 임신부의 약

0.5%만이 경험한다. 오늘날 여성은 임신을 하면 정기적으로 병원 검진을 받으면서, 심각한 결손을 가진 태아라는 진단을 받으면 인공유산을 하는 등 위험 높은 임신을 관리하기 때문에 과거에 비해 태아사망률은 많이 줄어들었다.

태동이 갑작스럽게 사라지면 임신부는 태아의 사망을 감지하기도 하지만, 태동은 태아가 살아 있어도 한참 동안 없을 수 있으므로 단순히 그 이유만으로 태아 사망을 진단할 수는 없다. 태아 사망은 초음파검사로 태아의 심장박동이 없을 때 진단한다. 사망한 태아는 수술로 꺼내지 않더라도 대부분 저절로 배출되는데, 60%는 2주 안에 진통이 오면서 분만을 하게 된다. 사망한 태아는 작기 때문에 진통이 오면 진행은 빠르다. 진통이 오지 않을 때라도 촉진제를 써서 유도분만을 하면 태아가 살아 있을 때보다 빨리 나온다. 따라서 태아가 언제 죽었는지 안다면 분만을 너무 서두를 필요는 없고 2~3주까지는 자연 진통이 오기를 기다리는 것이 좋다. 그러나 태아가 사망했다는 사실을 알고도 그때까지 기다린다는 것은 정신적 트라우마가 매우 크기 때문에 유도분만을 하기도 한다.

태아가 언제 죽었는지 모르는 상태에서 너무 오래 두면 혈액응고장애 등 합병증이 생길 수 있다. 혈액응고장애는 태아 사망 후 시간이 많이 지날수록 위험하다. 그러나 보통 태아 사망 후 5주 이내에 임신부의 건강에 심각한 이상이 생기는 경우는 드물고, 또 요즘에는 산전관리를 잘 받고 초음파검사 등 진단이 빨리 이루어지기 때문에 태아 사망 후 한 달 이상 모르고 지내는 일은 별로 없다. 오히려 소파수술 등 기계적 조작이나 강력한 진통촉진제를 사용해 무리하게 분만을 서두를 때 발생하는 물리적 손상이 더 많은 문제를 일으킨다.

영아 살해

분만 전에는 낙태죄, 분만 후에는 영아살해죄

사람으로서 법적 권리를 행사할 수 있는 시기는 모체에서 분리되는 시점을 기준으로 규정되는데, 민법과 형법이 다르다. 민법에서는 태아 전신이 모체 밖으로 나왔을 때를 기점으로 재산상속권과 같은 권리 능력을 갖는 생명의 시작으로 여긴다. 반면 낙태와 영아 살해를 구별해야 하는 형법에서는, 분만 이전 이루어진 행위에 대해서는 낙태죄로 처벌하고, 분만 중 또는 분만 직후의 영아를 살해한 경우에는 영아살해죄를 적용한다. '분만 중'이란 분만 진통이 시작된 후부터 분만이 완료된 시점까지다. 즉 분만 진통이 시작되는 시점에 태아에서 사람으로 바뀌는 것이다. 이 시점은 태아가 태반에서 떨어지기 시작하는 순간을 말한다.

형법에 영아살해죄는 "직계존속이 치욕을 은폐하기 위하거나 양육할 수 없음을 예상하거나 특히 참작할 만한 동기로 분만 중 혹은 분만 직후의 영아를 살해한 때에는 10년 이하의 징역에 처한다"라고 규정돼 있다. 영아살해죄는 산모가 영아를 살해하여 성립하는 범죄로, 살인죄에 대한 감경 구성 요건이 된다. 영아살해죄의 객체는 '분만 중 또는 분만 직후의 영아'로 규정되어 있어서 전체 영아가 아니라 신생아만 해당한다. '치욕'은 강간으로 인한 출산이나 사생아 출산, 근친상간으로 인한 출산 등을 말하고, '양육할 수 없음을 예상'은 경제사정이 곤란한 경우 등이다. '특히 참작할 만한 동기'는 앞의 두 요건에 해당하지 않으면서 질병, 기형아, 장애아, 혼인생활을 더 이상 계속할 수 없는 명백한 상황 등의 경우를 말한다.

2013년 대전지방법원은 자신이 낳은 영아를 살해한 뒤 시신을 암매장한 혐의로 기소된 피고인에게 징역 2년에 집행유예 3년을 선고했다. 재판부는 "미혼인 피고인이 남자친구와 헤어진 뒤 임신 사실을 알게 됐으나 이를 주변에 알리지 못한 채 갈등하다가 시간이 흘렀고, 갑자기 진통을 느껴 모텔에서 홀로 해산한 상황에 따른 수치심과 두려움으로 어찌할 바를 모르다가 결국 영아를 살해하게 됐다"라며, "죄책이 결코 가볍지 않지만 자신의 아이를 살해했다는 자책감으로 상당한 정신적 고통을 겪는 점 등을 고려했다"라고 양형 이유를 설명했다.

영아살해죄 발생 건수를 보면 1990년 7건이었다가 1992년 20건으로 급증한 후 1999년 18건, 2000년 17건, 2002년 10건으로 다시 감소했다가 2010년 18건, 2012년에는 16건이 발생했다. 22년 동안 20건 이상 발생한 해는 1992년 한 해뿐이고, 10건에서 18건이 12년, 3건에서 9건이 9년으로, 영아살해죄는 많이 발생하는 범죄는 아니다. 영아살해죄는 사람의 생명을 침해하는 중대한 범죄지만 형법은 영아살해죄를 감경 사유로 규정한다. 주로 의사결정 능력이 부족한 어린 미혼 여성이 영아 살해를 저지른다는 현실을 참작하면 영아살해죄가 살인죄에 대한 감경 구성 요건으로 규정된 점이 이상하지는 않다.

우리나라뿐 아니라 대부분의 나라에서 영아살해죄는 보통 살인죄보다 처벌 정도가 가볍다. 예컨대 오스트리아, 스위스, 프랑스의 형법에는 모두 영아를 살해한 어머니를 가볍게 벌하는 영아살해죄에 관한 규정을 두고 있다. 또 역사적으로 볼 때도 로마 시대에는 아이를 소유물로 여기는 사고가 당연시됐고, 미국과 일본에는 갓 태어난 아이를 죽이는 것을 허용하는 법률도 있었다.

사회가 발전하면서 아동의 인권이 점점 법률로 보장되어 나아지긴 했지만, 여전히 많은 영아가 죽임을 당하는 실정이다. 영아살해는 역사적으로도 범죄로 인식되지 않았고, 법 제정을 통해 인권을 보호해온 역사가 짧으며, 경제적으로 어려운 나라에서는 아이가 태어나서 곧 죽는 경우도 많아서 영아 살해와 관련해 심각성을 느끼지 못하는 경향도 있다.

영아의 사체는 부피가 작아서 발생 사실을 숨기기가 쉬운 특성 탓에 사회적으로도 파장이 작고, 실제 발생 사실이 제대로 드러나지 않는 범죄 중 하나다. 게다가 영아는 스스로의 몸을 지키지 못하기 때문에 방치하는 것만으로도 사망에 이를 수 있고, 방치와 함께 손상이 중복되어 사망에 이르는 경우도 많아서 의학적으로도 뚜렷한 사망 원인을 밝히기 어렵다. 또 사체가 발견되기까지 시간이 걸리는 경우에는 부패로 인해 더욱 사망 원인을 파악하기 힘든 문제점을 가지고 있다.

영아 살해의 대부분은 분만 직후 즉흥적으로 실행되므로 그 장소에 있던 물건이나 산모의 손을 이용하는 경우가 많아 질식사가 가장 흔하다. 신생아를 던지거나 밟고 또는 머리를 압박하거나 구타하여 타살하는 경우도 있다. 일부러 화장실에서 분만해 변기에 빠뜨리기도 하고, 욕조에 넣어 익사하게 하기도 한다. 또 고의로 신생아를 따뜻하게 해주지 않거나 젖을 먹이지 않는 등 분만 후 처치를 하지 않아 사망에 이르게 하기도 하는데, 이런 경우 자연사인지 타살인지 구별하기 힘들다.

11

아동의 죽음
Children's Death

소아과학회에서는 소아기를 21세까지로 규정하고, 신생아기(탄생
이후 4주까지), 영아기(1세 미만), 유아기(1~5세), 학령기(6~10세), 청
소년기(11~21세)로 구분한다. 아동복지법에 따르면 아동이란 18
세 미만을 말하고, 교육법에서는 6~12세를 초등학교 의무교육을
받아야 할 학령아동으로 규정한다.

영아 사망
한 국가의 보건의료제도 수준을 반영하는 지표

생후 4주간을 신생아(neonate)라고 하고, 생후 4주 이후부터 1년
까지를 영아(infant)라고 한다. 그런데 보통 신생아 기간을 영아에
포함하는 경우가 많다.

영아 사망이란 1세 미만 아기(신생아 포함)의 사망을 말하는데, 이는 한 국가의 보건의료제도 수준을 반영하는 지표가 된다. 우리나라에서 2017년 태어난 아기는 모두 35만 7771명이었고, 그해 사망한 영아는 1000명이었다. 출생아 1000명당 사망한 영아의 비율인 영아사망률로 보면 2.8명이다.

지난 수십 년 동안 전 세계적으로 영아사망률은 급속도로 낮아지고 있다. 남북이 분단되기 전인 1921~1925년 조선의 영아사망률은 출생아 1000명당 254명으로 매우 높았으나 점차 감소했다. 1950년 한국전쟁으로 영아사망률이 잠시 증가하기는 했지만, 경제가 발전하고 의료 기술도 발전하고 국민의료보험이 도입되면서 영아사망률은 1960년 80.6명, 1970년 41.2명, 1980년 12.4명, 1990년 6.1명, 2010년 3.5명 등으로 계속 낮아졌다. 지난 1960년 북한의 영아사망률은 95명이고 남한은 80.6명으로 1.2배 정도 작은 차이가 났지만, 2014년에는 북한이 26.4명으로 남한의 3명에 비하면 8.8배 높은 수준이다.

영아 사망은 절반 이상이 신생아기에 발생한다. 2014년에는 전체 영아 사망의 57%가 신생아 사망이었고, 나머지 43%는 태어난 지 28일 이후 사망했다. 영아 사망의 원인은 주산기질환이 52%로 가장 많다. 주산기(周産期, perinatal period)란 출산 전후의 시기를 말하는데, 임신 24주에서 출산 후 1주까지에 해당한다. 그러므로 주산기질환이란 출산 전후기에 태아 또는 신생아에게 생기는 질환을 말한다. 주로 호흡곤란이 나타나는 폐질환이 많지만, 패혈증이나 태아발육장애 등도 포함된다. 영아 사망의 두 번째 원인은 선천적 심장기형, 다운증후군과 같은 염색체이상 등으로 사망 원인의 17%를 차지한다. 세 번째 원인은 영아급사증후군이다. 건강하던 아기가 전혀 예상치 못한 상황에서 죽는 것을 말하며, 주로 생후 2~3개월 무렵 깊은 밤부터 아침 9시 사이에 많이 일어난다. 영아급사증후군은 뇌간의 기능이상과 심폐기관의 조절이상이 원인인데 엎드려 잘 때 잘 발생하며, 생후 1개월에서 1세 사이 영아 사망의 절반 정도를 차지한다.

출생 시 체중은 태아의 건강 상태와 성장 정도를 가늠하는 간단하고도 중요한 지표다. 태아의 체중 2.5kg 미만을 저체중이라고 하는데, 이 경우 사망률이 평균 사망률의 10배에 달한다. 그리고 체중이 감소할 때마다 사망률은 급격히 증가하여, 750g 미만에서는 사망 위험성이 매우 높다. 한편 체중은 임신 주수와 태아의 성숙도에 영향을 받기 때문에, 임신 주수가 신생아의 사망 위험성을 가장 잘 예측한다고도 말할 수 있다. 그래서 37주 이전의 조기 분만일 경우 사망률이 상승한다.

임신부의 연령과 영아 사망 사이의 관련성을 살펴보면, 25~29세의 여성에게서 태어난 영아의 사망률이 가장 낮으며, 이보다 나이가 많거나 적을 때 영아사망률은 증가한다. 2008년 기준으로 25~29세 여성에게서 태어난 영아의 사망률은 출생아 1000명당 2.8명인 반면, 30~34세에서는 3.2명, 35~39세는 5.6명, 40세 이상에서는 8.9명으로 크게 증가한다. 한편 나이가 어린 20~24세의 여성에게서 태어난 영아의 사망률 역시 4.3명으로 증가하며, 20세 미만에서는 7.8명으로 급증한다.

여성의 수태 능력은 30세부터 감소하기 시작해 30대 후반에는 더욱 두드러지고, 40대 중후반에 이르면 사실상 수태 잠재 능력이 사라진다. 여성은 나이가 들면서 난자의 질도 떨어지므로 태아의 유전질환이 발생할 위험성이 상승하고, 따라서 유산이 증가한다. 고령 임신부는 고혈압이나 심혈관질환 증가와 췌장의 베타세포기능 저하, 인슐린감수성 저하로 인해 당뇨병이 증가하고, 자궁내막의 탈락 작용에 의한 태반 및 영양막의 성장장애가 발생하며, 자궁·복부근육·산도(産道)의 약화 등으로 인해 임신 유지가 힘들어 저체중아나 조산아 출산이 증가한다.

25세 미만 여성에게서 태어난 영아의 사망률이 높은 것은, 임신부의 생물학적 문제뿐만 아니라 사회경제적 문제와도 관련이 있다. 우리나라에서 25세 미만 여성은 아직 보호가 필요한 나이로 여겨지며, 현대인이 생각하는 결혼 적령기와는 거리가 있다. 이 연령대에서는 준비되지 않은 임신을 했을 가능성이 높은데, 사회경제적 압박으로 산전관리가 제대로 되지 않고, 따라서 영양 상태도 좋지 않을 것이다. 보통의 임신부는 산전 진찰 횟수가 7회인데, 10대의 경우 2회, 20대의 경우 2.2회로 매우 낮다.

아동 사망의 원인 —————————

9세까지 사망 원인 1위는 암, 9세 이후에는 자살

2017년 연령별 사망 원인 통계에 따르면 1~9세 아동의 사망 원인 1위는 악성신생물(암)인데, 전체 사망 원인의 17%를 차지했다. 뒤이어 운수사고 12%, 선천성기형과 염색체이상 10%, 타살 8%, 심장질환 6%의 순이었다. 그리고 10~19세의 사망 원인은 자살이 31%로 1위였고, 뒤이어 운수사고 18%, 악성신생물(암) 15%, 심장 질환 4%, 익사사고 2%의 순이었다.

소아기의 암은 성인에 비해 발생 빈도가 낮아서 전체 암의 1% 밖에 되지 않지만, 질병으로 인한 소아 사망의 가장 흔한 원인이다. 소아암의 34%는 급성백혈병이며, 14%는 중추신경계(뇌)종양이다. 소아암의 완치 비율은 1970년대 이전에는 25% 미만이었으나 최근에는 80%로 현저하게 향상됐다. 비록 암이 소아 사망의 주요 원인이기는 하지만 성인기에 발생하는 암에 비해 완치되는 비율이 높은데도, 소아암 진단은 즉각적인 사형선고이자 불치병이라는 인식 때문에 환자와 가족은 큰 심리적 충격을 겪는다. 또 치료 과정에서 발생하는 신체적·경제적 부담은 물론이고, 치료 부작용과 재발에 대한 우려 및 치료의 장기화 등으로 인해 많은 문제와 스트레스를 경험한다.

2005년부터 2014년까지 10년 동안 사망한 0~19세 아동은 3만 6808명이었는데, 그중 34%는 복합만성질환(complex chronic condition)으로 사망했다. 2014년 한 해만 보면 소아기 사망자 2914

명 중 36%가 복합만성질환으로 사망했다. 연령별로는 영아(1세 미만)가 641명으로 가장 많았고, 1~9세는 113명, 10~19세는 127명이었다. 복합만성질환이란, 심각한 장애로 병원에 입원해서 특별한 관리가 12개월 이상 필요할 것으로 예상되는 건강 상태를 말한다. 질병으로는 암이 가장 많고, 뒤이어 복합적 심장기형, 낭성섬유증, 퇴행성신경질환 등이 주요 원인이다. 아동의 죽음은 노화 과정에 따른 자연스러운 사망이 아니라는 점에서 쉽게 받아들여지지 않기 때문에, 사망 직전까지도 생명 연장을 위한 적극적 치료를 지속하는 경우가 많다.

아동학대 사망 —————————
아동학대 사망의 가해자 대부분은 부모

미국의 아동학대 보고서에 따르면 아동학대 사망 사례의 가해자는 부모가 79%로 대부분을 차지하며, 스웨덴의 1965~1999년 아동학대 사망 사건(129건)에서도 가해자가 친부 53%, 친모 45%로 보고되는 등 아동학대 사망은 대부분 부모에 의해 발생한다.

우리나라의 아동학대 사망 사건에 대한 공식 통계인 '전국 아동학대 현황 보고서'에 따르면, 2017년 학대로 사망한 아동은 38명이었고, 건수는 46건이었다. 학대 행위자가 두 명인 경우 사망자보다 건수가 많아진다. 학대 가해자는 친모가 26건, 친부가 11건으로, 우리나라도 부모가 80%로 대부분을 차지하는데 친모가 친부보다 많다. 2014년 이후 학대로 인한 아동 사망은 꾸준히 증가하고 있다.

피해 아동의 연령을 살펴보면 3세 이하가 대다수이며, 특히 1세 미만 영아가 15건(32.6%)으로 가장 많은 비중을 차지했다. 영아는 자신을 위험으로부터 보호할 수 있는 능력이 없으며, 학대 피해를 경험하더라도 외부로 노출될 가능성이 상대적으로 적기 때문이다. 한편 2001년부터 2015년까지 아동학대 사망 사례 55건의 판결문(피고인 81명, 판결문 95건)에 제시된 가해자에 대한 양형 실태를 분석한 결과를 보면, 벌금형 및 집행유예를 포함하여 3년 미만의 비교적 경미한 처벌이 약 40%였다. '아동을 성실하게 양육해온 점', '아동의 사망으로 인한 심적 고통, 죄책감', '훈육 목적 등 참작할 만한 동기' 등이 감형 사유였다.

죽음 개념의 발달 ──────

성인의 죽음 개념에 공감할 수 있는 나이는 7세

어른은 아이가 죽음을 어떻게 생각하는지 대수롭지 않게 여기고 무시하는 경향이 있다. 아이가 죽음을 어떻게 대면할지에 대한 깊은 고민도 없고 이에 대한 연구나 자료도 거의 없어, 어떻게 대응해야 할지 몰라 그냥 내버려두기 때문이다. 그런데 아이도 당연히 부모, 조부모, 형제자매, 친척, 동급생, 친구, 선생님, 이웃, 반려동물, 야생동물 등의 죽음을 경험한다. 태어난 지 얼마 되지 않은 신생아도 엄마를 잃으면 부재를 느낀다. 엄마가 사라진 자리를 채워주는 사람이 엄마가 아님을 느낀 아이가 엄마의 죽음에 충격을 받지 않는 것은 불가능하다.

아이가 죽음과 관련된 개념을 어떻게 발달시켜 가는지에 대해서는 1930년대 헝가리의 심리학자 너지(M. Nagy)가 처음 체계적으로 연구했다. 제2차 세계대전이 일어나기 직전 부다페스트에 살고 있던 3~10세의 아동 378명을 대상으로 연구했는데, 전쟁이 끝난 후인 1948년 그 결과를 발표했다. 너지는 나이에 따라 아이가 다음과 같이 인식한다는 3단계이론을 제시했다.

- 1단계(5세 미만): 죽음이 돌이킬 수 없는 사실임을 인지하지 못한다.
- 2단계(5~9세): 죽음을 의인화하며, 죽음은 우연히 일어나는 것이라고 생각한다.
- 3단계(9세 이상): 죽음이 특정한 법칙에 따라 우리에게 일어나는 과정임을 인식하게 된다.

너지는 5세 미만 아이는 죽음 자체를 알지 못한다고 주장했다. 사실 어린아이는 '마지막' 또는 '영원히'라는 말 자체를 모를 수도 있다. 그런데 "빵, 빵, 넌 죽었어! 이제 움직이지 못해!"라고 소리를 지르며 총싸움을 하는 두 살 된 꼬마는 적어도 죽음이 움직이지 못하는 것이라는 것은 알고 있다. 그러나 죽음을 인생의 마지막이라고 생각하지는 못한다. 죽음의 종결성을 완전히 이해하지 못하기 때문이다. 따라서 죽음을 삶과 완전히 분리하지 못하고 "할아버지 돌아가신 거는 아는데, 언제 집에 오세요?"라고 묻기도 한다. 삶과 죽음이란 총싸움 장난처럼 서로의 위치를 바꿀 수 있는 것이라고 해석하는 것이다. 죽음은 마치 잠을 자는 것과 같아서 적절한 시기가 오면 다시 깨어날 것이라고 기대한다.

아이가 죽음으로 영원히 헤어진다는 사실을 인지하지 못한다고 해서 죽음을 대수롭지 않게 생각하는 것은 아니다. 죽은 사람이 다른 곳에서 계속 살아간다고 생각한다 해도 이별의 고통은 여전히 느끼며, 죽은 아빠를 누가 돌봐주고 누가 밥을 가져다줄지 걱정하기도 한다. 한편 이 또래의 아이는 자기중심적 사고를 하기 때문에 "아빠가 죽었으니 이제 누가 나를 수영장에 데려가?"라고 묻기도 한다. 타인의 보살핌에 의존해야 하는 아이로서는 당연한 걱정이다. 따라서 부모가 죽은 아이는 부모의 사진이나 물건을 통해 고인과 감정적 연결 관계를 유지하려고 한다. 사별 경험은 상황에 따라 다른데, 부모라고 할지라도 같이 보낸 시간이 짧다면 그 죽음을 심각하게 받아들이지 않을 수도 있고, 반대로 반려동물이나 동네 친구의 죽음은 아이의 삶에서 중요한 사건일 수 있다. 키우던 금붕어나 사랑하는 개가 죽어서 장례의식을 갖춰 뒤뜰에 묻어줄 때 죽음을 감지할 수 있다.

너지가 제시한 2단계의 5~9세 아이는 죽음을 별개의 사람, 예를 들어 해골, 유령, 저승사자 등으로 생각한다. 이를 너지는 의인화라고 해석했다. 즉 아이는 죽음이 좋지 않은 것이라는 사실을 알기에 죽음을 외부의 것으로 묘사한다. 이는 죽음이 삶과 다르다는 것을 인식한다는 것을 의미한다. 그러나 비록 죽음을 최종적인 것으로 생각하기는 하지만, 피할 수 있고 필연적이지 않으며 보편적이지 않다고 생각한다. 그래서 '사람은 죽기 전에 병이 든다. 따라서 나는 절대 병들지 않을 것이고, 그러면 나는 죽지도 않을 것이다'라고 생각하기도 한다.

많은 동화에서 악역은 죽음을 상징한다. 사악한 마녀, 마귀, 괴물, 도깨비는 외모만 봐도 죽음의 공포가 느껴진다. 이들 악당은 죽음이라는 상상하기 어려운 개념을 구체적이고 감당 가능한 수준으로 만든다. 그러나 죽음에 인간의 형태를 부여하기 때문에 아이는 죽음을 피할 수 있다고 생각하기도 한다. 그래서 자신이 영리하다면 죽음을 피할 수 있다고 여긴다. 실제로 많은 동화에서 영웅은 아무리 죽을 위험이 닥쳐도 결국 도망친다.

아이가 자기중심적 태도에서 벗어나는 나이는 보통 7세인데, 이때는 죽음이 영구적이고 회복 불가능하다는 것을 확실히 인식한다. 그런데 아이는 죽음이 누군가가 사라지는 것이라는 사실에 만족하지 않고, 죽은 사람이 어디서 어떻게 되는지 알고 싶어 한다. 예를 들어 "죽은 사람은 어디에 있어요?"라거나 "죽어서 천국에 가면 하루 종일 뭐해요?", "할아버지는 천국에 가셨는데 왜 땅에 묻혀 있어요?" 등과 같은 질문을 한다. 이런 호기심은 죽음이라는 사건의 의미를 해석하기 위한 논리적 노력이다. 아이는 삶의 경험이 많지 않기 때문에 이러한 질문에 대해 잘못 이해하거나 해석할 수도 있고, 이로 인해 불안감과 공포심을 갖게 되기도 한다. 한편 이 시기의 아이는 부모의 죽음이 자신의 생각이나 행동 때문이라고 생각해서 죄책감에 시달릴 수도 있다. 예를 들어 엄마가 아이에게 "너 때문에 죽겠어"라고 말한 지 얼마 되지 않아 실제로 교통사고로 사망하게 되면 아이는 엄마가 자기 때문에 죽은 것으로 생각해서 매우 불안해진다.

너지가 제시한 3단계에 있는 9세 이상의 아이는 죽음을 필연적이고 피할 수 없으며 최종적이고 누구한테나 일어나는 보편적 현상으로 인식한다. 또 죽음은 나쁜 행동을 하거나 누군가 죽기를 바란다고 해서 발생하는 것이 아니라는 것도 알게 된다. 비로소 죽음과 세상에 대한 현실적 시각을 반영할 수 있게 되는 것이다.

아이의 죽음에 대한 개념은 성인의 관점에서 보면 뒤죽박죽 조리가 없는 것처럼 보이지만, 아이는 제 나름대로 경험학습을 통해 죽음을 이해한다. 심리학자 너지가 말하는 3단계뿐만 아니라 다양한 과정을 통해 성숙해지며, 나이에 따른 단계는 서로 중첩될 수도 있다. 너지의 3단계이론은 제2차 세계대전 이전, 즉 TV가 도입되기 이전의 연구 결과다. 현재는 TV의 생생한 보도를 통해 아이도 아프리카 아동의 아사(餓死)나 전쟁이나 테러로 인한 죽음을 간접적으로 접할 수 있다. 미국에서 진행된 연구 결과에 따르면, 하루에 2~4시간 TV를 시청하는 아이는 초등학교를 졸업할 때까지 약 8000건의 살인사건을 목격하게 된다. 인간의 죽음을 직접 경험해보지 못한 아이에게는 미디어를 통해 배우는 간접 죽음이 자연스럽게 중요한 개념으로 자리 잡을 수 있다.

아이는 직접적인 사별 경험은 드물지라도 끊임없이 죽음을 학습한다. 죽음을 연상시키는 놀이도 많은데, 까꿍놀이 같은 경우 아이의 자기중심적 관점에서 보면 외부 세상이 사라졌다가 갑자기 다시 나타나는 것이다. 다시 나타나는 것을 기뻐하는 것은 사라지는 것을 두려워하기 때문일 것이다. 이 같은 경험은 죽음을 대하는 태도와 매우 흡사하다. 이외에도 아이가 하는 많은 놀이는 죽음과 관련된 것이 많으며, 동화 역시 죽음에 대한 언급으로 가득하다. 《백설공주와 일곱 난쟁이》는 죽음에 대한 생각 없이는 읽을 수 없는 동화다.

아이는 죽음을 항상 생각하게 하는 환경에서 살아가는데도 실제 죽음과 관련된 일에서는 배제된다. 장례식장에서도 아이는 볼수가 없다. 정신적 충격을 줄 수도 있는 현장에서 아이를 보호하고 그들을 죽음에서 떨어뜨려놓아야 한다는 생각 때문인데, 가족이 죽었을 때 아이에게 죽음을 알리지 않고 멀리 여행을 갔다고 거짓말하는 것은 오히려 해롭다. 거짓말을 하면 나중에 상처를 주게 되고 종종 심각한 후유증을 남길 수 있다. "엄마는 하늘나라에 가셨단다. 이제 밤하늘에서 영원히 빛나는 작고 예쁜 별이 되셨어"라는 거짓말은 아이가 엄마를 찾아서 밤하늘의 별을 헤아리다가 불면증으로 고통받게 만들 수도 있다. 어떤 아이는 아빠가 떠났다고 말했기 때문에 아빠가 다시 오기를 온종일 기다리면서 시간을 보낼 수도 있다.

자기중심성에서 탈피하는 나이인 7세가 넘은 아이는 어른과 공감할 수 있기에 죽음을 같이 슬퍼하기도 하지만, 어른을 보호하려고 자신의 감정을 숨기려 노력하기도 한다. 아이는 일반적으로 어른처럼 죽음에 직접적인 반응을 보이거나 자신의 감정을 표현하지 않는다. 예를 들어 고인에 대한 생각에 잠겨 있기보다는 일상적으로 해오던 활동에 몰두한다. 슬픔을 자기 나름대로 극복하려고 놀이를 하거나 TV를 보거나 평상시처럼 학교에 잘 다닌다. 이런 모습이 어른에게는 인지력, 이해력 또는 감정이 부족한 것처럼 느껴질 수 있다. 결과적으로 아이의 슬픔에 대한 반응은 어른의 반응과 달리 더 간헐적일 수 있고, 따라서 그 기간이 더 장기화될 수도 있다. 취학연령의 아이 중 상당수가 부모의 사망 후 4개월이나 1년 또는 2년이 지나서야 더 많은 어려움에 봉착하는 사별 과정을 겪는다는 연구 결과도 있다.

아이가 죽음 관련 사건을 받아들이는 방식은 어른이 당연하게 생각하는 방식과 다를 수 있지만, 확실한 것은 아이도 죽음을 이해하기 위해 적극적으로 노력한다는 사실이다. 따라서 아이에게 죽음을 감추는 것은 불가능하며, 허용되지도 않는다. 오히려 죽음을 자연스럽게 접하도록 하는 것이 가까운 사람의 죽음을 마주했을 때 받는 충격을 완화할 수 있다. 죽음에 대해 아이와 의사소통을 하는 것이 아이가 불완전하고 부적절한 지식으로 스스로 상상의 날개를 펼치며 대처하도록 하는 것보다 훨씬 낫다.

아빠의 장례식장에서 장난감 총으로 사람을 쏘는 장난을 하는 아이를 어떻게 할 것인가? 내버려둬야 할까, 아니면 나무라야 할까? 그러한 난처함에 빠지느니 아이가 아예 장례식장에 없는 것이 낫다고 생각할 수도 있다. 그런데 장례식장이나 영안실 방문은 가족이 다시 만나는 기회다. 아이도 가족과 슬픔을 공유할 수 있으며, 여러 사람을 보는 것만으로도 위안을 받을 수 있다. 아이가 상황의 심각성을 이해하지 못한다는 것은 오해다. 그리고 아이가 죽은 부모의 모습을 마주친다고 해도 부모가 건강했을 때 함께 보냈던 좋은 추억이 손상되는 것이 아니다. 어른은 모두 장례식장에 가고 아이는 집에 둔다면, 이는 가족의 죽음을 같이 애통해하고 고인이 많은 사람으로부터 사랑받았다는 것을 추억할 기회를 아이에게서 빼앗는 것이다. 아이가 장례식에 참여해야 하는지에 대한 연구 결과에 따르면, 아이가 사별 의식에 참여하는 것은 슬픔을 극복하는 데 도움이 된다. 아이가 죽음에 대처하도록 돕는 기본 원칙에서 중요한 것은 기술이나 방법보다 태도라고 할 수 있다. 건강한 아이는 주변의 어른이 정직하다면 죽음을 두려워하지 않는다.

12

청소년의 죽음
Adolescents' Death

조선시대에는 소년(少年)이 장가를 들면 바로 장년(壯年)=성인(成人)이 됐지만, 지금은 성장 단계를 구분할 때 아동기와 성년기 사이에 청소년기라는 중간 단계를 둔다. 청소년(靑少年)의 시작점은 여성은 유방이 나오기 시작하는 11세이며, 남성은 고환이 커지기 시작하는 12.7세다. 이후 1년이 지나면 여성은 초경을, 남성은 첫 사정을 경험한다.

청소년기가 끝나는 시점은 논란이 많다. 생리학적으로는 24세까지 성장이 이루어지고 25세에 가장 절정기에 이르기 때문에 24세까지를 청소년기라고 할 수 있다. 하지만 소아과학회에서는 11~21세를 청소년기로 설정하고, 청소년기본법은 9~24세로 규정한다. 그리고 통계청에서 작성하는 사망 원인 통계에서는 청소년기본법에 따라 9~24세를 청소년으로 규정한다.

청소년 사망의 원인

청소년 사망 원인 1위는 자살

우리나라 통계청에서는 2002년 이후 청소년 통계를 작성하고 있는데, 2019년에는 여성가족부와 협력해 '2019 청소년 통계 보도자료'를 발표했다. 이에 따르면 2017년 9~24세의 청소년은 총 876만 5000명(전체 인구의 17%)이었는데, 이 중 722명이 자살로 사망했다. 자살은 청소년 사망 원인 1위이며, 청소년 인구 10만 명당 7.7명이 자살로 사망한다. 청소년 사망 원인 2위는 운수사고로 10만 명당 3.4명이며, 3위는 암으로 10만 명당 2.7명이었다. 자살자의 절대적 수는 노인이 훨씬 많지만, 상대적 비율은 10~30대에서 가장 높다. 통계청에서 매년 발간하는 사망 원인 통계 보도자료에서는 사망 원인을 연령별로 발표하는데, 이에 따르면 2017년 10대(10~19세) 사망 원인의 31%가 자살이었으며, 20대(20~29세)에서는 사망 원인의 45%가 자살이었다.

2004년까지는 10대(10~19세)의 사망 원인 1위는 운수사고였지만, 2005년 이후 자살과 운수사고가 1위와 2위 순위다툼을 하다가 2007년 이후부터는 계속 자살이 청소년 사망 원인 1위를 차지하고 있다. 자살은 자살을 생각하고, 시도하고, 결국 자살에 이르는 일련의 사건으로 이루어지는데, 우리나라의 중고등학생을 대상으로 '최근 12개월 동안 심각하게 자살을 생각한 적이 있는가'를 조사한 연구에 따르면 남학생의 11%가, 여학생의 15.4%가 '그렇다'고 답했다. 이들이 자살 고위험군에 속한다. 그리고 중고등학생의 4.4%는 자살을 하려고 구체적인 계획을 세운 적이 있고, 3.1%는 실제 자살을 시도했다. 자살 시도 후 병원에서 치료받은 적이 있는 학생도 0.5%였다. 자살 시도자에 비해 자살 시도 후 병원을 찾는 청소년이 이렇게 적은 이유는 청소년 자살 시도자의 7~8%만이 병원을 방문하기 때문이다.

우리나라 청소년의 자살 방법은 전체적으로 교수(목맴)가 52%로 가장 많은데, 10대 청소년으로 한정하면 추락이 50%로 가장 많다. 자살에 이르게 되는 직접적인 원인을 조사한 경찰청 자료에 따르면, 10대가 자살하는 직접적 원인은 정신과적 문제가 51%로 가장 많았고, 그다음이 가정문제였다. 20대의 자살도 정신과적 문제가 48%로 가장 많았고, 뒤이어 경제생활 문제, 남녀문제 등이 주요 원인이었다. 그러나 자살 원인은 경찰의 조사 결과보다 훨씬 더 복합적 요인에 의해 발생한다. 심리부검은 이러한 원인을 파악할 수 있는 연구 방법이지만, 아직 청소년을 대상으로 이루어지지는 않고 있다.

일반적으로 모든 연령대에서 정신과적 문제, 특히 우울증이 자살의 가장 흔한 원인이다. 청소년도 마찬가지다. '최근 12개월 동안 2주 내내 일상생활을 중단할 정도로 슬프거나 절망감을 느낀 적이 있는 경우'를 우울감으로 정의하고, 우울감을 경험하는 비율을 조사한 연구에 따르면, 중고등학생이 우울감을 경험하는 비율은 27%였다. 여성일수록, 학년이 올라갈수록 더 많았다. 또 스트레스를 조사한 결과를 보면, 13~24세의 청소년은 45%가 스트레스를 받고 있었다. 내용을 보면 13~18세는 학교생활에서 스트레스가 가장 많았고, 19~24세는 직장생활 스트레스가 많았다. 고민하는 내용은 13~18세 청소년의 47%는 공부와 관련한 것이 가장 많았고, 외모 고민도 13%를 차지했다. 반면 19~24세의 청소년은 직업에 대한 고민이 45%로 가장 많았고, 공부에 대한 고민이 15%로 2위를 차지했다. 2016년 기준 대학 진학률이 70%이기 때문에 19~24세의 대부분은 대학생일 텐데 이들이 받는 스트레스는 직업에 대한 고민이 가장 많았다.

성인은 자살하기 전에 극심한 우울증이 미리 나타나는 경우가 많지만, 청소년은 우울증 등 어떤 징후도 보이지 않고 잘 지내는 것처럼 보이다가도 갑작스러운 스트레스를 이기지 못하고 자살하는 경향이 있다. 즉 청소년의 자살은 사전 계획 없이 순간적인 충동에 의해 이루어지는 경우가 많다. 별것 아닌 것처럼 보이는 사소한 계기, 즉 친구와의 다툼, 부모의 꾸중, 경쟁에서의 패배 등이 자살로 이어지게 하는 것이다. 청소년의 자살 시도는 성인에 비해 성공률이 낮은 편이다. 약물 복용이나 동맥 절단 등 비교적 덜 치명적인 방법을 선택하는 경우가 상대적으로 많기 때문이다. 정서적으로 불안정한 청소년은 당면한 문제를 풀어내기보다 자살로 회피하려는 경향이 강하기 때문에, 정말로 죽으려 하는 의도보다는 자신의 괴로움을 극단적 방법으로 표현하려는 의도가 성인에 비해 상대적으로 강하다고 볼 수도 있다.

한편 청소년은 미래를 장기적으로 생각하기보다는 매순간이 중요하고 자기중심성이 높다. 따라서 죽음을 초래할 수 있는 위험성을 인식하지 못하고 위험한 행동을 하게 된다. 2017년 10대의 사망 원인 2위는 운수사고였으며, 전체 10대 사망의 18%를 차지했다. 20대도 운수사고가 전체 사망의 14%를 차지했다. 운수사고의 대부분은 교통사고인데, 교통사고 사망자는 보행자, 운전자, 동승자 등으로 나뉜다. 10세 미만 아동은 보행자 사고가 많지만, 10~20대가 되면 동승자 사고가 많아지고, 점차 운전자 사고가 많아진다. 운전자 사고는 처음에는 자전거 사고가 많고, 나이가 들면서 오토바이 사고나 자동차 사고가 많아진다.

10대 사망 원인의 15%와 20대 사망 원인의 11%는 암인데, 암은 10~20대 사망 원인의 3위를 차지했다. 신체적·심리적 발달 단계에 있는 청소년기에 암을 진단받는다는 것은 죽느냐 사느냐의 단계를 넘어 정신적으로 큰 영향을 미친다. 이들에게는 생명을 위협하는 질병을 가지고 살아가는 방법을 배우는 것이 다른 또래가 경험하지 않는 발달 과제가 된다. 소아청소년 암 환자는 상황이 비슷한 다른 환자와 깊은 정서적 유대관계를 형성하는데, 보통 또래뿐만 아니라 나이가 훨씬 어린 암 환자와도 돈독한 관계를 맺는다. 그런데 함께 치료받으며 알고 지내던 동료가 암의 재발로 건강이 급속도로 악화되어 죽음에 이르는 것을 보게 되면, 본인의 사소한 신체 증상에도 예민해질 뿐만 아니라 암 재발을 걱정하면서 죽음의 위협도 가까이 느끼게 된다. 암으로 죽어가는 청소년은 성인이나 노인과는 다른 문제에 봉착하게 되지만,

삶과 죽음에 대한 의미를 고민하게 된다는 점이나 실제 죽음에 가까워질수록 죽음을 두려워하지 않게 된다는 점은 동일하다.

성인이 그렇듯 청소년도 자신이 직면한 문제에 적극적으로 대처한다. 청소년은 치료 방법을 결정하는 과정에서 소외되기 쉽고 그만큼 가족과 관계를 설정하는 것이 어려워질 수 있지만, 스스로 자신의 미래를 결정할 수 있는 나이에 이른 존재이기에 어린아이처럼 대우해서는 안 된다. 아직 정신적으로 미숙한 발달 단계에 있더라도 자신의 삶을 자신의 방식대로 영위해야 한다. 무기력하거나 희망이 없을 수도 있지만, 정직하고 의미 있는 관계를 통해 남은 삶의 여정을 가치 있게 보낼 권리가 있다. 따라서 청소년도 자신의 상황을 정확하게 알아야 하고, 자신이 받게 될 치료 방법을 결정할 때도 참여해야 한다.

청소년의 사별 경험 ──────

친구를 잃고 슬픔에 잠긴 청소년을 위하여

10~29세의 청(소)년이 사망하는 원인의 50~60%는 자살이나 운수사고와 같이 예상치 못한 상태에서 갑자기 발생한다. 청소년의 사망 중 대다수가 이런 특성을 가지고 있기 때문에, 친구가 이런 식으로 죽게 되면 살아 있는 사람에게는 예기치 않게 닥친 재앙처럼 매우 큰 충격으로 다가온다. 또 이러한 갑작스러운 죽음은 대개 예방이 가능한 것으로 인식되기에, 그러한 결과를 막지 못한

자신의 행동에 분노를 느끼게 된다. 이는 죄책감으로 이어질 수 있고, 발달 과정에 있는 청소년에게 장기적으로 영향을 미친다.

2014년 세월호 재난 당시 우리 국민은 300명 이상이 수장되는 모습을 몇 시간 동안 TV로 지켜보면서 커다란 충격을 받았다. 특히 희생자의 대부분이 고등학생이라는 사실은 우리 사회가 그들을 지켜주지 못했다는 큰 죄책감을 갖게 했다. 세월호 재난으로 인한 외상(트라우마)은 희생자의 유가족이나 함께 세월호에 탔다가 생존한 교사와 학생에게만 한정되지 않고 매우 광범위하게 나타났다. 여행을 가지 않고 학교에 있었던 재학생과 교사, 지역사회 주민, 희생자의 초등학교나 중학교 동창과 고등학교 친구, 유가족의 이웃이나 직장 동료, 친인척 모두에게 외상은 동심원을 그리며 확산됐다.

세월호 재난으로 많은 사람이 깊은 마음의 상처를 받았지만, 특히 단원고등학교 학생이 받은 심리적 충격은 누구와도 비교하기 어렵다. 청소년기는 부모와의 애착을 줄이고 친구와 정서적 유대감을 형성해 가면서 부모로부터 심리적 독립을 이루어가는 시기이기 때문에, 또래 친구가 정서적으로 중요한 역할을 한다. 따라서 친구의 죽음이라는 외상 경험은 청소년에게 큰 영향을 미칠 수밖에 없다.

세월호 재난으로 친구를 잃은 청소년의 외상을 조사한 연구에 따르면, 신체, 정서, 인지기능, 학업 수행, 대인관계 등에서 광범위한 영향이 나타났다. 감내하기 어려운 심적 고통은 신체 증상으로 나타나기도 했다. 복통과 소화불량을 호소하고 식사를 하지 못해 체중이 감소했다. 불면증은 흔했고, 불안이 최고조에 달했을 때는 환시와 환청 등 죽은 친구들이 보이고 목소리가 들리는 경우도 있었다. 내면의 분노도 심해져서 교회에 다니던 어떤 청소년은 "죽을 때 흉기를 품고 가서 하느님한테 복수를 하고 싶다"라고 말하기도 했다. 평소에는 하지 않던 욕을 하거나 거친 표현을 하는 청소년도 있었다.

청소년은 일상생활 중에 수시로 희생자에게 미안함을 느꼈다. '내가 어떻게 웃을 수 있나'라고 생각하면서 웃을 수도 없고, '친구들이 차가운 바다 속에서 죽었는데 내가 어떻게 밥을 먹고, 수업을 듣고, 웃고 떠드나'라고 생각했으며, 잠을 잘 때도 '내가 어떻게 편히 잘 수 있나'라는 자책감을 느꼈다. 당시 안산 합동분향소 앞에 걸린 현수막의 문구도 "우리가 미안하다"였다. 특히 희생자와 사고 전날 싸웠던 아이는 희생자의 죽음이 자기 때문이라며 살 가치가 없다고 느끼기도 했다. 세월이 지나 '희생자가 잊히는 것'에도 죄책감을 느꼈다. "어차피 한 번 죽을 인생인데"라면서 아이답지 않은 말을 되뇌는 학생도 있었다.

어떤 청소년은 단순한 작업도 할 수 없을 만큼 인지기능이 저하됐다. 멍한 상태가 계속돼 공부를 할 수도 없고 시험을 치를 수도 없어서 대학에 진학하기 어려워진 학생도 많았다. 연예인 지망생이었던 한 학생은 평소 사람을 좋아하고 친구도 아주 많았는데, 자기가 알았던 친구 200명 이상이 죽었다며, "내가 친구들을 다 잃었는데 어떻게 사람들을 즐겁게 해주는 연예인을 하겠나"라며 자퇴를 했다. 비행과 가출과 자살 시도라는 극단적 선택을 하는 학생도 있었다.

청소년은 자기중심적이다. 자신만큼 깊은 감정을 가진 사람은 없다고 생각하고 자신이 가장 많이 사랑한다고 생각하기 쉽다. 그렇기 때문에 자신의 슬픔은 다른 사람이 이해할 수 없는 독특한 것이라고도 여기게 된다. 결과적으로 청소년은 자신의 슬픔을 폭발적으로 표현하거나, 아니면 아주 억누른다. 청소년이 사별 고통에 얼마나 잘 적응하는지를 결정하는 주요 변수는 '자기 개념(self-concept)'과 '성숙 정도'다. 자기 개념이란 '자기는 어떤 사람'이라고 생각하는 것을 말한다. 즉 자아 정체성이 확립되고 성숙한 청소년은 사별로 인한 슬픔, 두려움, 외로움 등을 잘 견디고 사별 경험이 정서적으로나 대인관계에서 성숙해지는 계기가 되는 반면, 그렇지 못하면 혼란과 어려움을 많이 겪는다.

한편 청소년기에 겪는 친구 혹은 동료의 자살로 인한 슬픔은 재난과는 차원이 다르게 강렬하게 나타나며, 남은 이들에게 매우 유해하다. 친구의 자살로 사별을 경험한 사람은 그 죽음의 의미를 알려고 무척 힘들어한다. 그러나 자살은 공개적으로 이야기하기를 꺼리기 때문에 정확한 정보가 전달되지 못하고 사실보다 훨씬 더 좋지 않은 쪽으로 상상하는 경우가 많아서 혼란에 빠지기 쉽다. 도대체 왜 그런 일이 일어났는지, 그 답을 찾아가면서 친구의 자살을 막지 못한 것이 어느 정도 자기 책임이라고 생각해 죄책감에 사로잡힐 수도 있다. 이렇게 고통받는 상황까지 되면 주변인의 도움이 꼭 필요하다.

친구의 죽음을 경험한 청소년을 위한 상담은 상담자가 문제 해결 방법을 찾아주는 것이 아니라, 청소년 자신이 문제 해결 방법을 찾도록 도와주는 것이다. 다음은 미국의 더기 센터(Dougy Center)의 사별자 프로그램에 참여했던 10대들이 제시한 '슬픔에 잠긴 10대를 위한 권리장전'이다.

① 죽음, 고인 및 상황에 대한 진실을 알 권리

② 질문에 대한 정직한 답변을 들을 권리

③ 타인으로부터 존중을 받을 권리

④ 내 슬픈 감정이나 생각을 말하지 않고 침묵할 권리

⑤ 타인의 생각이나 결론에 동의하지 않을 권리

⑥ 죽은 사람과 죽은 장소를 볼 권리

⑦ 원하는 방법으로 슬퍼할 수 있는 권리

⑧ 죽음, 죽은 사람, 하느님, 자기 자신 및 타인에게 화를 낼 권리

⑨ 죽음을 막기 위해 개입하지 못한 것에 대한 죄책감을 느낄 권리

⑩ 죽음과 관련된 의식 결정에 관여할 권리

청소년의 죽음 생각 ————————

생의 끝, 관계의 단절, 다른 삶의 시작

우리나라 청소년이 죽음을 처음 생각하게 되는 시기를 조사한 연

구 결과에 따르면, 초등학교 이전 5%, 초등학교 1~3학년 10%, 초등학교 4~6학년 34%, 중학교 이후 35%였다. 15%는 죽음을 생각해본 적이 없다고 답했다. 죽음을 생각해보게 된 계기는 TV나 영화, 소설 등에서 죽음을 본 것이 28%로 가장 많았고, 가까운 사람의 죽음을 본 것이 15%, 삶이 무의미하다고 생각할 때 23%, 어려운 일에 부딪혔을 때 15%였다. 죽음을 직접 경험한 일은 조부모의 죽음이 55%로 가장 많았고, 그다음이 반려동물의 죽음으로 33%였다. 죽음을 경험한 뒤에 느껴지는 감정은 슬픔, 삶의 허망함, 죽음에 대한 두려움, 외로움 등이었으며, 더 열심히 살아야겠다는 느낌도 있었다.

중고등학생에게 죽음이라는 말을 들었을 때 연상되는 것을 물어본 연구에 따르면, 슬픔, 끝, 사후 세계, 고통, 소멸, 그리움, 이별, 두려움, 장례, 허무, 무서움, 새로운 시작, 자살, 환생 등의 순이었다. 내용을 정리하면 끝·소멸·허무 등과 같이 '생의 끝'이라는 대답, 그리움·이별 등과 같이 '관계의 단절'이라는 대답, 사후 세계·환생·새로운 시작 등과 같은 '다른 삶의 시작'이라는 대답으로 나누어볼 수 있다.

한편 우리나라는 2012년부터 중고등학교에서 자살 예방 교육을 실시하고 있다. 청소년 자살의 심각성을 교육을 통해 줄여보고자 하는 노력이다. 일본에서도 자살이 급증하면서 학교에서 자살 예방 교육에 관심을 가지기 시작했고, 이는 곧 죽음 교육으로 확대됐다. 자살 예방 교육도 죽음 교육의 하나지만, 죽음 교육은 더 나아가 죽음에 대한 가치관 정립, 죽음 준비, 사별 고통에 대한 대처 등을 포함하는 삶에 대한 교육이기도 하다. 죽음은 인간이 삶을 성찰하게 하는 강력한 동기이기 때문이다. 설문조사 결과에 따르면, 우리나라 청소년은 죽음을 생각한 이후 현실에 대한 인식 변화에 대해 '아무 변화가 없다'는 응답이 53%로 가장 많았고, '삶이 더 긍정적이고 절실해진다'가 24%, '삶이 더 힘들고 지겨워진다'가 16%였다.

13

중년의 죽음
Middle-aged Adults' Death

사람을 연령별로 부르는 호칭은 소년, 청소년, 청년, 장년, 중년, 노
년 등이 있다. 소아와 노인에 대한 나이 기준은 사회적으로 일정
한 합의가 있는 반면, 청소년·청년·청장년·장년·중년 등에 대해
서는 일정한 합의가 없고 사람마다 아주 다양하게 혹은 애매하게
사용한다. 대략 소아와 노인 사이에 있는 성인(21~65세)은 청장년
과 중년(middle-age)으로 구분할 수 있다. 중년이 시작되는 나이는
40세 혹은 45세로 규정한다. 미국의 인구 통계에서 중년은 45~64
세를 말한다. 우리나라의 국민건강보험공단은 생애 전환기의 검
진을 국가적으로 관리하는데, 이에 따르면 중년기의 시작을 40세
로 규정한다.

중년 사망의 원인 ——————

중년 사망 원인 1위는 암, 그리고 자살 원인 1위는 경제문제

중년기는 생의 발달 단계 중 성숙기이자 노년기를 바라보는 단계로, 자신의 신체 변화뿐만 아니라 자녀의 독립과 결혼 등 다양한 변화를 경험하는 시기다. 특히 여성은 폐경이라는 생리적 현상에 따르는 신체적·심리적 변화를 경험한다. 중년이 되면 호르몬 변화에 따른 노화를 느끼게 되고, 갱년기 증상이 나타나 전반적으로 신체기능이 약화되며, 심리적으로는 스트레스와 불안, 우울증 등이 생기고, 만성질환이 전면에 등장하기 시작한다.

2017년 우리나라 40대의 사망률은 인구 10만 명당 147명이고, 50대의 사망률은 332명이다. 40대는 30대보다 사망률이 두 배 높고, 50대는 40대보다 두 배 높다. 중년은 사망률이 급증할 뿐만 아니라 사망 원인도 30대까지와는 판이하게 달라진다. 30대까지의 사망 원인이 주로 자살이나 교통사고와 같은 사고로 인한 죽음이었다면, 40대부터는 암이나 심혈관질환, 간질환 등 만성질환이 주요 원인이다. 사망률을 남녀 비율로 보면 40대 남성은 여성의 2.2배, 50대 남성은 여성의 2.9배로 남성 사망률이 여성의 두세 배다. 전 연령에서 남성 사망률이 여성보다 높기는 하지만 50대에서 남녀 사망률의 차이가 가장 크다. 40~50대 남성은 가족의 경제를 책임지는 경우가 많아서 이들의 사망은 가족생활에 심각한 문제를 초래한다.

40대의 사망 원인 1위는 암이며, 전체 사망의 29%를 차지한다.

50대의 사망 원인 1위도 암이며, 전체 사망의 38%를 차지한다. 암은 오랜 기간 동안 유전자 돌연변이가 축적된 결과 발생하기 때문에 여성은 25세 이후부터, 남성은 30세 이후부터 암 발생이 증가하기 시작한다. 암 발생은 다섯 살이 많아질 때마다 1.5~2배 늘어난다. 암으로 인한 사망은 40대까지는 남녀가 비슷하지만, 50대부터는 남성의 사망률이 상대적으로 급증하여 여성의 두 배 정도가 된다.

중년기가 되면 주변 사람의 암 발병이 많아지면서 자신의 건강에도 염려가 많아지고, 암을 예방하기 위한 정보를 얻으려 애쓰게 된다. 암이 유전자 돌연변이로 발병하기는 하지만 부모에게서 받는 유전적 요인은 10~20%에 불과하다. 암 발생의 50~80% 정도는 예방이 가능하기 때문에 중년기에 건강을 증진시키려는 노력은 향후 노인기의 건강에 많은 영향을 미친다. 중년기의 남녀가 암에 대해 얼마나 정확한 지식을 알고 있는지를 조사한 연구에 따르면, 대학생보다는 많이 알고 있었고 암을 예방하기 위한 노력도 더 많이 하고 있었다. 성별로는 중년 여성이 중년 남성보다 암 예방 노력에 적극적이었다.

40대의 사망 원인 2위는 자살로, 40대 전체 사망의 19%를 차지한다. 50대의 사망 원인 2위도 자살이며, 50대 전체 사망의 9%를 차지한다. 20~30대 사망의 37~45%가 자살인 것과 비교하면 절반 정도로 줄었지만, 여전히 전체 사망의 9~19%로 높다. 그런데 사망 비율로는 줄었지만 자살로 사망하는 절대적 수는 40~50

대가 20~30대보다 훨씬 많다. 자살의 원인은 우울증 등 정신과적 문제가 가장 많은데, 40대에서는 경제생활 문제가 자살 원인의 36%를 차지하면서 자살 원인 1위를 차지했다.

자살은 자살 생각, 자살 시도, 자살 행위에 이르기까지 일련의 연속적 사건인데, 2011년 한국복지패널 6차년도 자료를 이용해 40~64세 중년 4383명을 대상으로 자살 생각에 미치는 요인을 분석한 연구에 따르면, 우울증 여부가 남녀 모두에게 가장 중요했다. 우울증 이외에 남성은 소득이 낮을수록 자살 생각이 많아졌고, 여성은 배우자가 없는 경우, 자아 존중감이 낮은 경우, 가족 갈등에 대처하는 방식이 부정적인 경우 자살 생각이 많았다. 소득수준은 중년 남성의 자살 생각에 중요한 영향을 미친 반면, 여성에게는 별다른 영향이 없었다. 우리나라의 40~50대 남성은 가족의 생계를 주로 담당하고 있는 데다가 성취 중심의 삶을 살아온 이들이 많기에 소득수준은 자아 정체감 형성에 큰 영향을 미친다.

자살 생각은 모든 연령에서 여성이 남성보다 월등히 많은데, 중년기에도 자살 생각의 남녀 비율은 34:66으로 여성이 두 배가량 많다. 그러나 실제 자살로 사망하는 경우는 40대의 경우 남성이 2.3배 많으며, 50대는 3.5배 많다. 자살을 시도할 때 남성은 성공률이 높은 방법을 이용하고, 여성은 덜 치명적인 방법을 사용하기 때문이다.

암과 자살을 합하면 40~50대 중년 전체 사망의 50% 정도를 차지한다. 40~50대의 사망 원인 3, 4위는 각각 심장질환과 간질환이다. 40대의 사망 원인 3위는 간질환이고 4위는 심장질환이며, 50대는 반대로 3위가 심장질환이고 4위가 간질환이다. 심장질환과 간질환을 합하면 40~50대 전체 사망의 16% 정도를 차지한다. 40~50대는 심장질환에 의한 사망도 남성이 월등히 많은데, 40대와 50대 모두 남성이 여성보다 5.4배 많다. 여성호르몬이 심장질환의 대부분을 차지하는 동맥죽경화증을 예방하는 효과가 있어서 여성의 심장질환 발생이 남성보다 훨씬 낮기 때문이다.

간질환이 사망 원인 4위 안에 드는 것은 40~50대가 유일하다. 남녀 비율로 보면 간질환도 40대 남성이 여성보다 3.6배 많으며, 50대는 6.5배 많다. 우리나라 사람의 간질환으로 인한 사망은 주로 만성간염이나 간경변증에 의한 것인데, 만성간질환의 원인은 B형간염이 65%로 가장 많고 나머지는 C형간염과 알코올성간질환 등이다. B형간염은 남성에게 많은데, 특히 50대는 남성이 여성보다 두 배 더 많다. C형간염도 남성이 약간 많으며, 알코올성간경변은 남녀 차이가 현격해서 남성이 여성보다 8~10배 많다. 그래서 중년의 간질환 사망률에서 남성이 여성보다 3.5~6.5배나 더 높게 나타나는 원인은 B형간염이나 C형간염보다는 알코올이 더 중요한 역할을 하는 것으로 보인다.

음주는 간질환뿐만 아니라 사망을 초래하는 여러 가지 질환을 직간접적으로 유발한다. 중년층에서 폭주와 같은 고위험 음주의 비율은 계층에 따른 차이가 없지만, 알코올 관련 사망률은 학력 수준이나 노동 유형에 따라 차이가 나타난다. 교육 수준이 낮을수록, 그리고 육체노동자가 비육체노동자보다 알코올 관련 사망률이 높으며, 실업자는 더욱 알코올 관련 사망률이 높다. 교육 수준이나 직업 계층이 낮은 사람은 불리한 작업 환경과 낮은 소득 등 스트레스를 유발하는 요인이 많고, 또 계층이 낮을수록 영양 상태가 취약하고 질병이 많아서, 동일한 알코올을 섭취하더라도 건강에 더 심각한 영향을 미치기 때문인 것으로 보인다.

중년의 죽음관 ━━━━━━━━

죽음을 자신의 일로 여기기 시작하는 중년에게 '좋은 죽음'이란?

우리나라에서 중년은 부모를 봉양하고 자녀를 돌봐야 하는 이중의 역할을 담당하는데, 부모나 주변 사람의 죽음을 경험하면서 본격적으로 죽음을 '자신의 일'로 여기기 시작한다. 중년기에 죽음을 어떻게 인식하고 대처하느냐에 따라 남은 삶이 달라진다. 노년기가 연장되고 있는 현대의 중년에게 이는 더욱 중요한 문제가 될 수 있다.

2018년 한국보건사회연구원에서는 중년(40~64세)이 생각하는 '좋은 죽음'이 무엇인지, 중년 30명을 심층 면담 연구한 결과 다음과 같이 세 유형으로 정리했다.

- 1유형: 담담히 맞이하는 죽음이 좋은 죽음이다.
- 2유형: 좋은 사람으로 기억되어야 좋은 죽음이다.

• 3유형: 내가 결정하는 죽음이 좋은 죽음이다.

첫 번째 유형은 당사자가 담담히 맞이하는 죽음이다. 죽음을 담담히 맞이하기 위해서는 두려움이나 걱정 그리고 생에 대한 미련이 없어야 한다. 즉 당사자가 임종 때까지 온전한 정신을 유지하면서 마음의 준비를 하고 자신의 삶을 정리할 때 가능하다. 좋은 죽음을 이렇게 생각하는 중년은 담담한 죽음이 가능하려면 당사자가 죽음에 두려움이 없어야 하고, 사랑하는 사람이 옆에 있어야 한다고 본다. 즉 두려움을 갖지 않는 당사자 요인과 사랑하는 사람이 옆에 있어야 하는 주변 요인 모두가 필요하다.

이러한 죽음관을 가진 사람에게 담담한 죽음을 어렵게 하는 방해 요인은 시간이다. 시간적으로 '너무 갑자기 죽는다'면 주변 사람에게 충격일 뿐만 아니라, 당사자에게도 죽음을 대면할 수 있는 시간이 부족하기 때문에 담담히 죽음을 맞이할 수 없을 것으로 생각한다. 그러나 한편으로, 팔팔하게 살다가 이틀 정도 앓고 죽는 것은 주위 사람에게 폐를 끼치지 않을 뿐만 아니라, 당사자도 자신의 본모습이 훼손되지 않은 상태에서 죽을 수 있다는 점에서 좋은 죽음으로 간주되기도 한다.

한편 1유형의 죽음관을 가진 사람은 장례식장에 많은 사람이 찾아오는 것, 죽어서 제삿밥을 잘 얻어먹는 것, 이름을 남기는 것 등과 같이 사후에 남은 자가 하는 행동 따위는 좋은 죽음과 무관하다고 본다. 즉 죽음 전까지의 과정이 중요하다고 여길 뿐, 죽음 이후의 과정은 좋은 죽음을 구성하는 요소로 간주하지 않는다.

이와 달리 2유형의 죽음관은 당사자가 가족과 주변에게 어떠한 모습으로 남을 것인가에 초점을 둔다. 이때 가장 분명한 것은 자살은 좋은 죽음이 될 수 없다는 것이다. 이는 남은 가족이 고통을 겪을 것이기 때문이다. 적어도 가족에게 고통을 주는 죽음은 좋은 죽음이 될 수 없는 것이다. 즉 2유형은 죽은 후 주변 사람에게 오래 기억되어야 하며, 죽을 때 가족과 관계가 나빠지면 안 된다고 여긴다. 관계가 나빠지면 좋은 사람으로 기억될 수 없기 때문이다. 정리하면, 좋은 죽음은 기본적으로 사망 후 편안해 보여야 하고, 가족과 좋은 관계를 유지하고 존중받는 느낌을 가지면서 죽음을 맞이하며, 주변 사람에게 오래 기억될 수 있을 때 성립할 수 있다. 이를 떠난 자와 남은 자의 시각에서 각각 보면, 떠난 자는 자신이 좋은 모습으로 남을 것이라는 기대와 안도감이, 남은 자는 부모나 배우자와 같은 중요한 타자의 마지막을 좋은 모습으로 기억하고 싶은 희망 사항이 반영된 것이다.

3유형은 당사자 자신의 존엄성을 지키면서 죽음을 맞이할 수 있어야 좋은 죽음이라고 본다. 존엄성이란 자신이 평생 지켜온 모습을 유지하는 것으로, 이를 위해서는 고통이 없어야 하고, 심폐소생술이나 인공호흡기 사용 같은 아름답지도 않고 의미도 없는 치료는 거부해야 한다고 생각한다. 이런 치료를 하면 평생 유지해온 자신의 모습과는 다른, 결코 타인에게 보여주고 싶지 않은 모습을 보여줄 수밖에 없기 때문이다. 여기에 더해 임종 때 존중받는 느껌을 가질 수 있다면 최고로 좋은 죽음일 수 있다. 그런데 이렇게 그려내는 바람직한 또는 이상적인 마지막은 자신의 결정에 따른 것이어야 하며, 이는 미리 사랑하는 사람들에게 두루 알려두어야 한다고 생각한다.

우리나라의 40~64세 중년이 생각하는 '좋은 죽음'은 담담히 맞이할 수 있는 죽음, 좋은 사람으로 기억되는 죽음, 본인 스스로 결정하는 죽음의 세 가지 유형으로 정리해볼 수 있는데, '두려움 없이 담담하게 맞이하는 죽음'은 노인이 생각하는 좋은 죽음과 공통적이다. 다만 중년은 자기 자신이 결정권을 갖고 죽음을 설계하겠다는 성향이 강하다는 점이 특징이다.

14

노인의 죽음
Older Adults' Death

노화와 노쇠

노인 사망의 원인

노인의 죽음관

노인은 나이 든 사람의 일반적 호칭인데, 노인복지법에 따르면 65세 이상인 사람을 말한다. 2017년도 노인실태조사에 따르면, 우리나라 노인의 59%는 현재 노인의 기준인 65세는 너무 빠르고 70~74세가 적당하다고 생각하며, 12%는 80세 이상을 노인으로 하자고 생각한다.

2017년 우리나라의 인구 구조에서 노인이 차지하는 비율은 14.2%였고, 100세 이상 인구는 3908명이었다. 노인 인구가 전체 인구의 14% 이상이 되면 고령사회(高齡社會, aged society)라고 하는데, 우리나라는 2017년을 기점으로 고령사회가 된 것이다.

2017년 전체 사망자 중 65세 이상 노인이 차지하는 비율은 76%였다. 인구 10만 명당 사망률로 보면 총인구의 사망률은 557명인데, 65세 이상 노인 집단에서는 3081명이므로 일반 인구 집단보다는 사망률이 5.5배가 높았다. 노인 집단에서도 나이가 들수록 사망률은 급증하여, 인구 10만 명당 사망률이 80세 이상에서는 8343명, 90세 이상에서는 1만 9604명이었다. 즉 90세 이상 노인은 열 명 중 두 명 정도가 매년 사망하는 셈이다. 이처럼 현대인에게 죽음은 대부분 노인층에서 발생한다.

노화와 노쇠

노화와 노쇠는 다르다

생명체는 태어나서 죽기까지 생의 전 기간에 걸쳐 동일한 개체로서 살아간다고 생각하기 쉽지만, 정말로 태어나 기어 다닐 때의 '나'와 현재의 '나', 혹은 임종을 앞둔 미래의 '나'는 같은 개체일까? '그렇다', '아니다'를 대답하기가 쉬운 문제는 아닌데, 극단적으로는 인간도 곤충이 탈바꿈을 하는 것처럼 전혀 다른 단계의 삶을 산다고 생각할 수도 있다.

삶의 단계를 발달, 성숙, 노화 세 단계로 나눌 때 각 단계의 상대적 기간은 생물 종에 따라 다른데, 인간은 발달 단계와 성숙 단계가 생의 대부분을 차지한다. 물론 육체의 기능은 20~30대에 최고조에 달했다가 점점 쇠락하므로 노화의 개념을 폭넓게 적용하면 30대 이후부터 노화가 시작된다고 할 수 있는데, 현재 통용되는 노년에 대한 정의는 생물학적 노화를 반영한 것이기보다는 사회적 합의에 따른 것이다.

이는 19세기 중반 벨기에의 수학자 케틀레(A. Quetelet)가 《인간에 대한 논문(Sur l'homme et le développement de ses facultés)》에서 "60세에서 65세 정도 나이가 되면 에너지를 잃게 되고 생존 확률이 매우 적다"라고 처음으로 노인의 나이를 정의한 것에서 시작됐다고 할 수 있다. 현재 전 세계적으로 시행되는 사회보장제도는 독일의 비스마르크가 1889년 노령연금제도를 도입하면서 시작됐는데, 당시 대상자의 나이는 70세였다가 1916년 65세로 낮아졌다. 이 제도가 20세기 초반 다른 나라로 급속히 퍼져 나가면서 노인의 나이는 65세 이상이라는 인식이 굳어졌다. 현재 대부분의 노년학자도 65세 이상을 노년의 기준 나이로 본다.

노쇠(老衰)란 사전적으로는 '늙어서 쇠약하고 기운이 별로 없다'는 뜻이다. 영어 프레일티(frailty)를 번역한 것인데, 프레일티는 '연약하고 부서지기 쉽다'는 의미를 가진 단어로, 단순히 나이가 들었다는 노화(aging)나 생리적 노화(senescence)와는 다른 개념이다. 영어 프레일티는 2000년대에 들어 의학용어로 정착된 단어지만, 아직 국제질병통계분류(ICD, International Classification of Disease)에 진단명으로 등재되어 있지는 않다.

사람은 나이가 들면서 노화가 서서히 진행되는데, 그러다가 어느 순간 갑자기 기력이 떨어지고 움직임이 둔해지며 평소 잘하던 것을 하지 못하게 되고 체중도 감소하는 상태에 이르게 된다. 이때 노쇠했다고 말할 수 있다. 현재 노쇠 여부를 확인할 수 있는 가장 간단한 평가 방법은 다음의 다섯 가지 질문에 ○ 혹은 ×로 표시해서 ○의 개수를 합산해보는 것이다. ○가 세 개 이상이면 노쇠, 한두 개면 노쇠 전 단계(전 노쇠, pre-frail)라고 진단할 수 있다.

- 근력이 약하다(특히 손아귀 힘).
- 걷는 속도가 느리다.
- 평소의 신체 활동량이 적다.
- 기력이 없다고 느낀다.
- 이유 없이 몸무게가 감소했다.

노쇠가 노화의 직접적 결과는 아니므로 모든 고령의 노인에게 노쇠가 동반되는 것은 아니지만, 근본 원인이 노화인 만큼 연령이 높아짐에 따라 노쇠함도 증가한다. 국내에서 2008년 서울과 경기 지역의 복지관을 방문하는 지역사회 거주 노인(65세 이상) 283명을 대상으로 조사한 바에 따르면, 노쇠는 11.7%, 노쇠 전 단계는 49.8%인 것으로 보고됐다. 그리고 같은 해인 2008년 전국노인실태조사에 따르면, 65세 이상 인구의 8.3%가 노쇠이고 49.3%가 노쇠 전 단계, 85세 이상에서는 19.9%가 노쇠, 62.4%가 노쇠 전 단계에 해당했다.

노쇠를 유발하는 위험 요인은 이미 잘 알려져 있다. 노령이 가장 큰 위험 요인이며, 남성보다 여성에게 두 배 정도 많다. 또한 낮은 교육, 저소득, 기능장애, 동반 질환이 많을수록 노쇠도 많았다. 특히 심혈관질환, 호흡기질환, 관절염, 당뇨병, 우울증 등이 있는 경우 노쇠가 많았다. 이처럼 노쇠는 만성질환이 많을수록, 거동하지 못할수록, 영양이 결핍될수록 잘 나타나는데, 이러한 요인들이 악순환의 고리를 이루면 노쇠가 급속히 진행된다.

2017년 전국노인실태조사에 따르면 우리나라 노인의 40%는 자신의 건강이 좋지 않다고 생각했다. 실제로 우리나라 노인의 90%는 만성질환을 하나 이상 가지고 있으며, 전체 노인 평균으로 보면 1인당 2.7개의 만성질환을 갖고 있다. 만성질환을 세 가지 이상 가지고 있는 경우도 51%에 달하며, 같은 노인 연령층에서도 나이가 들수록 질병이 많아진다. 만성질환을 종류별로 살펴보면 고혈압이 59%로 가장 많고, 다음은 골관절염 및 류마티스성관절염, 고지혈증, 요통 및 좌골신경통, 당뇨병, 골다공증 등의 순이다. 그렇다고 노화가 곧 노년의 질병을 의미하는 것은 아니다. 질병 없이 건강하게 사는 노인도 많다. 노인은 만성질환을 많이 가지고 있고 사망 가능성이 높기는 하지만, 질병이 없더라도 노화는 진행되고, 노화된다고 해서 모두 질병에 걸리는 것은 아니다. 우리나라 노인의 37%는 자신의 건강이 좋다고 생각한다.

노인 사망의 원인

노인 사망 원인 1위도 역시 암

암은 40대 이후 사망 원인 1위를 차지하며, 65세 이상 노인이 사망하는 원인도 암이 1위로 가장 많다. 암은 나이가 들수록 많아져서 전체 암의 60%가 65세 이상에서 발생하며, 나이가 들어서 발생하는 암은 치료율도 떨어지기 때문에 암 사망률이 높아진다. 사망을 초래하는 암의 종류는 나이에 따라 달라진다. 30대는 위암으로 인한 사망이 가장 많고, 40~50대는 간암, 60세 이상에서는 폐암으로 인한 사망이 가장 많다.

노인 사망 원인의 2, 3위는 심장질환과 뇌혈관질환이다. 암으로 인한 절대적 사망자 수는 나이가 많아질수록 증가하지만 상대적 비율은 감소하고, 심혈관질환 발병의 증가 속도가 암 발생보다 빨라진다. 또 일부 암은 80세 이상 고령층에서는 발생 자체가 줄어든다. 심혈관질환이란 심장질환, 고혈압성질환, 뇌혈관질환 등을 포괄하는 개념으로, 70세 이후 급증하여 90세 이상 노인층에서는 사망 원인 1위를 차지한다. 100세 이상 노인의 사망 원인 1위도 심장질환이다. 2000년부터 2014년까지 15년 동안 미국의 100세 이상 노인의 사망 원인을 조사해보니 심장병이 약 40%로 1위였고, 이어서 알츠하이머치매, 뇌졸중, 암, 독감과 폐렴 등의 순이었다.

노인의 사망 원인에서 다른 연령대와 다른 점은 폐렴, 치매, 낙상 등이 급증한다는 것이다. 폐렴은 70대의 사망 원인 4위인데, 80세 이상에서는 뇌혈관질환을 제치고 사망 원인 3위로 상승하며, 90세 이상에서는 심혈관질환 다음인 사망 원인 2위를 차지한다. 또 사망자 중 노인 비율이 높기 때문에 폐렴은 전체 인구의 사망 원인 4위다. 2005년에는 폐렴이 전체 인구의 사망 원인 10위였으

인간의 모든 죽음 | 노인의 죽음

나 2015년 이후 4위를 차지하게 된 것도 노인 인구가 전체 인구에서 차지하는 비율이 높아졌기 때문이다.

폐렴은 세균, 바이러스, 곰팡이 등 미생물에 의한 감염으로 발생하는 폐의 염증이다. 미생물 감염 이외에도 화학물질이나 음식물, 방사선 치료 등에 의해서도 폐렴이 발생할 수 있다. 음식을 잘 삼키지 못하는 노인은 식사를 하다가 음식이 기관지로 넘어가 폐렴이 발병하기도 한다. 이를 흡인성폐렴이라고 하는데, 노인 폐렴의 5~15%를 차지한다. 세균 등의 이물질이 기관지로 들어오면 인체는 이를 내보내기 위한 반사작용으로 기침을 하고 가래를 만드는데, 노인은 호흡기능이 떨어져서 세균이 들어와도 이런 반응을 못 하는 경우가 많다. 노인 폐렴의 20~30%는 이런 상황에서 발생하지만, 폐렴 증상이 나타나지 않아 폐렴을 진단하기 어렵고 치료가 늦어져 사망률이 높아진다. 그래서 노인이 폐렴에 걸리면 사망할 위험성이 매우 높다.

낙상과 그로 인한 합병증은 65세 이상 노인의 주요 사망 원인이다. 병원에 입원할 정도의 낙상을 경험한 환자는 수술 여부에 관계없이 50%는 1년 이내에 사망한다. 낙상으로 인한 사망 원인은 뇌출혈 등의 머리손상(40%)이 가장 많으며, 이어서 고관절손상(23%), 척추 또는 골반 손상(11%)의 순이다. 남성은 뇌출혈이 많고, 여성은 고관절골절이 더 많다. 2017년 노인실태조사에 따르면 65세 이상 노인의 16%가 지난 1년 동안 낙상을 경험했는데, 평균 낙상 횟수는 2.1회였다. 낙상의 빈도는 연령에 비례해서 증가하고 낙상으로 인한 사망도 연령에 비례하여 증가한다. 낙상과 관련된 사망의 66%는 75세 이상 노인에게서 발생하며, 이는 65~74세 노인보다 여덟 배 이상 높은 수치다. 낙상은 여성이 남성보다 두 배 정도 더 많고, 낙상으로 인한 골절도 여성이 두 배 더 많다. 하지만 낙상으로 인한 사망은 남성이 더 많다. 남성이 낙상으로 인한 치명적 손상을 훨씬 더 많이 받기 때문이다.

자살률은 연령이 많아지면서 증가한다. 2016년도 연령별 자살 현황을 살펴보면, 60대의 자살률(10만 명당 자살자 수)은 34.6명으로 50대의 자살률인 32.5명보다 약간 높지만, 70대에서는 54명으로 급증하고 80대 이상에서는 78.1명으로 또 한 번 급증한다. 성별에 따른 자살률 차이를 보면 모든 연령대에서 남성의 자살률이 여성보다 높은데, 평균 2.4배 높다. 80대 이상 노인층에서는 성별 차이가 더 벌어져서 남성이 여성보다 3.3배 더 높다.

자살을 시도했을 때 성공률은 일반적으로 8% 정도인데, 노인의 자살 성공률은 32%로 매우 높다. 즉 노인은 자살을 생각하면 실제 자살로 이어질 가능성이 매우 높다. 자살의 원인은 60세 이전까지는 우울증과 같은 정신과적 문제가 가장 많지만, 60대 이후에는 육체적 질병이 자살 원인의 46%로 1위를 차지한다. 노인 자살의 두 번째 원인은 정신과적 질병으로 34%를 차지하고, 이어서 경제생활 문제, 가정 문제 등의 순이었다.

2017년도 노인실태조사에 따르면 6.7%의 노인이 자살을 생각해본 적이 있고, 이 중 13.2%는 실제로 자살을 시도한 경험이 있었다. 자살을 생각해본 이유로는 경제적 어려움과 건강 문제가 가장 많아서 각각 28%였고, 부부·자녀·친구와의 갈등이 19%, 외로움 12%, 배우자·가족·친구 등 가까운 사람의 사망이 8%, 배우자와 가족의 건강 문제가 5% 등이었다. 2015년 경기도 부천 지역의 60세 이상 노인 136명을 대상으로 자살 생각에 대한 설문조사를 실시한 결과를 보면, 신체 질환 여부, 우울증 정도, 자살에 대한 허용적 태도, 동거인 여부 등이 자살 생각에 영향을 미쳤다. 우리나라 노인 중 24%는 독거 가구인데, 이들은 자살과 고독사 위험군에 속한다. 즉 노인은 육체적으로 병들었을 때, 우울증에 걸렸을 때, 궁핍해졌을 때, 가정에 불화가 있을 때, 외로울 때 자살을 생각한다. '노인은 많은 일을 경험했기 때문에 어지간한 일에는 상심하지 않는다'고 흔히 말하지만, 이는 틀린 말이다. 인생은 결코 익숙해지지 않는다.

노인의 죽음관 ──────────

노인에게 '좋은 죽음' 준비란 죽음을 수용하는 것

사람들은 자신이 늙었다고 느끼게 되면 그것에 대항하려 한다. 안티에이징(anti-aging)이란 현대판 불로초라고 할 수 있는데, 불로초가 실패한 것처럼 안티에이징도 결국 실패할 수밖에 없다. 결국 노화된 신체에 적응하면서 노화를 수용하게 된다. 죽음이 임박한 경우에도 비슷한 경향이 나타난다. 노인은 이미 주변인의 죽음을 많이 경험해왔지만 그 죽음은 타인의 죽음에 불과하기에 자신의 죽음을 수용하는 것과는 별개다. 즉 자신의 노년과 죽음의 수용을 분리하려고 한다. 그러나 그런 노력은 항상 실패한다. 사실 노년을 잘 준비하는 것은 죽음을 수용할 때 가능하다.

2018년 한국보건사회연구원이 노인 30명을 심층 면담한 연구 결과, 노인이 생각하는 '좋은 죽음'은 다음과 같은 세 가지 유형이 었다.

- 1유형: 좋은 죽음은 두려움 없이 맞이하는 죽음이다.
- 2유형: 좋은 죽음은 짐이 되기 전에 떠나는 것이다.
- 3유형: 개똥밭에 굴러도 이승이 좋다.

1유형은 죽음은 그저 삶의 반대말이며 삶의 끝이 곧 죽음이라고 생각한다. 그래서 죽음을 부정하지도, 죽음을 심각하게 의식하며 살지도 않는다. 죽음은 막연한 미래의 어느 날, 인간이면 필연적으로 맞이하게 되는 하나의 생애 사건이며 생의 종결인 것이다. 이러한 죽음관을 가진 노인은 죽음을 떠올리며 두려움의 정서를 강하게 느낀다. 인간이 죽음을 통제할 수 없다는 점을 인식하기 때문이다. 이들은 특히 자녀가 먼저 죽는 일이 없기를 간절히 원하는데, 이런 소원이 강렬할수록 언제 찾아올지 모르는 죽음에 대한 두려움이 커진다. 또 삶과 죽음의 경계를 관통하기 직전에 실존적으로 경험하게 될 부정적 고통에 대한 생각이 두려움을 야기한다. 이런 두려움이 크면, 자다가 죽는 죽음을 원한다. 이들에게 잠은 살아서 경험할 수 있는 죽음의 한 형태로, 고통이 생략된 죽음과 같다. 한편으로는 정갈하고 편안한 죽음을 스스로 선택할 수 없다는 것을 알고, 또 고통이 동반된 죽음을 맞이할 가능성을 인식하고 있기에 이것이 두려움을 야기하게 된다.

통제 불가능한 죽음의 필연성과 불가지성을 인정하는 노인이 집중하는 것은 죽음이 아니라 삶이고, 얼마나 오래 사는가가 아니라 어떻게 살 것인가다. 지금껏 잘 살아온 것처럼 잘 마무리된 죽음이나 걱정도 미련도 없는 죽음을 원하는 것만큼, 삶에 집중하는 것이 곧 죽음을 준비하는 것이라고 인식한다. 이러한 생각이 강하면 강할수록 생명을 쉽게 포기하지 않아서, 생명 연장을 위한 의료 행위의 필요성을 인정한다. 이는 죽음에 대한 저항이라기보다는 삶에 대한 애착의 표현이다. 죽음을 맞이하기 전까지는 최선을 다해 살아가지만, 죽음 이후에 대해서는 관심이 낮다. 즉 실존하는 현재의 자신을 통해 존재의 의미를 찾는 데 집중하고, 실존적 세계의 경계를 넘어서는 죽음 이후의 가치나 의미는 별로 중요하지 않다. 죽은 후 자신의 유골이 좋은 곳에 안치되는 것도 이들이 생각하는 좋은 죽음의 요건이 되지 못한다. 관계에서도 마찬가지다. 숨을 거두는 마지막 순간에 배우자든 자녀든 사랑하는 사람이 곁을 지켜주기를 바라지만, 죽은 후 자신과 타인의 관계성은 더 이상 중요하지 않다.

2유형은 자신이 무엇을 경험하는가보다는 배우자나 자녀 등 자신에게 중요한 타인이 경험하게 될 고통과 어려움을 우선 고려한다. 이들이 생각하는 좋은 죽음은 신체적으로나 인지적으로 건강한 상태를 유지하다가 죽는 것이다. 이러한 죽음관을 가진 노인은 정서적으로 죽음에 대한 막연한 두려움은 없다. 오히려 이들은 자신의 죽음이 남은 가족에게 피해가 되지 않을까 염려한다. 그래서 아플 거라면 빨리 죽는 게 좋다고 생각한다. 그뿐 아니라 오래 사는 것보다 건강하게 사는 것이 더 중요하다고 여긴다. 가능한 한 짧게 사는 것이 고통도 없고 자녀에게도 도움이 된다고 생각하고, 오래 살아서 짐이 되는 것보다는 사람답게 사는 것이 중요하다고 생각하기 때문이다.

이들에게는 가족에게 피해를 주지 않고 도움이 되는 죽음이 웰다잉(well-dying)의 핵심적인 요건이다. 가지고 있는 재산이 있다면 물려주고 죽는 것이 좋다고 생각하며, 자신의 죽음과 관련한 사회적 가치에 관심을 두지 않는 것도 동일한 맥락에서 이해할 수 있다. 이들은 죽음이 가까워지면 쉽게 수용하고, 삶에 대한 집착 없이 자연스럽게 죽음에 이르기를 바란다. 심폐소생술이나 인공호흡기 치료는 생명의 자연스러운 소멸을 거부하는 일이라고 생각한다. 그래서 이들은 먼저 태어난 사람이 먼저 죽는 것, 죽음이 다가올 때 순응하는 것 등과 같은 죽음의 이치나 순리를 강조하기도 한다. 이들은 자신의 생각이 옳다고 믿고 주관적인 믿음대로 살아가며, 죽음도 필요하다고 판단하면 적극적으로 준비하고 가족에게 자신이 원하는 것을 적극적으로 요구한다. 이들에게 죽음은 생물학적 죽음과 동의어이며, 호흡이 끊어지는 순간이 존재의 종말이다. 그래서 자신의 죽음 이후의 관계나 의례 등은 중요하지 않다고 여긴다.

3유형은 죽음을 부인하고 삶에 집중한다. 이들에게는 현재 살아야 하는 분명한 이유가 있으므로 어떤 죽음이라도 좋은 죽음이 될 수 없다. 이들의 죽음에 대한 인식은 '가능한 한 오래 살다가 죽고 싶다'는 말로 대변된다. 오래 살고 싶은 이유는 각자 처한 상황에 따라 '좋은 것을 보고 느낄 수 있기 때문에', '자식에게 아직은 도움이 될 수 있기 때문에' 등 다양하겠지만, 사는 것이 죽는 것보다 좋은 이유가 무엇인지는 중요하지 않다. 중요한 것은 살아야 하는 분명한 이유를 가지고 죽음을 의식하지 않는 삶을 살고 싶어 한다는 점이다. 그래서 이들은 생명을 지키기 위해서라면 어떤 방법이라도 취하기를 원한다. 심폐소생술이나 인공호흡기 치료가 의미가 없어 보일지라도 굳이 반대하지 않는다.

삶이 중요한 이들에게 죽음을 위한 준비는 불필요하며, 죽음에 대한 생각에 따라 자신의 행동을 결정하지도 않는다. 오히려 죽음 준비 혹은 죽음을 의식하는 삶은 두려움이나 슬픔 등의 부정적 감정과 연결될 수 있다. 1유형이 죽음을 의식하며 삶을 잘 살아야 하는 이유를 찾는다면, 3유형은 자신의 죽음을 부정하거나 죽음과 관련된 정서를 억압한 채 삶에 집중하는 경향을 보인다. 이들에게 삶은 그저 삶이고, 죽음은 순간의 사건이며, 웰다잉은 고통 없는 죽음이면 된다. 즉 삶과 죽음을 연결 지어 생각하는 것은 불편한 진실일 뿐이다. 죽음은 삶의 세계와 사후 세계의 경계 지점이 될 뿐인데, 사후에 어떤 세계가 펼쳐질지 몰라서 느끼는 긴장감은 긍정적일 수도 부정적일 수도 있다.

중년이든 노년이든 대부분의 연령층에서 공통으로 보이는 '좋은 죽음'은 당사자가 두려움 없이 담담히 맞이하는 유형이다. 이는 당사자나 유족에게 모두 좋은 죽음이 되어야 한다는 생각을 기반으로 한다. 그런데 죽음이 가시화된 노령 단계에서는 가족에게 짐이 되지 않는 것이 좋은 죽음이라는 소극적인 희망 사항이 좀 더 강하게 나타나며, '개똥밭에 굴러도 이승이 좋다'는 말처럼 삶에 대한 애착이 상대적으로 부각된다.

2017년 노인실태조사에서 자신의 죽음을 위해 어떠한 준비를 하는가를 조사해보니, 묘지를 준비한 경우가 25%로 가장 많았고, 이어서 상조회 가입 14%, 수의(壽衣) 준비 8%였다. 그러나 유서를 작성한 경우는 드물었다. 연령이 높을수록 묘지를 준비했다는 비율이 높았는데, 85세 이상에서는 41%에 달했다. 수의 준비도 연령이 높을수록 높아서 85세 이상에서는 30%가 준비하고 있었다. 수의를 준비하는 정도는 성별에 따라 차이가 있었는데, 남성 노인은 6%가 수의를 준비했지만 여성 노인은 10%가 수의를 준비했다. 결혼 상태별 차이도 뚜렷했다. 배우자가 없는 노인의 수의 준비율은 13%로, 배우자가 있는 노인의 수의 준비율 6%보다 두 배가 많았다. 교육 수준별로는 무학(無學) 노인의 수의 준비율이 높았고, 소득별로는 소득이 높을수록 수의 준비율이 높고 소득수준이 낮을수록 상조회 가입이 많았다. 희망하는 본인의 장례 방법은 산골(散骨)이 30%로 가장 많았고, 화장 26%, 매장 18%, 자연장 15%, 아직 생각해보지 않았다 9%의 순이었으며, 나머지 2%는 시신을 기증하겠다고 했다.

간병
Caregiving

간병(看病)이란 여러 가지 의미로 사용되고 있지만 공통되는 핵심은, 질병으로 인해 일상생활이 어려운 환자를 보조하여 환자의 기능을 유지 혹은 증진시키는 것이다. 질병이 다양한 만큼 그에 따른 간병의 범위와 방법도 다양하다. 단순한 골절 수술부터 사지마비나 지속적인 혼수상태 혹은 치매에 이르기까지 환자의 다양한 상태에 따라 간병 방법이 달라진다. 하지만 간병의 목표가 달라지지는 않는다. 즉 환자가 먹고 마시고 대소변을 보는 것, 환자의 이동과 양치질, 신체 청결 유지 등이다. 환자가 집에 있다면 간병인은 환자를 씻기고 먹이고 기저귀를 갈며, 장을 보고 가계를 관리하며, 병원 예약을 하고 차를 운전해서 데리고 다녀야 한다.

간병 수요는 고령화가 진행되고 기대수명이 연장되면서 증가하고 있다. 우리나라의 경우 병이 생기고 나서 죽기 전까지 평균

17.5년을 산다. 일본의 경우 2010년 기준 건강수명은 남성이 70.4세, 여성이 73.6세인데, 평균수명과는 남성은 10년, 여성은 13년 차이가 있었다. 그만큼 병을 앓으면서 사는 것이다. 물론 병을 앓는다고 해서 모두 타인의 간병 도움을 받아야 하는 것은 아니기에 전체 유병 기간 동안 간병이 필요하다고는 말할 수 없지만, 언젠가는 간병을 필요로 하게 된다. 미국인을 대상으로 생애 마지막에 어느 정도 간병이 필요한가를 연구한 결과에 따르면, 결국 마지막 2년 동안은 타인의 간병 도움을 받아야 한다.

노인의 자립도 ━━━━━━━━━━━━
노인 네 명 중 한 명은 자립적 생활이 불가능하다

한 사람이 기본적인 일상생활을 자립적으로 할 수 있는지를 평가하는 것이 일상생활수행능력(ADL, Activities of Daily Living)이다. 2017년 노인실태조사에서는 옷 입기, 세수·양치질·머리 감기, 목욕(샤워), 차린 음식 먹기, 누웠다 일어나 방 밖으로 나가기, 화장실 출입과 대소변 후 닦고 옷 입기, 대소변 조절하기의 7개 항목을 제시하고, 개별적으로 완전 자립, 부분 도움, 완전 도움 등으로 측정했는데 그 결과는 다음과 같다.

7개 항목 모두 전혀 도움이 필요 없는 노인은 91.3%였다. 한 개의 도움이 필요한 경우는 4.5%, 두 개 1.3%, 세 개 0.8%, 네 개 0.5%, 다섯 개 0.4%, 여섯 개 0.3%, 일곱 개 모두 0.8%였다. 성별

평가 항목	완전 자립 (%)	부분 도움 (%)	완전 도움 (%)
옷 입기	96.8	2.5	0.7
세수·양치질·머리 감기	96.9	2.3	0.8
목욕(샤워)	93.1	5.4	1.5
차린 음식 먹기	98.5	1.1	0.5
누웠다 일어나 방 밖으로 나가기	98.8	0.7	0.5
화장실 출입, 대소변 후 닦고 옷 입기	98.0	1.3	0.7
대소변 조절하기	96.5	2.8	0.7

로는 남성 노인의 완전 자립은 93.9%, 여성 노인은 89.3%로 남성 노인의 일상생활수행능력이 조금 더 양호했다. 연령별로는 연령이 높을수록 일상생활수행능력이 급격히 저하됐는데, 65~69세에서는 96.9%가 자립적이며, 70~74세는 95.2%, 75~79세는 91.1%가 자립적이었다. 그러나 80세 이후에는 기능저하가 본격적으로 나타나면서 80~84세 연령군 중에서는 85.3%가 자립적이며, 85세 이후에는 68.1%로 급격히 하락했다.

결혼 상태별로 비교해보면 배우자가 없는 노인의 경우 일상생활수행능력이 저하된 비율이 높았다. 또 교육 수준에서는 학력이 높을수록 일상생활수행능력의 완전 자립 비율이 높았고, 소득별로는 소득이 높을수록 완전 자립 비율이 높게 나타났다. 가구 형태별로는 완전 자립을 기준으로 할 때 노인 부부 가구는 93.6%, 노인 독거 가구는 91%, 자녀 동거 가구는 89%였다.

노인이 독립적 생활을 하기 위해서는 일상생활수행능력보다 좀 더 복잡한 기능이 필요한데, 이것을 평가하는 방법이 수단적 일상생활수행능력(IADL, Instrumental Activities of Daily Living)이다. 2017년 노인실태조사에서는 몸단장, 집안일, 식사 준비, 빨래, 약 챙겨 먹기, 금전 관리, 근거리 외출, 물건 구매, 전화 걸고 받기, 교통수단 이용하기의 10개 항목을 조사했는데, 결과는 다음과 같다.

몸단장, 약 챙겨 먹기, 금전 관리, 근거리 외출, 물건 구매와 같이 비교적 힘이 덜 드는 일의 자립률은 높게 나타난 반면, 가사 업무와 관련된 집안일, 식사 준비, 빨래와 같이 체력을 필요로 하는 일에서는 자립률이 85% 내외였다. 10개 항목 중 하나라도 도움이 필요한 노인은 전체 노인의 24.6%였는데, 1~2개 항목에서 도움을 필요로 하는 비율은 9.6%, 3~4개 항목 5.6%, 5~6개 항목 4.3%, 7~8개 항목 2.4%, 9~10개 항목 2.6%로 나타났다.

평가 항목	완전 자립 (%)	부분 도움 (%)	완전 도움 (%)
몸단장	95.2	4.1	0.7
집안일	84.1	13.5	2.4
식사 준비	86.5	10.9	2.4
빨래	86.5	10.9	2.6
약 챙겨 먹기	96.5	2.7	0.8
금전 관리	90.0	5.0	5.0
근거리 외출	94.4	5.0	0.6
물건 구매	94.4	4.6	0.9
전화 걸고 받기	86.3	12.8	0.8
교통수단 이용하기	85.3	14.2	0.6

성별로는 여성 노인의 30.7%가 도움이 필요했고, 남성 노인은 16.3%가 도움이 필요했다. 수단적 일상생활수행능력도 나이에 따른 급격한 저하가 나타났는데, 특히 85세 이상에서는 32.7%만이 완전 자립 상태였다. 가구 형태별로 보면 노인 독거 가구의 32.6%가 도움이 필요했으며, 노인 부부 가구는 17.6%, 자녀 동거 가구는 29.6%가 도움이 필요했다. 그러나 노인 독거 가구에서는 1~2개의 도움이 필요한 비율이 15.9%로 높은 반면, 자녀 동거 가구는 7개 이상의 항목에서 도움이 필요한 비율이 높은 것으로 나타났다. 즉 전반적인 기능 상태는 노인 독거 가구보다 자녀 동거 가구에서 더 나쁜 것으로 보인다. 교육 수준별로는 학력이 낮을수록 기능 상태가 나쁜 것으로 나타났으며, 특히 무학(문맹)인 노인은 대부분의 수단적 일상생활수행능력에 제한이 있는 것으로 나타났다. 소득별로는 소득이 낮을수록 자립도가 낮게 나타났다.

조사 노인 가운데 일상생활수행능력과 수단적 일상생활수행능력의 총 17개 항목 중 한 가지 이상 도움을 필요로 하는 대상자는 전체 노인의 25.3%였다. 이들 중 현재 보호를 받는 비율은 71.4%로 나타났다. 가족(동거 또는 비동거 가족)의 보호를 받는 비율이 89.4%로 가장 높았고, 친척·이웃·친구·지인의 도움이 6.4%, 개인 간병·가사도우미의 도움이 1.4%였다. 공적 서비스인 장기요양보험서비스를 이용하는 비율은 19%였으며, 노인돌봄서비스 이용은 4.2%로 나타났다.

수발자의 특성을 살펴보면 배우자나 자녀가 같이 사는 경우 가족에 의한 수발이 88.4~97.5%로 매우 높았고, 노인 독거 가구의 경우는 가족에 의한 수발이 65.4%로 떨어진 반면 장기요양서비스는 23.6%가 받았다. 친구나 이웃의 도움도 17.6%가 받았고, 노인돌봄서비스는 11.8%가 이용했다. 가족을 비롯해 친척·이웃 등의 도움을 받는 경우 수발자는 배우자의 비율이 가장 높았고, 다음으로는 딸의 비중이 높게 나타났다. 과거 장남과 함께 생활할 때는 며느리가 수발을 했는데, 최근 노인 단독 가구가 크게 증가하면서 출가한 딸이 와서 도와주는 경우가 더 많아졌고, 또 딸과 함께 사는 비율이 점차 증가하는 추세도 딸이 며느리를 대체하는 것에 영향을 미친 것으로 보인다.

2008년 장기요양보험제도가 도입되어 약 10년간 운영되고 있는데, 돌봄이 필요한 노인의 장기요양서비스 이용이 계속 증가하고 있다. 노인장기요양보험 통계에 따르면 2017년 65세 이상 신청자는 64만 5390명으로 노인 인구 대비 약 9.3%였는데, 서비스별 이용률을 보면 방문 요양이 57.8%로 가장 많고, 방문 간호 4.8%, 방문 목욕 8.4%, 주야간 보호 5%, 요양 시설 입소 8%, 복지 용구 사용 27.5% 등이었다.

통과의례가 된 간병 ─────────────

치매 환자의 가족 간병 기간은 평균 4.5년

전통적으로 죽음과 간병은 언제나 가족의 문제였다. 가족은 환자를 돌보면서 사랑과 헌신 같은 감정을 되새기게 되고 내면이 단단해지며 자부심이 강해지기도 하지만, 심한 고통과 불안, 우울 등 지속적인 슬픔 상태에 빠지는 일도 많다. 의료 기술의 발달로 중병에 걸린 환자도 죽지 않고 투병 기간이 길어지면서 간병이 거의 모든 사람에게 통과의례(通過儀禮)처럼 되고 있다.

노인 환자를 간병하는 사람은 배우자가 가장 많은데, 배우자 역시 고령이고 건강이 좋지 않은 경우가 많다. 또 수명이 길어지면서 은퇴를 준비하는 시점에 이르러 부모의 일차적 보호자가 되기도 한다. 그래서 간병을 받는 사람도 노인이고 간병을 하는 자식도 노인이 된다. 즉 노인이 노인을 간병하는 노노(老老) 간병은 꼭 노인 부부만의 문제가 아니다.

간병하는 사람은 여성이 압도적으로 많다. 남편은 부인이 간병하고, 부모는 며느리나 딸이 간병하며, 자식은 어머니가 간병하는 것이다. 간병인은 많은 시간과 노동력을 들여야 하고 결국 재정 상태가 악화된다. 간병을 위해 생업을 포기하는 경우도 많고, 그동안 모아둔 저축을 거의 탕진하기도 한다. 따라서 가족은 씀씀이를 줄이게 되고, 외식이나 여행, 교육, 집, 여가 등에 써야 할 돈을 간병비로 사용한다.

간병하는 사람은 재정적으로 고통받는 것은 물론이고 건강도 나빠진다. 환자의 건강에만 신경을 쓰다가 정작 자신의 건강을 돌보지 못하기 때문에 간병인은 환자와 함께 병든다. 신체 질환뿐만 아니라 우울증, 불안장애, 불면증, 자살 위험성도 증가한다. 사랑하는 사람을 돌보는 사람은 그렇지 않은 사람보다 사망 위험이 63%가량 높다. 그럼에도 간병인의 고통은 환자의 고통에 가려서 보이지 않는다.

우리나라의 경우 치매 환자의 가족이 환자를 돌보는 기간은 평균 4.5년이다. 이렇게 긴 기간 간병을 하면 한계에 도달한다. 《서울신문》에서 2018년 가족 간병인 325명을 대상으로 조사한 바에 따르면, 96%가 육체적으로나 정신적으로 모두 한계에 도달했다고 느낀 적이 있었다. 77%는 불면증이나 수면 부족을 호소했고, 57%는 우울증이 있었으며, 51%는 경제적 어려움이 심화됐다. 더욱 힘든 것은 악몽 같은 현실이 언제 끝날지 모른다는 점이다. 《서울신문》에서 조사한 간병인 가운데 1년 이상 간병한 사람은 67%였으며, 10년 이상 간병한 사람도 21%였다. 치매나 뇌혈관질환, 자폐증, 발달장애 등과 같이 장기간 간병이 필요한 경우 스트레스가 극도에 달하는 것으로 분석됐다.

일본에서 한 80대 남성이 자기 집 욕실에서 주검으로 발견된 사건이 있었다. 남성은 치매에 걸린 아내를 헌신적으로 간병해온 사람이었다. 주검은 기이한 상태로 발견됐는데, 왜 그런 상황이 됐는지 심각한 치매 상태인 아내는 아무 정보도 주지 못했다. 사망한 남편을 부검한 뒤 추정된 것은, 아내가 욕조에 들어가 나오지 못하자 남편이 끌어내리려다가 발이 미끄러져 욕조 속으로 빠진 것 같다는 것이었다. 미끄러지는 순간 남편은 욕조 밑으로 들어가 아내의 밑에 깔렸고, 결국 아내가 남편을 눌러 익사시킨 것이다. 부부와 연락이 되지 않자 걱정이 된 친척의 신고로 경찰관이 왔는데, 발견 당시 아내는 욕조 속에서 남편 위에 앉아 있었다고 한다. 결과적으로 아내는 남편 덕에 물에 빠지지 않고 살아남았다.

가족의 간병을 받는 환자 대부분은 예후가 좋지 않아 결국 사망할 가능성이 높다. 임종이 다가오면 환자는 간병인에게 서운함을 내비치는 일이 많다. 죽음이란 누구와도 같이할 수 없는 것이기 때문이다. 간병 일만으로도 힘겨운데 환자에게 싸늘한 반응을 받게 되는 상태에까지 이르면 간병인은 또 다른 역경을 넘어야 한다. 생의 결말에 대한 진지한 대화를 나누지 못하는 것이 걱정되는 것은 사치일 정도다. 생의 마지막에 어떤 치료를 받을지 의논하는 일은 중요하지만, 막상 죽음이 눈앞에 다가오면 죽음이라는 말만 꺼내도 환자의 죽음을 초래한다고 믿기 때문에 가족과 환자는 삶의 마지막을 제대로 준비하지 못한다.

또 고통스럽게 투병하는 환자를 이제 그만 보내줘야 한다고 생각하지만, 환자와 특별한 관계에 있는 가족은 이런 생각을 냉정하게 하지 못한다. 생명이 꺼져가는 순간이 가까워질수록 간병인은 피폐해진 정신과 육신을 더욱 채찍질한다. 중환자실에서 기계 장치에 의지해 겨우 심장만 뛰고 있는 딸을 보며 한 어머니는 이렇게 말했다. "딸은 늘 기계에 의지해서 살고 싶지 않다고 말했어요. 하지만 지금 내가 딸의 운명을 결정할 위치에 있다 보니까 계속 기계에 의지해 살려두는 게 최선인 것 같아요." 환자 본인은 이렇게 살고 싶지 않았을 거라는 것을 알면서도 가족의 처지가 되면 생각이 달라지는 것이다.

오랜 세월 겹겹이 쌓인 애정과 분노와 죄책감과 온갖 종류의 감정이 뒤섞여 가족의 생각은 혼탁해진다. 이 복잡한 상황에서 그동안 환자를 돌보지 않았던 다른 가족이 불쑥 나타나 완전히 딴소리를 하면 마음은 더욱 복잡해진다. 그들은 갑자기 찾아와 지금까지 간병해온 가족의 마음을 분탕질해놓고 가버린다. 그들의 가장 큰 특징은 죄책감이다. 대부분 곁에서 환자를 돌보지 못했다는 죄책감은 종종 구세주가 되겠다는 뜨거운 욕망으로 변질된다. 그래서 점점 더 적극적인 치료를 요구하면서 환자를 돌보는 가족과 효도 경쟁을 벌인다. 그들은 지금까지 돌봐온 가족의 견해와 완전히 다른 주장을 하는 일이 많지만, 가족의 일원이기에 무시할 수만은 없다. 아마도 환자의 압도적 다수는 딱히 자신이 원하는 것이 아니더라도 가족이 함께 결정을 내려주기를 바랄 것이다.

간병 살인 ─────────────

간병하는 사람은 70%가 여성, 간병 살인 가해자는 70%가 남성

2006년 이후 우리나라에서 간병 살인이 증가하고 있다. 2006년부터 2010년까지는 매년 10건 안팎의 간병 살인이 발생했고, 2011년 12건을 기록한 이후 지금까지 10건 이상을 유지하고 있다. 일본은 우리나라보다 훨씬 더 많아서 매년 46건 정도의 간병 살인이 발생한다. 그래서 일본은 '간병 스트레스'에 따른 범죄를 따로 분류한다.

《서울신문》은 2006년부터 2018년까지 우리나라에서 발생한 간병 살인 사건 173건 중 판결문을 입수한 108건을 분석하여, 2018년 9월 〈간병 살인 154인의 고백〉이라는 제목으로 8회에 걸쳐 연재했다. 범행에 이르는 데 걸린 평균 간병 기간은 6년 5개월이었고, 범행 결심 배경에는 경제적 어려움 48%, 다툼에 따른 순간적 분노 39%, 장기간 간병에 따른 낙담 38%가 있었다. 간병이 필요한 환자와 무슨 다툼이 있겠느냐고 생각할 수도 있지만, 치매 환자가 식사와 약을 거부하고 대소변을 벽에 묻히는 것뿐 아니라 간병하는 가족에게 폭력을 휘두르는 일도 많다. 또 치매 환자의 의부증이나 의처증 발언도 간병인은 참기가 쉽지 않다. 간병 기간이 짧다고 간병 스트레스가 가벼운 것도 아니다. 한 여성 (55세)은 뇌출혈로 쓰러진 남편을 돌본 지 하루 만에 목을 졸라 살해했다. 남편은 가정을 돌보지 않고 20년 전 집을 나갔다가 뇌출혈로 쓰러지고 나서야 돌아왔는데, 치매까지 걸린 상태에서 대소변을 가리지 못하고 집안을 난장판으로 만들어놓자 살해하고 만 것이다.

〈간병 살인 154인의 고백〉에 언급된 피해자의 질병은 치매 54%, 뇌혈관질환 15%, 교통사고 후유증 7%, 지체장애 6%였다. 가해자도 병을 앓는 경우가 35%였는데, 뇌혈관질환·치매·노환 등이었다. 피해자의 일상생활수행능력은 대소변을 가리지 못하는 경우가 46%, 모든 생활에 대한 전적인 보조가 필요한 경우가

15%였고, 스스로 식사와 대소변 처리 등이 가능한 경우는 38%였다. 특히 가족 가운데 혼자 환자를 돌봐야 하는 독박 간병이 59%였다. 피해자의 평균 나이는 64.2세였고, 가해자의 평균 나이는 56.9세였다. 가해자는 아들이 35%, 남편 23%였고, 아내 15%, 딸 3%로 남성이 압도적으로 많았다. 가족을 살해한 죄의 평균 형량은 집행유예가 34%, 집행유예를 제외하면 평균 5년 5개월이었다.

간병인은 여성이 압도적으로 많지만 살해자는 남성이 압도적으로 많다. 일본에서 1998년부터 2015년까지 일어난 간병 살인 사건의 통계를 보면, 남편이나 아들 등 남성이 살인자인 경우가 70%였다. 집에서 간병하는 사람의 70%가 여성이라는 사실과는 그 비율이 정반대인 것이다. 일을 하느라 가사와 육아에 익숙하지 않은 남성이 갑자기 간병을 하게 되면 심적 부담이 매우 크고, 남성은 여성에 비해 주위에 고민을 털어놓는 일이 적어서 힘든 간병 생활이 계속되면 우울증에 빠질 가능성이 여성보다 높다.

《서울신문》에서 가족 간병인 325명을 설문조사한 내용에 따르면, 간병 스트레스로 환자를 살해하거나 같이 죽고 싶다는 생각을 한 적이 '종종 혹은 매우 자주 있다'고 답한 비율이 29.2%였다. 특히 간병 기간이 7년 이상 길어지거나 간병 시간이 하루 여덟 시간 이상일 때 부정적 생각이 심화됐다. 일본에서 간병인을 대상으로 같은 조사를 했을 때 간병인의 20%가 환자를 죽이거나 동반 자살하고 싶다는 생각을 한 적이 있다는 결과를 보인 것과 유사하다.

16

완화의료
Palliative Medicine

완화(緩和, palliative)의료란 생명을 위협하는 질환으로 인해 발생하는 신체적 고통과 신경심리적 문제를 해소함으로써 삶의 질을 향상시키는 의학을 말한다. 의학에서 '완화하다'라는 말은 '질환을 치료하지 않고 증상을 감소시키는 것'을 의미한다. 그런 점에서 감기 치료도 일종의 완화의료다. 감기를 치료한다고 하지만 확실한 치료 방법은 없고, 그저 감기를 앓는 동안 편안하게 해주는 것이기 때문이다. 호스피스(hospice)는 완화의료의 한 분야로서 주로 임종 환자를 돌보는 분야다.

호스피스 ─────────

더 이상 아무것도 할 수 없을 때, 아직 할 수 있는 모든 것

2018년 공포된 우리나라의 '호스피스·완화의료 및 임종 과정에 있는 환자의 연명의료결정에 관한 법률(연명의료결정법)'에 따르면, 호스피스란 "말기 환자 또는 임종 과정에 있는 환자와 그 가족을 대상으로 통증과 증상 완화 등을 포함한 신체적, 심리사회적, 영적 영역에 대한 종합적 평가와 치료를 목적으로 하는 의료"를 말한다.

영어 호스피스는 라틴어 호스피티움(hospitium)에서 유래했다. 호스피티움이라는 말 자체는 주인과 손님의 호의적 관계 혹은 게스트 하우스를 의미하지만, 중세에는 수도원 시설 가운데 아픈 사람이나 여행자가 편히 쉬도록 돌봐주는 곳을 호스피스라고 불렀다. 당시 아프고 가난한 사람은 영양 상태가 좋지 않았기 때문에 단순히 음식을 잘 먹고 따뜻하게 잘 자는 것만으로도 여러 모로 좋아질 수 있었다. 이곳에 모인 환자는 병이 생기게 된 죄를 용서해달라고 신에게 기도했고, 수도사와 수녀는 의학을 공부하면서 환자를 돌봤다. 수도원에서 의학은 8~13세기에 두드러지게 발전했는데, 이탈리아의 베네딕트회가 알프스산맥을 넘어 확산되면서 수도원 의학의 지식은 독일에도 전해졌고, 카롤루스 대제(742~814)는 수도원에 식용이나 약용 식물 재배 정원을 설치하게 했다. 그래서 수도원은 병든 사람을 의학적으로 돌보는 장소가 됐고, 이것이 병원(hospital)의 시작이 됐다.

근대에 들어와 1879년 아일랜드의 수도 더블린에 성모 호스피스(Our Lady's Hospice)가 설립됐고, 1905년에는 영국 런던에 성요셉 호스피스(Saint Joseph's Hospice)가 세워졌는데, 현대적 의미의 호스피스 개념은 영국 출신 간호사 손더스(C. Saunders)에 의해 시작됐다. 그녀는 자신의 연인이 말기 암으로 죽어가는 것을 지켜보면서, 죽음을 앞둔 환자의 육체적 증상을 완화하고 공포와 걱정을 덜어주기 위해서는 공감과 애정이 필요하다는 것을 깨달았다. 그녀는 환자를 대할 때 육체적 질병에만 그치는 것이 아니라 정신적이고 영적인 면까지 포함하는 '총체적 고통(total pain)'이라는 개념을 제안했다. 그리고 1967년 런던에 세계 최초로, 본격적인 호스피스인 성 크리스토퍼 호스피스(Saint Christopher's Hospice)를 설립했다. 그러나 말기 질환으로 죽어가는 과정은 무척 고통스럽기에 영적 돌봄과 간호만으로는 부족했는데, 1960년대 이후 통증을 덜어줄 수 있는 완화의학(palliative medicine)이 발전하면서 호스피스는 더욱 전문화됐다.

호스피스는 단순한 사회봉사 활동이나 간병 혹은 간호와 다르다. 이는 의료와 사회복지, 종교와 철학 영역을 아우르는 포괄적 개념으로, 임종 환자를 치료하고 돌보는 장소인 동시에 그러한 정신을 나타낸다. 호스피스 정신은 말기 환자의 삶의 질을 향상시키고 인간의 존엄성을 마지막까지 지켜주는 것이다. '의학적으로 더이상 아무것도 할 수 없을 때, 아직 할 수 있는 모든 것'이라고 할수 있다.

오늘날 고도로 기술화된 병원 환경에서 실행되는 완화의료는 임종을 앞둔 환자가 좀 더 안락하게 지낼 수 있게 하기 위한 노력을 넘어, 웰다잉이라는 현대적 기술의 출현을 예고하고 있다. 죽음은 더 이상 의학의 실패가 아니며, 이제 의료인은 환자의 주관성과 감정을 인정하는 의료 윤리를 정립해 나가야 한다. 환자가 자기 자신의 죽음에 적응하는 것을 돕고, 죽음이 다가오는 순간 사람들에게 필요한 것이 무엇인지를 연구하는 완화의학은 단지 연민의 가치를 중시하는 배려의 의학으로만 머물지 않는다. 완화의학은 의료인과 죽음을 앞둔 환자 사이에 맺어지는 인간 대 인간의 관계를 통해 새로운 휴머니티를 만들 것이다.

말기 질환 ——————————————
너무 적극적인 치료는 죽음의 질을 떨어뜨린다

2018년 연명의료결정법에 따르면 말기 질환이란 "적극적인 치료에도 불구하고 근원적인 회복의 가능성이 없고 점차 증상이 악화되어 수개월 이내에 사망할 것으로 예상되는 상태"를 말한다. 여기서 수개월은 보통 6개월 이내, 길어도 1년 이내를 말한다. 그러나 의사가 말기 질환을 진단했다고 해서 반드시 수개월 내에 사망하는 것은 아니다. 현재의 의학 수준으로 죽음의 시기를 정확히 예측하는 것은 어렵고, 앞으로도 그럴 가능성은 희박하다.

세계보건기구는 호스피스의 대상이 되는 말기 질환의 진단 기

준을 질병별로 제시했지만, 질병을 구분하지 않은 일반적 기준은
다음과 같다.

- 최근 1년 동안 2회 이상의 계획에 없던 병원 입원
- 일상생활수행능력이 저하되거나 악화된 경우
- 하루 중 50% 이상의 시간을 침대나 의자에서 지내는 경우
- 신체적 혹은 정신적 문제로 일상생활의 대부분을 타인의 돌봄에 의
  존하게 되는 경우

죽음이 임박한 말기 질환자에 대한 적극적 치료는 죽음의 질을
떨어뜨리고, 가족으로 하여금 사별에 잘 대처하지 못하게 한다. 그
러므로 말기 질환이라는 진단을 내린다는 것은 완치를 위한 치료
대신 환자의 고통을 덜어주는 완화의료적 치료로 전환된다는 것,
즉 호스피스의 대상이 된다는 것을 의미한다. 그러나 이는 생명을
소중하게 여기고 마지막까지 최선을 다해 치료해야 한다는 생각
과 상충될 수 있기에 현실에서는 다양한 갈등을 초래한다.

말기 질환자가 얼마나 더 살지 평가할 수 있는 신뢰할 만한 방
법은 없다. 곧 사망할 것 같다는 비관적 예측은 너무 빨리 치료
를 포기하고 잘못된 선택을 하도록 유도할 수 있고, 반대로 너
무 낙관적으로 예측하면 환자가 남은 삶을 잘 마무리하면서 고
통을 완화할 수 있는 의료 서비스를 제공받지 못한 채 고통스럽
고 불필요한 치료를 하게 될 수 있다. 1990년대 미국에서는 서

포트(SUPPORT, Study to Understand Prognoses and Preferences for Outcomes and Risks of Treatments) 연구를 통해 6개월 내 사망을 예측할 수 있는 기준을 만들려고 노력한 적이 있다. 미국의 다섯 개 병원에서 만성폐쇄성폐질환, 심부전, 말기 간질환 환자 2607명을 관찰해 진단명, 혈압, 맥박수와 같은 생리지표, 혈액검사 소견, 신경기능 등과 같은 임상 기준을 검증했는데, 어떤 임상 기준도 6개월 이내에 사망할 가능성이 높은 환자를 선별하는 데 효과적이지 않았다. 최근에도 생존 기간을 예측하려는 여러 시도가 있었지만 참고할 수 있는 정도의 정보만을 제공할 뿐, 6개월 이내에 사망할 가능성을 정확히 예측할 수 있는 지표는 없었다.

말기 암 ——————————————————————

말기 암 환자의 평균 생존 기간은 4~5개월

말기 암이란 적극적으로 치료를 하지만 수개월 내에 사망할 것으로 예상되며, 암의 진행으로 인해 일상생활수행능력이 심각히 저하되고 신체 장기의 기능이 악화되어 회복을 기대하기 어려운 상태를 말한다.

말기 암을 진단받은 후 얼마나 생존할 수 있을까? 2005~2006년 국내 12개 대형 병원에서 치료 중인 481명의 말기 암 환자의 생존 기간을 추적 관찰한 결과, 20%는 1개월 내, 40%는 1~3개월에 사망했으며, 20%는 6개월 이상 살았다. 이들은 평균 4~5개월 정도 생존했다. 지난 20년간 암의 진행 속도를 늦추어주는 치료법이 계속 등장하면서, 그에 비례해 치료 불가능한 말기 암 단계에 들어섰다고 판단되는 시기는 계속 늦춰지고 있다. 그래서 많은 환자가 임종 직전까지 적극적인 항암치료를 받는데, 그만큼 임종을 준비하는 기간이 짧아진다고 볼 수 있다.

2004년 우리나라 전국 17개 병원에서 사망한 암 환자를 전수 조사하는 작업이 실시됐는데, 그 결과에 따르면 암으로 사망한 사람의 48.7%가 생애 마지막 6개월간 항암제 치료를 받았고, 22.5%는 임종 직전 2주 동안 항암제 치료를 받았다. 그런데 말기 암 환자가 항암치료를 계속 받으면 항암치료 부작용으로 생존 기간이 더 짧아질 수 있고, 그렇게 되면 임종 준비를 할 기간이 줄어든다. 따라서 마지막 인생의 질적인 면에서 보면 기대여명이 짧을수록 적극적 치료보다는 완화의료가 바람직하다.

말기 암 환자가 가장 흔히 경험하는 신체 증상에는 통증·피로·쇠약감·어지럼증·수면장애·가려움증·구강건조감·식욕부진·연하곤란·오심·구토·변비·장폐쇄·변실금·요실금·호흡곤란·부종 등이 있고, 신경심리적 증상으로는 불안·우울·섬망 등이 있다. 이 중 가장 심각한 증상은 통증·수면장애·피로·우울감·식욕저하이며, 삶의 질에 영향을 주는 증상은 피로·우울감·식욕저하·호흡곤란 등이다.

암으로 인한 통증은 항암치료를 받는 환자의 30~50%에서 나타나며, 암이 진행되는 경우 60~90%에서 나타난다. 암 환자가 통증을 느끼는 원인은 복합적이지만, 종양 자체로 인한 직접적 통증이 60~80%로 가장 흔하다. 환자가 통증을 가장 빈번하게 호소하는 곳은 뼈이고, 그다음은 신경, 장(腸)의 순이다. 그래서 뼈로 전이가 잘 되는 유방암, 전립선암 환자가 통증을 많이 호소한다.

통증 치료의 목적은 만성적으로 지속되는 통증을 없애고, 돌발적으로 갑자기 발생하는 통증을 조절하는 것이다. 암 환자가 통증을 호소한다면 그 환자는 진짜로 통증이 있는 것이며, 정말 통증이 심한지 의심할 필요가 없다. 통증 조절은 기본적으로 진통제로 하는데, 환자가 통증을 느끼지 않도록 하는 것이 중요하므로 통증을 느낄 때만 진통제를 투여하는 것보다는 미리 스케줄을 정해 투여하는 것이 좋다.

암 환자의 통증은 마약성 진통제까지 동원하면 75~85%에서 약물로 치료가 가능하다. 마약의 부작용이라고도 할 수 있는 마약 중독이나 심한 호흡부전은 말기 암 환자에서는 거의 없다. 암 환자의 통증은 매우 심하고 통증 자체가 호흡을 자극하기 때문이다. 그래서 부작용을 걱정해 통증이 심한데도 마약성 진통제의 용량을 증량하지 않는 것은 잘못이다. 얼마나 많은 용량이든 적절한 용량은 환자가 통증을 느끼지 않는 수준까지다. 다른 약과 달리 마약성 진통제는 정해진 최대 용량이 없다. 그리고 마약성 진통제의 부작용은 미리 예측이 가능하고 예방할 수 있다. 환자의 약 3분의 1이 오심과 구토를 경험하지만 보통 일주일 이내에 좋아진다. 또 거의 모든 환자에게 변비가 나타나는데, 변비를 미리 예방하지

인간의 모든 죽음, 완화의료

못하면 환자가 아픈데도 진통제를 꺼리는 일이 생긴다.

90% 이상의 말기 암 환자가 피로 또는 쇠약감을 겪는다. 통증은 심각하더라도 진통제로 조절이 가능한 반면, 피로는 조절하기가 어렵다. 피로의 원인은 암 자체 때문에 발생하는 1차적 피로가 있고, 탈수·빈혈·감염·갑상선저하증·약 부작용 등에 의한 2차적 피로가 있다. 가장 흔한 원인은 영양 섭취 부족과 근육량 감소다. 또 우울증이나 만성통증 등에 따른 심리적 요인이 피로를 가중시킨다. 암이 진행된 환자의 피로는 완치가 불가능하기 때문에, 피로를 개선하고 기대치를 조금 낮추는 것을 치료의 목표로 해야한다. 어느 정도 피로감을 느끼는 것은 당연하다고 인정해야 하는 것이다. 피로는 정신적 문제가 아니라 암에 따른 생리적 문제라는 점을 이해하게 되면, 환자의 신체 활동 수준에 맞게 기대치를 조정하는 데 도움이 된다.

호흡곤란이란 숨이 차는 것을 느끼는 주관적 경험으로 임종 환자의 75%가 경험하며, 통증보다 더 힘든 증상일 수 있다. 호흡곤란의 원인에는 폐암, 폐전이, 흉막삼출, 폐색전증, 심부전, 빈혈, 폐렴, 만성폐쇄성폐질환, 복부팽만, 변비 등이 있다. 이 중 치료 가능한 원인인 경우 치료했을 때의 득실(得失)을 따져서, 치료로 인한 부작용이 호흡곤란 자체보다 더 괴롭지 않으면 치료를 한다. 저용량의 마약성 진통제는 중추신경계 호흡중추의 감수성을 감소시켜 호흡곤란을 덜 느끼게 해준다.

머리나 목에 암이 생기면 음식을 삼키는 것이 힘든 연하곤란이 잘 나타난다. 그뿐 아니라 뇌에 암이 있거나 신경계이상이 동반된 경우, 목이나 가슴에 방사선 치료를 받았던 경우에도 나타난다. 특히 침상에 누워 있거나 인지기능이 저하된 환자에게서 흔히 관찰된다. 암 환자는 연하곤란이 없다고 하더라도 대개 식욕이 떨어져 음식 섭취가 줄어든다. 식욕부진은 암 환자의 가장 흔한 증상인데, 위암·대장암·간암 등과 같이 소화기관에 암이 생기지 않았더라도 암 자체로 인해 미각이나 입맛이 떨어지고, 조금만 먹어도 포만감을 느끼게 되며, 음식에 대한 거부감도 작용하게 된다. 따라서 암 환자는 체중이 감소하는 경향을 보인다. 6개월간 체중이 10% 이상 줄어드는 체중감소는 암으로 진단을 받은 환자의 15~40%에서 나타나며, 진행 암인 경우는 80% 이상에서 나타난다. 암 환자의 체중감소 원인은 식욕부진에 따른 음식 섭취 감소도 있지만, 주원인은 암으로 인한 대사 체계의 변화 때문이다.

거의 대부분의 말기 암 환자는 변비를 가지고 있다. 고칼슘혈증 등이 변비를 일으킬 수도 있지만, 주요 원인은 신체 활동과 식사량이 줄고 약 부작용(마약성 진통제, 삼환계 항우울제) 등이 생기기 때문이다. 변비를 치료하지 않으면 심한 통증과 구토, 분변매복, 의식혼란 등을 초래할 수 있다. 치료 방법으로는 신체 활동을 많이 하고 수분과 섬유소를 충분히 섭취하는 것이 도움이 된다. 하지만 효과가 그리 크지 않기에 결국은 자극성 하제, 삼투성 하제, 배변 완화제, 관장 등의 방법을 동원하게 된다.

말기 암 환자가 경험하는 신경심리적 증상으로는 슬픔, 우울,

불안, 섬망 등이 있다. 슬픔, 불안, 분노 등과 같은 우울한 감정은 심각한 질환을 가진 환자라면 당연히 느낄 수 있는 정상 반응이다. 이런 반응은 대개 일시적이지만 슬픔과 불안을 지속적으로 느낀다면 치료가 필요하다. 말기 암 환자의 75%가 우울 증상을 느끼고, 25%가 주요 우울장애를 겪는다. 우울증은 암을 진단받았을 때부터 생긴 경우가 많은데, 전체 암 환자의 13%는 우울증을 앓고 있고 암이 진행되면서 발병률이 대폭 증가한다. 암 진단 이전에 우울증 병력이 있거나 우울증의 가족력이 있는 경우, 자살을 시도한 적이 있는 경우 우울증 위험도가 높으며, 통증이 조절되지 않는다든지 피로감 등의 증상이 동반된 경우에도 우울증 빈도가 높아진다. 또 우울증은 사회활동을 하지 못하게 된 것에 대한 슬픔, 사회적 고립과 고독감 때문에 생기기도 한다.

　암 환자의 우울증은 일반인의 우울증과 약간 다르다. 불면증, 식욕감소, 체중감소, 피로, 성욕감소, 집중력장애 등과 같은 신체 증상은 일반적인 우울증 진단에는 도움이 되지만, 암이 진행되면서 나타나는 증상일 수도 있다. 그러므로 말기 암과 같은 심각한 질병을 앓는 환자의 우울증을 진단할 때는 신체 증상보다 불행감, 무력감, 절망감, 흥미와 즐거움의 상실에 초점을 맞추어야 한다. 그래서 암 환자에게 '얼마나 자주 기분이 처지고 우울하다고 느낍니까?', '거의 항상 우울하다고 느낍니까?' 등과 같은 질문으로 우울증 가능성을 먼저 선별하고, 우울증이 있다고 판단되면 적극적으로 약물 치료를 한다.

암 환자는 거의 대부분 불안 증상을 보인다. 불안을 야기하는 공포의 대상은 죽음, 암의 재발이나 전이, 통증, 치료에 따르는 부작용이나 신체손상, 타인에게 의지하는 생활 또는 소외되는 것 등이다. 증상은 간헐적일 수도 있고 지속적일 수도 있는데, 치료가 필요할 정도의 불안증은 18~31% 정도다. 두근거림, 빈맥, 숨 가쁨, 가슴통증, 과다호흡, 질식감, 발한, 홍조, 떨림, 두통, 구역, 복통, 가슴 쓰림, 불면증, 과민성, 판단력장애 등이 나타난다. 대부분 정서적 지지와 치료진이 건네는 안심과 적절한 설명으로 호전된다.

환시·환청 등과 같은 섬망은 암 환자에게서 흔하지만 진단이 되지 않는 경우가 많다. 특히 임종을 수일 앞둔 말기 암 환자에게 매우 흔하며, 임종 과정에 있는 암 환자의 85%가 말기 섬망을 경험할 수 있다. 암 환자에게서 지남력장애, 인지장애, 기면(嗜眠, 졸음증), 의식저하, 망상 등이 새로 나타나면 섬망 여부를 확인해야 한다. 급성불안이나 우울증, 치매와는 구별해야 한다. 일반적으로 섬망은 원인을 제거하면 좋아지는 가역적 증상이지만, 말기 암 환자의 섬망 증상은 치료 가능한 원인이 밝혀진 경우가 절반도 안된다.

말기 뇌졸중 ━━━━━━━━
치료의 목표는 고통을 덜어주는 것
뇌졸중을 이기고 생존한 환자는 서서히 신체 기능이 회복되기 시작한다. 발병 12시간에서 7일 사이에 서서히 회복되기 시작해 3~6개월 이내에 대부분 회복되고, 환자의 지속적 노력과 재활치료를 통해 수년이 지나서 회복되기도 한다. 뇌졸중 환자의 반신마비는 88%에서 나타나는데, 운동기능 회복은 발병 후 3개월 이내에 이루어지며 6개월에 정점을 이룬다. 그래서 일반적으로 뇌졸중 발병 6개월 이후를 만성뇌졸중이라고 한다. 만성뇌졸중 환자의 35~60%는 독립생활이 불가능하다. 실제로 뇌졸중은 가장 흔한 신체장애의 원인이 되며, 뇌졸중이 심하지 않더라도 장기적 예후는 좋지 않을 수 있다. 만성뇌졸중의 주요 문제는 삼킴장애, 보행장애, 우울증, 인지기능저하 등이다.

사망 가능성이 높아서 임종 케어가 필요한 말기 뇌졸중은 다음과 같은 기준으로 진단한다.

급성기 뇌졸중: 수일 이상 혼수상태가 지속되면서 다음 두 항목에 모두 해당할 때

- 비정상적 뇌간반사, 구두 지시에 반응이 없는 경우, 통증 자극에 대한 회피반응이 없는 경우
- 영상의학검사에서 심하고 광범위한 뇌손상으로 판독돼 회복을 기대하기 어려운 경우

만성기 뇌졸중: 주로 침상에서 지내며 타인의 도움 없이는 일상생활을 스스로 할 수 없으면서 다음 중 한 개 이상에 해당할 때

- 지난 6개월간 10% 이상의 체중감소가 있는 경우
- 치료에 잘 반응하지 않는 반복적 흡인폐렴
- 음식을 섭취할 수 없을 정도의 심한 삼킴장애

말기 뇌졸중 환자에게 나타나는 문제는 통증, 요실금, 변실금, 뇌전증, 수면무호흡증, 섬망, 피로감, 우울증, 불안 등이다. 임종이 가까워오면 인공호흡이나 정맥주사 등을 계속할지, 중단할지를 결정해야 한다. 이때 치료의 1차 목표는 통증, 호흡곤란, 초조함 등과 같은 고통 증상을 덜어주는 것이기에, 인공호흡이나 정맥주사 등이 오히려 고통을 가중시킨다면 중단하는 것이 좋다. 마지막으로 뇌사 여부를 판단하여 장기이식이 가능한지 검토한다.

급성기 뇌졸중 환자에게 통증은 흔하지 않지만 6개월이 지난 만성기 뇌졸중 환자를 조사해보면 50%에서 통증을 느낀다. 뇌졸중 환자의 1~12%는 마비된 쪽에서 통증을 느끼는데, 왜 감각이 이미 소실된 팔다리에서 통증이 발생하는지는 정확히 밝혀지지 않았다. 아마도 통증은 팔다리가 아닌 뇌에서 발생하는 것으로 보인다. 그리고 환자의 3분의 1에서는 마비된 팔다리의 근육이 경직되면서 통증이 발생하고, 환자의 50%에서는 마비된 쪽 어깨에서 통증이 발생한다.

요실금이나 변실금은 급성기 뇌졸중 환자의 50%에서 나타나고, 만성기 뇌졸중 시기에는 요실금은 20%, 변실금은 10%의 환자에게서 나타나며, 말기 뇌졸중 시기에는 거의 대부분 나타난다.

피로는 뇌졸중 환자의 25~75%가 호소하는 흔한 증상인데, 피로감을 많이 느낄수록 신체 활동이 제한되며 사망률도 증가한다. 팔다리의 마비 자체가 피로를 유발하는 중요한 요인이며, 장애가 회복되지 못하고 지속되면 우울증이 생기면서 피로감이 증가하기도 한다. 뇌졸중 환자의 내과적 문제, 예를 들어 고혈압·저혈압·당뇨병·심부전 등도 피로감의 원인이며, 연하장애에 따른 영양부족·빈혈·수면장애·통증 등도 원인이 된다. 그러나 환자마다 피로와 연관되는 요인이 다르기 때문에 개별적으로 원인을 찾아 치료해야 한다.

우울증은 뇌졸중 환자에게 발생하는 가장 중요한 정신장애인데, 빈도는 12~64%까지 다양하다. 신체장애가 심할수록 우울증도 심해지는 것을 보면, 우울증이 발생하는 일차적 이유는 신체를 이전처럼 마음대로 움직이지 못해 사회생활에 적응하기 힘들기 때문으로 보인다. 또한 뇌손상에 따른 신경전달물질의 변화 때문에 우울증이 나타나기도 한다.

뇌졸중후발작(경련, seizure)은 환자의 5~12%에서 나타나는데, 뇌졸중 발병 2주 이내에 나타나는 초기 발작과 2주 이후 나타나는 후기 발작으로 구분한다. 초기 발작은 두 번 이상 발작이 나타날 때 3~6개월간 항경련제를 사용하며, 후기 발작은 한 번이라도 발작이 있었다면 항경련제를 지속적으로 복용해야 한다.

섬망은 급성기 뇌졸중 환자의 15~45%에서 나타나며, 뇌졸중 발병 후 일주일 이내에 주로 발생한다. 나이가 많은 경우, 뇌졸중 발병 전에 치매나 섬망을 앓은 적이 있은 경우, 복용 약물이 많은 경우, 시력이나 청력이 떨어진 경우, 뇌졸중이 심한 경우, 뇌졸중의 부위가 좌측 대뇌 혹은 시상이나 꼬리핵인 경우, 심장색전뇌졸중이나 뇌내출혈 등의 경우 섬망 발생 위험이 높다. 섬망이 나타나면 그 원인을 치료하고 항정신성병 약물을 사용한다.

말기 심장질환 ────────────
심장이식 등의 수술이 불가능할 때 진단한다

심장질환으로 사망하는 사람의 절반 정도는 심부전(心不全, heart failure)이 심해지면서 서서히 나빠지다가 사망하고, 나머지 절반 정도는 임종을 준비할 시간 여유도 없이 갑자기 사망한다. 심부전이란 각종 심장질환으로 인해 심장의 펌프 기능이 떨어지면서 혈액순환이 원활하지 못해 체력이 떨어지고 폐와 다리 등에 체액이 정체되는 상태를 말하는데, 가장 먼저 나타나는 증상은 호흡곤란이다. 원인은 폐에 체액이 정체되는 폐울혈 혹은 폐부종 때문이다. 가만히 있을 때는 덜하지만 조금이라도 움직이면 숨이 차는 증상이 심해지고, 누워도 숨이 차기 때문에 밤에 잠을 자기도 어렵다. 그리고 발이 부으면서 복수도 차고 소화가 잘 되지 않는다.

　심장질환으로 죽음이 임박한 말기 상태인지에 대한 진단은 다음 항목 중 두 개 이상일 때 내릴 수 있다. 단 심장이식 등의 수술이 불가능할 때 말기 질환 진단을 한다.

- 조금만 걸어도 숨이 찰 정도의 심부전, 심한 심장판막 질환, 심한 관상동맥질환
- 좌심실 박출량의 저하(30% 미만), 폐동맥고혈압(폐동맥압 60mmHg 초과)
- 심장질환에 의한 신부전(사구체 여과율 30㎖/분 미만)
- 심장질환에 의한 악액질(체중감소, 근육위축, 피로감, 식욕감소)
- 지난 6개월 동안 2회 이상 응급실 내원 등 응급 상황이 발생한 경우

일단 말기 심부전으로 진단을 받으면 생존을 연장하는 치료보다는 증상을 개선하고 삶의 질을 향상시키는 것을 치료 목표로 삼아야 한다. 이때 환자가 느끼는 고통은 호흡곤란, 통증, 피로감, 불안증, 우울증, 오심, 구토 등이다. 모든 말기 환자가 겪는 것이지만 심부전 환자도 절망감, 외로움, 자아 이미지 손상 등으로 우울증을 앓게 되고 죽고 싶은 생각이 든다. 말기 심부전 환자의 3분의 1은 우울증을 앓는데, 우울증이 심할수록 증상이 갑자기 악화되기도 한다. 따라서 심부전 환자의 우울증 예방에 가장 중요한 핵심은 증상의 안정적 관리다.

심부전 치료에서 장기적으로 예후를 좋게 하기 위해 사용하는 약물이 당장 부작용을 일으킨다면 중단한다. 저산소증이 생기면 산소를 투여하게 되는데, 이때 산소 투여가 비강과 구강을 건조하게 하여 점막출혈을 일으키거나 나아가 호흡저하까지 일으킬 수 있다. 이 경우 산소 농도를 낮추거나 중단한다. 부작용이 없는 약을 계속 쓰면서 마약성진통제를 추가하면 주관적 호흡곤란 증상

을 덜어줄 수 있고, 진통 효과도 더불어 기대할 수 있다. 오심이나 구토 등의 증상이 있으면 소화운동을 촉진하는 약물을 사용하고, 항정신병약인 할로페리돌이 도움이 되기도 한다.

말기 간질환 ————————————
대기 기간이 너무 길어서 대부분 이식수술을 받지 못하고 사망

말기 간질환은 간경변증과 간암에 의해 발생하며, 진단 기준은 다음과 같다.

간경화 말기(차일드-푸 C등급) **비대상성 간경변증 환자로 다음 항목 중 하나 이상에 해당할 경우**
- 치료를 하는데도 호전을 보이지 않는 간신증후군
- 치료를 하는데도 호전을 보이지 않는 위중한 간성뇌증
- 치료를 하는데도 호전을 보이지 않는 정맥류출혈

간질환의 진행 정도를 평가하는 방법으로 차일드-푸(Child-Pugh) 분류가 있다. 이는 간질환의 합병증으로 나타나는 간성뇌증, 복수, 황달, 혈청알부민 감소, 혈액응고수치(PT) 연장을 평가해서 분류하는 것으로 A, B, C 세 등급이 있는데, 각각 간경변 초기, 중기, 말기라고 할 수 있다. C등급 환자의 1년 생존율은 45% 정도다. 임종이 임박한 말기 간질환의 치료 방법으로 간이식이 있지만,

우리나라에서는 간이식이 필요하다고 등록을 한 뒤 실제로 이식이 이루어지기까지 대기 기간이 극단적으로 길어서 대부분 간이식을 받지 못하고 사망한다.

말기 간질환 환자는 통증, 복수, 복막염, 저나트륨혈증, 간성뇌증, 식도정맥류출혈, 가려움증, 간신증후군, 영양불량 등의 문제가 나타난다. 간신증후군은 간질환에 동반되는 신부전으로 주로 간질환 말기에 발생하며, 일단 간신증후군이 발생하면 평균 2~6개월 정도 생존한다.

간질환이 진행되면 체중감소와 근육감소는 피할 수가 없다. 복수로 인한 복부팽만감으로 식사를 하지 못하게 되고 위의 기능도 마비돼 위식도역류 등을 동반하며, 복수를 자주 밖으로 배출하는 치료 등으로 단백질 성분이 소실되기 때문이다. 이때는 영양불량과 체중감소가 있다고 하더라도 억지로 식사를 권유하는 것은 바람직하지 못하다.

통증은 복수가 많아져서 배가 팽팽해질 때나 복막염이 동반될 때, 간세포암으로 간이 팽창하거나 전이가 있을 때 발생하는데, 중등도 이상의 통증이 오면 마약성진통제를 써야 한다. 복수에 대한 일반적 치료는 식사에서 나트륨을 제한하는 것인데, 식욕이 저하된 상태에서 소금기 없는 식사를 한다는 것은 쉽지가 않다. 그래서 보통은 이뇨제를 사용하게 되고, 복수를 주사기로 직접 빼는 치료를 한다.

간성뇌증은 간기능이 악화되면서 인지기능과 운동기능이 손상돼 혼수와 같은 의식의 변화가 나타나는 상태를 말한다. 위장관에서 흡수된 영양 성분은 정맥 혈액을 통해 간으로 들어가, 독성 물질은 해독되고 영양 성분은 분해·재합성되어 혈액을 통해 전신에 공급되어야 정상인데, 간경변으로 간이 굳어지면 혈액이 간으로 들어가 해독되지를 못한다. 그 결과 독성 물질이 혈액을 통해 순환하게 되면서 중추신경계 독성을 유발하면 간성뇌증이 발생한다. 일단 간성뇌증이 발생하면 환자와 의사소통이 불가능해지므로 환자의 의견에 기초한 임종기 치료가 어려워진다.

말기 치매 ──────────

죽어가는 과정을 늦추는 치료, 언제 중단하거나 보류해야 할까

치매 환자가 다음과 같은 단계에 이르면 임종기에 접어들었다고 판단한다. 인지기능이 없고, 의사소통이 불가능하며, 식사와 대소변 처리 등 일상생활을 혼자 할 수 없고, 식사량과 체중이 감소하며, 사레가 잘 들려 흡인폐렴이 발생하고, 신우신염이나 패혈증을 자주 앓으며, 욕창이 진행하여 3~4단계에 이르렀을 때 등이다.

치매 환자는 치매 자체보다 폐렴과 같은 급성질환으로 사망하는 경우가 많고 또 치매는 수년에 걸쳐 느리게 진행되기 때문에, 임종 계획을 세워야 하는 시기를 간과하기 쉽다. 하지만 좋은 임종의료를 제공하기 위해서는 환자가 조만간 언제 사망할지, 즉 사망 위험이 높은 시기가 언제인지 알아야 한다. 그런데 임종의료가 필요한 단계에 들어선 치매 환자라도 종종 장기간 생존하기도 하는 만큼, 치매 환자가 언제 사망할지 예측하기가 어렵다. 또 환자가 인지장애로 인해 자신의 고통과 원하는 바를 제대로 표현할 수 없다는 것도 다른 말기 질환의 임종의료와 다른 점이다.

보통 임종 단계에서 가장 많이 나타나는 증상은 호흡곤란, 고열, 통증 등이다. 효과적으로 통증을 관리하기 위해서는 적절한 통증 평가가 기본이지만, 치매 환자의 경우 의사소통이 불가능해 통증 평가가 매우 어렵다. 따라서 간접적 소견으로 추정할 수밖에 없는데, 안절부절못함, 반복적으로 소리를 냄, 공격성, 인상 쓰는 얼굴 표정, 긴장된 신체 자세, 운동 활동의 감소나 증가, 경계하거나 긴장하고 비비는 행동, 거친 숨소리, 자율신경기능의 변화(혈압과 맥박 증가, 발한, 피부색 변화) 등이 나타나면 통증이 있다고 봐야 한다.

말기 단계에 접어든 치매 환자의 50% 이상에서 공격성, 다툼, 고함, 탈억제 등과 같은 신경행동 증상을 보이지만, 임종에 근접할수록 말이 없어지고 무감정 상태가 된다. 말기 치매 환자에게 보이는 연하곤란은 '먹는 행위'를 어떻게 하는 것인지 잊어버렸거나 연하운동을 조절하는 뇌세포의 상실 때문일 수도 있지만, 무감정 혹은 식사에 관심이 없어졌기 때문일 수도 있다. 말기 치매 환자의 사망 원인 중 음식에 의한 질식이 있는데, 이를 예방하기 위해서는 묽은 액체를 피하고 수분이 충분히 함유된 음식을 덩어리로 주며 앉은 자세에서 먹인다. 연하곤란으로 영양 공급이 불가능해지면 종종 관(tube)을 삽입해 음식을 공급하기도 하지만, 오히려 임종 과정을 더 힘들게 할 수도 있다.

시설에서 오래 생활해온 환자는 이미 가족과 소원해져 있는 경우가 많아 의료진이 임종의료를 가족과 충분히 상의하기 어려울 수 있다. 하지만 심장, 신장, 폐 등 여러 장기의 기능 상실이 진행될 때는 좀 더 좋은 치료가 가능하다 할지라도 치료를 중지할 필요가 있다. 이때 심폐소생술, 급식삽관, 수액공급, 항생제 사용 여부 등을 결정해야 하는데, 치매 환자가 보이는 여러 질환에 대해 의사는 언제 치료를 중단하거나 보류할지 판단하기를 어려워하고, 잠재적으로 가역성이 있는 급성질환에 초점을 맞추려는 경향이 있다. 하지만 적극적인 치료를 하더라도 효과는 장기적으로 지속되기 힘들며, 오히려 환자의 고통을 가중시킬 수 있다는 점을 알아야 한다.

인공영양이나 수분의 공급도 마찬가지다. 인공영양 공급을 위해서는 코를 통해 위로 관을 넣는 비위관과 위에 직접 관을 넣는 위루관이 사용되는데, 인지기능이 없는 환자는 불편하기 때문에 관을 잡아당겨 빼버리는 경우가 많다. 그러면 관을 유지하기 위해 환자의 손과 몸을 구속해야 하기에 고통을 가중시킬 수 있다. 정맥으로 수분을 공급하는 것도 부종을 유발해 통증을 야기할 수 있기 때문에 장단점을 고려해야 한다. 임종을 앞둔 환자는 배고픔을 거의 느끼지 못하며, 탈수는 서서히 혼수상태로 빠져들게 하여 좀 더 편안하게 죽음에 이르게 도와줄 수 있다는 점을 고려해야 한다.

임종
Dying

임종(臨終)은 말 자체로만 보면 '죽음에 임함' 혹은 '사망하기 바로 전'이라는 뜻인데, 전통적으로는 죽음을 앞둔 부모의 손발을 잡고 숨이 끊어지는 것을 지켜보는 의식을 의미했다. 1934년 조선총독부는 '의례준칙'을 반포하면서 상례(喪禮)의 절차로서 임종을 "병환이 위독해지면 근친자가 곁에서 모시고 안팎을 안정시키며, 운명하면 사자의 신체와 수족 등을 정제하여 뒤틀리지 않도록 함"이라고 법적으로 정의했다. 1969년 제정된 '가정의례준칙'에서는 임종에 대해 이렇게 설명했다. "병자가 위독한 상태에 빠지면 가족들은 침착한 태도로 다음의 일을 진행한다. ① 병자에게 꼭 물어둘 일이 있으면 내용을 간추려 병자가 대답하기 쉽게 묻고 대답을 기록한다. ② 가족은 속히 직계 존·비속 및 특별한 친지에게 기별하고, 병실에 모여 병자의 마지막 운명을 지킨다."

임종이란 이처럼 부모의 죽음을 지켜본다는 전통적 의미가 강했기 때문에 과거에는 임종을 지키지 못하는 것을 큰 불효로 생각했다. 그러나 병원에서 사망하는 문화가 보편화된 지금 임종을 지키지 못해서 불효했다는 죄책감은 거의 없어졌고, 임종의 뜻도 바뀌어서 '부모가 돌아가실 때 그 곁에서 지킨다'는 의미는 거의 없어졌다. 이제는 단지 '죽음을 맞이한다'라는 말 자체의 의미로만 통용되고 있고, 법적으로는 의학적 판단이 됐다. 2018년 연명의료결정법에 따르면, 임종 과정은 "회생의 가능성이 없고, 치료에도 불구하고 회복되지 아니하며, 급속도로 증상이 악화되어 사망이 임박한 상태"를 말한다.

임종 궤적 ————————————
생명이 꺼져가면서 죽음이 완료되기까지, 네 개의 패턴

임종 궤적(dying trajectory)이란 생명이 꺼져가는 시점부터 죽음이 완료되기까지의 시간인 생(生)과 사(死)의 간격(과정)을 말한다. 감염병으로 인한 사망은 비교적 간단한 임종 궤적을 보인다. 감염된 시점부터 사망하거나 회복하기까지 걸리는 시간은 대개 며칠이나 몇 주 정도로 짧다. 감염병으로 많이 사망했던 과거에는 임종은 이처럼 간단한 과정이었다. 생명을 위협하는 질병과 죽음을 인식하는 데 걸리는 시간은 단지 며칠이나 몇 주에 불과했다. 감염병뿐만 아니라 심장병, 뇌졸중, 암 등에 의한 죽음도 마찬가지였다. 뇌졸중으로 반신마비가 왔을 때, 이후 음식을 먹을 정도가 되면 회복한 것이지만 음식을 먹지 못할 정도가 되면 몇 주 이내에 사망했다. 위암인 경우는 음식을 먹지 못할 정도로 증상이 심해졌을 때라야 비로소 질병으로 인식됐기 때문에, 일단 발병하면 나쁜 날씨를 경험하는 방식, 즉 작은 경고도 없이 찾아오는 것으로 죽음을 경험했다.

현대인의 대다수는 퇴행성질환으로 몇 년간 치료를 받다가 치료 효과가 없는 시점부터 임종 궤적에 들어간다고 볼 수 있다. 퇴행성질환과 관련된 임종 궤적은 장기간 지속된다. 오랫동안 통증과 고통을 느끼면서 몸에 대한 통제력을 상실한 채 정신적 능력까지 피폐한 상태가 지속되다가 사망한다. 이렇게 긴 시간은 죽음을 준비하고 가족과 작별인사를 나누는 데 충분하다는 장점도 있지만, 환자에게 육체적·정신적·사회적·재정적 자원을 낭비하게 하는 문제도 있다.

1981~1987년 미국의 네 지역에서 임종 궤적에 대한 최초의 대규모 연구가 실시됐다. 당시 65세 이상 노인 1만 4456명을 대상으로 6년 동안 추적 관찰했는데, 그 기간에 사망한 사람 중 사망 1년 전 인터뷰를 했던 4190명의 자료를 분석한 것이었다. 그들의 생애 마지막 1년 동안의 임종 궤적은 사망 원인에 따라 돌연사(sudden death), 말기 질환(terminal illness), 장기부전(organ failure), 노쇠(frailty)의 넷으로 구분해 살펴볼 수 있다.

다음의 그래프를 보면 돌연사는 사망 직전까지 일상생활을 잘

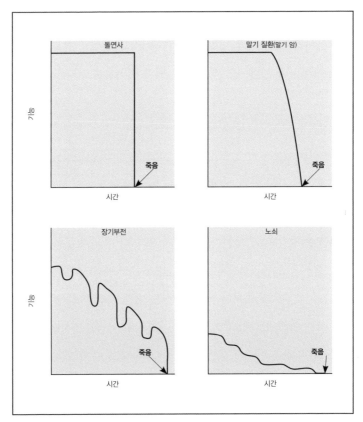

돌연사, 말기 질환(말기 암), 장기부전, 노쇠의 임종 궤적

하다가 갑자기 사망한다. 암의 경우 말기 암으로 진행하기 전까지
는 일상생활을 잘 하다가 말기 암 진단을 받은 후 급속도로 악화
되면서 말기 암 진단 3개월 이내에 사망한다. 심부전, 신부전, 간
부전, 호흡부전 등 심장, 신장, 간, 폐 등의 기능이 악화되어 사망
하는 경우는 생애 마지막 1년 동안 악화와 호전을 반복하다가 사

망한다. 이 경우도 마지막 3개월 동안은 타인의 간병에 전적으로 의지하게 된다. 마지막 노쇠는 서서히 쇠락의 경로를 겪으면서 사망에 이르는데, 치매는 노쇠와 같은 임종 궤적을 보인다.

임종 과정 ————————

의식과 무의식의 경계, 경계의 통과, 통과 이후

임종을 앞둔 사람은 대부분 먹고 마시는 욕구를 상실한다. 이때 음식을 억지로 먹게 하는 것은 좋지 않다. 잘 삼키지 못하는 사람에게 음식을 입에 넣어주면서까지 먹게 하면 사레가 들릴 위험성이 있기 때문이다. 환자가 먹고 싶어 할 때만 적당한 양을 앉은 자세에서 천천히 섭취하게 해야 한다. 또 환자가 음료를 마신 후 기침을 하면 음료는 주지 않는 것이 좋다. 수액을 주사하는 것도 팔다리의 부종뿐 아니라 기도의 부종을 유발해 호흡곤란을 일으키기 때문에 좋지 않을 수 있다. 임종 직전 탈수 상태가 되면 환자는 오히려 편안해진다. 탈수 상태가 지속되면 소변이 농축되어 색이 진해지고 소변 배출이 눈에 띄게 줄어든다. 방광에 소변이 많이 찼는데 소변을 보지 못하는 것이 아니라면 뇨관(소변줄)을 삽입하지 않는 것이 좋다.

말기 질환 환자가 거동이 힘들어 침상을 벗어나지 못하고 식사량이 평소의 50% 미만으로 감소하면 임종이 며칠 혹은 수주 앞으로 가까워졌다고 판단할 수 있다. 사람이 임종 직전에 이르면 기력이 쇠약해져서 앉는 것조차 어려워지고 호흡곤란이 심해지는데, 몸이 아파올수록 실제 본인은 죽음을 두려워하지 않게 된다.

죽음이 임박한 사람은 잠자는 시간이 늘어나고 말이 없어지며 외부 자극에 대한 반응도 약해진다. 환자가 잠을 많이 자더라도 깨우지 않는 것이 좋다. 임종에 이르면 의식이 오락가락한다. 어떤 때는 사람을 알아보다가도 어떤 때는 몰라보는 일이 반복된다. 이런 상황에서 문병을 온 사람이 가장 많이 하는 질문이 있다. "제가 누군지 아세요?"라고 묻는 것이다. 환자가 질문을 알아들을 수 있는 의식이 조금이라도 있다면 어떤 느낌일까? 질문하는 사람은 처음 하는 것이지만 환자는 새로운 사람이 올 때마다 받는 질문이기 때문에 짜증이 나고 지친다. 이런 질문 대신 자기가 먼저 누구라고 밝히는 게 좋다. "아버님! 저 둘째 며느리 ○○예요"라고 말이다.

임종이 가까워지면 시간감각도 변한다. 잠깐 나가 있었을 뿐인데도 "당신! 하루 종일 나를 혼자 내버려두는 이유가 도대체 뭐야!" 하고 소리치는 것이다. 임종을 앞둔 환자가 느끼는 시간감각은 간병인의 시간감각과 다르다. 단 1분간의 기다림도 엄청난 상실감으로 다가올 수 있다. 그래서 간병인에게는 임종 직전의 환자를 돌보는 일이 갓난아기를 돌보는 것보다 훨씬 힘든 일이 될 수 있다. 또 환자와 논리적 대화도 불가능하다. 그러므로 간병인은 환자가 이해해주기를 바라는 대신, 환자의 손을 만지면서 '고맙다', '사랑한다', '미안하다'와 같은 말을 해주는 것이 좋다. 환자의 의식이 왔다 갔다 하거나 혹은 아예 의식불명 상태일지라도 듣고 느낄 수는 있기 때문이다.

호흡이 평소와 달리 비정상적으로 불규칙해지면 임종이 임박했다는 징후다. 빠르고 얕게 헐떡거리는 숨을 가쁘게 쉬기도 하며, 5초에서 30초 정도 숨을 쉬지 않다가 깊은 숨을 몰아쉬기도 한다. 이런 호흡을 처음 기술한 사람은 19세기의 의사 체인(J. Cheyne)과 스토크스(W. Stokes)로, 이들의 이름을 따서 '체인-스토크스 호흡'이라고 한다. 1953년 스탈린의 사망 소식을 전할 때 소비에트 언론이 스탈린의 마지막 호흡을 체인-스토크스 호흡이라고 밝히면서 이 용어가 퍼지게 됐는데, 임종을 바로 앞두고 흔히 나타나는 호흡 양상이다.

임종에 가까워질수록 가래가 기도 뒤쪽에 모여, 숨을 쉴 때 콜록거리거나 가슴에서 그르렁거리는 소리가 커진다. 불규칙한 호흡과 그르렁거리는 숨소리를 가족이나 간병인은 임종 전 가장 고통스러운 증상으로 받아들이고, 의식이 없는 환자가 질식감을 느끼지 않을까 두려워한다. 환자는 괴로워 보이기는 하지만 이 무렵에는 의식이 저하되어 고통을 느끼지 못한다. 이때 기계로 과도하게 가래를 뽑아내는 것은 오히려 고통을 가중시킬 수 있다. 산소를 공급하는 것도 도움이 되지 못하며 오히려 임종 과정만 연장할 뿐이다. 그저 침대의 윗부분을 올려주고 입안에 고인 분비물을 닦아주는 것으로 충분하다. 선풍기나 부채를 이용해 부드러운 바람을 쐬어주는 것도 좋다.

임종 전 환자는 진통제나 안정제 등과 같은 약을 복용해 몽롱하거나 혼수에 빠진 상태에서 호흡이 멎는 경우가 대부분이다. 그 때문에 며칠을 목욕도 하지 못하고 지낸 경우가 많아서 땀 냄새나 오줌과 대변, 가래, 피부 분비물 등으로 인한 냄새가 나기도 한다. 임종자는 혈액순환장애로 팔다리가 차가워지거나 뜨거워질 수 있고, 피부가 검거나 퍼렇게 변할 수도 있다. 체온이 불규칙하게 변하는 것은 뇌기능이 떨어졌다는 증거이기도 하다. 임종자는 식은 땀을 흘릴 수도 있고, 심장박동과 맥박이 더 느려지거나 혹은 약하게 빨라지는 식으로 불규칙해질 수도 있다.

스위스의 정신과의사 렌츠(M. Lenz)는 임종 과정을 '의식과 무의식의 경계', '경계의 통과', '통과 이후'의 세 단계로 나누었다. 사람은 죽음의 문턱에서 의식과 무의식의 경계 앞에 서게 되는데, 이때 주체적 자아가 할 수 있는 일은 단지 체념밖에 없다. 이제 자신에게 어떤 일이 발생할 것인지 전혀 알지 못하는 상태에서 계속 앞으로 나아갈 수밖에 없다. 칸트는 '존엄성'을 침해할 수 없는 인간의 내적 가치로 보았는데, 그렇다고 인간이 자아를 통제하고 있음을 가정하지는 않는다. 간병인은 죽음의 문턱에 선 사람의 존엄성을 지켜주는 것이 간병인 자신의 존엄성을 지키는 것이라고 생각해야 한다.

환자는 때가 되면 의식과 무의식의 경계를 경험하게 된다. 출생과 달리 죽음을 앞둔 통과의례는 매우 다양하다. 의식과 무의식의 경계를 통과하는 시간은 수분, 수시간, 수일이 걸릴 수도 있는데, 경계를 통과하는 순간 임종 과정의 고통이 끝난다.

의식과 무의식의 경계를 넘나들다가 어느 순간 갑자기 모든 불안이 사라진 것처럼 느껴질 때가 있다. 죽어가는 사람은 고요, 평온, 행복의 상태로 접어든다. 그들은 우리가 보지 못하는 것을 보고, 느끼지 못하는 것을 느낀다. 어떤 사람은 얼굴이 환해지고 손사래를 치기도 하면서 우리에게 자신이 무엇을 보고 들었는지 이야기하고 싶어 하는 것 같다. 경계를 통과한 이후 생물학적 죽음을 맞이하기 전까지는 순간일 수도 있고, 몇 분 또는 몇 시간이 걸릴 수도 있다. 죽어가는 사람이 평온하게 누워 있거나 잠이 든다면 그가 실신한 것이 아니라 불안과 고통이 없는 상태로 접어든 것이라는 사실을 가족도 알게 된다.

만성질환을 오래 앓은 사람은 안구 뒤의 지방층이 사라지기 때문에 안구가 쑥 들어가고, 눈꺼풀은 짧아져서 결막을 다 덮지 못하게 되어 눈을 잘 감지 못한다. 잠을 잘 때도 눈을 완전히 감지 못해 결막이 노출되고 결막염이 생기기도 한다. 이런 경우 결막이 건조해지지 않도록 인공눈물이나 생리식염수를 넣어 수분을 유지해주는 것이 좋다.

맥박이 잡히지 않고, 호흡이 없어지고, 심장박동이 멈추고, 얼굴이 창백해지고, 동공이 움직이지 않게 된다. 이때 사망이 선언된다. 사망하면 체온이 떨어져 손발이 차가워지고, 괄약근이 이완되면서 소변이나 대변이 흘러나오기도 한다. 눈은 계속 뜬 상태로 있을 수도 있으며, 턱은 아래로 떨어져 입이 벌어지기도 한다. 눈을 뜨고 있다면 손으로 눈꺼풀을 몇 번 쓸어내려주면 눈이 감긴 상태가 유지된다. 턱이 밑으로 처져서 입이 벌어져 있다면 턱 아래에 수건을 말아서 받쳐두고 머리를 올려주면 입이 닫힌 상태로 유지된다.

집에서 임종을 맞자는 재택 호스피스 운동을 하는 일본의 의사 오가사와라 분유(小笠原文雄)는 일반인이 알 수 있는 환자의 변화를 임종 14일 전부터 마지막 순간까지 다음과 같이 정리했다.

- 14일 전: 음식을 먹을 수 없게 된다.
- 7일 전: 물도 삼키기 힘들어지고 걸을 수 없게 된다. 의식이 명료하지 않고 자는 시간이 길어진다.
- 6일 전: 환시·환청이 생기고 알아들을 수 없는 말을 하는 섬망 증상이 나타난다.
- 5일 전: 호흡이 불규칙해지고 목에서 그르렁거리는 소리가 난다.
- 4일 전: 소변이 안 나온다.
- 3일 전: 대화가 불가능해진다.
- 2일 전: 불러도 반응이 없다.
- 1일 전: 몸에서 철이 녹슨 듯한 냄새가 난다.
- 한나절 전: 손발이 차가워지고 자줏빛으로 변한다. 혈압이 떨어진다.
- 임종: 호흡이 멈추고 온몸이 차가워진다.

오가사와라가 말한 임종 14일 전부터 임종까지의 경과는 하나의 사례일 뿐이고, 말기 환자의 정확한 사망 시점을 예상하는 것은 불가능하다. 2007년 미국 로드아일랜드의 한 호스피스에 있는 오스카(Oscar)라는 이름의 고양이 이야기가 학술지 《뉴잉글랜드

의학 저널》에 보고됐다. 이 호스피스는 말기 알츠하이머병 환자와 파킨슨병 환자를 위한 시설인데, 이곳에서 일하는 고양이 오스카는 의사나 간호사와 달리 머지않아 죽음을 앞둔 환자를 금세 알아챘다. 오스카는 병동을 돌아다니다가 곧 사망할 환자 곁으로 가서 떠나지 않는다. 고양이가 앉은 지 두세 시간이 지나면 그 환자는 반드시 사망하기 때문에, 병원 직원은 이별의 시간을 가질 수 있도록 미리 가족에게 알린다. 이 고양이의 능력이 뛰어난 후각 덕분일 거라는 추측은 있지만, 그에 대한 정확한 설명은 아직 없다.

종말 체험 ————————————
환각으로 주어지는 마지막 선물

임종이 가까워진 사람은 이미 떠난 아버지나 어머니가 찾아왔다고 하거나 허공에 누군가 있는 것처럼 대화를 나누기도 한다. 이렇게 임종 직전에 죽은 사람이 마중 나오는 경험을 하는 경우가 많다. 대체로 가족이나 친지 또는 친구가 임종자를 마중 나오는 현상을 종말 체험(deathbed phenomena)이라고 한다. 이는 임종자와 가족 모두에게 편안한 느낌을 주기 때문에 '마지막 선물'이라고도 한다.

　종말 체험은 고대부터 있었던 현상인데, 체계적으로 자료가 축적된 것은 20세기 이후다. 정신과의사 퀴블러-로스는 소아의 임종을 많이 지켜봤는데, 한번은 일가족이 심한 교통사고를 당해 운전자였던 엄마는 현장에서 죽고 딸과 아들은 중상을 입어 병원에 실려 온 사건이 있었다. 남매는 같은 병원의 서로 다른 병동에 입원한 상태였는데, 여자아이는 임종이 다가오자 "모든 것이 다 잘되고 있어요. 엄마와 남동생이 벌써부터 저를 기다려요"라는 말을 하고는 사망했다. 로스는 이 여자아이의 엄마가 현장에서 죽었다는 사실은 알고 있었지만 남동생이 방금 죽었다는 사실은 미처 모르고 있었다. 그런데 여자아이의 사망 직후, 그 남동생이 여자아이가 죽기 10분 전에 죽었다는 전화를 받았다. 즉 여자아이는 죽기 직전, 현장에서 죽은 엄마와 10분 전에 죽은 남동생의 마중을 받았던 것이다.

임종 시에 보는 환영은 복용 중인 약물의 영향으로 나타나는 헛것일 수도 있다. 대부분의 과학자는 종말 체험을 환각이라고 생각한다. 그러나 많은 경우 임종 시 환영은 의식이 혼미하지 않은 상태에서 나타나고, 장기간 혼수상태에 있던 환자가 죽기 전 짧지만 맑은 의식을 회복할 때 보는 경우도 많다. 임종을 앞둔 어떤 할머니는 오랫동안 의식불명 상태에 있다가 어느 날 예기치 않게 의식을 회복했는데, 30년 전 죽은 남편이 아침에 나타나서 "오늘은 저승 갈 날이 아니고 사흘 뒤 떠난다"라고 말했다고 한 뒤 다시 혼수상태에 빠졌다. 그런데 정말 사흘 뒤에 세상을 떠났다.

종말 체험에서 등장하는 대상은 대부분 긴밀한 관계가 있었던 사람 중 먼저 사망한 사람이다. 그런데 종말 체험과는 반대로 환자가 죽기 직전이나 직후에 다른 가족에게 나타나는 일도 있다. 직업이 간호사인 한 여성은 집에서 자다가 새벽 3시에 깨어보니, 알츠하이머치매를 앓아 요양원에 입원 중인 아버지가 자신의 침대 발치에 서 있는 걸 보게 됐다. 아버지는 당시 81세였는데, 40~50대의 비교적 젊은 시절의 모습으로 나타나서는 "나는 이제 괜찮아. 많이 나아졌어"라고 말하고는 벽 속으로 사라졌다. 그날 아침 그녀는 요양원에서 아버지가 새벽 6시에 돌아가셨다는 연락을 받았다. 아버지는 세상을 떠나기 세 시간 전에 딸을 방문하고 나서 저쪽 세상으로 건너간 것이다. 이 여성은 기묘한 체험이기는 했지만 아버지의 마지막 방문을 받고 마음이 편안해졌다고 말했다.

섬망

임종 환자의 10~20%는 사망 시 '어려운 경로'를 밟는다

임종 과정에서 신경학적 변화는 두 가지 양상으로 나타난다. 이를 '임종 과정의 두 가지 경로'라고 하며, '일반적 경로'와 '어려운 경로'가 있다. 대부분은 서서히 수면 시간이 늘어나면서 의식이 저하되고 혼수상태에 빠지는 일반적 경로를 겪지만, 약 10~20%의 환자는 어려운 경로를 겪는다. 이 경우 안절부절못하고 몸을 떨며 환각 증상과 섬망(譫妄, delirium)이 나타나 알 수 없는 말을 중얼거리고 가족에게 욕을 하기도 하며, 식은땀이 나거나 오한을 느끼고 몸부림칠 정도의 고통이나 경련 등을 겪으면서 혼수상태에 빠진다. 임종기에 겪는 말기 섬망은 어려운 경로의 대표적 증상이다.

섬망은 신체 질환으로 인해 갑자기 의식과 주의력이 흐려지면서 인지기능이 전반적으로 떨어지고 때로는 환각이 동반되는 장애다. 원인을 제거하면 보통은 회복되는데, 임종기에 발생하는 말기 섬망은 대부분 회복이 불가능하다. 섬망이 발생하면 환자는 평소와 달리 갑자기 의식이 흐려지고 주의력이 떨어지며 환각과 같은 정신병적 증상도 보인다. 또 오늘이 며칠인지, 여기가 어디인지, 앞에 있는 사람이 누구인지 인지하지 못한다.

평소 임종 환자를 잘 관리해왔다고 하더라도 섬망을 간과하거나 제대로 관리하지 못할 경우, 혹은 가족이 섬망 증상을 이해하지 못할 경우 '끔찍한 고통 속의 무서운 죽음'을 생각하게 되고, 임종 후에도 가족에게 정신적 트라우마로 남을 수 있다. 그러나 환자에게 말기 섬망이 나타날 때 가족은 환자가 실제로 경험하는 상황과 겉으로 보이는 모습이 전혀 다르다는 사실을 알아야 한다. 환자가 끙끙거리거나 찌푸리고 팔다리를 휘저을 때 가족은 대개 심한 통증 때문에 그렇다고 생각하지만, 평소 통증이 잘 조절되던 사람이 임종 수시간 전에 갑자기 통증이 심해지는 경우는 드물다. 이때는 섬망이 발생했을 가능성이 높다.

통증이나 섬망 증상을 조절하기 위해 사용하는 진통제나 벤조디아제핀 등의 약물은 오히려 섬망을 악화시킬 수 있기 때문에 약물 사용에 주의해야 하며, 섬망 증상을 완화하기 위해서는 환경 요인을 조절할 필요가 있다. 특히 친숙한 환경을 만들어주는 것이 중요하다. 그래서 환자와 사이가 좋은 가족이 환자를 돌보는 것이 좋으며, 환자가 평소 잘 사용하던 물건을 가까이 두는 것도 도움이 된다. 또 환자에게 매일 날짜나 날씨 등 주변 상황을 알려주어 환자가 현 상황을 파악하도록 한다. 그런데 이런 노력도 너무 지나치면 오히려 환자를 자극해 증상을 악화시킬 수 있다. 또한 지나친 감각박탈은 섬망을 악화시킬 우려가 있으니 야간에도 은은한 조명을 유지해 환자의 불안감을 덜어줘야 한다.

섬망이 일단 발생하면 아주 가까운 사람만 만나도록 하고, 생소하고 새로운 경험을 하지 않도록 한다. 말기 환자를 돌볼 때 중요한 목표 중의 하나는 환자가 맑은 정신 상태에서 사랑하는 사람과 이별할 수 있도록 해주는 것인데, 임종 직전 여러 날 지속되는 섬망은 가족에게 큰 괴로움을 준다. 사별 과정이 힘들면 사별 후 유족의 생활에도 나쁜 영향을 미치기 때문에 말기 환자의 섬망 치료는 중요하다. 밤낮이 바뀌거나 정신이 오락가락하는 등 섬망의 첫 증상이 보이면 더 이상 미루지 말고 환자와 나누어야 할 이야기를 모두 해야 한다. 가족은 임종 직전에 섬망이 흔히 나타난다는 사실을 받아들이고, 환자가 황당할 정도로 엉뚱한 언동을 하더라도 충격을 받지 않도록 한다.

임종 대처

죽어가는 사람이 느끼는 자유와 존엄성

현대인은 죽음을 은폐하고 피하기 때문에 곧 죽게 될 사람에게도 이렇게 위로한다. "당신은 이제 금세 괜찮아져. 곧 죽음에서 벗어나 평안한 세계로 되돌아갈 거야." 이런 위안은 죽어가는 환자를 위한 것이지만 동시에 위안하는 사람 자신을 위한 것이기도 하다. 현대의 기독교인은 임종을 앞둔 환자에게 신실한 기독교인으로 잘 죽게 해달라고 기도하지 않고, 하느님에게 병을 쾌유시키는 기적을 보여달라고 기도한다. 병을 고쳐달라고 기도할지, 행복하게 죽게 해달라고 기도해야 할지는 어려운 판단이다.

미국의 죽음학자 코르(C. Corr)는 임종에 대처하는 차원은 신체적, 심리적, 사회적, 영적 차원이 있다고 했다. 신체적 차원은 통증, 고통, 메스꺼움, 호흡곤란 등과 같은 문제에 대처하는 것이다. 그런데 인간은 신체적 요구와 고통을 다른 가치보다 아래에 둘 수 있는 존재다. 예를 들어 순교자는 영적 가치를 위해 고문을 감내하며, 어떤 사람은 사랑하는 가족을 위해 자신의 생명을 희생한다.

임종에 대처하는 심리적 차원은 심리적 안정, 자율성, 존엄성 등에 대한 것이다. 죽음 앞에서 불안과 고독을 느끼지 않을 사람은 없다. 처음 가는 길을 혼자 가야 하니 불확실하고 두렵고 고독하고 불안하다. 이럴 때 가족은 "우리는 당신과 끝까지 같이 있을 것이고, 당신이 세상을 떠난 후에도 잊지 않고 기억할 거예요"라고 반복적으로 안심시키는 것이 중요하다. 죽은 다음에도 자신을 기억해주는 가족이 있다는 것은 큰 위안이 되고, 그런 가족이 있으니 기꺼이 이승을 떠날 수도 있다는 생각이 들 것이다.

일반적으로 신체적 고통과 같은 문제는 의료 전문가에게 상당부분을 위임하지만, 일상의 영역에서는 자기가 원하는 것을 스스로 하고자 한다. 인간이 자율적 존재라는 사실은 임종 직전까지도 유효하다. 생애 말기에 이르렀다고 해도 여전히 많은 사람은 몸을 깨끗이 단장하고 맛있는 음식 맛보기를 원하며 그동안 지켜온 오랜 습관을 유지하면서 자존감을 느끼고 싶어 한다. 자존감은 환자 자신이 의연하게 대처하는 데서 드러나지만, 이것이 쉬운 일은 아니다. 많은 환자가 자존심을 버리지 못하고 타인의 도움을 거부하며, 자신은 보살핌이 필요한 존재라는 사실을 부인한다. 비록 힘들지만 고통도 스스로 이겨낼 수 있다고 생각하기에 자신을 누군가에게 맡겨야 한다는 사실을 받아들이지 못한다. 존엄성과 사투를 벌이는 인간은 의존성과 자유 사이에서 치열한 갈등을 겪는다.

몸을 자기 마음대로 움직일 수 없다는 사실 때문에 말기 환자는 자신이 쓸모없고 가치 없다고 생각한다. 요실금이나 변실금으로 고생하는 환자는 요실금이나 변실금 자체가 아니라 타인의 도움을 받아야 하는 자신의 처지를 비관한다. 굴욕감과 함께 남자로서 혹은 여자로서 자존심을 빼앗겼다고 느낀다. 사실 이때는 자신의 상황과 상태를 받아들이고, 삶의 모든 것을 포기하고 단념하는 것밖에는 다른 선택이 없다. 칸트에 따르면 인간은 도덕적 본질로서의 자율 능력을 지닌 이성적 존재로 존엄성을 가진다고 했는데, 여기서 자율이란 기능적인 면을 말하는 것이 아니다. 칸트가 말하는 자율은 자유와 같은 의미로, 외부의 권위나 명령에 의존하지 않고 자신의 행동을 자신이 결정하여 실행하는 것을 의미한다. 자신의 병약함을 인정하고 타인의 도움을 받아들이면서 자신이 죽음으로 향하는 존재임을 인지할 때야말로 자유를 느낄 수 있다.

죽어가는 과정에 있는 사람도 여전히 사회적 대인관계를 중요하게 생각하고 유지하기를 원한다. 하지만 일반적으로 사회적 관심사는 좁아지게 마련이다. 이제 더 이상 국내 정치나 세계 정치, 과거 직장, 스포츠, 친목 모임 등에 관심을 가지지 않게 된다. 사회적 관심사가 점차 자기 주변에 한정되기 때문에 가까이 지내는 반려동물이 더 중요해질 수도 있다. 한편으로는 모든 사회적 관계를 거절할 수도 있다.

죽음을 앞둔 사람이 절대적으로 따라야 하는 사회적 관계란 없지만, 마지막까지 지속되는 관계가 있다면 그것은 가족이다. 가족은 환자가 자신의 생을 잘 정리하고 홀가분한 마음으로 이승을 떠날 준비를 하도록 도와야 한다. 금전 등의 문제로 가족 간에 싸우는 것은 환자를 우울하게 만들 뿐만 아니라, 정신적 혼란을 초래하고 심리적 불안감을 가중시킨다. 따라서 가족은 환자가 돈 같은 세속적인 문제에 신경을 쓰지 않도록 하고, 대신 행복했던 과거의 추억을 이야기하거나 함께 여행 가서 즐거웠던 일, 또는 지금까지 살아오면서 같이 기뻐했던 순간을 이야기하는 것이 좋다. 그러면 환자를 잘 보낼 수 있을 뿐만 아니라, 가족 내분도 치유되는 기회가 될 수 있다.

임종에 대처하는 마지막 차원은 영적 차원으로, 종교적 영역인 경우가 많지만 꼭 종교에 한정되는 것은 아니다. 의미 부여, 연결성, 초월성 등 여러 가지 용어로 표현할 수 있다. 죽음을 앞두게 되면 사람은 자신의 삶과 죽음이 의미 있기를 원한다. 죽어서 비로소 신을 대면할 수 있다고 생각할 수도 있으며, 자신이 살아온 삶이 제자나 자손을 통해 계속 이어지기를 바랄 수도 있다. 죽음을 앞둔 사람이 간병인에게 영적인 질문을 한다고 할 때 그것은 답변을 원한다기보다 자기 이야기를 하고자 하는 표현일 수 있다. 따라서 영적 차원에서 간병의 원칙은 환자의 말을 경청하고 환자가 추억하고자 하는 경험에 동참하는 것이다. 중요한 것은 자기 말을 들어주는 사람이 옆에 있다는 사실이다. 공감해주고 환자가 가고자 하는 여정에 동행해주는 간병인이 필요하다.

자신의 몸이나 주변 환경이 지저분한 상태에서 영적 의미를 추구하기는 어렵다. 따라서 간병인은 환자의 몸을 청결하게 해주고 주변 환경을 깨끗이 정리해주며 마음을 편하게 해줄 수 있는 것이라면 무엇이든 다 해야 한다. 환자가 불교 신자라면 향을 피우고 조용히 염불을 하는 것도 좋으며, 죽음과 관련된 경전을 읽어주는 것도 좋다. 기독교 신자라면 환자가 좋아하는 성경 구절을 찾아 읽어주고 같이 기도해주며, 주기도문이나 사도신경을 같이 외울 수도 있다. 만일 종교가 없는 사람이라면 과거에 가장 감명 깊게 읽은 책을 읽어주면 된다. 또 음악을 틀어주는 것도 좋다. 종교를 가지고 있는 환자에게는 종교 음악이 좋고, 종교가 없다면 환자가 평소 좋아하던 노래나 음악을 틀어준다.

18

자아의 죽음
Ego Death

332

죽음의 기준인 심폐기능 정지 이전에 인간은 생각하는 존재로서의 자아(自我, ego)가 먼저 죽는다. 자아란 자기 스스로 생각할 수 있는 존재이고, 감정·의지·기억 등 인간에게 특유한 심리 활동을 주관하는 존재다. 자아는 주체(主體)라고도 할 수 있는데, 이는 뇌 활동에 따른 의식(意識, consciousness)의 작용이다. 의식이 없어지면 주체적 자아로서의 삶은 불가능하다.

의식상실

가역적인 자아의 죽음

의식이란 의학·문학·철학·심리학 등 분야에 따라 다양한 정의를 갖지만, 폭넓게는 인간에게 일어나는 특유한 정신 활동의 총체로서 지식·감정·의지 등 심리 활동을 포함하는 개념이다. 일반적으로는 '깨어 있는 상태에서 자기 자신이나 사물에 대해 인식(認識)하는 작용'을 뜻하고, 의학적으로는 '자신과 주변을 지속적으로 인식하는 상태'라고 정의할 수 있다.

정상적인 의식이란 깨어 있어야 하고, 외부 자극을 인식해야 한다. 즉 '각성 상태(wakefulness)'와 '인식(awareness)'이라는 두 가지 요소가 필요하다. 각성 상태란 의식이 깨어 있는 정도를 말하는데, 자극에 대한 반응 정도를 보고 판단한다. 가장 낮은 각성 상태는 외부 자극을 강하게 주는데도 반응이 없는 혼수상태다. 그리고 인식은 지각(perception, 知覺)과 인지(cognition, 認知)를 합한 개념으로, 자신의 상태와 주변 상황을 정상적으로 판단하는지에 대한 것이다. 즉 지각이란 열쇠를 본다고 할 때 열쇠 모양을 뇌에서 감각하는 것이며, 인지란 이것이 자물쇠를 여는 열쇠라는 것을 알아차리는 것이다. 따라서 인식이란 열쇠를 보고 열쇠라는 것을 알아차리는 능력을 말한다.

보통 의식 수준이 정상이 아닐 때 혼수상태라고 하지만, 의학 용어로 혼수(昏睡, coma)란 '부르거나 뒤흔들어도 깨어나지 않으며, 아주 강한 자극에도 반응이 없는 상태'를 말한다. 혼수는 주로 뇌가 손상됐을 때 나타난다. 갑자기 뇌손상을 받으면 의식장애를 일으켜 '각성(alert)→혼돈(confusion)→기면(drowsy)→혼미(stupor)→반혼수(semicoma)→혼수'의 순서로 의식이 나빠지고, 회복될 때는 그 역순으로 의식이 정상으로 돌아온다.

정상적인 각성 상태는 외부 자극이 없어도 자발적으로 눈을 뜨고 주변 자극에 정상적 반응을 보이는 것을 말한다. 우리가 일상생활을 할 때의 의식 수준이다. 그런데 각성 상태로는 정상이지만, 즉 저절로 눈을 뜨고 말은 하지만 인식장애가 있을 때 혼돈이라고 한다. 주위 상황을 정상적으로 인지하고 판단하는 능력이 떨어져 엉뚱한 소리를 하는 상태다. 깨어 있고 주변 상황을 인지하는 것같이 보이지만 상황 판단을 정상적으로 하지 못한다. 기면 상태란 각성이 감소하므로 몸을 흔들면 눈을 뜨고, 말을 걸면 느리게나마 반응을 한다. 혼미 상태란 비교적 강한 통증 자극을 주거나 환자를 지속적으로 심하게 흔들어야 겨우 깨울 수 있는 상태인데, 눈을 뜨더라도 의사소통은 불가능하다. 그리고 강한 자극을 줘도 깨어나지 못하는 상태를 혼수라고 한다. 혼수상태에서는 자발적 움직임이 없고, 극히 심한 통증 자극을 가해도 움직이지 않는다. 반혼수(semicoma)란 깨우기는 어렵지만 심한 통증 자극에는 반사적 움직임을 보인다.

데카르트처럼 인간을 '생각하는 존재'로 규정한다면 혼돈부터 혼수 단계까지는 자신과 주변 환경에 대한 인식 능력이 떨어진 의식장애 상태이기 때문에 인간이라고 하기 어렵다. 육체는 살아 있되 인격체로서는 죽은 것이라고 할 수 있지만, 그렇다고 완전히 죽은 것으로 간주할 수는 없다. 회복될 가능성이 있기 때문이다. 혼수상태는 뇌를 다치거나 뇌졸중뿐 아니라 고혈당, 저혈당, 알코올의존, 일산화탄소중독 등 다양한 원인에 의해 나타나는데, 그 상태로 며칠 혹은 몇 주 동안 지속될 수 있으며, 몇 넌까지 지속되는 경우도 있다. 혼수상태에서 사망하지 않으면 회복되거나 식물인간 상태 중 하나로 진행된다.

식물인간 ─────────────

깨어 있기는 하지만 의사소통은 불가능하다

뇌손상을 심하게 받은 환자가 즉시 사망하거나 뇌사 상태에 빠지지 않았다면 수주일 동안 깊은 혼수상태에 있다가 눈을 뜨게 된다. 처음에는 통증 자극이 있어야 눈을 뜨지만 점차 자발적으로 눈을 뜨게 된다. 그러나 팔다리를 움직이지 못하기 때문에 스스로 자세를 바꾸지는 못하고 의사 표현도 하지 못한다. 스스로 숨은 쉬지만 가래를 뱉는 등 기도 유지를 할 수 없다. 환자의 각성 상태는 정상이고 수면각성주기도 유지되며 자발적으로 눈을 뜨지만, 어떤 형태로든 의사소통이 전혀 불가능하고 주위의 자극에도 반응이 없다. 때로 움직이거나 웃거나 우는 것처럼 보이기도 하고 눈을 뜰 때도 있지만, 외부 자극과는 아무런 관련이 없는 행동이다. 이런 상태를 식물인간이라고 한다. 즉 각성도는 유지되나 인식 능력은 없는 상태다. 이런 상태가 1~3개월 이상 지속되면 지속 식물 상태(vegetative state)라고 한다. 이 경우 의식이 회복될 가능성은 매우 낮지만, 간혹 장기간 식물인간 상태로 있다가 회복하는 경우도 있다.

식물인간 상태는 뇌사와 다르다. 식물인간 상태는 대뇌가 전반적으로 손상됐을 때 발생하지만, 뇌사는 대뇌를 포함해 뇌간(뇌줄기)까지 비가역적으로 손상된 상태다. 따라서 식물인간 상태는 호흡중추가 있는 뇌간이 정상적이어서 인공호흡기가 필요하지 않지만, 뇌사 환자는 생존하려면 인공호흡기가 필요하다. 뇌사 환자는 어떠한 치료를 받더라도 곧 사망하지만, 식물인간 상태는 적절한 음식물을 공급하고 욕창이나 폐렴, 요로감염 등의 합병증이 발병하지 않도록 주의하면 비교적 장기간 생존한다.

뇌사 판정을 받으면 그 사람은 이미 죽은 사람으로 간주되어 장기이식을 위한 장기 적출이 가능하지만, 식물인간 상태는 죽은 사람이 아니고 산 사람이라 불가능하다. 그러면 식물인간은 어떤 대우를 받아야 할까? 식물인간 상태의 인간은 지금까지 인식 능력이 없는 것으로 간주되어왔는데, 이는 환자의 움직임을 보고 판단한 것이다. 그러나 뇌 영상 등 현대적 의료 장비를 동원해 연구한 결과 이들에게 지각력(sentience)이나 인식 능력이 있다는 증거가 제시되고 있다.

생명체의 신경체계가 해로운 자극에 반응하는 능력과 그 자극에 대해 통증이나 두려움 같은 어떤 느낌을 가질 수 있는 능력을 지각력이라고 하는데, 어떤 생명체가 지각력이 있다면 도덕적으로 대우를 받을 수 있는 상태로 간주된다. 지각력이란 말은 '생각하는 능력'을 의미하는 이성(reason)으로부터 '느끼는 능력'을 구별하기 위해 사용된 개념으로, 퀄리아(qualia)라고도 한다. 동물윤리학에서는 어떤 생명체가 지각력이 있으면 존중받을 권리가 있는 것으로 간주된다.

　미국인 샤이보(T. Schiavo)는 15년 동안 식물인간으로 살다가 법원의 판결로 2005년 어느 날 영양 공급 튜브를 제거하고 13일 뒤에 사망했다. 그녀는 과체중을 비관해 거식증을 앓던 중 1990년 다이어트 부작용인 전해질불균형에 따른 심장마비로 뇌손상을 입어 식물인간이 됐다. 이후 남편은 8년간 그녀를 돌보다가 1998년, 그녀가 사고 전에 "인공적 방법으로 살고 싶지 않다"라는 말을 했다며 법원에 음식 공급 튜브를 제거해달라고 청원했다. 샤이보의 부모는 튜브 제거에 반대했으나, 2004년 9월 미국 법원은 샤이보가 장기 식물인간 상태에 있으며 살아 있다고 하기 어렵다고 판단했다. 샤이보의 남편과 부모 사이에 7년 동안 계속된 소송은 미국은 물론 전 세계적으로 안락사 논쟁을 불러일으켰다. 2004년 교황 요한 바오로 2세는 의료인은 장기 식물인간 상태 환자에게 음식과 수분을 제공할 도덕적 의무가 있다고 했으며, 교황청 정의평화위원회 의장인 레나토 마르티노 추기경은 살아 있는 샤이보로부터 급식 튜브를 제거하는 것에 반대했다.

　우리나라에서는 2009년 지속적 식물인간 상태에 있는 환자에게 인공호흡기 치료를 중단하라는 대법원 판결이 있었다. '김 할머니'라고 알려진 70세의 폐암 의심 환자가 진단을 위해 세브란스병원에서 기관지 내시경검사를 하던 중 갑자기 기관지에서 출혈이 발생했다. 호흡이 막히면서 심정지가 왔고, 소생 과정에서 뇌손상을 입었다. 환자는 중환자실로 옮겨져 인공호흡기 치료를 받게 됐는데, 의료진은 뇌사 상태는 아니며 지속적 식물인간 상태로 판정했다. 이에 환자의 보호자인 딸과 사위는 인공호흡기 제거를 요구했는데, 담당 의사는 환자가 뇌사 상태가 아니기에 회복 불가능한 사망 단계에 진입했다고 단정할 수 없다는 이유로 보호자의 요구를 거부했다. 그래서 김 할머니의 가족은 인공호흡기 제거를 법원에 청구했고, 대법원 판결에 따라 인공호흡기가 제거됐다. 김 할머니는 인공호흡기가 제거된 후 201일 만에 사망했다.

대법원은 판단을 내리기 전에 여러 전문가의 의견을 구했다. 전문가들은 김 할머니가 의식이 회복될 가능성이 거의 없고, 식물인간 상태지만 뇌기능 대부분을 상실했을 경우 뇌사에 가까운 상태로 판정한 경우가 많았다는 의견을 법원에 제시했다. 법원은 이를 받아들여 최종 판결을 내렸다. 그런데 대법원 판결로 인공호흡기를 제거했지만 예상과 달리 김 할머니가 금방 사망하지 않고 자발적으로 호흡을 하면서 생명을 이어 나가자 병원, 가족, 법원은 곤혹스러운 상황이 됐고, 대법원의 판결에 오류가 있는 것 아니냐는 의문이 제기됐다. 이에 대해 세브란스병원 측은 존엄사의 기준은 회생 불가능하고 사망이 임박한 1단계, 죽음이 임박하지는 않았지만 인공호흡기로만 생명을 유지할 수 있는 2단계, 식물인간 상태로 자발호흡을 하며 생명을 유지하는 3단계로 나뉜다고 발표했다. 이 기준에 따르면 대법원은 김 할머니의 상태가 인공호흡기를 떼면 곧바로 숨을 거둘 것으로 보이는 1단계거나 2단계로 예상했지만, 실제 김 할머니는 3단계에서 사망한 것이다.

안락사 ─────────────
부드럽고 조용한 죽음, 이것은 고통스러운 발작 없이 일어난다

안락사(安樂死)란 말 그대로 풀이하면 '편안하고 즐거운 죽음'이다. 영어 유서네이저(euthanasia)를 번역한 것인데, 좋다는 의미의 그리스어 에우(eu)와 죽음을 의미하는 타나토스(thanatos)가 합해진 말로 '좋은 죽음'이라는 뜻이다. 좋은 죽음을 반대하는 사람은 없을 텐데 이것이 논란이 되는 이유는, 안락사가 단순히 '좋은 죽음'만을 의미하는 것이 아니고 거기에 제삼자가 개입하기 때문이다.

소크라테스나 플라톤은 '죽음을 의도적으로 앞당긴다'는 의미에서 안락사를 지지했다. 당시에는 이런 목적으로 독미나리(conium)가 사용됐는데, 소크라테스도 이것으로 만든 독약을 마시고 죽었다. 물론 당시 모든 사람이 이런 행위를 지지한 것은 아니었다. 히포크라테스가 대표적인 반대자였는데, 그는 "나는 어떤 사람의 요청이 있더라도 목숨을 해치는 약은 처방하지 않을 것이고, 죽음을 유도하는 조언도 하지 않겠다"라고 했다. 그리스도교가 지배하던 중세에는 안락사 자체가 논의될 수 있는 상황이 아니었다. 당시 대표적인 신학자 토마스 아퀴나스는 안락사는 생존에 대한 자연적이고 인간적인 본능에 반하는 것이라고 했다.

르네상스 시대가 되면서 다시 안락사 논의가 나타나기 시작했는데, 토머스 모어는 1516년 출간한 《유토피아》에서 안락사에 대한 명확한 견해는 밝히지 않았지만 안락사를 언급했다. 현대적 의미의 안락사란 제삼자가 죽음을 원하는 사람의 죽음을 돕는 것인데, 이런 개념의 안락사를 처음 소개한 사람은 철학자 베이컨(F. Bacon)이다. 그는 《안락사 의학(Euthanasia Medica)》에서 안락사를 '내적 안락사(euthanasia interior)'와 '외적 안락사(euthanasia exterior)'로 구분했다. 내적 안락사는 영혼이 죽음을 준비하는 것이고, 외적 안락사는 삶을 단축하더라도 마지막 삶은 좀 더 편안하고 고통 없게 하는 것을 말한다.

안락사가 사회적으로 용인되기 시작한 것은 계몽주의 시대에 이르러서다. 당시 체들러(J. Zedler)가 출간한 백과사전에서는 안락사를 "매우 부드럽고 조용한 죽음, 이것은 고통스러운 발작 없이 일어난다"라고 정의했는데, 죽음의 고통을 덜어준다는 것은 당시의 시대정신이었다. 19세기 초반 독일의 의사 마르크스(K. Marx)는 의사는 임종 환자의 고통을 덜어줄 도덕적 의무가 있다고 말했다. 즉 죽음을 앞둔 환자에게 정신적 위안을 제공할 뿐만 아니라, 약물을 처방해서라도 죽음의 고통을 덜어줘야 한다는 것이다. 이로써 안락사가 처음으로 의료행위에 도입됐다.

안락사가 의료행위로 실질적으로 가능하게 된 것은 19세기 중반 마취제가 발달하면서부터다. 미국의 외과의사 워런(J. Warren)은 1848년 모르핀을 사용해 처음으로 마취수술을 했으며, 1866년에는 본격적인 마취제 클로로포름이 개발됐다. 하지만 아직은 이런 약물이 바로 안락사 목적으로 사용되지는 않았다. 영국에서는 1870년 학교 교사였던 윌리엄스(S. Williams)가 말기 질환으로 고통받는 환자에게는 의도적으로 죽음을 앞당기기 위해 클로로포름을 사용해야 한다고 주장하는 글을 철학 학회지에 발표한 이후 안락사에 대한 찬반 논란이 확산됐다.

미국에서는 남북전쟁이 끝나고 자본주의가 급속하게 발전하던 19세기 말 도금시대(鍍金時代, Gilded Age)에 안락사운동이 일어났다. 당시에는 자유방임주의나 개인주의 등이 확산되면서 종교적 영향력이 줄고 현대적 병원 시스템이 발전하고 있었는데, 이런 상황은 안락사운동이 부흥하는 조건이 됐다. 변호사 잉거솔(R. Ingersoll)은 1894년 만약 어떤 사람이 말기 암과 같은 질환으로 고통을 받고 있다면 자살로써 고통을 중단할 권리가 있다고 주장했으며, 윤리학자 아들러(F. Adler)는 감당할 수 없는 고통을 받고 있는 사람은 자살할 권리가 있고 의사가 도와주어야 한다고 주장했다. 1906년에는 오하이오주에서 안락사를 합법화하는 법이 제안되기도 했다. 당시에는 79 대 23으로 부결됐다.

일부 국가에서 안락사가 합법화된 것은 최근이다. 2001년 네덜란드에서 세계 최초로 합법화됐고, 이후 벨기에, 스웨덴, 룩셈부르크, 스위스, 콜롬비아, 캐나다 퀘벡주, 미국 오리건주·워싱턴주·몬태나주·버몬트주·캘리포니아주 등에서 합법화됐다. 이들 나라 중 스위스만이 외국인에게도 안락사를 허용하기 때문에 안락사를 원하는 많은 이들이 스위스로 간다. 스위스에는 안락사가 가능한 병원이 네 곳 있는데, 디그니타스병원만이 외국인을 받는다. 이 병원에서 시행하는 안락사 방법은 마취제를 사용하는 것이다. 먼저 마취제의 부작용으로 나타날 수 있는 구토를 억제하는 약을 복용한 다음, 펜토바르비탈(pentobarbital) 15g을 먹는다. 이 약은 중추신경계를 억제하여 3~5분 이내에 잠이 들게 되고, 점차 의식이 없어지고 숨 쉬는 것도 약해져서 30~40분 정도 지나면 사망에 이른다. 1998년 설립된 이 병원에서 2014년까지 안락사한 사람은 1905명이었다. 같은 기간에 안락사를 신청한 사람은 전 세계적으로 96개국 7764명이었는데, 이 중 한국인은 18명이었다.

우리나라에서 안락사는 불법행위다. 환자의 부탁이 있고 고통을 덜어주려는 자비로운 동기가 있다고 하더라도 타인의 사망에 직접 관여했기 때문에 살인죄 또는 자살교사죄, 자살방조죄의 처벌을 받는다. 그러나 말기 암 환자가 고통을 줄이기 위해 죽음이 앞당겨진다는 사실을 알면서도 모르핀을 계속 증량하여 사용한 결과 사망하게 됐다면 '간접적 안락사'라고도 할 수 있을 텐데, 이는 죽음에 임박한 상태에서 극심한 고통을 제거하기 위한 것이었다고 하면 정당화된다. 1980년 5월 로마 교황청은 안락사를 반대하지만, 무의미한 연명의료 중단은 허용한다고 선언했다. 그런데 안락사와 무의미한 연명의료 중단의 경계가 명확하게 구분되는 것은 아니다.

존엄사

임종 과정에서의 자기운명결정권

존엄사(尊嚴死)란 사전적으로는 '인간으로서 품위를 지키면서 죽는 것'을 의미하는데, 어떠한 죽음이 존엄한 것인지에 대해서는 사회와 문화에 따라 다르고 또 일반적 의미와 법적 의미가 다를 수 있다.

1976년 미국 캘리포니아주에서 자연사법(Natural Death Act)을 제정하면서 여기에 불치병 환자가 연명의료를 거부할 권리를 명시했다. 이후 미국의 모든 주에서 동일한 법이 통과됐고, 타이완에서도 같은 내용을 자연사법이라는 이름으로 입법하여 시행하고 있다. 그래서 미국이나 타이완에서는 자연사(自然死)라고 하면 '연명의료를 하지 않는 죽음'을 의미한다. 원래 자연사란 외인사와 대립되는 내인사와 같은 개념인데, 말기 환자의 권리를 보장하는 법을 자연사법이라고 칭하게 되면서 새로운 의미가 추가된 것이다.

존엄사의 법적 의미는 미국 오리건주에서 1997년 제정한 존엄사법(Death with Dignity Act)에 처음 규정됐는데, 이 법에 따르면 말기 환자가 자살을 원할 때 의사가 약을 처방하는 의사조력자살도 포함되어 있어 존엄사는 안락사를 포함하는 개념이었다. 그런데 미국에서 개별 주 단위로 입법하는 과정에서 자연사법, 존엄사법 등의 용어가 새로운 법적 의미를 가지게 되어 혼동이 초래됐다. 한편 미국의 법에서 새로 규정한 자연사에 해당하는 죽음을 일본에서는 존엄사라고 한다. 이런 차이가 생긴 것은 연명의료를 하지 않는 죽음을 미국에서는 '자연스러운 죽음'이라고 생각하는 반면, 일본에서는 '존엄한 죽음'이라고 생각하는 문화적 차이가 반영됐기 때문이다.

말기 환자의 존엄함을 보호하려는 취지의 법을 만들면서 자연사·존엄사 등의 용어가 혼용되기는 했지만, 어쨌든 주요 취지는 '존엄하게 임종을 맞이할 환자의 권리' 혹은 '무의미한 연명의료를 거부할 수 있는 환자의 권리'라고 할 수 있다. 그래서 1990년 미국연방법은 혼동을 피하기 위해 '환자의 자기결정권법(Patient Self-Determination Act)'으로 통일했다.

우리나라에서는 2009년 5월 21일 대법원이 무의미한 연명의료 장치를 제거해도 된다는 판결을 내려 존엄사에 대한 사회적 논의를 불러일으켰다. 이 판결에 따르면 식물인간 상태의 환자에게 인공호흡기를 다는 것과 같은 연명의료는 중단할 수 있다. 존엄사를 인정한 첫 판례다. 이후 대한의사협회, 대한병원협회, 대한의학회는 '연명치료 중지 관련 지침 제정을 위한 특별위원회'를 발족하고 존엄사 가이드라인을 제정했다. 이를 기초로 존엄사를 법적으로 보장할 수 있는 연명의료결정법이 2018년 공포됐는데, 제1조에서는 임종 환자의 존엄과 가치는 '환자의 최선의 이익을 보장하고 자기결정을 존중함'으로써 보호된다고 했다. 다만 우리나라 법에서 인정하는 존엄사는 안락사를 포함하지 않는다.

연명의료결정법 ————————————
연명의료를 종결하려면 가족 2인의 합의가 필요하다

연명의료(延命醫療, medical care for life prolongation)란 사망이 임박한 것으로 판단되는 환자의 질병 상태를 호전시키지 못하고 치료적 효과 없이 임종 과정의 기간만을 연장하는 의학적 시술을 말한다. 2018년 2월부터 시행된 우리나라의 연명의료결정법에서는 연명의료를 심폐소생술, 혈액투석, 항암제 투여, 인공호흡기 착용 네 가지 의료 기술로 한정했는데, 2019년 3월부터 시행된 개정안에는 체외생명유지술(ECMO), 수혈, 승압제 투여 등이 추가됐다. 그런데 이외에도 다양한 의료 기술이 임종 과정의 환자에게 이미 널리 이용되고 있다. 대표적인 것이 항생제인데 연명의료결정법에는 이에 대한 언급이 없다. 그 외에 혈액검사나 엑스선검사 등 다양한 검사도 하고 있는데 이런 의료행위는 어떻게 하라는 것인지에 대해서도 법 규정이 없다.

연명의료결정법이란 웰다잉법, 존엄사법 등으로도 불리는데, 회생 가능성이 없는 임종기에 연명의료를 시행할 것인지 말 것인지에 대한 절차를 마련한 법률이다. 연명의료를 하지 않는다는 것은 기존에 해오던 연명의료를 중단하는 것이지만, 애초에 연명의료를 시작하지 않는 것도 포함한다. 이 법에 따르면 연명의료 여부를 결정하는 방법에는 두 가지가 있다. 먼저 건강할 때 미리 의사를 표현하는 '사전연명의료의향서'가 있고, 임종기 환자에 대한 '연명의료계획서'가 있다. 사전연명의료의향서는 미래에 발생할 수 있는 문제에 대한 유언과 같은 것이며, 연명의료계획서는 의사와 논의해 환자 또는 환자의 가족이 작성하는 것으로 현재의 의료 행위에 대한 환자의 명령과 같은 것이다.

연명의료계획서는 환자의 의견을 반영하여 담당 의사가 작성한다. 대상 환자가 말기 또는 임종 과정에 있는 환자인지 아닌지는 환자를 직접 진료한 담당 의사와 해당 분야의 전문의 1인이 동일하게 판단해야 한다. 환자가 의사를 표현할 능력이 있을 때는 환자 본인이 의사에게 요청하고, 환자가 의사 표현 능력이 없을 때는 가족이 의사에게 요청한다. 이때 환자의 의사를 추정할 수 없는 경우는 환자 가족 전원의 합의가 있어야 하고, 환자의 의사를 추정할 수 있는 경우는 가족 두 명 이상의 일치하는 진술이 있어야 한다. 여기서 가족이란 19세 이상의 배우자, 직계 존비속 1촌(부모, 자식)을 말한다. 이에 해당하는 사람이 없으면 형제자매가 가족이 되며, 환자의 가족이 한 명이면 그 한 명으로 충분하다. 단, 가족 간에 의견이 통일되지 않으면 작성할 수 없다.

환자가 임종 과정에 있다고 판단하기 위해 의사 두 명의 합의를 요구한 것은 치료 중단의 오남용을 방지하기 위한 것이고, 환자의 의사를 추정할 수 없을 때 가족 전원의 동의를 요구한 것은 가족 간에 발생할지도 모를 사후 소송을 방지하고자 하는 현실적 요구를 반영한 것이다. 또 환자의 의사를 추정할 수 있는 경우 가족 2인의 합의를 요구한 것은 연명의료 중단을 쉽게 하고자 하는 의도를 반영한 것인데, 이때 '추정 판단'이란 환자가 의식이 있을 때 이런 상황에 대해 어떻게 해달라고 이야기한 적이 있다면 그것을 환자의 의사결정으로 추정하는 것이다. 그런데 환자의 의사를 추정한다는 것은 다분히 주관적이어서, 환자의 의지와 관계없이 법적으로 편리하게 연명의료를 중단하려는 의도가 있는 것이기도 하다. 예를 들어 노인이 입버릇처럼 하는 "늙으면 죽어야지"라는 말을 연명의료에 대한 의사표현이라고 할 수 있는가? 또 말기 환자가 "죽고 싶다"라는 말을 했다고 해서 그 말을 그대로 받아들일 수 있는가? 가족이 부담하게 될 치료비나 간병 부담에 대해 미안한 마음으로 그런 말을 했다면 가족과 의료진은 어떻게 판단해야 하는가? 이에 대한 판단이 쉬운 것은 아니다.

연명의료결정법은 말기와 임종기를 구분하고, 임종기에만 심폐소생술, 인공호흡기 등의 연명의료를 유보 또는 중단할 수 있다고 규정한다. 이 법률의 입법 취지는 연명의료를 중단했던 의사가 처벌을 받았던 과거와 달리 법에서 규정한 절차를 따르면 법적 처벌을 받지 않는다는 것인데, 임종기가 아닌 말기 환자에 대해서는 별도의 규정이 없다. 말기 환자의 경우 연명의료 유보나 중단을 어떻게 처리할 것인지, 더 나아가 환자의 자발적 치료 거부를 어떻게 할 것인지는 또 다른 사회적 합의 도출이 필요한 문제다.

생명윤리

자율성 존중, 악행 금지, 선행, 정의의 4원칙

현대 의료에서 생사를 가르는 결정을 할 때 기준이 되는 것은 윤리의식이다. 의료윤리학자가 취하는 여러 방식 중 가장 널리 통용되는 원칙은 '의료윤리 4원칙'이다. 이것은 미국의 철학자 보챔프(T. Beauchamp)와 칠드러스(J. Childress)가 1985년 서양 윤리학의 오랜 경쟁 이론인 공리주의와 의무론 양측 모두 받아들일 수 있는 원칙을 '자율성 존중, 악행 금지, 선행, 정의'의 4원칙으로 정리한 것이다.

'자율성 존중'은 생명윤리에서 가장 중요한 원칙으로, 자신의 운명에 영향을 미치는 선택을 스스로 할 수 있도록 환자 개인을 존중해야 한다는 것이다. 이는 외부의 간섭이나 압력을 배제하고 환자의 자기결정권을 존중하는 원칙이다. 자기결정권이란 근대 이후 서양에서 개인주의가 발달하면서 주체 의식이나 자유와 결부되어 옹호되는 인간의 기본권이며 인권의 핵심이다. 그런데 현실적으로는 환자가 의사조력자살이나 안락사를 원할 때, 또는 난치병 환자가 치료를 거부할 때 자기결정권을 어떻게 존중해야 하는지 논란이 있을 수밖에 없다. 또 치매 환자의 자기결정권을 어떻게 존중해야 하는지도 논란이 많다.

'악행 금지'는 의사의 어떤 결정이나 선택이 환자의 생명을 단축하거나 건강과 삶에 손해를 끼쳐서는 안 된다는 것이다. 그리고 '선행'의 원칙은 의사는 환자에게 이로운 행위를 해야 한다는 것인데, 악행 금지의 원칙과 선행의 원칙은 서로 이면(裏面) 관계에 있는 것으로, 꼭 의료행위가 아니더라도 누구나 당연히 지켜야 할 원칙이다. 그런데 배금주의와 상대주의적 가치가 지배하는 현대 사회에서 선악의 판별은 누가, 어떻게 내릴 것인가 하는 문제에 봉착하게 된다.

'정의'는 분배에 대한 개념이다. 예를 들어 장기기증은 적고 장기이식수술 대기자는 많은 상황에서, 기증받은 장기를 누구에게 시술해야 하는가와 같은 문제를 결정할 때 필요한 원칙이다.

이 네 가지 생명윤리 원칙을 구체적인 상황에서 적용할 때는 상황에 따라 '이중 효과의 원리'와 '전체성의 원리'를 고려해야 한다. 어떤 의료행위가 한편으로는 좋은 효과를 나타내고 다른 한편으로는 나쁜 효과를 초래하는 이중 효과가 예상될 때, 이 둘의 균형에 대한 판단이 중요한 것이다. 공리주의의 영향을 많이 받는 현대 사회에서는 대체로 이로운 점과 해로운 점을 양적으로 비교해서 판단하지만, 효용성을 계량적으로 판단하는 것이 불가능한 경우 무엇을 얻고 버리느냐에 대한 판별은 결국 판단자의 가치관이나 양심에 의거할 수밖에 없다. 이런 문제는 의료인 단독으로 판단할 수 있는 문제는 아니며, 종교인과 철학자가 참여하는 병원 윤리위원회 또는 생명윤리위원회(IRB, Institutional Review Board) 등과 같은 합의체가 필요하다.

뇌사

가장 유효하고 유일한 사망 기준

1953년 한 젊은 여성의 심장수술에서 인류 역사상 처음으로 인공 심장-폐 기계장치(인공심폐)가 인간의 심폐기능을 대신했다. 1960 년대에는 심폐소생술과 인공호흡법이 발달하기 시작했고, 현재는 심장기능이 멈추더라도 심장을 대체하는 시술과 폐기능을 대체할 수 있는 인공호흡기가 보편적으로 사용되고 있다. 따라서 심장사 (心臟死)나 폐사(肺死)가 바로 한 인간의 죽음을 의미하지는 않게 됐다. 반면 뇌사는 법적 죽음으로 인정되고 있다. 이는 환자의 뇌 기능이 정지된 의식불명 상태에서도 심장과 폐 기능이 인위적으로 유지·연장됨으로써 환자와 가족의 고통이 증가하고 의료비가 증가하는 문제가 발생했기 때문이다. 또 뇌사를 죽음으로 인정하면 뇌사자의 장기를 이식하여 다른 환자를 살릴 수 있다는 사회적 합의가 있었기 때문이기도 하다.

뇌사의 개념을 처음으로 소개한 사람은 1959년 프랑스의 신경 생리학자 몰라레(P. Mollaret)와 굴롱(M. Goulon)이다. 이들은 뇌사 상태를 '비가역적 코마(coma dépassé)'라고 했다. 이후 1968년 미국 하버드 대학교에서는 처음으로 뇌사 기준을 정했으며, 같은 해 세계의사총회에서도 죽음을 판정할 때 뇌사를 가장 유효하고 유일한 기준으로 인정했다. 우리나라에서는 1983년 대한의학협회가 죽음을 "심장 및 호흡 기능과 뇌반사의 비가역적인 정지 또는 소실"이라고 정의하면서 뇌사의 판정 기준을 제시했다.

뇌사로 판정하려면 통증에 대한 무반응, 뇌간반사 소실, 무호흡, 뇌사 확정 검사의 네 조건이 모두 충족되어야 한다. 통증에 전혀 반응하지 않고 뇌간반사가 없는 상태를 혼수상태라고 하는데, 뇌사 판정을 하려면 기본적으로 의식수준이 혼수상태여야 한다. 뇌간반사란 뇌간을 통해 일어나는 자동반응으로, 눈에 밝은 빛을 비출 때 동공이 수축하는 것(광반사), 각막을 자극할 때 눈을 감는 것(각막반사), 인두를 자극했을 때 나타나는 구역질(구역반사), 기관지를 카테터로 흡인할 때 기침이 유발되는 것(기침반사) 등이 있는데, 뇌사에서는 이들 반응이 모두 없다. 그리고 무호흡이란 자발적 호흡이 없는 상태로, 인공호흡기 작동을 잠시 중지하고 스스로 숨을 쉬는지 보고 무호흡 여부를 판단한다. 마지막으로 뇌파를 검사해서 뇌사를 확진한다.

뇌사의 원인 중 흔한 것은 뇌출혈이나 뇌경색 등으로 뇌가 심하게 손상된 경우인데, 이런 경우 뇌사 판정에 큰 문제가 없다. 하지만 원인이 명확하지 않으면 뇌사 판정이 다소 복잡해진다. 뇌사 판정은 주로 장기이식 전에 이루어진다. 우리나라에서 뇌사자의 장기이식은 1979년 최초로 이루어졌는데, 이는 뇌사가 법적 사망으로 인정되기 이전이어서 논란이 됐다. 법적으로 뇌사가 명문화된 것은 그 후 시간이 한참 지나 1999년 제정된 장기이식법을 통해서다.

우리나라에서 뇌사가 어느 정도 발생하는지에 대한 통계는 아직 없다. 현행법에서는 장기를 기증하려고 할 때만 뇌사 판정이

가능하도록 했기 때문에 정확한 뇌사 발생 빈도를 알 수 없고, 중환자실 사망자 중 몇 퍼센트가 뇌사자인지 추정하는 정도다. 2017년 전국적으로 71개 병원의 중환자실 전체 사망자 9928명 중 18%가 뇌사 추정자였고, 이 중 15%인 268명이 장기를 기증하고 사망했다.

뇌사로 진단된 사람이 장기이식 후 사망하지 않고 인공호흡기 치료를 계속 받는다면 자연 경과는 어떻게 될까? 뇌사가 처음 논의되기 시작하던 30~40년 전까지만 해도 모든 뇌사 환자는 1~3일 내 심정지가 나타나 사망하게 된다고 믿었다. 하지만 10년 전부터 이루어진 새로운 조사 연구에 따르면, 뇌사 환자의 30% 이상에서 심폐기능이 수개월 동안 유지될 수 있다고 한다. 이는 장기이식이 필요하다는 이유로 뇌사를 진단하고 생명유지장치를 서둘러 제거하는 의료행위가 문제가 될 수 있다는 것을 의미한다. 그래서 장기이식 대상자를 '심장이 정지한 제공자(non-heart beating donor)'로 한정해야 하는지, '뇌사이면서도 심장이 박동하는 제공자(brain-dead heart beating donor)'까지도 포함해야 하는지에 대한 논란이 아직도 해결되지 않고 있으며, 대부분의 국가에서는 이 두 가지를 모두 인정하는 선에서 논쟁을 잠재우고 있다.

사망 판정을 내릴 때 심정지의 경우는 논란 없이 그 시점을 확정할 수 있지만, 뇌사는 비가역적 죽음을 100% 확신할 수 없다. 뇌사로 판정되더라도 뇌 전체가 손상된 것이 아니라 뇌사 기준에 들 정도의 손상이 가해진 상태이고, 아직 뇌기능이 일부 남아 있어서 뇌사 판정을 받고도 살아나는 경우가 있을 수 있기 때문이다. 사실 뇌사란 중환자실의 중증 뇌손상 환자가 회복 불가능할 때 생명유지장치를 제거하여 사회적 비용을 줄이고, 장기이식을 활성화하기 위한 일종의 사회집단적 '합리화'다.

2008년 미국의 대통령 직속 생명윤리위원회에서는 뇌사 상태의 환자 중 일부는 바로 사망하지 않고 만성 상태로 유지될 수 있다는 점을 고려해서 뇌사 대신 전뇌부전(total brain failure)이라는 용어를 쓰자고 제안했다. 뇌사라는 용어에 등장하는 사(死, death)의 정의 자체가 논란이 될 수 있고, 뇌가 사망했다는 개념이 불분명하다는 이유였다. 이는 사람의 전체성(완전성, wholeness)이 뇌에 있다는 생각에 반대하고, 뇌도 심장이나 신장처럼 신체에 있는 장기의 하나일 뿐이라는 생각을 반영한 것이다. 지금까지 뇌사를 표현하는 많은 용어가 있었다. 비가역적 혼수, 비가역적 무호흡혼수, 전뇌경색(total brain infarction), 뇌정지(brain arrest) 등인데, 이번에 미국의 대통령 백서가 전뇌부전이라는 개념을 통해 뇌사에 대한 새로운 개념 정리를 촉구했지만 여전히 뇌사라는 개념을 대치하지는 못하고 있다.

장기이식 ——————————————

장기의 생명은 개체의 죽음을 초월한다

장기는 인체에서 분리되더라도 조건만 맞으면 계속 기능할 수 있기 때문이 이식이 가능하다. 장기이식은 보통 뇌혈관질환이나 교통사고 등으로 갑자기 뇌사 상태에 빠진 경우 이루어지는데, 갑작스러운 죽음이라는 불행한 사태에서 고인에게 새로운 삶을 부여하는 계기가 될 수 있다. 장기는 개체의 죽음과 별개로 생명을 이어갈 수 있기 때문이다. 그렇다고 한 번 이식되어 생명을 이어갔던 장기가 또다시 다른 사람에게 재차 이식된 경우는 아직까지는 없다.

고대 그리스어 에우다이모니아(eudaimonia)는 '좋다'는 의미의 에우(eu)와 '영혼'이라는 의미의 다이몬(daimon)이 합해진 말로, '한 개인의 삶을 초월하는 행복'을 뜻한다. 장기이식은 한 사람의 죽음으로 여러 사람을 살릴 수 있는데, 신장·간·심장·폐 등을 모두 기증하면 여러 생명을 구할 수 있기 때문에 죽음 앞에서 에우다이모니아를 실현하는 한 방법일 수 있다.

우리나라에서 장기이식은 1999년 제정된 '장기 등 이식에 관한 법'에 의거해 질병관리본부에서 관리한다. 이 법에 따르면 이식이 가능한 장기는 신장, 간, 췌장, 심장, 폐, 소장, 췌도, 안구, 골수, 말초혈, 손·팔, 발·다리 등이다. 장기뿐만 아니라 조직도 이식이 가능한데, 뼈, 연골, 근막, 피부, 양막, 인대 및 건, 심장판막, 신경, 심낭 등이다. 장기이식은 살아 있을 때 혹은 뇌사 상태일 때 가능한 반면, 인체 조직은 사망 후 24시간 이내에 이식할 수 있다. 장기는 적출하자마자 즉각 이식해야 하지만, 조직은 가공 및 보관을 거쳐 이식하는데 최장 5년 보관이 가능하다. 장기이식은 한 사람의 기증으로 최대 아홉 명이 받을 수 있고, 인체 조직은 한 사람의 기증으로 최대 100여 명이 수혜 가능하다.

2014년 발표된 기증 및 이식에 관한 국제관측소(Global Observatory on Donation and Transplantation)의 보고서에 따르면, 전 세계적으로 11만 9873건의 고형 장기(신장, 간, 심장, 폐) 이식수술이 이루어지는데, 이식 대기자의 약 10%만이 장기이식을 받았다. 우리나라의 경우 2017년도 장기이식 통계 연보에 따르면, 생체 장기기증자(살아 있는 상태에서 신장 한 개 혹은 간 일부 기증)가 2338명, 뇌사자 장기기증자가 515명, 사후(심정지) 기증자가 44명이었는데, 이식 대기자는 3만 4423명에 달해 공여 장기가 부족한 상황이다. 국내에서 뇌사자로 판단되어 장기기증이 가능한 환자의 50% 정도에서만 가족 동의를 얻을 수 있었다.

19

———

사별 과정
Bereavement

사별
비통
애도 과정

삶을 돌아볼 때 우리는 사람이나 물건을 잃고 나서야 그들이 우리에게 얼마나 큰 의미가 있었는지를 안다. 어떤 때는 그들을 잃은 뒤에야 그들의 의미와 가치에 대해 온전하게 감사를 느끼게 되기도 한다.

사별은 살아 있는 사람이 그 상실을 해석하는 방법에 따라 의미가 달라진다. 우리가 가지고 있는 것은 언제든지 잃을 수 있고, 우리와 연결된 것은 언제든지 떨어질 수 있으며, 우리가 사랑하는 것은 언제든지 우리 곁을 떠날 수 있다. 아무것도 가지고 있지 않을 때에만 잃을 것이 없다.

사별자가 겪는 심리 과정을 표현하는 것으로 사별(死別, bereavement), 거상(居喪), 비통(悲痛, grief), 애도(哀悼, mourning) 등이 있는데, 의미가 선명하게 구분되지는 않고 서로 혼용되어 사용된다. 꼭 구별을 해본다면 사별은 상실 자체를 강조한 말이고, 거상은 상중(喪中)이라는 의미이며, 비통은 사별자의 반응(감정·인지·행동)을 의미하고, 애도는 사별과 비통함에 대처하는 사람들이 겪는 과정을 의미한다. 우리나라에서 사별에 대한 연구가 시작된 것은 1990년대 이후이며, 사회복지학·심리학·신학·간호학 등의 학문 영역에서 이루어지고 있다.

사별

망자와의 관계는 사별 후 확실해진다

사별이란 죽어서 이별한다는 의미다. 상(喪)을 당한 상태를 말하고, 거상이라고도 한다. 사별은 상실(喪失, loss)의 일종이며, 상실은 관계가 끊어진다는 뜻이다. 그리하여 사별은 사랑하는 배우자나 연인과의 끝일 수도 있고, 부모와의 영원한 이별일 수도 있으며, 자식을 잃는 것일 수도 있고, 고통스러운 애증의 관계에서 벗어나는 편안함일 수도 있다. 죽는 사람으로서는 고통에서 벗어나는 안식일 수도 있다. 그렇다 하더라도 남은 자에게 사별은 고통스러운 것이다. 아무리 사후 세계가 있다고 믿거나 먼저 죽은 사람과 재회할 수 있다고 믿더라도, 더 이상 고인을 직접적이고 신체적으로 느낄 수 없다는 사실은 변하지 않는다. 사랑을 해본 사람이라면 상실에 따른 고통을 경험할 수밖에 없다. 사랑을 피할 수 있는 사람만이 슬픔을 피할 수 있다.

사별은 임종 기간이 길고 힘든 경우나, 죽음이 갑작스럽고 예상하지 못했거나 충격적인 경우 등과 같이 때로는 복잡하다. 가족 구성원 중 한 사람이 사망하면 가족 체계가 변화하면서 가족 구성원의 삶에 여러 방면으로 영향을 미치게 된다. 망자의 부재(不在) 이외에도 망자가 제공하던 경제적 수입이나 정서적 지원도 없어지고, 망자로 인해 유지됐던 가족의 사회적 지위도 상실된다.

망자와의 관계는 그 관계가 끝날 때 드러나는 경우가 많다. 사랑하는 사람은 내 인생의 여러 가지 면에서 소중하지만, 관계는 다차원적이다. 사랑하는 사이지만 때로는 증오하기도 했거나, 폭력이나 학대의 복잡한 관계에 있었던 경우 그 사람이 죽었을 때 독특한 어려움에 처할 수 있다.

사별은 유족에게 슬픔뿐 아니라 고독감, 분노, 죄책감 등의 감정적 영향을 미치고, 신체적 질병도 초래한다. 어떤 죽음은 예견할 수 있지만 자살이나 사고사처럼 예상치 못한 경우도 있다. 갑작스럽고 충격적으로 발생하는 죽음은 정신적 트라우마를 초래한다. 사별 후 당면 문제와 고통에서 도피하려 하고, 사람을 만나려 하지 않거나, 나쁜 일이 일어나지 않은 척하거나, 슬픔을 아무에게도 표현하지 않는다면 사별 후 바뀐 현실에 잘 적응하기 어려워진다.

비통 ─────────────

"슬픔은 첩자처럼 혼자 오는 것이 아니라 대군처럼 몰려온다"

비통이란 몹시 슬퍼서 마음이 아픈 것을 의미한다. 비탄(悲歎)이라고도 한다. 최고로 슬픈 고통을 표현하기 위한 용어인데, 사별 슬픔이란 말도 같은 의미다. 셰익스피어가 "슬픔은 첩자처럼 혼자 오는 것이 아니라 대군처럼 몰려온다"라고 말했듯이 커다랗게 몰려드는 슬픔을 말한다.

1942년 가을 미국 보스턴에서 미식축구 라이벌전이 끝나고 사람들이 클럽에서 파티를 했는데, 흥청망청하던 분위기에서 장식 야자수에 불이 붙었다. 정원을 초과해서 손님으로 가득 찬 클럽은 순식간에 화염에 휩싸여 500여 명이 목숨을 잃었다. 당시 매사추세츠병원의 정신과 주임교수였던 린드먼(E. Lindemann)은 사별자 101명을 인터뷰해 1944년 '비통 경험의 양상'에 대해 발표했다. 이후 비통은 심리학의 연구 주제가 됐는데, 심리학자 워든(W. Worden)은 비통의 경험을 감정, 인지, 감각, 행동의 네 영역으로 구분해서 다음과 같이 정리했다.

감정의 변화 중 슬픔은 유족에게 나타나는 가장 일반적인 감정이다. 흔히 울음으로 표현되지만, 꼭 우는 행동으로 나타나는 것은 아니다. 장례식에서 슬픔을 느낄 수 없었다고 말하는 사람도 많은데, 처음에 너무 슬픔을 억제하려고 노력하다 보면 나중에 심리적으로 더 힘들어질 수 있다. 분노도 빈번히 경험하는 감정이다. 이것은 마치 어렸을 때 엄마랑 시장에 갔다가 엄마를 잃어버리고 헤

매다가 다시 만났을 때 엄마에게 표출되는 화와 같은 감정이다. 분노는 죽음을 막기 위해 아무것도 할 수 없었다는 좌절감의 표출일 수 있다. 분노를 표출하는 특정 대상이 있는 것은 아니고, 자기 자신에게 향하는 분노일 수도 있다.

외로움도 유족이 흔히 느끼는 감정이다. 특히 일상생활을 같이 했던 배우자라면 더하다. 마치 가슴속에 뿌리 내리고 있던 나무가 통째로 빠져나간 뒤에 남은 텅 빈 구멍과 같은 상실감은 누구도 메워줄 수 없다. 주변 사람이 사회적 외로움은 덜어줄 수 있겠지만 고인과의 단절된 관계로 인한 실존적 외로움은 덜어줄 수 없다. 그 사람이 보고 싶다는 그리움을 넘어 '그 사람 없이는 살아갈 수 없다'는 불안감은 공포증으로 발전할 수도 있다.

고인이 오랫동안 고통스러운 질병으로 괴로워하다가 사망한 경우는 안도감을 느끼기도 한다. 또 고인이 사별자와 힘든 관계였던 경우에도 안도감이 흔히 일어난다. 자신을 압박하던 권위를 가졌던 사람과 사별하는 경우 해방감을 느끼기도 한다. 슬퍼해야 할 사별자가 안도감이나 해방감을 느낀다는 것은 정당하지 못한 감정이라고 생각해 스스로 죄의식을 불러일으키기도 하지만 이는 정상적인 반응이다.

죽음을 접하는 순간에는 대부분 죽음을 믿지 않으려 한다. 비통으로 인한 인지 변화의 특징적인 모습이다. 급작스러운 죽음일 때는 더욱 그렇다. 멍해지면서 생각이 혼란스러워지고 현실감을 잃기도 한다. 환시나 환청 등 환각도 빈번하게 경험한다. 고인의 모습이 보이고 말소리가 들리는 것은 당사자로서도 당황스러운 경험이다. 이런 경험은 의학적으로는 환각의 범주에 속하지만 아직 과학이 설명하지 못하는 초자연적 현상으로 해석될 수도 있으며, 이런 경험이 오히려 사별의 고통을 견디는 데 도움이 되기도 한다. 또 많은 경우 고인이 현존(現存)한다는 느낌을 갖기도 한다. 하버드아동사별연구회에서 부모와 사별한 지 4개월째 된 아이들을 조사한 연구에 따르면, 이들의 81%는 죽은 부모가 자신을 지켜본다고 느꼈고, 66%는 이런 현존 느낌이 2년 동안 지속됐다.

사별과 비통으로 인한 신체 감각적 변화는 '윗배가 빈 것 같다, 가슴이 답답하게 조인다, 목이 갑갑하다, 소음이 짜증난다, 나를 포함해 아무것도 진짜 같지 않다, 숨이 막히고 가쁘다, 근육이 약해진다, 에너지가 부족하다, 입안이 마른다' 등 다양한 증상으로 표현된다. 또한 사별 초기에 가장 빈번히 나타나는 행동 변화는 수면장애인데, 보통 1~2년간 지속된다. 아내와 갑자기 사별한 어떤 남자는 매일 새벽 5시만 되면 격심한 슬픔 속에 깨어나 아내의 죽음을 둘러싼 상황을 반추하고, 어떻게 했어야 죽음을 막을 수 있었을까 하며 번민했다. 이런 일이 매일 반복됐으며, 직장에서도 일을 제대로 하지 못할 정도였다. 하지만 6주 후에는 자연스럽게 없어졌다. 남편과 사별한 어떤 여성은 개를 침대에 데리고 들어와 개의 숨소리를 들으면서 잠을 잤는데, 1년이 지나서야 비로소 혼자 잘 수 있었다. 또 고인이 꿈에 나타나는 것도 매우 흔하다. 악몽일 수도 있고, 격심한 감정을 불러일으키지 않는 평범한 꿈일 수도 있다.

어떤 사람은 고인에 대한 감정을 불러일으키는 물건이나 사진을 장롱 속에 넣거나 버리고 잊으려 한다. 고인이 연상되는 장소나 묘지를 피하기도 한다. 심지어 시신을 빨리 처리해버리기도 한다. 이렇게 상실 상황을 빨리 벗어나려는 행동은 사별 과정이 원만하게 진행되는 것을 방해할 수 있다. 정반대로 고인을 생각나게 하는 특정 장소를 자주 방문하거나, 고인에 대한 기억을 잊어버릴까 봐 고인의 사진을 계속 가지고 다니기도 한다. 돌아가신 어머니가 입었던 옷을 입고 생활하는 여성도 있었다. 그러나 거상 기간이 길어질수록 이런 행동은 점차 줄어들고 없어진다.

비통함은 정신장애도 아니며 치유 과정도 아니다. 이것은 사랑에 대한 자연스러운 표현이며 건강하다는 증거이기도 하다. 삶에서 가장 큰 고통일 수 있지만 그 고통이 아무리 크더라도 본질적으로는 끝이 있다. 비통 경험을 삶의 더 나은 단계로 나아가는 것으로 이해하는 것은 비통에 대한 올바른 접근법은 아니지만, 인간의 삶에 새로운 의미를 부여하는 계기가 된다.

자신이 죽으면 가족이나 친구에게 슬퍼하지 말고 파티를 열라고 당부하는 사람이 있다. 장례식에 찾아오는 사람에게 죽음은 슬퍼할 것이 아니라는 메시지를 전달하려는 의도로, 생전에 죽음을 코미디화하는 영상을 만들어 장례식에서 틀도록 유언하는 사람도 있다. 이것이 '아름다운 죽음'으로 소개되기도 하지만, 어쩌면 유족이 경험해야 하는 비통 경험을 하지 말라고 강요하는 것일 수 있다. 비통 경험은 고인의 것이 아니라, 고인을 다시는 만날 수 없는 사별자의 것이다. 사별과 같은 큰 상실을 겪었을 때 즉자적으로 발생하는 비통 반응을 조절할 수 있는 사람은 별로 없다. 비통 경험은 건강한 삶의 일부다.

애도 과정 ————————————

"슬퍼하는 자에게 복이 있나니 그들은 위로받을 것이다"

애도는 사람의 죽음을 슬퍼한다는 말인데, 사별자가 겪는 과정이다. 슬픔(비통)과 애도가 다르다는 점은 아동의 사별 경험에서 나타난다. 아이는 가까운 사람이 죽었을 때 울거나 화를 내거나 우울해지거나 잠을 잘 자지 못하거나 행동이 퇴보하는 등의 반응이 나타난다. 그러나 감정을 표현하지는 않는다. 어른처럼 자신의 감정을 공개적으로 표현하거나 고인에 대한 생각에 잠기는 것보다는 놀이나 학교생활에 몰두한다. 결과적으로 아이의 슬픔 반응은 어른과 달리 더 간헐적으로 나타난다. 따라서 그 기간이 장기화될 수도 있다. 어느 순간 슬픔을 경험하고 대처하려고 하다가도 그 상황이 너무 견디기 어렵거나 다른 관심사가 생기면 다시 돌아서게 되는 것이다.

1970년대에 정신과의사 파크스(C. Parkes)와 심리학자 볼비(J. Bowlby)는 애도 과정을 다음과 같이 충격, 그리움, 혼란, 회복의 네 가지 국면으로 설명했다.

- 충격(shock and numbness): 사별자는 충격으로 정신적 실신 상태에 있으며 죽음을 받아들일 수 없다. 멍한 상태로 일종의 정신적 마비에 빠진다. 이 반응은 일시적으로 잠깐 지나가는 현상이지만 때로는 반복되기도 한다.

- 그리움(yearning and searching): 이제 그 사람이 없다는 사별 현실을 알게 되면서 고인과 같이했던 시간을 그리워한다. 사람이 많은 곳에 가서 고인을 닮은 사람을 보거나 함께 듣던 음악이 들리면 그리움은 더욱 깊어진다. 어떤 여성은 매일 저녁 6시가 되면 남편의 귀가를 기다린다.

- 혼란(despair and disorganization): 죽음을 되돌릴 수 없다는 현실을 인식하면서 나타나는 반응이다. 그 사람이 없는 지금의 나는 누구인가? 나는 아직도 한 사람의 아내이고 부모인가? 자식 중 하나가 죽었다면, 누군가 "자식이 몇 명이에요?"라고 물어볼 때 자식들 수에서 그 아이를 빼야 할 것인가? 이것은 자기 정체성의 문제이기도 하다. 또 배우자와 살던 집을 팔고 자식들이 살고 있는 곳으로 이사를 가야 하는가? 이런저런 문제에 대한 해결 방법을 찾는 것은 힘든 일이다. 명확한 답이 없는 이런 혼란한 상황에서 방황하고 절망감을 느낀다. 새롭게 다가오는 많은 문제는 이전에 당연하다고 여기던 것에 대해 묻는 것이다.

- 회복(reorganization and recovery): 사별 이후의 삶은 결코 이전의 삶과 같을 수 없다는 것을 깨닫고 자신의 삶을 재조직한다. 생활의 조각조각을 다시 모으기 시작하고, 삶을 새로운 방식으로 만들어 나아

가기 시작한다.

어떤 학자는 애도 과정을 5단계 혹은 7단계나 10단계의 모델로 설명하기도 한다. 또는 파크스와 볼비의 네 가지 국면 중 '그리움'과 '혼란' 국면을 묶어서 '충격', '비통 기간', '육체와 정신의 균형 재정립'의 3단계 모델을 제시하는 연구자도 있다. 어쨌든 이렇게 애도 과정을 몇 단계로 나누어보는 것은 애도 과정에서 나타나는 여러 모습을 일반화해서 총괄적으로 이해할 수 있게 돕는다. 그러나 개개인이 모두 이런 단계를 거친다고 할 수는 없고, 모두 개별적으로 독특한 과정을 거치기 때문에 이런 이론은 참고 사항일 뿐이다.

심리학자 워든은 애도 과정을 단계보다는 과제(task)라는 면에서 생각해야 한다고 주장했다. 애도 과정을 별 탈 없이 마치기 위해서는 몇 가지 과제를 완수해야 한다는 것이다. 첫 번째 과제는 상실의 현실을 받아들이는 것이다. 영국의 빅토리아 여왕은 남편 앨버트의 옷과 면도기를 그가 죽은 뒤에도 매일 놓아두었다고 하는데, 고인과의 삶을 유예하려는 이러한 시도는 오래 지속되기 어렵다. 사랑하는 사람과 사별했을 때 대부분 즉각적으로 현실을 인정하지 않기 때문에 사별 직후에는 현실을 그대로 수용하는 것이 어렵지만, 그 기간이 길면 길수록 망상이나 특이한 방향으로 전개될 수 있다.

두 번째 과제는 비통 경험을 잘 통과하는 것이다. 많은 사람이 처음에는 비통의 고통을 피하려 한다. 고인에 대한 기억과 흔적을 모두 지움으로써 괴로움을 덜고자 하기도 하고, 괴로움을 감추려고 약물이나 술에 의지하기도 한다. "산 사람은 살아야지, 고인도 당신이 이렇게 슬퍼하는 것을 원치 않을 거야"와 같은 조언에 따라 고통을 억압하거나 비통 경험을 회피하는 것은 오래 지속될 수 없다. 오히려 애도 기간을 연장하고 우울증을 유발하기도 한다.

사별의 고통은 사별자를 압도하지 않는 수준에서 적절히 경험되어야 한다. 어떤 여성은 자살한 남동생이 어두운 세상을 떠나 더 좋은 곳으로 갔다고 믿음으로써 상실감을 최소화할 수 있었다. 그러나 이러한 믿음은 사실일지 모르나 남동생이 자기를 버리고 가버린 것에 대한 분노를 억누르고 있는 것이다. 비통 경험을 잘 통과하기 위해서는 분노 감정도 인정해야 한다. 비통 감정이나 분노 감정을 부정하는 전략은 처음에는 성공할지 몰라도 결국 실패한다.

세 번째 과제는 고인이 없는 세상에 적응하는 것이다. 사별자가 배우자 없이 사는 것이 어떤 것인지를 깨닫는 데는 상당한 시간이 걸린다. 이러한 현실 자각은 상실 후 3~4개월이 지나야 불거지기 시작하며, 혼자 살기, 홀로 아이 양육하기, 빈집 대면하기, 살림 홀로 꾸려가기 등과 같은 일이 현실적으로 다가올 때 깨닫기 시작한다. 갑작스러운 사고로 가족이 죽은 경우는 기존의 가치관에 동요가 일기도 한다. 세상은 자비롭고 사랑이 넘치며 상식적인 곳이고,

사람의 목숨은 가치 있는 것이라는 등의 믿음이 흔들리는 것이다. 그러나 이때 새로운 가치관에 적응해야 한다.

네 번째 과제는 고인과 새로운 관계를 맺는 것이다. 어떤 사람은 상실이 너무 고통스러워서 다시는 사랑하지 않으리라 스스로 맹세한다. 유행가에도 이런 주제가 넘쳐난다. 그러나 고인과의 관계를 단절하는 것은 바람직하지 않고 가능하지도 않다. 삶 속에서 고인을 재배치하고 기억할 수 있는 방법을 찾아야 한다.

워든은 애도의 과제를 순서적으로 제시하고는 있지만, 정해진 순서에 따를 필요는 없다. 네 번째 단계의 과제를 해결했다는 생각이 들다가도 다시 처음으로 돌아오기도 하고, 같은 과정을 재차 반복하기도 한다. 네 가지 과제가 동시에 이루어질 수도 있다. 어떤 방식으로든 이러한 과제를 잘 마치면 사별자는 자신의 새로운 정체성을 확인하고, 고인과의 관계를 재설정하면서 새로운 삶을 살아갈 수 있다.

애도는 인간이 지니는 가장 심오한 경험의 하나다. 사랑하는 사람과의 이별을 슬퍼하고 상실의 기억을 소중히 간직하는 것은 인간이 지닌 매우 숭고한 특성 가운데 하나다. 예수가 산상설교에서 "슬퍼하는 자에게 복이 있으니, 그들은 위로받을 것이다"라고 말한 것도 이런 맥락이다. 상실에 따른 고통은 잊을 수 없다. 오히려 기억을 풍부하게 하여 애도자의 성격을 형성하는 일부가 된다. 고인이 애도자의 마음속에 확실히 자리 잡을 때, 애도 작업은 완결된다. 이 과정은 보통 1년이면 끝나지만 더 길 수도 있고, 더 짧을

수도 있다. 물론 애도 과정이 끝났다고 해도 비통함은 종종 나타
난다. 그런 의미에서 애도는 절대 끝나지 않는다고도 할 수 있다.

사후세계

After Life

삶이 끝난 다음에 또 삶이 있을까? 이는 밥을 다 먹고 난 후 밥그릇에 또 밥이 있느냐는 질문과 같다. 죽은 다음에도 살아간다는 것은 자기모순이고, 죽은 후에는 죽음이 존재할 뿐이다. 그러나 죽음이 삶과 별개로 존재하는 것은 아니며, 삶 속에 죽음이 존재한다. 죽은 자는 살아남은 자의 상상 속에서는 계속 살아 있다. 우리는 죽은 자가 죽었다는 것을 안다. 더 이상 목소리를 듣지 못한다는 것을, 대답도 하지 않는다는 것을 알지만, 그래도 여전히 산 자와 죽은 자는 교류한다. 이를 설명하는 방식은 여러 가지가 있을 수 있다. 돌아가신 할머니를 만나 대화하는 꿈을 꾸었다고 할 때 본인이 잠든 사이에 할머니의 혼령이 나타나 말을 하고 간 것이라고 설명할 수도 있고, 그저 꿈에 불과하다고 설명할 수도 있다. 이러한 현상을 어떻게 해석하느냐에 따라 우리 삶에 미치는 영향이 달라진다.

임사체험 ————————————————

환희의 체험, 빛의 터널을 지나 초월적인 곳으로

임사체험(臨死體驗, Near-death experience)은 근사체험이라고도
하는데, 이 개념은 미국의 정신과의사 무디 주니어(R. Moody, Jr.)가
1975년 처음 사용한 이후 널리 퍼졌다. 갑작스러운 사고를 당하
거나 번개에 맞아서 다들 죽었다고 생각했는데 다시 살아난 사람
이 임사체험을 겪었다고 자주 보고된다. 최근에는 응급의료 체계
가 발달하면서 죽음에 임박한 사람이 많이 살아나기 때문에 임사
체험이 점점 증가하고 있다.

　임사체험은 모든 문화와 사회에서 시대를 떠나 나타나는 현상
이며, 이들의 체험에서 많은 비슷한 특징이 등장한다. 그들의 공통
적인 경험은 세 가지로 요약할 수 있다. 첫째는 체외 유리 혹은 유
체이탈(out-of-body) 경험, 둘째는 기쁨 혹은 환희, 셋째는 터널·
빛·죽은 친지·자신의 과거 행적을 보는 것이다.

　체외 유리는 자신이 자기 몸 밖에 나와 있는 경험이다. 보통
2~3m 정도 높이에서 자신을 내려다본다. 주위의 방이나 공간, 가
까이 있는 사람과 사물도 분명히 보이는데, 모두 공중에서 내려
다보는 것처럼 보인다. 대부분 꿈이나 환각이 아니라 극히 생생한
현실처럼 경험된다. 마치 공중을 '떠다니거나' '날아다니는' 것 같

다고 하는 경우가 많다. 체외 유리 경험은 두려움이나 기쁨을 안 겨주기도 하고, 세상에서 떨어져 나온 듯한 고립된 느낌도 준다.

자기가 자신의 모습을 보는 현상을 자기 환영(autoscopy)이라고 하는데, 이는 임사체험뿐 아니라 조현병(정신분열병), 뇌전증(특히 측 두엽간질), 두정엽병변과 같은 상태에서도 나타난다. 체외 유리 경험을 할 때 겪는 독특한 시공간감각과 평형감각은 모두 대뇌피질의 기능손상, 특히 측두엽과 두정엽이 맞닿는 부위의 손상과 관련 있다는 연구가 있다. 유체이탈을 직접 경험해본 사람은 이를 '의식이 에너지화되어 육체와 분리되는 현상'이라고 주장하기도 한다.

몸에서 빠져나온 의식은 이제 번쩍이는 빛, 때로는 터널이나 굴뚝을 보게 되고 다시 초월적인 곳으로, 삶이나 시공간을 초월한 미지의 어느 곳으로 끌려간다. 이때 느끼는 감정은 대부분 황홀경이나 충만한 기쁨이다. 자기 인생을 파노라마처럼 마지막으로 둘러보며 세속적 삶의 시공간에 안녕을 고하고, 점차 속도가 빨라지면서 목적지로 빨려 들어간다. 임사체험의 감정은 대부분 환희나 기쁨이다. 그런데 왜 이들은 병들어 고통스러운 육신으로 복귀하는 것일까? 유체이탈 후엔 대개 먼저 죽은 가족을 만나게 되는데, 그들이 '아직 때가 안 됐으니 돌아가라'고 말했다는 것이다.

임사체험을 설명하기 위한 과학적 틀은 아직 없지만, 두 가지 설명이 있다. 하나는 뇌에 산소가 결핍되어 뇌세포가 죽어가면서 나타나는 뇌기능의 변화라는 설명이고, 다른 하나는 죽음을 앞둔 심리학적 반응이라는 설명이다. 고통의 마지막 단계에서 육체가 극도의 스트레스를 받을 때 엔도르핀이 과도하게 분출되면서 마약을 할 때처럼 희열의 느낌을 경험했을 수도 있고, 극도의 스트레스 상황에서 시신경이 특별한 방식으로 반응함으로써 터널과 눈부신 빛을 경험했을 수도 있다.

죽음에 임박했던 모든 사람이 임사체험을 하는 것은 아니다. 연구자마다 다양해서 4%라는 연구도 있고, 85%라는 연구도 있다. 2001년 네덜란드에서 심장마비 후 살아난 사람들을 연구한 결과에 따르면, 임사체험의 빈도는 18%였다. 임사체험을 한 사람과 하지 않은 사람을 비교해보니 나이, 성별, 인종, 종교 등은 큰 차이가 없었고, 정신건강에도 별다른 차이가 없었다. 임사체험을 하는 사람의 대부분은 정신적으로 건강하다. 그런데 심폐소생술 후 임사체험을 경험한 사람은 무경험자에 비해 타인에 대한 공감과 이해수준이 높아지는 경향이 있으며, 인생의 목적을 더 잘 이해하게 되고 영적 문제에 더 큰 관심을 갖게 된다. 아울러 죽음에 대한 두려움도 감소하고, 사후 생에 대한 믿음과 일상에 대한 감사의 마음이 크게 증가한다.

넋

육신을 초월한 실체

'넋'이란 말은 우리나라의 15세기 문헌에서 나타나기 시작하는데, 사람의 육신에 깃들어서 생명을 지탱해주는 가장 근본적인 기(氣)

를 의미한다. 넋은 육신의 죽음과는 무관하게 그 자체의 실체를 존속시킬 수 있는 능력을 가진 초월적 존재이고, 살아 있을 때도 넋은 육신을 빠져나갔다가 다시 되돌아 들어온다.

정신이 몽롱하거나 일시적으로 혼절한 사람을 '넋 빠진 사람'이라고 하는데, 이때의 넋은 '의식'과 같은 말이다. '얼'이라는 말과도 비슷하게 쓰인다. 그래서 '넋이 빠졌다'는 말은 '얼이 빠졌다'는 말과 같은 의미다. 또 넋은 한 사람에 하나씩 할당되어 있는 것은 아니고, 적어도 두 개 이상의 넋이 있다. 사람에 따라서 넋의 수는 달라질 수 있다. 넋이 육신의 어느 부분을 통해서 드나드는지 분명하게 언급하는 경우는 드물지만, 굳이 말한다면 코나 입을 통한다.

'혼(魂)', '혼령(魂靈)', '혼백(魂魄)' 등은 넋과 같은 뜻으로 산 자와 죽은 자 양쪽에 걸쳐 쓰이는 반면, '백(魄)'이나 '영(靈)'은 조금 다른 의미를 가진다. '백'은 죽은 자의 신격화된 넋을 뜻하며, '영'은 사람과 자연 양쪽에 걸쳐 쓰인다. 혼이나 혼령이 사람에게만 한정되어 쓰이는 것과는 대조적이다. 그래서 신령(神靈)이란 말은 사람에게도 쓰이고 자연에도 쓰인다. 산신령이란 말은 자연이 신격화되어 신앙의 대상이 됐을 때 사용된다.

넋은 우리나라의 민간신앙에서 큰 역할을 하는데, 산 사람의 넋, 즉 생령(生靈)이 신앙의 대상이 된 예는 거의 없으므로 영혼 숭배는 기본적으로 사령(死靈) 숭배다. 숭배되는 사령은 산 사람을 지켜주는 복(福)의 혼령이 있는가 하면, 화(禍)를 가하는 악령도 있고, 양면을 모두 가진 혼령도 있다. 유교적 조상숭배 문화에서 조상령은 거의 대부분 '복을 주는 혼령'으로 숭앙되는데, 후손과의 관계를 끊지 않고 지속하면서 후손의 길흉화복에 영향을 미친다. 묘지를 둘러싼 풍수지리설은 이런 믿음이 구체적으로 표현된 것이다.

귀신 ─────────────────

망자의 넋

귀신(鬼神)의 '귀'는 사람의 몸뚱이(儿+厶)가 무서운 몰골(由)을 머리에 인 모습을 나타낸 것으로, 기괴한 모습의 망령을 표현한 것이다. 그리고 '신'은 번개의 형상(申)과 제물을 신에게 보여준다는(示) 의미가 합해진 것으로, 예측할 수 없는 자연현상을 표현한 것이다. 귀는 인간과 관련이 있고, 신은 주로 우주만물과 관련이 있다.

　고대 중국에서는 우주만물을 관장하는 유일신의 관념을 표현할 때 보통 천(天) 혹은 제(帝)를 사용했고, 신(神)은 다신(多神)을 가리킬 때 많이 사용했다. 반면 귀(鬼)는 인간이 죽어서 신이 된 자를 지칭했다. 춘추전국시대에 편찬된《주례(周禮)》에서는 귀신의 종류를 하늘의 신(神), 땅의 기(祇), 사람의 귀(鬼)로 나누기도 했지만, 귀·신·귀신 등의 용어가 엄격하게 다른 의미를 지닌 것은 아니어서 서로 혼용되어 사용됐다.

우리나라의 귀신 개념은 중국의 역대 사서(史書)가 우리나라 상고시대의 종교 현상을 기술하면서 사용됐는데, 남북조시대에 편찬된《후한서(後漢書)》에는 고구려나 삼한에서 귀신을 섬겼다는 내용이 나온다. 고구려나 삼한 사람이 자신들의 신앙 대상을 귀신이라고 불렀다기보다는, 중국인이 보기에 귀신이라는 관념에 가까운 신앙의 대상이었을 것이다. 이들 기록에서 우리나라 귀신의 속성을 유추해볼 수 있는 부분을 찾아보면, 5월에 밭일을 하고 난 뒤 귀신에게 제사 드리면서 밤을 새워 술 마시고 가무를 행한다는 것, 큰 나무를 세워서 여기에 방울을 걸고 귀신을 섬긴다는 것 두 가지다. 이에 따르면 우리나라 고대의 귀신은 한 지역공동체가 농사굿을 통해 섬기는 풍요의 신이며, 또한 지역공동체를 수호하는 신이라는 속성을 갖는다고 할 수 있다.

현재 귀신이라는 말이 사용될 때는 민속신앙이나 무속신앙에서 죽은 이의 넋을 뜻하는 사령신(死靈神)의 의미가 매우 큰 비중을 차지한다. 조상신이나 객귀(客鬼) 등이 이에 해당한다. 조상신의 경우 유교적 전통에서 갖출 것을 고루 갖추고 살 만큼 살다가 집에서 편안히 죽은 후 자손에게 숭앙받는 신이 된다. 반대로 이러한 조건을 충족시키지 못한 사람은 죽어서 객귀가 된다. 원령(怨靈), 원귀(冤鬼), 잡귀 등이 이를 표현하는 개념인데, 부인이 젊어서 죽으면 미명귀(未命鬼), 자손 없이 죽으면 무주귀(無主鬼), 물에 빠져 죽으면 수귀(水鬼) 등 다양하다.

억울하게 죽은 귀신은 저승에 가지 못하고 이승을 떠도는 원령이나 원귀가 되어 산 자에게 화를 가하기 때문에 공포의 대상이 되어 따로 숭배되는데, 주로 여성에 의해 섬김을 받는다. 복을 내려주는 조상신을 주로 남성이 숭배하는 것과 대비된다.

귀신을 서구의 인류학이나 종교학의 개념으로 옮겨본다면, 죽은 사람의 넋을 뜻하는 고스트(ghost), 마귀를 뜻하는 데몬(demon), 모든 것의 근원으로서의 절대신(God), 영혼을 뜻하는 스피릿(spirit) 등이 가능할 것 같은데, 딱히 하나로 번역하기는 힘들다. 귀신의 개념 속에는 무속신앙, 유교, 도교, 불교 등에 연원을 둔 개념이 서로 얽혀 있어서 단정적인 정의로는 그 정체를 밝히기 어렵다. 어쨌든 귀신이란 초인간적이며 초자연적인 능력을 발휘하는 주체로서 믿음의 대상이 되는데, 현재는 전통적인 의미보다는 비유적 의미로 더 많이 사용된다. 표준국어대사전은 비유적 맥락에서 사용되는 귀신의 의미를 "어떤 일에 남보다 뛰어난 재주가 있는 사람"이나 "생김새나 몰골이 몹시 사나운 사람", "오직 외곬으로 어떤 일을 하거나 어느 한 곳에만 붙어 있는 사람" 등으로 정의한다.

신주

망자의 혼이 머무는 물건

신주(神主)란 조상의 신령을 나타내는 신체(神體)를 말한다. 신체란 보통 물건을 말하지만 사람일 수도 있다. 고대 중국에서부터 내려온 전통이었던 시동(尸童)이 그런 경우다. 만약 아버지를 제사 지낸다면 나의 자식, 곧 제사를 받는 사람에게는 손자가 되는 아이를 시동으로 세웠다. 조상에게 술을 올리고 음식을 바치면 시동이 이를 받아서 먹었다. 조선시대에 유교식 제사가 정착하면서 시동은 금지됐고, 신주는 사람이 아닌 물건이 대신하게 됐다.

유교적 상례에서 망자의 혼을 나타내는 신체는 망자의 웃옷인 복의(復衣), 염습할 때 사용하는 혼백(魂帛), 매장할 때 만드는 신주 세 가지가 있는데, 신체라고 하면 보통 사당에 모시는 신주를 말한다. 신주는 나무로 만들기 때문에 목주(木主)라고도 한다.

신주 문화가 우리나라에 수용된 것은 삼국시대 이후다. 신라시대에 당나라에서 들여온 공자 등 성인(聖人)의 영정(影幀)을 대학에 안치했다는 《삼국사기(三國史記)》의 기록으로 보아, 처음부터 목주가 들어온 것은 아니었다. 고려시대에도 종묘에 신주 이외에 점토로 만든 소상(塑像)이나 초상화 등이 신체로서 모셔졌다. 이 시기까지만 해도 신주는 중국에서와 같이 천자나 제후의 격에 맞게 종묘에서만 사용됐다. 그런데 고려 말부터는 가례(家禮)의 수용으로 사대부에게는 영정 대신 목주를 모시도록 권장됐고, 조선시대에는 목주가 점차 보편화됐다.

사람은 죽으면 혼(魂)과 백(魄)이 분리되어 혼은 하늘로 올라가고 백은 지상에 머무는데, 망자의 혼은 복의, 혼백, 신주 등과 같이 단계별로 다른 물체에 의탁한다. 사람이 죽으면 죽은 사람의 웃옷을 가지고 지붕에 올라가 북쪽을 향해 휘두르면서 죽은 사람의 이름을 부르는 초혼(招魂)을 하는 것도, 망자의 혼이 죽은 사람의 웃 옷에 임시로 의탁하기 때문이다. 이때 사용한 옷을 복의라고 하는 데, 영혼이 머무는 옷이라는 의미로 혼의(魂衣)라고도 한다. 초혼 이 끝나도 숨이 되돌아오지 않은 것을 확인하면 그 옷을 시체 위 에 덮는다.

염습(殮襲)을 하고 망자를 관에 넣을 때 혼백을 만들면, 망자의 혼은 복의에서 혼백으로 옮겨온다. 혼백은 비단이나 한지 등으로 만드는데, 초혼 때 사용했던 복의의 옷고름이나 소매를 접어서 혼 백으로 사용하기도 한다. 장례 후 집으로 돌아와 우제를 지내고 나면 혼백을 땅에 묻는다.

망자의 혼이 의탁하는 세 번째 단계는 신주다. 신주는 무덤을 준비할 때 만들어뒀다가 혼백과 함께 장지로 이동한 다음 묘를 만 드는 동안 신주에 망자의 이름과 직함을 새긴다. 이때 망자의 혼 은 혼백에서 신주로 이동하는데, 신주를 완성하고 올리는 축문은 다음과 같다.

아뢰옵니다. 형(形)은 무덤으로 돌아가셨으니 신(神)은 집으로 돌아오 십시오. 신주가 이미 이루어졌으니 엎드려 바라옵건대 높으신 영혼은 옛것을 버리시고 새로운 것에 의탁하소서.

혼이 신주에 옮겨진 다음부터 망자의 혼과 백은 제(祭)를 통해 다시 만난다. 혼은 신주에 있고 백은 무덤에 있지만, 제사를 지낼 때면 혼은 향을 살라 부르고 백은 땅에 술을 부어 불러서, 흩어져 있던 혼과 백이 만나는 것이다. 신주는 사당(祠堂)에 모시는데, 4대까지만 모신다. 새로운 신주가 사당에 들어오면 5대째가 되는 신주는 사당에서 꺼내 무덤에 묻는다. 이제 신주에 깃든 혼은 무덤에 있는 백과 결합하고, 개별 인격신에서 조상신으로 통합된다.

신주는 비단으로 만든 덮개(도자)를 씌워 나무 궤(주독)에 넣은 다음 사당의 감실(龕室)에 보관하고, 제사를 지낼 때 밖으로 꺼낸다. 당나라 이전에는 신주를 벽에 보관했다고 하는데, 불교에서 부처를 안치해두는 공간인 감실을 송나라 때부터 사당에도 도입하여 이후 감실에 신주를 보관하기 시작했다.

신주는 몸체와 받침대 두 부분으로 구성된다. 몸체는 전신(前身)과 후신(後身)으로 나뉘는데, 두 부분을 합쳐서 받침대에 끼우게 되어 있다. 몸체는 높이 12치(24cm), 너비 30푼(6cm), 두께 12푼(2.4cm)인데, 몸체 두께의 3분의 1이 전신이며 3분의 2가 후신이 되도록 만든다. 받침대는 사방 4치다. 이러한 형식의 신주는 송나라 정이(程頤)가 처음 만들었는데, 우주의 질서를 담은 것이다. 높이가 12치인 것은 12개월을 나타내고, 너비가 30푼인 것은 한 달이 30일이라는 것, 두께가 12푼인 것은 하루의 시간을 나타내고, 받침대가 4치인 것은 사계절을 나타낸 것이다. 전신의 앞면에는 길이 6치, 폭 1치, 깊이 4푼이 되는 홈을 파고 거기에 '송고모관모공휘모자모제기신주(宋故某官某公諱某字某第幾神主)'와 같이 이름과 관직을 써 넣는다. 이 홈을 함중(陷中)이라고 하는데, 함중 양옆에 지름 4푼 크기의 구멍을 뚫는다. 이 구멍으로 혼령이 출입한다.

신주를 대신하는 것으로 지방(紙榜)과 신줏단지가 있다. 신주는 장손이 모시므로 신주를 모시지 않는 집안에서는 지방으로 대신했다. 지방은 신주 크기로 창호지를 오려서 신주에 쓰인 격식대로 제사에 모셨다가 제사가 끝나면 태워버렸다. 또 사당을 만들 수 없었던 농가에서는 장손의 집에서 신줏단지를 모셨다. 신줏단지는 집 안방에 모시는데, 항아리에 쌀을 가득 채우고 한지로 봉했다. 항아리의 쌀은 햇곡식이 나면 햇곡식으로 바꾸어 넣고, 묵은쌀은 가족끼리 밥을 지어 먹었다. 신줏단지는 신주를 모시기보다는 쌀을 넣어두는 경우가 많아 조상단지라고도 한다.

조선 말기에 이르러 점차 사당이 사라짐에 따라 신주는 지방이나 사진으로 대체되기 시작했고, 일제강점기에는 1934년 의례준칙을 발표해서 신주를 지방이나 사진으로 바꾸도록 법적으로 강제했다. 나중에 한국전쟁을 거치면서 신주는 거의 사라지게 됐다.

영매

산 자와 죽은 자의 대화를 돕는 매개자

초자연적 존재와 인간을 연결하는 종교적 중개자는 크게 사제(priest)와 샤먼(shaman) 두 부류가 있다. 사제는 개신교의 목사나 불교의 승려, 가톨릭교의 신부 등이 대표적인데, 이들은 일정한 교육 과정을 거쳐서 자신이 속한 종교의 의례와 의식을 수행할 수 있는 지식을 갖춤으로써 자격을 얻는다. 사제는 교리 지식과 의례 절차를 잘 알고 있지만 개인적으로 종교적인 특별한 능력이나 힘을 가지는 것은 아니다. 이에 비해 샤먼은 특수한 능력, 즉 초자연적 힘을 동원할 수 있는 능력이 있으며 초자연적 존재와 교류할 수도 있다고 믿어진다.

샤먼이 이러한 능력을 갖기 위한 공식 교육이나 훈련 과정은 없다. 그저 특별한 꿈을 꾼다든가, 어떤 계시에 의해 보통 사람의 능력으로는 불가능한 일을 해낸다든가, 혹은 환상에 젖거나 발작을 일으키거나 심한 병을 앓는 것을 통해 인정된다. 샤먼은 이상하게 보이는 사건이 왜 발생하는지 원인이나 의미를 밝혀내고, 질병을 고치며, 특정한 사람의 운명을 바꾸는 일도 한다. 또 조상신이나 어떤 신과 특별히 대화하고 싶은 사람을 위해 중간에서 전령이나 통역의 역할도 담당한다.

우리나라에서 샤먼은 무당이라 불린다. 또는 영매(靈媒)라고도 하는데, 이들은 영혼과 의사소통하는 매개자로서 산 자와 죽은 자의 대화를 돕는다. 무당은 강신무(降神巫)와 세습무(世襲巫)로 구분된다. 강신무는 신병을 겪은 다음 신을 모시는 신당(神堂)을 갖추고 형식화된 의례인 굿을 행하며, 세습무는 부모로부터 무당의 신분이나 직능을 물려받는다.

강신무건 세습무건 영매의 진정한 면모는 망자의 말을 대신하는 넋두리에서 나타난다. 이때 죽은 사람과 산 사람은 서로 이야기를 주고받으며 껴안고 우는 등 서로 간에 의사소통이 이루어진다. 죽은 사람의 넋이 내리는 방식에는 두 가지가 있는데, 강신무의 굿에서는 무당에게 직접 내리고, 세습무의 굿에서는 망자의 가족 중 한 사람에게 내린다. 무당에게 직접 넋이 내리는 경우 무당은 죽은 사람의 옷을 걸치고 넋에 사로잡혀서 망자를 대신하며, 세습무의 굿에서는 가족의 한 사람이 대를 잡고 있으면 무악(巫樂)에 따라 대가 흔들리면서 죽은 넋이 들어온다.

망자의 넋이 깃든 무당이나 가족은 망자를 대신해서 살아남은 가족에게 말을 하며, 가족은 망자에게 말을 한다. 이 과정에서 괴로움, 슬픔, 회한을 이야기하고, 가족을 부둥켜안고 울기도 하며 야단도 친다. 망자의 넋은 자신의 슬픈 심정 외에 살아 있는 가족에 대한 불만도 토로하는데, 이 과정에서 살아 있는 사람이 죽은 사람의 넋을 빌려서 다른 가족에 대한 불만을 터뜨리기도 한다. 이처럼 넋두리하는 과정은 죽은 사람과 산 사람이 함께 한을 나누고 가슴속의 응어리를 풀어버리는 계기가 된다.

무당이 하는 넋두리가 우리나라에만 있는 것은 아니다. 모든 시대, 모든 문화에서 찾아볼 수 있는 보편적인 현상이다. 이를 심령술(spiritualism)이라고 한다. 심령술은 일반적으로 동양권이나 저개발국가에서 많이 성행했고, 서구 세계에서는 주류 문화에 편입되지 못하는 주변 현상이었다. 그리스도교와 계몽주의 사상이 강력한 영향력을 발휘했기 때문이다. 그리스도교도 초자연적 신앙이기는 하지만 하느님의 계시인 성경 말씀 이외의 다른 초자연적 현상은 인정하지 않았고, 죽은 자의 세계와 살아 있는 자의 세계를 엄격하게 구분하고 두 세계의 접촉을 금지했으며, 망자의 혼을 부르는 초혼이나 혼과의 만남을 엄격히 금지했다. 초자연적 세계가 있다는 것을 부정하는 것이 아니라, 심령술의 원천이 사탄이라고 여겼기 때문이다.

계몽주의 또한 이성을 중시했기 때문에 심령 현상을 미신으로 분류하고 반대했지만, 현대에 들어서면서 그리스도교와 이성주의가 약화되면서 심령주의가 일부 사람에 의해 도입됐다. 서구에서 심령술 연구는 1848년 미국에서 시작됐다. 미국 뉴욕주 로체스터에 있는 작은 마을의 도깨비 집에서 살고 있던 팍스(J. Fox)라는 사람의 집에서 처음 일어났다. 팍스에게는 매기와 케이트라는 두 딸이 있었는데, 딸들은 무엇인가 두드리는 소리를 며칠 동안 들었다. 그 소리의 출처를 알기 위해 여러 가지를 묻고 답하는 실험을 해보았는데, 그 소리가 살아 있는 사람과 대화하기를 원하는 어떤 죽은 사람의 목소리임을 알게 됐다. 팍스 자매는 결국 유령과 대화를 하게 된다. 미국 최초의 영매가 된 것이다. 유령 이야기는 오래전부터 있었지만 팍스 집안의 사건 이후 심령술이 미국에서 널리 퍼지게 되어, 죽은 영혼과 살아 있는 가족 사이의 만남인 강신회가 성행했다. 미국의 심령학자 구겐하임(B. Guggenheim)은 1995년 《천국으로부터의 인사(Hello From Heaven!)》라는 책에서, 망자와 교통하는(After-Death Communication) 유형을 정리하기도 했다.

환생

다음 생에 대한 낙관적 믿음, 그리고 페이스북 유령과 데드소셜

현대인 중에는 이승에서 시작한 자아실현의 여정을, 죽음을 초월해 새로운 방식으로 계속 해나갈 수 있느냐를 고민하는 사람이 많다. 이것이 과학의 도움을 받아 시신을 되살릴 수 있을 거라는 믿음의 형태로 나타나는 경우는 드물지만, 환생에 대한 믿음으로 표현되는 경우는 많다. 유럽과 북미 사람의 20~25%가 환생을 원하는데, 이들이 원하는 환생은 이승에서 이루지 못한 개인적 성취를 다음 생에는 이룰 수 있을 거라는 낙관적 믿음과 관계가 있다. 이들은 불교나 힌두교의 환생과 달리 파충류나 벌레처럼 혐오스러운 모습으로 환생할까 봐 걱정하지 않는다. 이들에게 환생은 어디까지나 인간으로서 같은 인생을 살되, 다음 생에는 이번 생에서 행복을 방해했던 장애물과 한계를 뛰어넘어 살아가는 것을 뜻한다.

사후 생에 대한 현대식 믿음의 또 다른 유형은, 이 세상과 유사하지만 '눈에 보이지 않는 세계', 즉 죽은 자가 산 자에게 메시지를 보내는 세계와 소통할 수 있다는 믿음이다. 영매에 대한 믿음은 과학 기술이 발달한 현대에 들어와 줄어들기는커녕 오히려 역설적으로 추진력을 얻고 있다. 과학과 통신 기술의 발전이 죽은 자와의 소통을 가능하게 만들어주는 새로운 기술적 도구를 얻게 해줄 거라고 기대하는 것이다. 세상을 떠났는데도 페이스북 계정이 살아 있는 사람이 많다. 이를 페이스북 유령(ghost)이라고 한다. 페이스북은 정책적으로 망자의 프로필 페이지를 추모 페이지로 바꾸어 슬픔을 공개적으로 표현하도록 허용한다. 페이스북뿐 아니라 다른 소셜미디어에서도 망자가 남긴 생각과 느낌과 순간을 나타낸 글, 사진, 동영상 등을 다른 사람이 볼 수 있도록 해준다. 예전 같으면 아주 극소수만이 자신의 삶을 자서전이라는 기록으로 남길 수 있었지만, 이제는 누구든지 소셜미디어에 글만 올리면 된다. 그 글이 곧 그 사람의 자서전 역할을 한다. 데드소셜(DeadSocial)이라는 서비스는 회원이 사망할 경우 자신의 소셜미디어 계정을 통해 메시지를 전달할 수 있게 해준다. 데드소셜 회원은 페이스북이나 트위터 계정에 올린 오디오나 비디오 메시지를 자신이 세상을 떠난 뒤 미리 정해둔 시간에 맞춰 전달할 수 있다.

부활

예수의 부활에 대한 두 입장, '부활 사건'이냐 '부활 체험'이냐

부활(復活, resurrection)은 '죽었다가 다시 살아나는 것'이다. 많은 고대 종교에는 죽었다가 다시 살아나는 신적 존재에 대한 믿음이 있었다. 죽은 자의 부활은 아브라함을 조상으로 모시는 서아시아 지역 종교에서는 일반적 믿음이었는데, 예수가 활동하던 당시 유대인도 부활을 믿었다. 예수의 제자들은 예수의 부활을 직접 목격하고 신앙의 핵심 원리로 삼았다.

예수의 부활은 그리스도교 신앙의 핵심 사건이지만, 부활에 대한 성경의 기록은 아주 짧고 일관성이 없다. 예수의 공생애, 수난,

죽음 등의 이야기는 제법 일관성 있는 논리적 전개를 보이고 성경을 쓴 사람의 관점이 두드러지는 데 반해, 부활 이야기는 논리적 전개에 일정한 형식이 없고 이야기의 일관성도 약하다. 특히 부활 사건은 그 상황과 세부 내용을 볼 때 각 복음서 사이에 일치하지 않는 단절된 이야기로 구성된다. 복음서는 빈 무덤 이야기를 공통으로 다루지만, 예수가 부활해 다시 나타난 사건은 복음서마다 다르게 기술된다. 나타난 장소나 대상도 역시 복음서마다 다르다. 그러나 많은 학자는 초기 제자들이 예수의 부활을 직접 보고 체험했다는 것은 확실한 역사적 토대를 가지는 사건이라고 인정한다. 복음서에서 부활 이야기가 일치하지 않는 것은 부활이 없었다는 뜻이 아니라, 오히려 부활을 증언하는 사람들이 서로 공모하지 않았다는 것의 반증일 수 있다.

부활을 어떻게 해석할 것인가에 대해서는 두 입장이 존재한다. 부활을 역사적 사건(historical event)으로서 객관적 실재로 이해하는 입장(객관주의)과, 부활을 주관적 실재로서 예수를 믿는 사람들의 상상이나 희망 속에서 일어난 인격적 부활로 이해하는 입장(주관주의)이다. 예수의 부활이 역사적 사건이었다고 생각하는 것은 예수가 나사로를 죽음에서 살려낸 것과 같이, 부활한 것은 예수의 실제 육체라고 생각하는 것이다. 반면 주관주의자는 부활을 제자들의 내면 안에서의 사건이며 인간 변환의 상징으로 생각한다. 이들은 예수의 부활은 인격적이고 영적인 연속성을 의미하는 것이지, 물리적이고 물질적인 연속성을 뜻하는 것이 아니라고 여긴다.

또 예수 부활 사건의 중요성은 인정하지만, 빈 무덤 이야기에 대해서는 불가지론적 입장을 택한다. 이들 가운데 일부는 예수의 몸은 우리 몸처럼 무덤에서 부패했다고 주장하기도 한다. 객관주의자와 주관주의자의 부활에 대한 인식의 기본적 차이는 '부활 사건'을 강조하느냐, '부활 체험'을 강조하느냐의 차이인데, 대부분의 신학자는 객관주의적 견해를 취한다.

그리스도교에서 부활은 개인의 연속성이 부정되는 불교의 환생과 다르고, 영혼과 육체의 영원한 분리를 말하는 고대 그리스 철학의 관점과도 다르다. 그리스도교에서 부활은 육체의 부활이며, 육체는 부활 이전과 이후의 연속성을 담보한다. 예수의 부활은 육체의 부활이고, 그 몸은 영적인 몸으로서 존재론적 변형을 뜻하며, 영적인 몸을 통해 죽음 이전과 부활 이후에도 내재적 연속성을 갖는다.

그리스도교에서는 현대에 들어와 더욱 육체의 부활을 강조하는데, 과학자가 동의하기 어려운 이런 주장이 강조되는 배경에는 인간을 정의하는 데 물질적 육체가 중요하기 때문이다. 썩어 없어질 몸, 그래서 영혼만이 불멸하는 존재라고 믿었던 시대에 육체는 인간의 정체성에 아무런 영향을 미치지 못했지만, 지금은 다르다. 현대인은 구체적인 육체가 인간의 정체성과 연속성을 담보하는 요소라고 생각하기 때문에, '영적인 몸(spiritual body)'이라는 개념은 부활한 육체가 살아 있을 때와 내재적 연속성을 가지면서도 초월적 새로움을 지녀야 한다.

모든 그리스도교 신앙인은 예수의 부활을 믿고, 자신도 하느님의 부활 능력에 힘입어 부활할 것임을 믿는다. 그렇지만 구체적으로 부활을 생각하는 방식은 저마다 다르다. 신앙의 많은 내용이 신비지만 그중에서도 부활은 신비의 절정이다.

천국

궁극의 아름다운 장소, 천국에 이르는 길

인류가 생각해온 가장 살기 좋은 이상향(理想鄕)은 매우 다양한 모습으로 묘사된다. 천국(天國)이란 하늘에 있다고 믿어지는 이상 세계를 가리키는 종교적 개념으로 천당(天堂)이라고도 하며, 영어 헤븐(heaven)에 해당한다. 헤븐은 하늘(sky)을 뜻하는 고대 영어 헤오본(heofon)에서 유래했는데, 그리스도교의 영향으로 '하느님이 사는 곳'을 의미하게 됐다. 결국 헤븐은 하늘나라 혹은 하느님의 나라와 같은 의미이고, 이를 한자어로 번역한 것이 천국이다.

사람이 죽어서 가는 곳으로서의 천국이라는 관념은 고대 그리스·인도·서아시아 지역에서 발생한 여러 종교에서 볼 수 있다. 모습은 조금씩 차이가 있지만, 꽃이 만발하고 맑은 물이 흐르며 시원한 바람이 불고 황홀한 음악이 들리며 맛있는 음식이 풍성한 곳 등으로 묘사된다. 더운 지역에서는 서늘한 바람이 분다는 것이 강조되는 반면, 건조한 지대에서는 맑고 깨끗한 물 등이 강조되며, 이슬람교에서는 '미녀들이 시중을 든다'는 묘사도 있다. 그리스·

로마 신화에 나오는 엘리시온(Elision)은 영웅과 덕 있는 자들의 영혼이 머무는 마지막 낙원인데, 깨끗한 물이 흐르는 오케아노스 강줄기 서쪽 끝에 있다고 생각했다.

예수가 활동하던 시대에 대다수 유대인은 천국이라는 내세가 있다고 믿었고, 이를 '아브라함의 품'이라고도 불렀다. 요한계시록에서 천국은 거리가 순금으로 되어 있고, 대문은 진주로 만들어졌으며, 곳곳에서 보석이 빛나고, 신의 영광스러운 빛이 가득하기 때문에 해와 달이 없으며, 하느님이 모든 눈물을 닦아주시고, 성인들은 흰 옷을 입고 하프를 연주하는 곳이라고 묘사한다.

낙원(樂園)으로 번역되는 파라다이스(paradise)는 '잘 단장된 숲이 우거진 공원'을 뜻하는 그리스어 파라데이소스(paradeisos)에서 유래했다. 창세기에 등장하는 에덴은 사막을 뜻하는 수메르어 에디누(edinu)에서 나온 말인데, 에덴동산이란 '사막의 오아시스'라는 뜻으로 파라다이스와 같은 의미다. 예수와 바울 이후 낙원은 단지 아름다운 공원이 아니라 궁극적인 아름다운 장소, 곧 천국을 뜻하게 됐다. 지금도 낙원은 지상의 아름다운 장소와 천국 둘 다를 뜻한다.

불교에서는 극락(極樂)이 천국에 해당한다. 불국토, 정토, 안락(安樂) 등도 모두 같은 의미다. 아미타경에서는 아미타의 정토가 고통이 없고 즐거움이 충만하므로 극락이라고 했다. 인도 북부의 쿠샨 왕조 때 성립된 대승불교에서 형성된 극락의 개념은 고대 그리스나 서아시아 지역에 널리 퍼져 있던 천국의 개념에서 영향을 받았을 가능성이 크다. 이러한 낙원은 서쪽에 있는 경우가 많은데, 태양이 지는 방향과 사자(死者)가 가는 방향이 동일시되기 때문이다.

종교에서 말하는 천국에 들어가기 위해서는 생전에 선행을 하는 등 윤리성도 필요하지만, 그보다는 믿음이 더 중요하다. 그런데 오늘날 천국이란 반드시 죽어야 가는 곳이 아니다. 신의 지배가 완전히 이루어지면 현세에도 가능하다. 또 인간의 마음속에도 천국은 존재한다. 오늘날 현세의 삶이 고통과 시련을 통해 사후의 삶을 준비하기 위한 것에 지나지 않는다고 믿는 사람은 드물다. 인간이 바라는 자아실현은 바로 지금 여기, 이 세상의 삶에서 이룰 수 있을 때에만 의미를 가지며, 종교도 그렇게 변해왔다. 대승불교의 선종·화엄종·천태종 등의 종파에서는 만법유심(萬法唯心)의 이치에 따라 자신의 마음을 닦아 불성(佛性)을 깨달으면 곧 부처가 되는 것이며, 극락정토가 먼 곳에 있는 것이 아니라 오직 자기 마음 가운데 있다고 본다.

지옥

땅의 감옥, 죽은 자의 심판관, 그리고 죽음공포 마케팅

지옥(地獄)은 한자어 자체로는 '땅의 감옥'이라는 뜻인데, 어원적으로는 산스크리트어 나라카(naraka)의 중국어 번역어다. 나라카는 소리 나는 대로 나락가(捺落迦, 那落迦)로 번역되기도 한다. 갑작스러운 충격으로 절망에 빠질 때 흔히 "나락으로 떨어진 것 같다"라고 말하는데, 이때 나락은 나라카를 소리 나는 대로 옮긴 말이다.

지옥의 주재자로 알려진 염라대왕도 인도의 사상과 불교에서 기원했다. 원래 염라는 산스크리트어 야마(yama)에서 유래한 말이다. 힌두교의 경전 리그베다(Rigveda)에 따르면, 야마는 이 세상에 태어난 인간 가운데 가장 먼저 죽은 자로, 죽음의 세계를 최초로 발견하고 그곳의 왕이 됐다. 인도 불교는 중앙아시아를 경유하여 중국으로 전해졌는데, 원래 리그베다의 야마가 관장하던 곳은 낙원이었지만, 당시 중앙아시아 지역에는 서아시아 문화의 영향으로 지옥의 개념이 널리 퍼져 있어서 이것과 야마가 섞이면서 야마는 지옥의 왕이 되어 중국에 들어왔다. 야마가 중국에 와서는 도교의 영향으로 죽은 자의 심판관 노릇을 겸하게 됐고, 이름도 염마(閻魔) 혹은 염라(閻羅)로 바뀌었다.

중국에서는 불교가 들어오기 이전인 춘추전국시대에도 이미 사람이 죽으면 땅 밑으로 간다는 생각이 퍼져 있었다. 전한(前漢)시대 묘에서 출토된 〈지하의 승(丞)〉에게 쓴 문서는 당시 사람들이 사후 세계는 지하에 있다고 믿었다는 것을 알려준다. 그리고 후한(後漢)시대 묘에서는 죽은 자의 죄를 해제할 것을 기원하는 문장이 쓰인 병이 출토됐는데, 이는 죽은 자가 생전의 죄에 따라 벌을 받는다는 관념이 이미 존재했다는 것을 시사한다. 이런 믿음과 풍습은 불교적인 지옥을 수용할 때 기초가 됐다.

우리나라의 사찰에는 주불(主佛)을 모신 법당(法堂) 옆에 명부전(冥府殿)이 있는데, 죽은 자의 넋을 천도하기 위한 의식을 행하는 곳이다. 이곳에서는 지옥에서 고통받는 이들을 구제하려는 서원(誓願)을 세우고 자신의 성불을 뒤로 미룬 지장보살을 주존(主尊)으로 모신다. 지장보살은 석가모니불이 열반에 든 후 미륵불이 출현할 때까지 고통받는 중생을 제도하는 일을 맡게 된 보살인데, 지장 신앙은 중국 수나라 때 널리 유포되기 시작해 7세기 후반 당나라 때는 정토 신앙과 더불어 널리 퍼졌다. 이 시기에 신라의 왕자였던 김교각은 중국으로 건너가 출가하여 열반했는데, 육신이 3년간 썩지 않아 지장보살의 현신(現身)으로 중국에서 추앙되기도 했다.

우리나라 전통의 지옥 개념은 불교적인 것으로, 전생(前生)에 악한 짓을 많이 한 자가 그 과보로 태어나는 고통스러운 곳으로 인식되었다. 그러다가 나중에 그리스도교적인 지옥 개념과 혼합되었는데, 지옥을 의미하는 영어 헬(hell)은 어원적으로는 고대 게르만어 할야(halja)에서 유래했다. 이는 무엇인가를 '숨기는 사람'이라는 뜻이었다가, 700년대에는 '죽은 자가 사는 낮은 곳'이라는 의미로 쓰였고, 나중에는 성경의 게헨나(Gehenna)를 의미하게 됐다.

구약성경에 따르면 당시 이스라엘 사람은 죽으면 스올(Sheol)이라는 어두운 곳으로 간다고 믿었다. 스올을 지옥이라고 번역한 성경도 있지만, 스올은 천국도 지옥도 아니고 현세처럼 즐겁게 살 수 있는 곳도 아닌 그저 사후 세계를 말할 뿐이다. 고대 그리스 시대에 죽은 자가 가는 세계인 하데스와 비슷한 의미다. 예수는 천국과 지옥이 존재한다고 했으며, 악한 자는 영원한 벌을 받고 선한 자는 영원한 삶을 얻는다고 했다. 당시 대다수의 유대인은 악한 자는 영원히 타오르는 불길로 가득한 지옥에 간다고 믿었다. 그리스어 신약성경에서는 지옥을 게헨나라고 했는데, 이는 늘 쓰레기가 불타고 있는 힌놈(Hinnom)이라는 예루살렘 근처의 골짜기를 가리키는 말이다. 당시 힌놈 골짜기에서 사람들은 자기 자식을 몰록(Moloch, 고대 암몬인의 신)에게 제물로 바쳤으므로, 유대인은 힌놈을 사악하고 끔찍한 곳으로 여겼다.

죽으면 지옥에 갈지도 모른다는 공포는 중세 유럽에서 특히 심각했다. 중세 중반 그리스도교회는 죽음에 대해 말할 때 속죄와 참회를 강조하기 시작했는데, 이로 인해 사람들은 심판에 대한 두려움을 갖게 됐다. 세속적으로 성장한 교회가 기득권을 갖게 되고 보수화와 안정을 추구하면서, 사람들을 통제하는 수단으로 죽음을 이용한 것이다. 죽으면 연옥(煉獄)에 간다는 주장이 나온 것도 이즈음이다. 지옥에 대한 공포는 종교개혁으로 줄어들기 시작했으며, 오늘날 현대인이 이것 때문에 두려워하는 일은 거의 없다. 그리스도교인 사이에서조차 지옥은 하느님이 가진 이미지와는 모순되는 것으로 여겨진다.

21

상장례
Funeral Rites

인간은 성장하면서 자기가 소속된 사회와 문화의 규범에 따라 자신의 지위를 바꾸는 의식을 행한다. 이를 통과의례라고 하는데, 동아시아에서는 관혼상제(冠婚喪祭)가 대표적이다. 통과의례란 한 사람이 평생 살면서 거쳐야 할 의식이므로 출생, 성년, 혼인, 환갑, 사망뿐 아니라 질병, 취직, 은퇴 등의 의식도 모두 포함되는데, 우리나라에서 관혼상제의 사례(四禮)만을 특별히 기념하게 된 것은 중국에서 전래된 유교 원리가 조선시대의 통치이념으로 정착된 후부터다.

관혼상제 사례 중 죽음과 관련된 의례에는 상례와 제례가 있다. 상례란 시신을 처리하는 장법(葬法)뿐만 아니라, 고인의 영혼을 처리하는 과정 전반에 대한 의례다. 장례(葬禮)는 전통적 유교 예법에는 없었던 개념이다. 단지 상례 중 '사람을 묻는 것'에 해당하는 장(葬)이 있었을 뿐이고, 현재 장례 기간을 말하는 '사람이 죽어서 장사(葬事) 지낼 때까지의 동안'은 초상(初喪)이라고 했다. 초상은 처음으로 맞는 상(喪)이라는 의미인데, 죽음을 애도하는 상이 한 번으로 끝나지 않고 3년에 걸쳐 몇 개의 상이 이어지기 때문이다. 장례는 영어 퓨너럴(funeral)을 번역하면서 유행하기 시작한 말이 며, 요즘은 상례와 장례를 합해서 상장례(喪葬禮)라고 한다.

　죽은 지 얼마 되지 않은 사자(死者)는 유족에겐 아직 현세의 일부로 느껴지기 때문에, 유족은 점진적 이별 과정을 겪어야 서서히 기억이 화석화되면서 감정을 정리할 수 있다. 죽음은 장례와 상례 의식을 통해 문화가 되는데, 이때 행해지는 의례·의식은 인위적 이고 형식적인 특성이 강하다. 예를 들어 전통 장례 때 행하던 곡 (哭)은 슬퍼서 우는 울음과 다르다. "애고 애고 애고……"하고 우는 곡은 삼박자의 느린 장단을 탄다. 그 소리마디의 높낮이며 짧고 긺 속에 일정하고 특이한 생김새가 있다. 이러한 의식을 통해 망자의 죽음은 유족의 정신세계 일부가 된다.

　한편 제사(祭祀)는 인간이 제물(祭物)을 통해 영적 존재와 연결하는 행위를 말한다. 영적 존재란 죽은 인간의 넋과 자연적인 신(神)을 모두 포함하며, 제물은 영적 존재를 움직여 인간이 바라는 대로 하게 하거나 그들의 분노를 누그러뜨리려는 의도를 담고 있다.

　제사는 간략히 제(祭)라고도 하는데, 이 글자는 '오른손을 본뜬 우(又) 자'와 '고기 육(肉) 자'가 합쳐져 신에게 바치는 고기에 손으로 술을 뿌려 깨끗이 하는 모양을 나타내며, 여기에 '제단 모양을 의미하는 시(示) 자'가 더해져 만들어졌다. 제사에 해당하는 영어는 새크리파이스(sacrifice)다. 새크리파이스는 보통 '희생'으로 번역되어 동물을 죽여서 바치는 것이 연상되지만, 원래는 라틴어로 '성스러운 의식'을 의미하는 사케르(sacer)와 '행하다'를 의미하는 파케레(facere)가 합해진 말이다. 즉 성스러운 의식을 행한다는 뜻으로, 동물뿐 아니라 다른 음식이나 물건 등을 제물로 바치는 행위를 말한다.

인류 역사에서 제물의 흔적은 최초의 대문명(수메르, 이집트, 인더스, 중국)시대에 비로소 나타난다. 구약성경을 보면 이스라엘인은 양이나 염소와 함께 포도주, 기름, 곡식 등을 제물로 바쳤다. 물론 신이 그것들을 직접 먹는다고는 생각하지 않았고, 뭔가를 바침으로써 자신의 죄를 인정하고 회개하고자 한 것이다. 타인에게 피해를 입혔다면 그 피해를 복구해야 하는 것과 마찬가지로, 죄를 지었을 때 신에게 귀중한 것을 바치면 신의 용서를 받을 수 있다고 생각한 것이다. 초기 그리스도교도는 예수를 신에게 바쳐진 제물이라고 생각했고, 사도 바울은 교인들에게 자기 자신을 '산 제물'로 바치라고 말했다. 인신공양과 맥락을 같이한다.

망자의 권리 ——————————

망자가 가지는 존엄성과 명예

인간으로서 개인의 권리와 의무는 사망으로 소멸된다. 하지만

1942년 영국의 〈베버리지(Beveridge) 보고서〉에 나오는 "요람에서 무덤까지"라는 유명한 구호에서 알 수 있듯이, 사회보장에 대한 국가의 책임은 개인이 사망한 후에도 지속된다. 개인의 존엄한 죽음을 보장하기 위한 국가의 책임은 단지 선언에 그치지 않고 장례 지원, 장사 기준 제시 등의 제도로 발전해왔다.

우리나라의 형법 제12장에는 '신앙에 관한 죄'가 열거되어 있다. 곧 사체, 유골(遺骨), 유발(遺髮) 등을 더럽히고 욕되게 하는 행위를 처벌하는데, 이를 '사체오욕죄'라고 한다. 이는 종래 망자를 조상신으로 간주하여 믿고 받들며 사망 이후에도 존엄성이 유지된다는 것을 법으로 표현한 것이다. 유골은 화장을 하거나 무덤에서 발견되는 살이 없어진 뼈를 말하고 유발이란 망자의 머리털을 말하는데, 이들은 사체와 동일하게 법적 보호를 받는다. 하지만 화장하고 버려진 재에 대한 행위는 사체오욕죄로 처벌되지 않는다. 또 사체, 유골, 유발, 관내에 장치한 물건 등을 손괴, 유기, 은닉 또는 영득(領得, 취하여 제 것으로 만듦)한 경우도 처벌된다. 사체에 침을 뱉거나 방뇨하는 경우도 오욕에 해당하며, 사체를 간음하는 것도 오욕에 해당한다.

망자에 대한 허위 사실을 유포하는 행위는 형법 제308조의 사자명예훼손죄로 처벌되는데, 이것도 망자를 명예를 가진 존재로 생각하기에 가능한 것이다. 따라서 사체오욕죄나 사자명예훼손죄의 형량은 사망자 본인의 존엄성 유지 및 확보를 우선적으로 고려하여 결정한다.

유품 정리

유품정리사라는 새로운 직업군의 출현

유품에는 망자 자신이 의도하고 남긴 것도 있고, 감추고 싶었지만 미처 감추지 못하고 남긴 것도 있으며, 주인에게 돌려주어야 하는데 돌려주지 못한 물건도 있다. 유품 정리는 유족이 해야 하는 일인데, 어떤 종류건 망자의 체취와 추억이 남아 있는 만큼 임의로 버리거나 태워버리기가 쉽지 않다.

하지만 귀중품, 추억의 물건, 의류, 가구 및 가전제품, 식품의 다섯 가지로 유품을 분류한 후 망자의 마음을 헤아리면서 정리하면 조금 수월해진다. 귀중품은 유족이 서로 합의해서 처리해야 하고, 추억이 담긴 사진, 편지, 고인의 수집품, 취미 활동 관련 물품 등은 유족이 나누어 보관하거나 협의해서 폐기한다. 과거에는 유품을 정리해서 태우는 풍습이 있었지만 현행법상 개인의 소각 행위는 금지되어 있어서 소각 전문 업체에 맡겨야 한다.

요즘은 장례를 치른 다음에도 유품을 정리하지 못하는 경우가 늘고 있다. 최근 노인 인구의 증가와 독거사가 급증하면서 유품 정리 업체와 '유품정리사'라는 새로운 직업군이 등장했는데, 고용노동부가 발간한 《한국직업사전》은 유품정리사의 수행 직무를 다음과 같이 규정한다.

유품 정리 의뢰가 들어오면 현장 방문 등 구체적인 상황 분석을 통해 투입할 분야별 작업 인원과 필요 장비 등을 파악하여 견적을 낸다. 병균, 악취를 제거하는 일부터 시작해 유품에 묻은 혈흔, 분비물, 인체 조직 등 악성 폐기물의 위생적 처리, 자외선·오존 살균과 탈취 등 일련의 순서에 따라 유품을 정리한다. 현금, 유가증권 등의 귀중품은 상속자에게 정상적인 상태로 전달하고, 각종 가재도구는 사용 가능 여부나 의뢰인의 뜻에 따라 재활용·센터에 매각하거나 유족에게 전달한다.

유품 정리 서비스는 고독사뿐만 아니라 유족이 처리하기 어려운 자살, 살인사건, 대형 교통사고, 화재 등과 같은 상황이나 유족이 병으로 거동이 어려운 경우에도 이용된다. 월세나 전세를 살던 사람이 고독사한 경우는 집을 빠른 시일 내에 사용하기 위해 집주인이 의뢰하기도 하며, 유족이 해외에 거주하거나 망자와 다른 지역에 사는 등 여러 가지 사정으로 유품을 직접 정리하기 힘들 때도 유품 정리 업체를 이용한다.

시체의 변화
초기에는 물리적 변화, 후기에는 화학적 변화

시체의 변화(postmortem change)는 신체의 형태가 남아 있는 초기와 신체의 형태가 없어지기 시작하는 후기로 나눌 수 있다. 초기에는 체온이 떨어지고 경직되는 등 주로 물리적 변화가 나타나고, 후기에는 미생물과 효소가 작용하는 화학적 변화가 주로 나타나는데, 초기 변화가 모두 발현되기 전에 사체 내부에서 후기 변화가 시작되므로 두 단계가 시기적으로 명확하게 구분되는 것은 아니다.

사망하면 가장 먼저 나타나는 변화는 피부가 창백해지는 것이다. 동시에 혈액순환이 중지되기 때문에 사후 15~25분 내에 체온이 떨어지기 시작한다. 피부 체온은 사망 후 곧바로 떨어지기 시작하지만 심부 체온은 사후 한 시간 정도 지나서 떨어지기 시작한다. 생명 활동이 중지되면서 열을 생산하는 화학반응은 정지하지만 시체와 환경의 온도 차이에 따르는 열전달은 계속되기 때문에, 시체의 온도는 시간이 경과할수록 떨어져 결국 주변 환경 온도와 같아진다. 때로는 피부의 수분이 증발하기 때문에 피부 온도가 주변 환경 온도보다 더 낮을 수도 있다.

혈액순환이 멈추면 혈액 성분 중에서 무거운 적혈구는 중력에 따라 점차 낮은 곳으로 이동해 시체 아래쪽 모세혈관에 모인다. 이러한 혈액 침하는 내장을 포함해 신체 모든 곳에서 나타나는데, 특히 피부에 보이는 것을 시반(屍斑)이라고 한다. 시체의 혈액은 동맥이나 정맥이나 관계없이 모두 정맥혈과 같은 암적색을 띤다. 이는 사후에도 조직호흡은 계속되어 혈중에 대량의 이산화탄소 헤모글로빈이 형성되기 때문이다. 따라서 시반도 암적색이다. 시반은 사후 20~30분경 시작되지만 육안으로 점상(點狀)이 보이기 시작하는 것은 사후 두세 시간은 지나야 한다. 시간이 지나면서 점상은 점차 융합해서 네다섯 시간이 지나면 반상(斑狀)으로 커지고, 14~15시간이 되면 최고조에 달하며, 부패가 시작되면서 없어진다.

사망 직후에는 근육긴장이 전면적으로 소실되므로 시체는 일시적으로 축 늘어진다. 이런 이완기는 대개 3~6시간 지속된다. 이후 근육이 경직되고 관절이 굳어진다. 이를 시체경직 혹은 시강(屍剛)이라고 한다. 생전에는 근육수축의 에너지원으로 ATP가 이용되는데, 사후에는 ATP 생산은 바로 중단되지만 소비는 일정 시간 동안 계속 이루어지기 때문에 근육 내 ATP가 완전히 소실되면 액틴과 미오신이 영구적으로 결합해서 근육경직이 나타난다. 경직은 가장 먼저 턱관절과 목관절에서 시작해 몸통과 팔다리로 진행한다. 일반적으로 사후 2~4시간 정도 지나면 턱관절과 목관절이 굳어지기 시작하면서 전신이 굳어지는데, 사후 20시간 정도에서 최고조에 달했다가 근육의 자가분해가 시작되면서 소실되기 시작한다.

시체경직은 골격근뿐 아니라 모든 근육조직에서 나타난다. 정액낭과 전립선 근육도 경직되기 때문에 요도로 정액이 흘러나올 수 있다. 이를 사망 전 성행위가 있었다거나 오르가슴이 있었다고 잘못 이해하기도 한다. 모낭에 연결된 근육이 경직되면 피부털이 뻣뻣이 서고 피부에 여드름이나 닭살 모양을 만든다. 이런 현상이 죽은 사람에게서 수염이 자랐다는 이야기로 연결되기도 한다.

시체의 후기 변화인 화학적 분해는 자가분해(autolysis)와 부패(putrefaction)로 나눈다. 세포는 효소를 이용해서 큰 화합물을 작은 분자 단위로 쪼개는데, 그 과정에서 세포 자신도 종종 파괴된다. 살아 있는 동안에는 세포가 이들 효소를 통제하여 세포 자신이 분해되는 것을 막고 분해되더라도 금방 복구하지만, 생명 활동이 중지되면 화학적 효소 활동은 지속되는 반면 복구는 되지 못하기 때문에 세포 간 결합은 느슨해지고, 조직은 변성되어 흐물흐물해진다. 이를 자가분해라고 한다. 이는 소화효소가 풍부한 장기인 췌장이나 위장에서 빨리 나타난다. 세포가 분해되면 조직은 수프처럼 녹아내리고, 흘러나오는 삼출액이 피부층 사이에 들어가 피부를 느슨하게 만들어 피부가 벗겨진다.

부패는 자가분해와 비슷한 현상이기는 하지만 세균의 작용에 의해 일어나는 변화라는 점에서 구별된다. 부패균도 외부에서 들어오는 것이 아니라 생전에 이미 몸속에 살고 있던 것이다. 주로 위장관, 호흡기, 피부 등 외부와 접한 곳에서 살던 것인데, 사후에는 주로 혈관의 혈액에서 번식하며 부패균 스스로 발생시킨 가스의 압력에 의해 혈관을 타고 전신으로 이동한다. 세균의 대사 과정에서는 가스가 발생하는데, 생전에는 장 점막을 통해 인체 내부로 흡수되기도 하고 항문이나 입을 통해 배출되지만, 사후에는 가스가 내부에 계속 쌓이기 때문에 내부에서 팽창한다. 특히 배가 많이 부풀어 오른다.

복부 외에도 세균이 많이 모이는 곳은 입과 성기다. 남성은 음경과 음낭(고환)이 커지는데, 음낭은 수박만큼 커지기도 한다. 부패가스가 피하조직이나 근육에 생기면 기포가 생기고 안구가 불거지며, 눈꺼풀·코·입술·음낭·음경 등이 크게 부풀어 올라 온몸이 거인처럼 되고 얼굴은 절 입구에 세워진 사천왕(四天王) 같은 모습이 된다. 최고조에 이를 때는 몸 부피가 생전의 두세 배로 커지기도 한다. 팽창기는 일주일 정도 지속되는데, 어딘가 터질 때까지 계속된다. 주로 장이 먼저 터지는데, 간혹 몸통 자체가 터지는 경우도 있다. 이때 뜯어지고 찢어지는 듯한 소리가 난다.

시체가 부패될 때 나는 냄새는 과일과 고기가 썩는 냄새와 비슷한데, 황화수소가스와 암모니아 같은 부패가스 때문이다. 산소가 많고 물이 적은 환경에서는 산화반응에 의해 부패가 진행되기 때문에 질산, 탄산, 황산, 인산 등의 산소화합물이 형성되며, 반대로 산소가 적고 물이 많은 환경에서는 주로 환원작용이 일어나 아미노산, 암모니아, 황화수소 등 수소화합물이 형성된다. 일반적으로는 두 가지가 모두 작용한다.

부패 속도를 결정하는 가장 중요한 인자는 온도다. 20~30℃에서 부패가 가장 빨리 진행되며, 10℃ 이하에서는 속도가 느려지고, 0℃ 이하가 되면 정지한다. 시체가 놓인 환경에 따라서도 부패 속도가 달라진다. 공기 중에서 일주일 정도 걸려 진행되는 부패의 정도는 물속이라면 2주, 흙속이라면 8주가 걸린다. 같은 흙속이라도 매장 깊이가 큰 영향을 미치는데, 0.3~0.6m 깊이에서 수개월 내지 1년 걸리는 부패 정도는 0.9~1.2m 깊이에서는 수년이 걸린다.

부패에 영향을 미치는 또 다른 중요한 인자는 곤충이다. 사후에는 여러 종류의 곤충이 달려드는데, 파리가 가장 많다. 파리는 시체를 좋아하여 사후 거의 즉시, 늦어도 30분 이내에 도달하여 습기가 많은 눈, 코, 입, 귀, 성기, 항문 등이나 아물지 않은 상처에 알을 낳는다. 파리는 건조하면 활동이 약해지고 비가 올 때는 시체에 접근하지 못한다. 알은 24시간이 지나면 부화해서 유충(구더기)이 되는데, 구더기는 지방을 좋아해서 피하지방층부터 잠식하면서 성장하여 번데기가 됐다가 파리가 된다. 구더기는 0℃ 이하에서는 죽지만 시체 속에서는 구더기 자신들의 열로 생존할 수 있다.

구더기가 시체에서 살을 다 먹으면 뼈가 드러나게 된다. 이를 백골화(白骨化, skeletonization)라고 하는데, 탈구된 뼈만 남는다. 시체가 완전히 백골화되는 데 소요되는 시간은 열대 기후에서는 몇 주 이내이며, 온대 기후에서는 3주에서 수년이 걸리고, 툰드라 기후에서는 수년 이상 걸리거나 아예 백골화가 일어나지 않을 수도 있다. 그리고 백골화된 뼈가 완전히 분해되어 없어지기까지는 기름진 산성 땅에서는 20년 정도 걸리며, 중성 땅이나 모래에서는 수백 년이 걸리기도 한다. 그런데 건조하거나 소금기가 있거나 산소가 없는 환경, 약알칼리성 땅에서는 뼈가 화석화되기도 한다.

시체에서 수분이 급속히 소실되면 부패는 정지되고 건조되기 시작한다. 이런 시체를 미라라고 한다. 미라는 기온이 높고 건조하며 통풍이 좋을수록 잘 만들어지는데, 처음에는 부패도 진행되므로 부패로 인한 삼출액이 잘 제거될 수 있는 환경이어야 한다. 미라가 된 시체의 모든 장기는 크기와 중량이 극도로 감소하고, 피부는 갈색 또는 흑갈색을 띠며 건조로 인해 단단해지고 주름이 잡힌다. 조건에 따라 다양하지만, 신생아는 수주일, 성인은 수개월이 걸린다. 온대 지방에서 성인이 자연적으로 미라가 되는 경우는 드물지만, 간혹 신생아를 건조하고 더운 곳에 방치했을 때 미라화가 일어나기도 한다.

장례 의식

죽음에 대한 사회적 선언

죽음 즉시 매장하는 문화는 세계적으로 찾기 힘들고, 죽음과 매장 사이에는 일정한 시간 간격이 있다. 이 기간에 장례 의식이 치러진다. 장례 의식은 망자를 알던 사람이 망자의 죽음을 관리하려는 노력이라고 할 수 있는데, 장례식이 완료된 다음에야 사람들은 망자가 이제 죽었다는 것을 인지한다.

사람이 사망했는데도 바로 처리하지 않고 며칠을 기다리는 장례 의식 기간은 혹시나 잘못된 판단으로 산 사람을 장사 지내지 않도록 예방하는 방법이기도 하다. 서양에서 의사는 18~19세기까지만 해도, 살아 있는 사람을 매장하게 될지도 모른다는 두려움에 갖가지 특이한 사망 검증 방법을 고안해냈을 정도로 그 불안감은 지금보다 훨씬 컸다. 또 남은 가족으로서도 망자가 혹여 다시 살아날지도 모른다는 간절한 소망을 담은 기간이라고 할 수 있다. 이런 의미에서 장례 의식은 죽음의 사회적 선언이기도 하다.

우리나라에서 현재 행해지는 삼일장(三日葬)은 사람이 죽은 지

사흘 후에 장사 지내도록 정한 장기(葬期) 규정을 말한다.《예기(禮記)》에는 "죽은 지 3일이 지나 염하는 것은 다시 살아나기를 기다리는 것이다. 사흘째에도 살아나지 않으면 역시 다시 살아나지 않으므로 사흘이 지나 염하는 것을 예로 삼는다"라고 했다.《고려사(高麗史)》에는 985년(성종 4) 상복 기간을 5등급으로 나누면서 "공후(公侯) 이하는 3일이 되면 장례한다"라고 기록되어 있다. 즉 3일이 지나야 장례를 치를 수 있다는 것으로 3일이 지난 후에는 특별히 장례 기간 규정이 없는 셈인데, 묘지명을 분석해보면 보통 열흘 내지 한두 달 정도였고 긴 경우 2~3년에 이르는 등 매우 다양한 모습을 보인다. 고려시대에는 시신을 화장한 후 유골을 절에서 보관했다가 매장했기 때문에 사망 후 매장하기까지 기간이 길어질 수 있었다. 고려 후기로 내려올수록 전기에 비해 사망에서 매장까지의 기간이 단축되는 경향을 보인다. 1339년에는 감찰사에서 "옛날에 부모의 장사 날을 멀리 정한 것은 예를 갖추어 장례를 치르기 위함이었는데, 지금은 사대부들이 삼일장을 하니 완전히 예법에 어긋난다"라면서 위반하는 자를 벌할 것이라고 발표한 것을 보면, 사대부에게 삼일장은 금지됐지만 실제로는 많이 행해진 것으로 보인다.

조선시대 1411년(태종 11) 조영무(趙英茂)는 "장모 상을 당하자 연내에 길일이 없다는 이유로 삼일장을 할 수 있도록 요청하지만 허락되지 않았다"라고 했고, 세종 때는 신분에 따라 왕과 왕비는 오월장(五月葬), 대군(大君)과 대부(大夫)는 삼월장(三月葬), 사(士)

는 죽은 달을 넘겨 다음 달에 장사를 치르는 유월장(踰月葬)을 하
도록 했다. 이후 삼일장의 기록을 찾아볼 수 없는 것을 보면 제도
상의 장사 기간은 최소한 1개월 이상으로 유지됐음을 알 수 있다.

1912년 조선총독부는 '묘지·화장장·매장 및 화장 취체규칙'에
서, 사체는 사후 24시간을 경과하지 아니한 경우에는 매장 또는
화장할 수 없다고 했지만 장례 기간의 상한선은 정하지 않았다.
1934년 공표한 '의례준칙'에 따르면 장례 기간은 5일이 원칙이고
최대 14일까지로 제한했다.

사망한 지 3일째에 장사 지내는 삼일장은 최근 보편화된 장례
예법인데, 요즘에는 가족이나 친구를 잃은 사람이 오랫동안 고인
을 애도하는 모습보다는 장례식을 간단히 치르고 속히 일상으로
복귀하는 모습을 칭찬한다. 장례 의식이 짧아진 것은 극히 현대적
현상이다. 삼일장이 보편화된 것은 1960~1970년대에 삼일장을
위반할 경우 처벌하는 법을 제정한 후부터다. 현재 장례에 대해서
는 '건전가정의례준칙'에 법으로 규정돼 있는데, 제12조에 "장일
(葬日)은 부득이한 경우를 제외하고는 사망한 날부터 3일이 되는
날로 한다"라고 나온다. 이를 위반했을 때 처벌 조항은 따로 없다.
보건복지부 장사정보 시스템에는 우리나라 사람에게 권장되는 삼
일장 장례 절차가 소개되어 있다.

그리스도교의 장례 의식 ——————————
위령기도와 추도 예배, 종교적 정신과 민족 전통의 결합

구약성경은 아담의 죽음을 시작으로 수많은 인물의 죽음을 기록했지만, 장례 의식을 기록하지는 않았다. 신약성경은 예수의 염습과 매장 방법에 대해 "향료를 바르고 세마포에 싸서, 바위를 깎아 만든 무덤에 모셔두고, 큰 돌로 입구를 막았다"라고 기록했지만, 장례 의식이나 장례 기도문은 역시 기록하지 않았다.

초대 교회의 장례 예식서가 발견된 것이 없어서 당시의 장례 예식 문화를 명확하게 알 수는 없지만, 사람들은 예수의 부활을 경험하면서 죽음을 파스카(Pascha) 사건으로 인식하게 됐고, 장례 방식도 점차 바뀌어갔다. 파스카란 '넘어가다(pass over)'라는 의미의 그리스어로, 차안에서 피안으로 건너간다는 것을 뜻한다. 즉 죽음을, 부활을 향한 영생의 출발점으로 인식하는 것이다.

고대 로마에는 죽음이 임박하면 가족을 불러 모아 마지막 인사를 나누는 관습이 있었다. 이는 초대 교회에서 행해지던 임종자를 위한 밤샘기도와 비슷하다. 그러다가 죽으면 눈을 감기고 망자의 이름을 부르며 수의를 입히고 입안에 동전을 넣었다. 집에서 묘지까지 행렬을 이루어 갔으며, 시신을 매장한 후에는 음식을 나누어 먹었다. 이 의식은 초대 교회로 전승되어 순교자가 사망한 경우 성찬례 집전으로 발전했으며, 후에 일반인에게도 확산됐다.

2세기 로마 시대의 교부(敎父) 아리스티데스(Aristides)는 "그리스도교인은 장례식에서 슬픔과 서러움을 드러내지 말아야 하며,

오히려 주님께 감사드리고 기뻐하며 즐거워하라!"라고 말했다. 5세기에 위-디오니시우스(Pseudo-Dionysius)가 저술한 《교계제도 (De Ecclesiastica Hierarchia)》에는 당시 장례 예식에 대한 내용이 기록돼 있는데, 망자가 성인의 품에 안기는 기쁨에 대한 긴 묘사로 시작된다. 임종 순간이 오면 가족이 모여 감사기도를 노래하며 임종자의 영원한 생명을 위해 기도한다. 임종하면 주교는 영생을 약속하는 성경을 읽고 망자에게 평화의 입맞춤을 하며 망자의 몸에 기름을 바른다. 세례 때 받는 기름 부음이 세상에서의 거룩한 전투에 참여하기 위한 것이었다면, 마지막 기름 부음은 망자가 전투에서 승리했음을 선포하는 것이다.

중세의 예식을 집대성한 《로마 예식서집(Ordines Romani)》에 언급된 장례 예식은 행렬이 중심을 이룬다. 장례 행렬은 망자의 집에서 교회까지, 교회에서 묘지까지 두 부분으로 나뉜다. 사람들은 시편과 후렴을 노래하면서 걷는다. 이렇게 망자는 신자들의 환송을 받으며 이 세상을 떠나 자비로운 하느님 아버지가 파견한 천사들의 환호 속에 영원한 왕국의 문으로 들어가는 것이다. 이때 죽음에 대한 두려움이나 근심은 없다. 적어도 7세기 이전 초기 교회에서는 죽음이란 하느님의 자비심에 의해 세속의 삶을 마치고 영원한 왕국으로 떠나는 여행과 같은 것으로 여겨졌다.

중세 중기에는 죽음에 대해 속죄와 참회를 강조하기 시작했다. 하느님이 심판할 때 징벌을 피하기 위해 하느님의 자비에 호소하는 쪽으로 장례 예식의 성격이 바뀌는 것이다. 이러한 변화는 죽

음을 앞에 둔 사람에게 하느님의 품에 안기는 파스카적 기쁨보다
는 죄에 대한 심판이라는 공포를 느끼게 했다. 교회가 세속적으
로 성장하면서 기득권을 갖게 되고 보수화와 안정을 추구하면서
죽음이 사람들을 통제하는 수단으로 이용된 것이다. 사람은 죽으
면 연옥(煉獄)에 간다는 주장이 나온 것도 이즈음인데, 연옥설은
1336년 교황 베네딕토 12세의 교서를 통해 가톨릭교회의 공식 교
리가 됐다. 이 교서에서 교황은 마지막 부활이 있을 때까지 죽은
자는 잠을 자는 상태에 있다는 기존의 이론 대신, 죽음과 동시에
하느님의 심판을 받는다고 주장했다.

　　루터를 비롯한 종교개혁자는 사람들이 죽음을 최후의 심판으로
믿는 데서 초래되는 두려움에서 벗어나기를 원했다. 즉 중세의 장
례 의식이 지닌 슬프고 암울한 성격에서 벗어나 소망을 가져야 한
다고 생각하고, 전례화된 예식서를 배격했다. 그래서 예식은 교회
마다 다양하게 행해졌는데, 칼뱅은 교회에서 장례 예식을 집행하
는 것마저 반대했다. 이후 청교도는 죽은 자의 시신을 장사 지낼
때 어떤 기구나 성구 또는 설교 같은 의식이 없어야 한다고 주장
하기도 했다. 이러한 청교도적 입장이 미국 교회에도 전수됐다. 그
러나 특정 지침이 없는 장례 예식에 대해 교회와 신자들은 오히려
큰 혼란을 겪었다. 그래서 영국과 미국의 장로교에서는 장례 예식
을 만들자는 운동이 일어났고, 그 결과 1864년《죽은 자를 위한
지침서》가 출간됐다. 이는 1906년, 1932년, 1946년에 조금씩 수
정·보완되어 개신교 교회의 장례 예식에 영향을 주었다.

한편 종교개혁 이후 가톨릭교회는 트렌토종교회의(1545~1563)를 열고 새로운 전례서를 출간했다. 사실 그때까지만 해도 전 교회 차원에서 공식적으로 선포된 장례 예식은 없었다. 교황 바오로 5세는 1614년《로마 예식서(Rituale Romanum)》를 출간하면서 모든 교회가 이를 따르도록 했다. 이는 연옥설에 기초한 것으로, 초대 교회의 장례 색깔이 부활을 상징하는 흰색이었던 것을 검은색으로 상징 색을 바꾸어 검은색 제의와 제구를 사용하도록 했고, 망자의 죄를 용서해달라고 청하는 사죄 의식을 예식의 핵심으로 삼았다. 이것으로 장례 예식에서 파스카적 성격은 완전히 사라졌다. 이 예식서는 제2차 바티칸종교회의(1962~1965) 이후 1969년《장례 예식서》가 발표될 때까지 가톨릭교회의 공식 예식서로 사용됐다. 20세기에 새로 발표된《장례 예식서》는 장례 예식의 파스카적 의미를 다시 강조했고, 지역 풍습을 포괄적으로 고려해 예식의 형식을 탄력적으로 바꿀 수 있도록 했다는 점이 특징이다.

우리나라 천주교의 상장 예식은 1865년 발간된《텬주셩교례규》에서 처음 규정됐고, 지금은 2013년 발간된《상장예식》(제3판)을 따른다. 2012년 한국 주교회의에서는 오랫동안 금지됐던 조상 제사를 허용하는 한편, 효를 근본으로 하는 유교의 전통을 살리면서 가톨릭교회의 정신에 어긋나지 않도록 제례 의식을 정리했다.《상장예식》도 이런 맥락에서 편찬됐다.《상장예식》에 따르면 임종자가 있을 때 가족은 조용하고 편안히 임종할 수 있는 환경을 만들고, 병자성사(病者聖事)를 받고 기쁘게 주님께 돌아갈 수 있게 한다. 임종하는 이는 가족에게 유언하고 축복하며, 가족은 십자가나 묵주를 임종하는 이에게 쥐여주어 화살기도를 바치게 한다. 화살기도란 하느님을 생각하는 마음을 담아 "주여, 모든 것을 당신께 맡기나이다" 하고 빠르게 하는 기도다.

죽음이 확인되면 빈소를 차리고 장례 기간 내내 위령기도(慰靈祈禱)를 한다. 위령기도란 영혼을 위로하는 기도라는 의미인데, 원래는 연도(煉禱)라고 불리던 것이다. 즉 연옥에 있는 영혼을 위해 살아 있는 신자들이 하느님께 드리는 기도였는데, 현재 연옥설의 교리는 불필요한 많은 논란을 초래하기 때문에 의례의 명칭도 위령기도로 바뀌었다. 위령기도는 망자에 대한 우리의 관행과 당시 사회적 조건이 융합되어 나타난 한국 천주교의 의례라고 할 수 있다. 1742년 교황 베네딕토 14세가 조상 제사를 금지하는 조치를 발표한 이후 조선의 천주교 신자가 인륜에 해당하는 장례와 제사의 새로운 대안으로 마련한 것으로, 초상이 나면 신자들은 함께 모여 밤을 새우면서 죽은 이를 위한 위령기도를 드렸다.

망자를 빈소에서 장지로 옮기는 중간에 성당에 들러 장례미사(requiem)를 하고, 매장 후에는 우제(虞祭)와 면례(緬禮)를 한다. 제2차 바티칸종교회의에서 각국의 가톨릭교회가 속한 민족의 문화와 전통 중 유익하고 필요하다고 생각되면 받아들인다는 정책이 발표됨에 따라, 한국 가톨릭교회에서는 삼우제, 탈상, 기일, 명절 등을 치를 때 합당한 제례 의식으로 고인을 추모하고 기도할 수 있게 했다. 그래서 유교적 우제와 면례도 허용한 것이다. 초우는 장례를 치른 날 집에서 하고, 재우 때는 성당에서 미사에 참례하며, 삼우 때는 성당 미사 참례 후 묘소를 찾아 삼우제를 지낸다.

개신교 선교 초기 우리나라에서는 전통적 장례 예법과 기독교적 요소의 충돌로 혼란이 많았는데, 1924년 조선예수장로회 제13회 총회에서 '장례식서(葬禮式書)'를 채택하면서 장례식 순서를 임종 예식, 입관 예식, 발인 예식, 하관 예식 등으로 정했다. 이는 현재까지 지속되고 있는데, 교단별로 조금씩 다르긴 하지만 이 네 가지 의식을 기본으로 하는 것은 동일하다. 대한예수교장로회(통합)는 2008년 《예배 예식서》를 출간하여 교회의 지침으로 삼도록 권장했다. 이 지침의 내용을 요약하면 다음과 같다.

- '영원히 보지 못한다'는 의미의 영결식(永訣式)이라는 용어는 사용하지 못한다.
- 장례는 삼일장을 원칙으로 한다.
- 장례식장은 가정이나 병원도 무방하지만, 형편이 허락하면 교회당이 좋다.
- 교회당에서 장례 예식을 행하는 경우, 성찬대의 위치에 구(柩)를 모시도록 한다.
- 운구 위원들은 가급적 교인으로 한다.
- 운구 시 인위적 울음이나 곡을 삼가고 찬송을 부르며 행진한다.

우리나라의 개신교 장례 예식에는 유교 장례 예식과 불교 장례 예식이 많이 혼합되어 있다. 종교개혁으로 출발한 개신교운동 자체가 원래 특정 장례 지침을 만들지 않았거니와, 개신교 신자도 일정 부분은 우리나라의 장례 전통을 따를 수밖에 없었기 때문이다. 그래서 개신교식 장례라고 하더라도 장례 절차나 용어는 전통 장례 예식을 많이 따른다. 예를 들어 매장할 때는 풍수지리설에 따라 동남 방향이나 고저를 맞추는 것이라든지, 향을 사용하는 것이나 추도(追悼) 예배를 하는 것 등이다. 추도 예배는 고인이 사망한 날이나 생일, 설날 등에 예배를 하는 것인데, 우리나라 교회에서 임의로 만든 것이다. 추모(追慕) 예배라고도 한다. 원래 개신교에서 올리는 예배는 그 의미가 하느님께 영광을 돌리고 감사하는 것인데, 고인을 그리워하는 예배를 드리는 것이 예배의 본질에 어긋난다는 비판도 있지만 실제로는 많이 행해지고 있다. 이와 같이 전통 장례 예식이 개신교 예식에서도 그대로 나타나기는 하지만, 신주를 모시지 않는 점, 망자에게 절을 하지 않는 점, 빈소의 제단에 제물을 진설하지 않는 점, 분향은 하지 않고 헌화를 한다는 점은 꼭 지킨다.

불교의 장례 의식 ──────────
염불과 다비와 사십구재, 극락왕생에 이르는 길

우리나라에서 고려시대부터 내려오던 불교가 유교의 영향을 받으면서 조선 불교만의 독특한 특징을 형성한 것은, '부모님께 효도

하는 공덕이 부처님께 공양하는 것과 똑같다'고 가르치는 불경인 《부모은중경(父母恩重經)》이 유행하던 조선 중기 이후다. 당시 부모와 조상의 명복을 빌고 가정의 만복을 위해 사찰을 찾는 부녀자가 많았기에, 《부모은중경》은 유교 경전인 《효경(孝經)》보다 더 널리 보급됐다. 조선은 공식적으로 불교를 억압했지만, 부모에게 효도하고 돌아가신 부모를 좋은 세상으로 보내드리고자 하는 불교 의식은 민간의 저변에 흐르고 있었다.

한국 불교의 신행(信行)을 구성하는 요소는 좌선(坐禪), 간경(看經), 염불(念佛), 진언(眞言)이라고 할 수 있는데, 이는 선(禪), 교(敎), 정토(淨土), 밀교(密敎)가 합쳐진 것이다. 참선 수행으로 깨달음을 얻는 '선', 경(經)을 중요시하는 '교', 그리고 아미타불의 명호를 부르는 염불을 수행법으로 중요시하는 '정토'는 고려 후기에 이미 절충에 성공했는데, 조선 중기에 이르면 여기에 '진언'이 합해진다. 진언이란 진실하여 거짓 없는 신주(神呪)를 말하는데, '수리수리 마하수리 수수리 사바하'처럼 원어를 음사(音寫)한 진언을 외우면 재액이 물러가고 공덕이 쌓인다고 믿었다. 진언 암송은 참선이나 염불, 경전 공부보다 현세의 기복적 효험이 가장 빠르고 확실하다는 실용적인 면이 컸기에 일반 대중 사이에 흡인력이 강해서, 선종 사찰에 유입되어 진언 중심의 불교 의례가 성립됐다.

조선시대에는 망자를 위한 불교 의식 중 망인천도(亡人薦度)의 재(齋) 의식이 발달했다. 지장보살은 천상에서 지옥까지 육도(六道)의 모든 중생을 구원하는 것보다는 지옥에서 심판받는 망자를 구원하는 역할이 강조됐고, 지옥에서 망자가 지은 죄의 경중을 가리는 열 명의 왕인 시왕(十王)과 지장보살을 함께 모시는 명부전이라는 새로운 건물이 탄생하기도 했다.

우리나라에서 행해지는 불교적 장례 의식은 임종 의례, 빈소 의례(시다림), 다비 의례 등이 있고, 장례 이후에는 천도재가 있다. 임종 의례에서 가장 중요한 것은 염불이라고 할 수 있는데, 정토종에서는 임종 순간 '나무아미타불'을 반복하는 염불 일념에 의해 극락왕생할 수 있다고 믿는다. 아무리 악업을 지은 사람이라도 '나무아미타불'을 열 번 외우면 극락왕생할 수 있다는 믿음을 십념왕생(十念往生)이라고 한다. 불자는 임종자가 삶에 집착했다 하더라도 임종 순간 정념(正念)할 수만 있다면 극락에서 다시 태어날 수 있다고 믿는다.

죽음이 확인되면 머리를 북쪽으로 하고, 서방 극락정토를 염원할 수 있도록 얼굴은 서쪽으로 향하게 한 다음 시다림(屍茶林)을 한다. 이는 망자가 무상(無常)의 원리를 깨닫고 편히 정토에서 왕생할 수 있도록 법문을 들려주는 것이다. 빈소 의례를 의미하는 시다림이란 산스크리트어 시타바나(sitavana)를 음역한 것인데, 의역하면 한림(寒林), 곧 '서늘한 숲'이라는 뜻이다. 원래는 부처 시대 인도 마가다국의 수도 왕사성의 북쪽 숲을 지칭하는데, 이곳은 서늘해서 사람들이 시체를 안치하는 곳으로 사용했다. 이후 시체를 묻는 장소를 의미하게 됐고, 또 뜻이 바뀌어 망자를 위해 설법하는 것을 일컫게 됐다.

다비 의례는 연꽃으로 장식한 장작더미 속에 시신을 두고 불을 붙여 화장하면서 법패(성악)와 염불을 진행하며, 화장한 뒤 유골을 매장·봉안·산골(散骨) 등의 방법으로 안치하는 것을 말한다. 유골 안치는 대개 화장을 마친 날 하지만, 사찰이나 집에 49일간 모셔두었다가 사십구재를 지내면서 하기도 한다.

장례식장 ——————————————
현대인의 장례는 이방인이 치러준다

장례 의식이 수행되는 공간이 장례식장이다. 불교가 성하던 고려 시대에는 절이 흔히 장례식장 역할까지 했다. 절에서 임종을 맞고 화장도 했으며, 화장한 다음에는 유골을 절 부근에 안장하는 사례가 많았다. 이런 풍습은 조선시대에 유교식 가례가 강력히 보급되면서 바뀌어 운명(殞命)에서 발인(發靷)까지 전부 집에서 행하게 됐는데, 문중 조직이 도움을 주기는 했지만 기본적으로 장례의 모든 절차는 집에서 직접 해야만 했다.

유교적 상장례는 조선 말 개항과 일제강점기를 거치면서 변했다. 조선총독부가 1912년 발표한 '묘지·화장장·매장 및 화장 취체규칙'과 1934년 발표한 '의례준칙'에 의해 화장이 다시 부활했고, 도시형 상례 문화가 나타났으며, 돈을 받고 장례를 전문으로 하는 장의사(葬儀社)도 등장했다. 직업 장의사의 등장은 장례 공간이 집에서 외부로 바뀌어가는 촉매제 역할을 했다. 일제강점기부터 등장한 장의사가 전국에 얼마나 있었는지 조사된 자료는 별로 없지만, 1952년 통계 자료에 따르면 장의사는 전국에 10곳이 있었다. 도시화가 진행되면서 장의사의 수요도 증가한 것으로 보이는데, 1990년대 중반 이후 장례 장소가 집에서 장례식장으로 급격히 이동하기 시작했다. 2001년에는 장례 장소로 병원 영안실이 53.9%로 가장 많았고, 집 34.6%, 전문 장례식장 5.6%, 교회·성당·절 등 종교기관 5.8%의 순으로 나타났다. 이는 1994년 집에서 장례를 치르던 비율이 72.2%, 병원 영안실이 22.6%였던 것에 비하면 역전된 것이다.

2018년 현재 우리나라의 장례식장은 전국적으로 1118개인데, 대부분 장례는 장례식장, 특히 병원 장례식장을 이용한다. 병원 장례식장은 영안실(靈安室)에서 시작됐다. 영안실이란 본래 불교나 유교에서 '죽은 사람의 영혼을 모시는 방'이라는 의미인데, 병원에서 시신을 임시로 안치해두는 곳인 시체실을 미화한 말이다. 보통 해부병리과와 관련해 해부실에 인접해 있으며, 1982년에는 입원 환자 100명 이상을 수용할 수 있는 규모의 종합병원은 반드시 시체실을 설치하도록 하는 법 규정이 만들어지기도 했다. 이것이 나중에 병원 장례식장으로 바뀐다.

유교식 장례는 집에서 하는 것이 원칙이었으나, 집 밖에서 사망하면 객사라고 해서 시신을 집 안으로 들여 장사 지내는 것을 꺼렸다. 이때 병원 영안실 부근에 천막을 치고 장례를 치렀는데, 이것이 병원 영안실이 장례식장으로 변한 시초다. 시체실 앞 적당한 공간에 천막과 병풍을 치고 제단을 만들어 빈소로 삼았고, 사람들은 맨땅에 자리를 깔고 장례를 치렀다. 대략 1930년대부터 병원 영안실이라는 말이 신문에 보이기 시작한다. 1947년 7월 22일《경향신문》의 여운형 암살사건 기사에는 "20일에는 대학병원 영안실에서 관계 각 방면의 검사와 일반 정당 사회단체들의 조문을 받은 다음……"이라는 내용이 보인다. 병원 영안실이 장례식장 역할을 한 것이다. 이후 여러 신문의 장례 기사를 보면, 점차 전국의 병원 영안실이 장례식장으로 확산되어갔음을 알 수 있다.

우리나라의 장례식장에 대한 법은 1973년 발표된 '가정의례에 관한 법률'에서 처음으로 규정됐다. 이 법률에 따르면 장례식장의 위치는 도심지에서 떨어져 있어야 하므로 도심에서 장례식장 역할을 해오던 병원 영안실은 불법으로 규정됐다. 하지만 병원 영안실 영업은 줄어들기는커녕 더욱 확산됐다. 병원에서 사망하는 사람이 증가하고 주거 공간이 아파트로 바뀌면서 집에서 장례를 치르기가 어려워졌기 때문이다. 1981년 발표된 '가정의례에 관한 법률 시행령'에서 장례식장의 도심 입지를 제한하던 규정이 삭제됨으로써 병원 영안실은 합법화됐다. 이후 1983년에는 경기도 파주의 공원묘지 안에 '제1명복관'이 개장함으로써 우리나라 최초의 전문 장례식장이 등장했다.

정부는 1993년 이후 장례식장 영업을 신고만 하면 누구든지 할 수 있도록 했고, 1994년에는 장례식장의 시설 기준을 마련하면서 비로소 현재의 장례식장에 대한 규정이 만들어졌다. 그런데 이때 병원 부설 장례식장의 경우 예식실, 화장실, 주차장 등이 없어도 병원 영안실을 장례식장으로 전환할 수 있도록 하면서 규정을 모두 지켜야 하는 전문 장례식장과의 차이가 생겼고, 이에 따라 병원 장례식장이 경쟁에서 우위에 서게 됐다. 이후 병원 장례식장이 수익 사업으로 인식되면서 1990년대 중반부터 병원이 직접 장례식장을 운영하는 체제로 바뀌어갔고 시설도 점차 호텔식으로 현대화됐다.

현재 장례식장에서 치러지는 장례는 대부분 돈을 지불하고 위임되어 진행된다. 이방인인 장례 대행업체가 장례의 주체가 되고, 상을 당한 사람들은 장례의 주변인으로 밀려났다. 그러면서 죽음의 문제를 처리해야 하는 유족과 장례를 통해 이윤을 남기려는 업체 간의 갈등도 나타났다. 장례가 쉽게 상업화된 이유 중 하나는 장례 때 발생하는 가족의 심리 때문이다. 유족은 망자를 위해 마지막으로 뭔가를 해서 스스로 위안을 얻고자 하는데, 전통사회에서는 자신을 규제하는 복잡한 의례라는 방식으로 해결했지만, 의례가 간소화된 현재는 장례업자의 상품화된 물품과 서비스가 이를 대체하고 있다.

화장

매장과 화장의 사회사

화장(火葬)은 시신을 불에 태워 처리하는 장법(葬法)을 말한다. 현재 우리나라에서는 종교와 관계없이 화장이 보편적으로 행해지지만, 원래는 고대 인도 사회의 장법 가운데 하나였던 것을 불교에서 수용한 것이다. 육신은 이승에서 잠시 빌려 입었던 옷과 같은 것으로, 몸을 태움으로써 이승에 대한 애착과 미련을 끊는다는 의미를 담고 있다. 화장을 불교 용어로 다비(茶毘)라고 하는데, 이는 팔리어 자페티(jhāpeti)를 음역한 것이다.

우리나라에 불교가 들어오기 전까지는 시신을 땅에 묻는 토장(土葬)이 일반적이었으나, 불교가 들어온 5세기경부터 화장한 다음 뼈를 추려 용기에 담아 매장하는 풍습이 생겨났다. 이를 화장묘(火葬墓)라 하는데, 전통적 무덤에 화장이 결합돼 탄생한 장법이다. 7세기 중엽에 이르면 신라 왕실에서도 화장을 행했으며, 문무왕을 비롯해 여덟 명의 왕이 화장됐다. 9세기에는 당나라에서 선종(禪宗)이 들어왔는데, 이때부터 고승이 입적한 뒤 화장을 하여 나온 사리나 유골을 안치하는 부도(浮屠)를 조성하는 풍습이 생겼다. 고려 중기인 12세기 이후에는 화장이 본격적으로 사회 전반에 정착됐는데, 사람이 죽으면 절 근처에서 화장한 다음 유골을 일정 기간 절에 안치했다가 매장하는 이중장(二重葬)이었다.

조선시대에는 유교 이념과 맞지 않는 화장을 전면적으로 금지했지만, 조선 초기만 해도 열 명 중 예닐곱 명은 매장이 아닌 불교식 화장을 택했다. 비록 화장을 하지 않고 매장했다가도 뒤에 묘를 파서 유골을 화장하는 일도 적지 않았다. 화장을 금지하기 위해 예조와 사헌부는 화장하는 자를 처벌하도록 했고, 지방에서는 감사와 수령이 철저히 감독했다. 이런 강력한 규제 때문에 성종 집권 후반기에는 유교식 장법인 토장이 점차 일반화됐다.

조선시대에 정착된 유교식 장례는 일제강점기에 또 한 번 변화를 겪었다. 조선총독부에서 화장을 권장하고 대도시를 중심으로 화장장이 설치되면서 화장하는 수가 1923년 707건에서 4년 뒤에는 1530건으로 증가했다. 부유층보다는 전통 장례를 치르기에 경제적 부담이 큰 서민이 주로 화장을 했다. 일제강점기에 화장하는 인구가 절대적으로 많은 수치는 아니었지만 비율로 보면 급격히 증가했다. 하지만 광복 이후에는 화장이 식민 문화의 잔재로 여겨지면서 화장률은 미미한 수준의 증가에 그쳤다.

1990년대에는 무덤으로 인한 국토의 잠식과 무연고 무덤의 증가 등이 사회문제가 되면서 각종 언론이 주도하여 화장을 권하는 일종의 캠페인이 크게 벌어졌다. 그 영향으로 1955년 5.8%에 불과하던 화장률이 1991년 17.8%로 상승했고, 이후 꾸준히 증가해 2015년 기준 80.8%가 됐다. 현대 사회에서 급증하게 된 화장은 장지 부족과 묘지 관리의 어려움이 원인으로, 불교식 화장과는 다른 의미를 갖는다. 현재 화장은 불교적 의미와 무관하게 행해지지만, 화장이 불교적 장법이라는 것은 법적으로도 인정되는 사실이다. 그래서 일반인은 화장 시설 이외의 장소에서 화장을 할 수 없지만, 승려는 사찰에서 일정한 불교 의식에 따라 화장을 행할 수 있다.

죽음에 대한 그리스도교의 믿음은 부활 신앙에 기초를 두기 때문에 전통적으로 화장을 금지했다. 그리스도교인이 화장을 하면 그리스도교식으로 장례를 치를 수 없으며 교회 묘지도 이용할 수 없었지만, 전 세계적으로 화장이 주요 장법이 되어가면서 교황청은 1983년 교회법을 개정하여 화장을 허용했다. 그리고 2016년 교황청 신앙교리성에서 '죽은 이의 매장과 화장된 유골의 보존에 관한 훈령'을 발표하여, 매장과 화장에 관한 가이드라인을 제시했다. 이에 따르면 가톨릭교회는 죽은 이의 육신을 매장할 것을 권유하되, 그리스도교 교리에 어긋나는 이유로 화장을 선택한 것이 아니라면 화장을 금하지는 않는다. 그러나 화장 후 유골은 거룩한 장소에 보존해야 하며, 거주지에 보관하거나 뿌리거나 기념물 등에 넣어 보관하는 방식은 금지된다. 오늘날 가톨릭교회에서는 육신의 부활에 대한 신앙과 화장이 양립할 수 없다고 보지는 않는다. 즉 부활 때에는 육신의 상태에 상관없이 천주의 전능한 힘으로 신령한 육신을 가지고 부활할 수 있다고 믿는다.

개신교에서도 화장에 대한 논란은 많았지만, 현재는 화장을 개신교 의례의 특성을 갖춘 개신교 화장례로 발달시키기 위한 신학적 연구가 진행되고 있다. 2013년 대한예수교장로회총회(백석) 소속 목회자 145명에게 화장과 부활의 관계에 대해 설문조사한 결과, 79.3%는 영향이 없다고 답했다. 20.7%는 화장하면 부활을 확신하지 못한다고 생각하지만, 점차 사회적 변동에 따라갈 것으로 보인다. 성경에는 화장 시 부활하지 못한다는 구절이 없고, 창세기에 나오는 것처럼 인간은 흙으로 왔다가 흙으로 돌아가며, 매장도 화장과 마찬가지로 결국 육신은 썩어 한 줌의 먼지나 흙으로 돌아가기 때문이다.

묘

들에 버리는 장(葬), 평지에 묻는 묘(墓), 봉긋하게 올린 분(墳)
유해를 매장하는 장소 또는 그 시설을 묘(墓)라고 하며, 무덤이라고도 한다. 무덤은 15세기 문헌에 처음 나타난 말로, '묻다'의 '묻'과 접미사 '엄'이 결합된 말이다.

장(葬)이라는 한자는 '풀 초(艸)' 두 개와 '죽을 사(死)'가 합해진 것으로, 시신을 묻지 않고 들에 그대로 방치한 모양의 무덤을 묘사한 것이다. 《주역(周易)》〈계사전(繫辭傳)〉에는 "옛날에는 죽은 사람을 매장하지 않고 그냥 들에다 두고 풀이나 나뭇가지로 덮고, 나무나 봉분도 하지 않았다"라고 나온다. 시신을 묻지 않고 그냥 들에 두다 보니 부모의 시신이 짐승의 밥이 되는 것을 볼 수 없어 활을 가지고 지키기도 했다고 한다. '조상할 조(弔)' 자는 '활 궁(弓)'과 '사람 인(人)'이 합해진 것으로, 사람이 활을 들고 있는 모습이다. 은(殷)나라 때도 시신을 매장하지 않았다. 《맹자(孟子)》에 따르면 "상고에 부모가 죽어도 장사 지내지 않는 시대가 있었는데, 부모가 죽자 시체를 들어다가 구덩이에 버렸다. 뒷날 그곳을 지나다 여우와 살쾡이가 시체를 뜯어먹고 파리와 모기가 엉겨서 빨아먹는 모습을 보자 이마에 식은땀을 흘리며 눈길을 돌리고 바로 보지 못했다. 곧 집으로 돌아와서 들것과 가래를 가지고 돌아가 흙으로 시체를 덮었다"라고 했다. 이처럼 상고시대에는 시체를 매장하지 않고 그대로 방치했고, 매장법은 이후에 생겨났음을 알 수 있다.

초기의 매장은 봉분은 물론이고 아무런 치장도 하지 않는 형태였던 것으로 보인다. 묘(墓) 자는 시신을 땅속에 매장하고 봉분 없이 평지처럼 만든 것을 이른다. 주(周)나라 문왕과 무왕의 무덤도 평지묘였다. 평평한 형태의 묘는 점차 시신을 짐승으로부터 보호하고 무덤을 쉽게 찾을 수 있는 새로운 형태의 무덤인 분으로 바뀌었다. 분(墳) 자를 풀어보면, 흙(土)+10(十)+10(十)+10(十)+조개(貝)로 이루어졌다. 즉 흙과 조개껍데기 30짐을 쌓아올린 것이다. 조개껍데기 속에 시신을 묻거나 흙과 섞어 봉분을 만들었기 때문에 조개 패(貝) 자를 쓴 것이다. 흙과 조개껍데기가 30짐이라는 것은 상징적으로 많다는 뜻으로, 이 정도면 봉분을 만들 수 있다는 의미다.

오늘날과 같은 봉분 형태의 분구식(墳丘式) 무덤은 춘추시대 말에 처음 만들어져 전국시대에 보편화됐다. 공자도 옛날에는 묘를 수리하지도 않고 봉분도 하지 않아 후에 묘를 찾기가 힘들어, 어머니를 장사 지낸 후에는 봉분을 만들었다고 했다. 이처럼 무덤은 들에 시신을 버리는 것과 같은 장(葬)의 형태에서 점차 평지에 묻는 묘(墓), 또 봉분을 한 분(墳)의 형태로 발전했다. 분묘는 진시황릉에서 시작해 한나라 황제의 능에서 거대함의 극치를 이루었다.

능으로 가는 도로나 묘 앞에 사람이나 동물 형상의 돌조각(石人, 石獸) 등을 배치했고, 묘비(墓碑)나 비석(碑石) 등도 세웠다.

우리나라의 장례에 관한 최초의 기록은 《삼국지(三國志)》〈위서 (魏書)〉 '동이전(東夷傳)'과 《후한서》에 보인다. 이에 따르면 고구 려에서는 사람이 죽으면 집 안에 가매장했다가 3년이 지나면 길 일을 택해 장사를 지내고, 돌을 쌓아 봉분을 만든 후 소나무와 잣 나무를 그 주위에 심었다. 백제는 고구려를 따랐던 것으로 보이고, 신라는 초기에는 토장을 한 반면 불교가 공인된 법흥왕 이후에는 화장과 토장을 병행했다. 조선시대의 무덤은 신분에 따라 구분됐 는데, 왕과 왕비의 무덤은 능(陵), 왕세자와 왕세자비의 무덤은 원 (園)으로 불렸고, 능과 원에 해당하지 않는 사대부와 일반 서민의 무덤은 묘라고 했다.

무덤을 의미하는 영어 세머테리(cemetery)는 '잠자는 곳'이란 뜻의 그리스어 코이메테리온(koimeterion)에서 유래했는데, 고대 그리스인은 묘를 사자(死者)가 사는 집으로 생각했다. 고대 그리스 미케네에서 발견되는 묘실은 집을 모방해 둥근 천장이 있는 사각 돌로 지었으며, 통로가 붙어 있다. 관도 지붕 모양의 뚜껑을 가진, 집 모양을 본뜬 형태다. 묘 안에는 죽은 자가 사자(死者)의 나라로 가는 길에 필요한 음식이나 일용품, 때로는 소유물로서 배우자, 하 인, 동물까지도 함께 두었다. 한편 고대 유대인은 자연적으로 생긴 굴을 이용하거나 바위를 파서 무덤을 만들었다. 무덤은 대개 가족 이 함께 사용할 수 있는 크기로 만들었고, 입구는 짐승의 습격을 막기 위해 여러 사람이 함께 옮겨야 할 정도의 큰 돌로 막아두었다. 예수의 무덤도 이런 형태였다. 그리스도교 시대에 유럽의 묘는 교회 주변에 조성됐고 십자가를 세웠다. 그래서 교회에 속한 땅을 의미하는 영어 처치야드(churchyard)는 무덤을 뜻하는 그레이브야드(graveyard)와 같은 의미로 사용된다.

우리나라에서 유교식 장례는 일제강점기에 많은 변화를 겪었다. 화장장과 공동묘지라는 새로운 시설이 만들어지고, 근대적 공원묘지가 조성되기 시작했다. 시신을 장지(葬地)로 이동할 때 상여나 우마차 대신 자동차로도 운구할 수 있게 했는데, 시신을 운반하는 이른바 영구차는 당시로서는 대표적인 신문화였다. 이는 오늘날에도 이어지고 있다. 광복 이후 미군정을 거쳐 대한민국 정부가 수립된 이후에도 일제가 만든 장례법이 실질적 효력을 계속 발휘해오다가, 박정희 정부가 들어선 1961년에야 '매장 및 묘지 등에 관한 법률'을 제정함으로써 우리나라의 현대적 장례 문화가 법제화됐다. 현재는 2001년 제정되고 2015년 마지막으로 개정된 '장사 등에 관한 법률'에 의해 장례법이 행해진다.

장사를 지낸 후 시체나 화장한 유골을 보관하는 곳을 장지(葬地)라고 하는데, 현행법에서는 묘지, 봉안 시설, 자연장(수목장, 잔디장, 화초장) 세 가지로 구분한다. 묘지는 법률적으로 "임신 4개월 이상의 태아를 포함한 시체나 유골을 땅에 묻어 매장하는 시설(분묘)을 설치하는 구역"을 말한다. 국립묘지, 공설묘지, 사설묘지 등이 있다. 흔히 보는 선산(先山)이나 산소(山所) 등과 같은 가족묘지 또는 문중묘지는 사설묘지에 해당한다. 전통적 문중묘지는 고려 말에 시작되어 18세기경 정착한 것인데, 지금도 계속 유지되고는 있지만 일제가 1912년 공동묘지라는 근대적 제도를 도입하면서 점차 줄고 있다. 공동묘지제도는 묘지공원이라는 이름으로 시작됐는데, 1929년 서울 홍제동에 문을 연 것이 최초다. 이는 일본인 전용 공동묘지로, 이후 묘지공원이 사회적으로 확산되지는 않았다. 현재 주변에서 쉽게 찾아볼 수 있는 공원묘지는 1970년대에 등장해서 점차 확산된 것이다. 이때부터 분묘 형태도 전통적 원형 봉분에서 사각형의 평분으로 바뀌어갔다. 2015년 기준으로 매장률은 19.2%였는데, 같은 해에 개정된 '장사 등에 관한 법률'을 보면 매장 분묘는 한번 신고하면 30년을 유지해야 하고 30년 후에 한번 연장할 수 있다. 그 이후에는 개장해서 화장해야 한다.

봉안 시설은 화장한 유골을 매장하지 않고 안치하는 곳을 말하는데, 봉안당, 봉안묘, 봉안탑 등이 있다. 봉안(奉安)이란 2007년 '장사 등에 관한 법률'이 개정되면서 일본식 용어인 납골(納骨)을 대신한 용어다. 봉안당이란 작은 상자처럼 생긴 곳에 여러 유골을 같이 보관하는 시설인데, 봉안 시설 중 가장 흔한 형태다. 그리고 화장한 유골을 야외에 대리석 등으로 만든 묘에 묻는 시설을 봉안묘라고 하며, 작은 봉안당이라고 할 수 있다. 봉안탑은 탑 형태로 된 것을 말한다.

자연장은 화장한 유골을 나무, 잔디, 화초 같은 자연물 아래나 주변에 묻는 것을 말한다. 최근에는 해양장도 합법화됐는데, 이는 바다에 부표를 만들어놓고 부표 주변에 골분을 모시는 방법이다. 유골을 자연에 뿌리는 것은 산골(散骨)이라고 하는데, 현재 화장 기준으로 10%가 이렇게 처리되는 것으로 추정된다. 법적으로 허가된 장소가 아닌 강이나 바다에 뿌리는 행위는 불법이다.

이중장

육체로부터 영혼을 증류해내는 과정

장례를 두 번 치르는 이중장(二重葬, secondary burial)은 이차장(二次葬), 복장(複葬) 등으로도 불리는데, 살이 썩은 다음 뼈만 추려서 장례를 다시 하는 경우는 세골장(洗骨葬)이라고도 한다. 세골장은 신석기시대 이래 세계적으로 여러 지역에서 관찰되는데, 중국 남부 지방, 타이완, 일본 오키나와, 우리나라 남서해안 등지에서는 현재에도 행해지고 있다. 경상북도 울진군 후포의 신석기시대 유적에서는 지름 4m 남짓한 구덩이 안에 40인 이상의 뼈가 매장된 세골장이 발견되기도 했다.

세골장 풍습은 불교와 유교가 도입되면서 구체적인 방법은 변하긴 했지만, 화장 후 유골을 추려 뼈단지에 넣어 묻는 것은 고려시대까지 이어졌다. 조선시대에 유교식 장례가 일반화된 다음에도 본묘(本墓)에 안치하기 이전 단계의 무덤인 초분(草墳)은 전국적으로 많았고, 1900년대 초까지만 해도 적지 않았다. 그러나 일제강점기에 위생법이 제정되고 화장이 권장되면서부터는 남서해안 지역에서만 유지되다가, 이마저 1970년대 새마을운동이 시작되면서부터는 법적으로 금지되기도 했다. 목포대학교 박물관 조사팀이 1986년 진도에서 초분 9기를 조사했는데, 시신을 넣은 관을 땅 위에 놓고 초가지붕 모양의 짚을 덮은 형태였다. 보통 집 가까운 밭이나 숲 속에 두고, 들를 때마다 솔가지를 짚에 꽂아 돌보고 있다는 표시를 하기도 한다. 보통 2~3년 기다렸다가 뼈만 추스른 다음 본묘에 안치한다. 1980년대 말 진도 지역 조사 당시 그곳 노인의 소망 중 하나가, 자손이 자신의 시신을 우선 초분에 안치하는 것이었다고 한다.

인도네시아 보르네오의 다약족은 사람이 죽으면 시체를 일시적인 거처에 다소 긴 기간 동안 놓아두었다가 최종 장례 의식을 행했다. 1차 장례에서 최종 장례까지 대략 2~10년이 걸리는데, 시체가 완전히 부패해서 뼈만 남게 될 때까지 기다리기 위해서였다. 1차 장례에서는 시신이 따로 고립되어 있는 반면, 최종 매장에서는 유해가 가족적이거나 집단적 형태의 묘지에 안장되면서 사자는 조상과 재통합된다. 최종 매장 전까지 사자의 영혼은 이승과 저승 사이에서 방황하며 어디에도 아직 속하지 않는 주변부 존재이자 이방인으로 여겨졌다. 따라서 사람들은 연민과 공포를 동시에 느꼈고, 사자의 영혼이 질병을 퍼뜨리는 사악한 존재로 인식되기도 했다. 최종 매장이 이루어져야 비로소 이승과의 인연이 완전히 끝난, 진짜 죽은 자로 간주됐다. 그래서 2차 장례 전까지는 하루에 두 번씩 식사를 제공하기도 했다.

장례를 두 번 하는 것은 여러 가지 이유가 있다. 시체는 오염원으로 감염병을 일으키는 근원이 된다고 생각한 것도 하나의 이유다. 그래서 망자에게 속했거나 시신과 접촉했던 것뿐만 아니라 망자의 이미지와 연관되는 모든 것을 죽음에 의해 오염됐다고 간주했다. 그래서 그것들을 파괴하거나 망자에게 바치거나 정화 의례를 실시해 오염을 제거한 후에야 사용했다. 조로아스터교의 경전인 아베스타(Avesta)에 따르면, 시체는 신의 선한 창조를 오염시킬 수 있는 불결한 대상이고 부패하기 시작하면 악마적 전염력이 있기에 시체를 땅, 물, 불 등에 닿지 않도록 멀리 떨어뜨려, 태양에 노출된 황폐한 고지의 돌로 둘러싸여 있는 곳에 버려두었다. 그후 야생동물이 시체의 살을 뜯어먹고 1년쯤 지나 뼈가 드러나 건조되면 이제 오염 없이 접촉할 수 있는 것으로 여겨 최종 매장지에 들였다. 이렇게 긴 장례 절차를 보면 장례는 부패하는 육체로부터 영혼을 증류해내는 일련의 과정이라는 느낌이 든다.

삼년상

정몽주가 유행시킨 삼년상은 이중장의 유산이다

삼년상(三年喪)이란 부모가 사망하면 자식이 3년간 상복을 입고 상중(喪中) 생활을 하는 것을 말하는데, 실제 기간은 2년 1개월이다. 삼년상은 《의례》나 《가례》에 실린 유학자가 지켜야 할 예(禮)였는데, 조선의 법전인 《경국대전(經國大典)》에 명시되어 법으로 규정되기도 했다.

삼년상을 치르는 뜻에 대해 《예기》에는 다음과 같이 나온다.

상처가 크면 오래가고 아픔이 심하면 낫기가 더딘 법이니, 3년이란 기한은 정(情)에 맞추어 형식을 세운 것으로, 지극한 아픔에 대한 문식(文飾)이라 하겠다. 삼년상은 25개월 만에 마치는데, 그래도 애통함은 다하지 않고 사모의 정은 여전히 남아 있지만 이로써 복(服)을 끊는 것은 죽은 이를 보내는 데도 끝이 있고 산 사람도 일상생활로 복귀해야 하기 때문이 아니겠는가.

《논어》에는 삼년상에 대한 재아와 공자의 대화가 나온다.

재아가 물었다.

"삼년상은 그 기간이 너무 길다고 봅니다. 또 1년이면 이미 옛 곡식은 다 떨어지고 새 곡식이 여물고, 불쏘시개도 새로 장만합니다. 상(喪)도 한 해면 충분할 것입니다."

공자가 말했다.

"부모가 죽었는데 쌀밥 먹고 비단옷 입어도 자넨 편하단 말인가!"

"편합니다."

"자네가 편하다면 그렇게 하게."

재아가 나갔다.

공자는 말했다.

"재아의 불인(不仁)이여, 저 녀석도 3년이 지나고야 부모 품을 벗어났을 터인데. 삼년상이란 하늘 아래 공통된 의례(喪)인 것이다. 재아는 부모로부터 3년 동안 보살핌도 받지 않은 채 저 혼자 저렇게 잘났단 말인가!"

삼년상은 공자 이래 유가(儒家)가 지켜온 상례인데, 자식을 낳고 3년간 키워준 보답이라는 공자의 설명이 있긴 하지만 이것이 삼년상의 기원을 설명하는 것은 아니다. 삼년상의 기원에 대해서는 의견이 분분하다. 공자가 처음 만들었다는 주장도 있지만, 《예기》에는 "옛날 천자가 죽으면 왕세자는 재상에게 3년을 청정케 했다"라는 내용이 나온다. 또 '보거나 저술할 뿐 창작하지는 않는다'는 술이부작(述而不作)의 원칙을 지켰던 공자가 새로운 것을 만들었다고 보기도 어렵다. 중국 쓰촨(四川) 대학의 허단(何丹)에 따르면, 삼년상은 주공(周公)에 의한 서주(西周)의 실질적 통일 이후 천하를 관통하는 예악 질서의 정비에 수반하여 정립됐다고 한다.

삼년상이 정립된 시기는 그렇다 치고, 그럼 왜 3년인가? 고대 중국의 삼년상 문화가 이중장에서 유래했다는 주장이 있다. 이중장은 지금은 드물지만, 고대에는 많이 행해지던 장례 방식이었다. 살이 썩은 다음 뼈만 추려서 장례를 다시 하는 세골장이 이중장의 대표적인 예다. 사망 후 시체가 부패해 완전히 뼈만 남게 되는데 소요되는 시간은 조건에 따라 다르지만, 온대 기후에서는 빠르면 3주 만에도 백골화가 되고 땅에 묻을 경우는 수년이 걸리기도 한다. 건조한 기후인 황하 유역에서는 부패가 완료되는 데 약 2년이 걸렸는데, 이로써 고대 중국인은 임종부터 시작되는 죽음이 2년 후에 완료된다는 인식을 갖게 됐고, 이는 후대의 유교 의례로 계승되어 2년이라는 기간이 삼년상으로 정형화됐다. 2년과 3년 사이에는 차이가 있는 것처럼 보이지만, 이는 유교적인 숫자 세는 방법 때문이다. 《예기》에는 "연령은 생일 다음 날부터 세고, 명일은 사망한 전날부터 센다"라는 기록이 있다. 그렇게 세는 이유는 신생아의 경우 장래의 행복을 바라기 때문이고, 망자의 경우 생전의 삶을 추모하기 위해서다. 그래서 사람이 죽으면 만 2년에 하루를 추가해서 햇수로 3년, 즉 25개월의 삼년상으로 정한 것이다.

우리나라에서 삼년상은 고려 초기부터 있었으나 고려 말 정몽주가 부모상에 3년간 시묘살이를 하면서 더욱 유행했고, 조선시대에는 사대부 사이에서 일반화돼 율곡 이이도 어머니가 돌아가시자 3년간 시묘살이를 했다. 시묘살이란 자식이 부모의 묘 옆에 움막을 짓고 거주하면서 탈상할 때까지 묘를 돌보는 일을 말한다. 공자가 사망했을 때도 제자들이 3년간 마음으로 애통해하며 근신하는 일(心喪)을 지내고 돌아갔다 하고, 자공(子貢)은 6년간 공자 묘 옆에서 시묘살이를 했다. 그러나 우리나라에서 성리학에 기초한 상례가 정착되는 17세기에 가장 영향력이 있었던 참고서는 이재(1680~1746)가 엮은 《사례편람(四禮便覽)》인데, 이 책에는 시묘살이가 언급되어 있지 않다. 또 《주자가례(朱子家禮)》에도 시묘살이는 나오지 않는 것으로 보아 공식적으로는 삼년상이 권장되지 않았음을 알 수 있다. 퇴계 이황도 시묘살이를 비판했는데, 그럼에도 사대부 사이에서 풍속으로 널리 행해졌다.

유교적 제사 ——————————
"마음이 슬프기 때문에 예로써 받드는 것이다"

공자는 우임금의 예를 들어 제사에 대해 이렇게 말했다. "우임금은 거친 음식을 먹으면서도 귀신에게는 효성을 다했고, 허름한 의복을 입으면서도 제사 예복은 아름답게 꾸몄다." 또 제사란 "귀신에게 효성을 다하는 것, 존재의 시원을 추모하는 것"이라고도 했다. 귀신에게 효성을 다한다는 것은 선조의 제사를 풍성하고 정결하게 한다는 뜻이다. 공자는 귀신을 공경하되 멀리하라고 했는데, 일정한 거리를 두면서 공경을 표하라는 의미다. 공자는 제사 방법에 대해서는 "조상에게 제사를 드릴 때는 조상이 앞에 계신 듯 해야 하고, 신령께 제사를 드릴 때는 신령이 앞에 계신 듯 해야 한다"라고 했으며, 거친 밥에 나물국을 먹을 때도 반드시 고수레를 했다. 당시 제사는 가족적 행사였을 뿐만 아니라 국가적 행사이기도 했는데, 《춘추좌씨전(春秋左氏傳)》에서는 국가를 운영할 때 가장 중요한 일이 '제사(祀)와 전쟁(戎)'이라고 했다. 주희에 따르면 조상 제사는 효성이 위주이고, 신령 제사는 공경함이 위주다.

공자의 이러한 사상은 순자를 거쳐 한나라 때 《예기》에서 체계적인 제사관으로 확립됐다. 《예기》에서는 "예에는 오경(五經)이 있는데, 그중 제례가 가장 중요하다. 제사란 밖으로 어떤 이유가 있기 때문이 아니요, 마음속에서 우러나오기 때문이다. 마음이 슬프기 때문에 예로써 받드는 것이다. 밖으로 제물을 극진히 마련하고 안으로 성심성의를 다하는 것, 이것이 제사를 올리는 마음가짐이다"라고 했고,《순자(荀子)》에서는 "제사란 추모하는 마음의 표현으로서 참마음과 믿음, 사랑과 공경의 지극함이요, 예절과 격식의 성대함이다. 군자는 제사를 인간의 도리로 여기고, 백성은 귀신에 관한 일로 여긴다. 제사는 죽은 분을 살아 계신 듯 섬기고 없는 분을 있는 듯 섬기는 것인데, 제사의 대상은 형체도 그림자도 없으나 격식을 완수하는 것이다"라고 했다.

우리나라에서는 고대부터 천지(天地, 하늘과 땅), 일월성신(日月星辰, 해와 달과 별), 풍사(風師, 바람의 신), 우사(雨師, 비를 주관하는 신), 사직(社稷, 토지와 곡식의 신), 산, 강, 선왕(先王), 선조(先祖), 선사(禪師, 선종 승려) 등을 대상으로 제사를 지냈다. 그런데 현재 제사라고 하면 조상에 대한 의례를 가리키는 것으로 인식되는 것은 조선시대에 유교가 정착한 이후부터다. 이전에도 조상숭배가 있기는 했지만, 전통 무속에서는 죽은 자와 산 자의 관계가 반드시 일정한 혈연관계 내에만 한정된 것이 아니었고, 불교에서도 조상에 대한 인식은 희박했다. 그런데 조선시대에 성리학이 국가 이념이 되고 주자의 가례가 가정 규범으로 채택되면서 조상숭배는 혈통을 매개로 구체화됐다.

유교 전통에서 제사는 그저 조상의 은혜에 감사하고 덕을 추모하는 차원에 머무는 것이 아니다. 그렇게 제사가 단순한 것이었다면 조선 후기에 그리스도교 신자가 제사를 거부했다고 죽일 필요까지는 없었을 것이다. 양자의 갈등은 종교 대립이었고, 문화 충돌이었다. 유교에서는 제사를 거부하는 그리스도교를 불효의 종교로 여겼고, 그리스도교에서는 제사가 종교 의식으로서 우상숭배에 해당한다고 생각했다. 조선에서 제사란 단순한 조상숭배 차원을 넘어서 국가 통치를 가능케 하는 종교 의례였기에, 정부는 제사를 정면으로 부정하는 그리스도교인을 처형할 수밖에 없었던 것이다. 한편 1939년 로마 교황 비오 12세는 유교의 조상숭배가 하나의 시민적 의식일 뿐 종교적 의식이 아니라는 교서를 공표하여 조상숭배 문화와 타협하기도 했다.

유교가 국가 통치 수단으로는 이미 폐기된 현재, 제사라고 하면 매년 고인의 기일(忌日)에 지내는 기제(忌祭), 명절마다 지내는 절사(節祀), 계절이 바뀔 때마다 지내는 시제(時祭) 등을 말하고, 조상을 신으로 모시는 차원이 아니라 고인을 기리고 가족과 친지의 혈연적 유대감을 확인하는 차원에서 기념하는 것이다. 우리나라에서 조상을 모시는 제사는 종교 의례이기는 하지만, 초월적 존재와 교류하는 성직자에 의해 주도되는 것이 아니라, 일상의 인간에 의해 일상의 공간에서 마치 일상의 삶을 재현하듯 의례를 치르기 때문에 종교적 체험은 상대적으로 빈약하다.

천주교의 제사 논쟁 ————————

200년간 금지되었던 조상 제사, 그러나 불변의 진리는 없다

중국에 천주교가 들어온 것은 원나라(1271~1368) 때가 처음이지만, 이보다 앞서 당나라 초기인 635년 그리스도교의 한 분파인 네스토리우스파 선교사가 들어와 선교를 시작했다. 네스토리우스교는 경교(景敎)라고 불리면서 이후 200년간 중국에서 번창했지만, 879년 황소의 난 때 선교사들이 학살되면서 쇠퇴했다. 13세기에 몽골이 아시아와 유럽을 제패하자 교황 니콜라오 4세는 1289년 프란체스코회 선교사를 중국에 파견했다. 《동방견문록》의 저자 마르코 폴로가 중국에서 17년간 머물면서 여행을 한 것도 이 시기다. 1305년경에는 원나라에 가톨릭 신자가 6000여 명에 이를 정도로 번창했으나, 원나라가 멸망하고 유럽에서 중국과의 육로 연결이 끊어지면서 선교사도 철수하자 중국 선교는 중단됐다.

16세기 초부터 유럽의 선교사는 중국 선교를 다시 시작했다. 바스쿠 다가마가 1498년 인도 항로를 개척한 이후 이슬람 지배 지역을 우회하는 길이 열리자, 루터의 종교개혁 이후 교회 본연의 사명을 자각한 가톨릭 예수회 선교사가 중국에 가기 시작했다. 1582년 마카오에 들어온 마테오 리치는 중국어를 공부하고 중국 문화에 적응하는 방식으로 선교를 했다. 예수회는 조상숭배와 공자에 대한 공경을 인정하면서 제사를 허용했고, 중국의 전통적 개념인 천(天) 또는 상제(上帝)를 하느님의 호칭으로 사용하기도 했다. 덕분에 1691년 강희제(康熙帝)가 천주교는 사교(邪敎)가 아니니 관대하게 대하라는 칙서를 발표하기에 이르렀고, 중국 선교는 더욱 활기를 띠었다. 1700년경에는 그리스도교인이 50만 명으로 늘어났다.

중국에서 제사가 논란이 된 것은 1613년 중국에 들어온 도미니크회와 1633년 들어온 프란체스코회 선교사들이, 조상과 공자에게 올리는 제사를 그리스도교에 어긋나는 미신적 우상숭배로 간주하면서부터다. 1643년 도미니크회 선교사 모랄레스가 기존의 예수회가 해온 적응주의 선교 방식의 문제점을 교황청에 제기함으로써 치열한 의례 논쟁이 벌어졌다. 이전 당나라 때의 경교, 원나라 때의 프란체스코회, 명나라와 청나라 때의 예수회 등의 선교 활동에서는 용납됐던 제사를 청나라 때의 도미니크 선교회가 문제 제기한 것이다. 교황청은 이 문제를 검토했고, 1715년 교황 클레멘스 11세는 "'천주(天主)' 외에는 '천'이나 '상제' 같은 용어를 하느님의 명칭으로 사용할 수 없으며, 조상숭배와 공자 공경 의식을 금지한다"라는 칙서를 발표했다. 이에 청나라 강희제는 교황이 황제의 권한을 침범한다고 분노하면서 중국에서 천주교 활동을 금지했다. 이후 중국의 천주교 신자는 박해에 시달려야 했다. 1742년에는 교황 베네딕토 14세가 조상 제사 금지를 명문화함으로써 100년간 끌어온 중국의 제사 논쟁은 제사 금지로 결론이 났다.

조선의 천주교 신자는 중국 천주교의 방침을 따랐고, 1791년 윤지충과 권상연이 제사를 폐지하고 신주를 불살랐다는 이유로 처형되는 신해박해가 발생했다. 이후 천주교 신자에 대한 박해는 1886년 조불수호통상조약이 체결되기 전까지 계속됐다. 조불수호통상조약으로 조선의 천주교인은 신앙의 자유를 얻었지만, 조선의 전통문화를 대하는 선교사의 태도는 변하지 않았다. 1925년 발간된 교리서 《천주교요리(天主敎要理)》에서는 제사를 거행하는 것뿐 아니라 제사에 참석하거나 제사 음식을 먹는 것, 시신에 절하는 행위 등을 이단으로 엄격하게 금지했다.

교황청이 제사에 대해 완고한 태도를 바꾼 것은 1930년대 일본의 신사 참배와 만주국의 석전제(釋奠祭)를 종교 의례가 아닌 국민 의식으로 받아들이면서부터다. 1932년 일본의 가톨릭 대학인 조치(上智) 대학 학생들이 신사 참배를 거부하여 일본 사회에서 큰 비난을 받자 일본 천주교회는 신사 참배를 용인하는 방향으로 변해갔고, 교황청은 이를 승인했다. 조상 제사 문제는 만주국에서 벌어진 공자 의례 논란이 계기가 되어 허용됐다. 일본은 1932년 만주국을 건립하고 국민 단결을 위해 석전제를 비롯한 공자 의례를 의무화하면서, 이것은 단순한 국가적 예식일 뿐이라고 천주교 신자를 설득했다. 만주국 주교는 이를 교황청에 보고했고, 1935년 교황청은 공자 의례를 허용했다. 그리고 1939년 교황청은 그동안 금지해왔던 조상 제사를 허용하는 훈령을 발표했다. 1742년부터 약 200년간 금지돼온 조상 제사가 비로소 허용된 것이다.

가톨릭교회가 각 민족의 전통문화를 전폭적으로 수용한 것은 1960년대에 이르러 제2차 바티칸종교회의 때다. 이 종교회의

는 시대에 적응할 필요성이 있는 가톨릭교회의 현대화와 신·구
교 교회 간의 일치를 목표로 열렸는데, 다른 종교 문화를 존중하
고 복음을 토착화하는 전기(轉機)가 됐다. 이후 한국 가톨릭교회는
2003년《상장예식》을 출간하면서 우리의 전통 상제례의 많은 부
분을 허용했다.

재

천도재는 유교 제사와 불교 의례의 융합

재(齋)는 재계(齋戒)한다는 의미인데, 향교나 서원에 딸린 유생
의 기숙사를 말하기도 하고, 공양을 올리면서 하는 불교 의식을
뜻하기도 한다. 불교적 의미의 재는 산스크리트어 우파바사타
(upavasatha)를 번역한 것으로, 어원상으로는 승려의 식사라는 의
미다. 그러나 이것이 전용되어 승려에게 식사를 공양하는 의식 또
는 그와 같은 의식을 중심으로 한 법회를 뜻하게 됐다. 근래에는
망자를 위한 천도재(薦度齋)가 널리 알려져서, 재라고 하면 천도재
로 여기는 경우가 많다.

　천도의 천(薦)은 천거한다는 뜻이고 도(度)는 법도이니, 천도란
불보살의 힘으로 망자를 극락과 같은 좋은 곳에 보내줄 것을 천
거하는 의식이다. 일반적으로 장례를 마친 후 망자를 위해 지내는
불교 의례는 모두 천도재에 해당한다.

　천도재는 고대 인도의 조령제(祖靈祭)에서 기원했다. 당시 인

도 사람은 사람이 죽으면 아귀(餓鬼)라는 중간 단계를 거쳐 조령 (祖靈)이 된다고 생각했는데, 아귀는 굶주림과 미혹의 업의 굴레를 벗어나지 못한 존재이기에 조령이 되기 위해서는 제사를 지내야 한다고 믿었다. 이는 조상숭배 사상을 지닌 문화권에서 보이는 보편적 인식이다. 유교와 다른 점은 유교에서는 생전에 지은 선악과 무관하게 조상신이 되는 반면, 인도에서는 종교적 구원이 필요하다. 이것이 불교의 윤회사상과 결합하면서 불교 의식에서는 망자를 좋은 곳으로 보내기 위한 천도의 의미가 강조됐다. 중국에 들어온 불교에서 망자를 위한 의식은 유교 제사의 음식공양과 불보살의 가르침을 전해주는 법공양(法供養)이 결합해 현재의 재(齋)로 정착하게 됐다.

언뜻 보면 영단(靈壇) 앞에서 유족이 올리는 유교적인 일반 제사와 불교의 재는 다를 것이 없어 보인다. 하지만 몇 가지 다른 점이 있다. 첫째, 재는 불·법·승(佛·法·僧)이라는 삼보(三寶)의 범주속에서 이루어진다. 불보살(佛)을 모시고 승려(僧)의 집전과 불법(法)의 염송으로 의식을 치르므로, 승려의 염송 내용이 제사의 의미를 규정한다. 둘째, 일반 제사의 의미가 고인에 대한 효의 실천이라면, 재는 망자의 혼을 더욱 좋은 내세로 인도하기 위한 천도의 의미를 지닌다. 그 방식은 망자에게 불법을 들려줌으로써 망자가 깨우침을 얻도록 하는 것이다. 셋째, 개인을 위한 천도재라 하더라도 천도되지 못한 채 떠도는 모든 혼을 의례의 대상으로 삼아, 대승적 차원에서 자신이 지은 선행의 공덕을 중생을 위해 돌리는 것이다. 넷째, 재의 상차림에는 육류, 어류, 술 등을 놓지 않는다.

망자를 위한 첫 번째 천도재는 사십구재(四十九齋)다. 사람이 죽으면 49일 동안 중유(中有)의 존재로 머물다가 다음 생을 받게 된다고 보아, 이 기간 동안 사찰에서 재를 올리는 것이다. 49일이 지나면 망자는 생전에 지은 업에 따라 육도(六道)의 한 곳에서 다시 태어나게 되므로, 이 기간에 유족은 망자가 좀 더 좋은 곳에서 태어나도록 빈다. 장례를 치른 날 사찰 법당에 망자의 영정과 위패를 모시고, 혼이 돌아왔다는 반혼재(返魂齋)를 지낸다. 그리고 임종한 날부터 7일째 되는 날 초재를 지내고, 이후 7일째 되는 날마다 2재, 3재, 4재, 5재, 6재, 7재를 지낸다. 초재에서 6재까지는 간략하게 지내고 마지막 7재를 가장 중요하게 여기는데, 이 7재를 사십구재라고 하는 것이다.

불교의 원리로 보면 사십구재를 지낸 다음에 망자는 저승의 육도 중 한 곳에서 다시 태어난다. 따라서 사십구재 이후에는 망자를 위한 제사를 지낼 이유가 없다. 이미 윤회한 영혼은 저승이라 통칭되는 내세에 새롭게 살고 있어서 제사를 받으러 올 수 없기 때문이다. 그러나 불교 신자는 사십구재 이후에도 100일, 1주년, 2주년에 천도재를 지내고, 매년 명절에도 천도재를 반복적으로 지내며, 사찰에서는 망자의 기제사(忌祭祀)를 지낸다. 결국 천도재는 유교적인 전통 제사의 의미와 결합해 탄생한 불교 의례라고 할 수 있다.

1970~1980년대까지만 해도 죽음 의례는 유교식 상제례가 주축을 이루었고, 불교의 천도재와 무속의 넋굿은 일부에서만 행해졌다. 그러다 차츰 상제례가 간소화되고 유교식 상제례가 약화되면서 천도재가 점차 죽음 의례에서 통합적 역할을 해가고 있다. 불교 신앙과 무관하게 탈상(脫喪)을 위해 사십구재를 선택하는 사람도 많고, 집에서 제사를 치르기 힘든 이들이 사찰에 의뢰하는 비율도 늘어나고 있다.

22

죽음 준비
Death Preparation

병상에 누워 있는 남자가 쉰 목소리를 쥐어짜며 말한다.

"당신을 사랑했어."

여자는 남자의 손을 꼭 쥔다. 마주 보는 네 개의 눈동자에 만감이 교차한다. 눈물이 고인 눈동자들은 서로의 모습을 흐릿하게 비추고 있다.

여자가 입을 연다. 목소리가 떨린다.

"네, 저도, 저도 사랑해요!"

여자의 마지막 말이 흑백의 병실에 애타게 울린다. 순간 여자의 손안에 있던 남자의 손이 미끄러지고, 남자의 눈동자는 눈꺼풀 아래로 숨어버린다. 남자의 고개가 털썩 떨어진다.

"여보? 여보!"

병실에 여자의 절규가 울려 퍼진다. 여자는 한없이 오열한다.

드라마에서 흔히 보이는 이런 죽음은 좋은 죽음이라고 할 만하다. 그러나 이렇게 가족에게 둘러싸여 마지막 말을 나누는 모습은 현대인의 죽음이 아니다. 현대인의 대부분은 병원에서 질병과 싸우다가 탈진한 상태에서 고통 속에 죽기 때문이다. 그렇다면 현대인에게는 어떤 죽음이 좋은 죽음이라고 할 수 있을까? 예상치 못한 사고나 심장마비로 갑작스럽게 죽음을 맞는 것이 좋은 죽음이라고 생각할 수도 있지만, 이별할 시간마저 없이 고인을 떠나보낸 사별자의 고통을 생각하면 좋은 죽음이라고 하기 어렵다. 그렇다면 반대로 천천히 죽어가는 죽음이 좋은 죽음일까? 말기 질환으로 병상에서 죽음을 지연시키는 치료를 받는 고통을 생각하면 이 역시 좋은 죽음이라 말하기는 어렵다.

좋은 죽음은 '성공한 삶과의 이별'이라고 하면서 성공을 이야기하는 사람도 있고, 자신의 죽음에 동의할 때에야 비로소 좋은 죽음을 맞이할 수 있다고 생각하는 사람도 있다. 또 어떤 사람은 좋은 죽음이란 '죽음과 직접 대면하는 것'이라면서 고통에 몸부림치면서도 약물의 도움을 거부하기도 한다. 반면 고통 없이 눈을 감는 것이 좋은 죽음이라고 생각하는 사람은 고통이 심해지기 전부터 가능하면 빨리 진정제를 투여받고 싶어 한다.

우리나라의 청년(10대 후반~30대 초반)과 중년(40대 중반~60대 초반)을 대상으로 '어떤 죽음이 좋은 죽음인가'를 조사한 연구 결과에 따르면, '자다가 고통 없이 죽는 죽음'이 35%로 가장 많았고, 그다음으로 '노화에 의한 자연사', '준비하는 시간적 여유가 있는 죽음', '후회와 집착이 없는 죽음' 등이었다. 65세 이상 노인을 대상으로 조사한 연구 결과에 따르면, '복(福) 있는 죽음'을 좋은 죽음으로 인식했다. 복 있는 죽음이란 부모보다 먼저 죽은 자녀가 없는 것, 자녀가 임종을 지켜주는 죽음, 자식에게 부담 주지 않는 죽음, 부모 노릇을 다하고 맞는 죽음, 고통 없는 죽음, 천수를 다한 죽음, 준비된 죽음 등이었다.

2006년 굿 데스(good death, 좋은 죽음)를 웰다잉이라고 바꾸어 사용하기 시작하면서 우리나라에서 웰다잉은 새로운 화두가 됐다. 건양대학교 웰다잉융합연구회는 웰다잉이란 '준비된 죽음'을 의미하며, 편안하게 고통 없이 죽는 것, 행복한 죽음을 맞이한다는 의미라고 해석한다. 갑자기 맞는 죽음이 아니라 미리 준비해 후회 없는 죽음을 맞는 것이고, 갑작스러운 죽음으로 인해 가족이 당황하지 않도록 죽음을 미리 생각하고 준비함으로써 남은 노후를 더 잘 보낼 수 있게 하는 것이 웰다잉이다.

'오늘이 내 생애 마지막 날'이라고 생각하며 의도적으로 죽음을 자각하게 하면 인생에서 진짜 중요한 것이 무엇인지 고민하게 된다. 그러면 순간순간이 소중해지고 타인을 배려하는 동기가 증가한다. 선행을 하면 불행을 막을 수 있다거나 사후에 좋은 곳에서 다시 태어난다고 믿음으로써 마음의 평안을 얻기도 한다. 선행 활동과 자존감은 서로 상승작용을 일으키므로 선행에 참여하면 자존감도 함께 상승한다. 그런데 평소에 접하는 죽음은 제삼자의 죽음이지 자신의 죽음이 아니기 때문에, 자신의 죽음에 대해 깊이 생각하려면 어떤 계기가 있어야 한다. 죽음 준비 교육에서는 이를 위해 다양한 방법을 시도한다.

죽음준비도 ────────────

웰다잉을 위한 준비, '오늘이 내 생애 마지막 날이라면'

옛 기록에 따르면 고구려에서는 혼인을 하면 곧바로 상례에 쓸 물건이나 죽어서 입을 옷을 만들었다. 또 몇십 년 전까지만 해도 살아생전에 수의를 준비하거나 영정 사진을 미리 찍어두는 문화가 널리 있었지만, 언제부터인가 그런 문화가 서서히 사라지기 시작했다.

죽음이란 일상생활에서 일어나는 것이 아닌, 예외적이고 비정상적인 사건이라는 인식은 현대에 와서 생긴 것이다. 죽음 준비를 하지 않는 것도 최근 나타난 문화다. 그런데 죽음을 삶과 분리하여 부정적으로 인식하고 죽음에 대한 이야기를 기피할수록, 죽음에 대한 불안감이 증가해서 생활의 만족도는 떨어지고 행복하지 못하게 된다. 죽음을 준비하는 것은 죽는 과정뿐만 아니라 현재의 삶을 보람되게 살기 위한 중요한 요소가 되기 때문이다. 그러므로 죽음 준비는 죽음을 앞둔 환자나 노인만의 과제는 아니며, 나이에 관계없이 필요하다.

2010년 충청남도에 거주하는 30세 이상 성인 1010명을 대상으로 죽음을 준비하는 정도를 조사한 연구에 따르면, 36% 정도가 죽음을 준비하고 있었다. 죽음 준비를 하는 이유는 '가족의 수고를 덜어주기 위해서'와 '스스로 준비하고 싶어서'가 가장 많았다. 64%의 응답자는 죽음 준비를 거의 하지 않는다고 했는데, 그 이유는 '죽음은 아직 나와는 거리가 멀다고 생각해서'가 가장 많았다.

죽음 준비는 심리적이고 정신적인 준비와 물질적인 준비의 두 영역으로 나눌 수 있다. 정신적 준비는 죽음을 올바로 인식하고 긍정적으로 받아들임으로써 죽음에 대한 공포나 불안을 극복하려는 것이다. 일종의 죽음불안에 대처하는 심리 상태라고 할 수 있다. 반면 물질적 준비는 죽음을 수용하고 좋은 죽음을 위해 행하는 구체적인 준비다. 예를 들어 유언장을 작성하고 사후에 필요한 법률적 문제를 미리 처리하며, 유족의 경제문제를 배려하고 수의나 영정 사진 등을 미리 준비하는 것이다. 또 상조회나 사망보험 가입, 시신 및 장기 기증 서약서 작성, 자서전 등의 준비도 포함된다.

사람들이 죽음 준비를 얼마나 하고 있는지를 측정할 수 있는 척도가 여러 가지 개발됐는데, 사회복지학자 문남숙과 남기민은 청주 지역의 60세 이상 노인 283명을 대상으로 다음과 같이 10개 문항으로 구성된 '죽음 준비 척도'를 이용해 죽음준비도를 측정했다.

① 나는 죽음이 오면 언제라도 받아들일 마음의 준비가 되어 있다.
② 죽음은 생명의 자연스러운 측면이다.
③ 죽음은 훌륭하게 해내야 하는 중요한 일이다.

④ 평소에 소중하다고 생각하는 말을 미리 가족에게 알려주어야 한다.

⑤ 재산에 관한 일을 미리 가족에게 알려주어야 한다.

⑥ 수의가 미리 준비되어 있어야 한다.

⑦ 영정 사진을 미리 준비해야 한다.

⑧ 장지가 미리 결정되어 있어야 한다.

⑨ 장례 유형을 미리 결정해야 한다.

⑩ 제사와 관련된 문제를 미리 가족과 상의해야 한다.

문항마다 '전혀 그렇지 않다'(1점)에서 '매우 그렇다'(4점) 등으로 평가하고, 죽음에 대한 정신적 준비도와 물질적 준비도에 대한 요인 분석을 했다. 그 결과 대상 노인들의 정신적 준비도는 2.9점, 물질적 준비도는 2.7점이었다. 정신적 준비도가 높을수록 현재 생활에 긍정적이었으며, 지나온 삶이나 노령 상태를 수용하는 정도가 높고, 성공적 노화로서의 자아 통합감이 높았다. 반면 물질적 준비도는 오히려 우울감을 높여주는 방향으로 영향을 미쳤고, 성공적 노화로서의 자아 통합감에는 영향이 없었다.

죽음 준비 교육 ─────────────

죽음 준비 교육은 삶에 대한 이해와 통찰을 돕는다

사람은 대부분 처음에는 부모의 품에 안겨 상실과 슬픔을 배우며, 다른 비슷한 사회적 집단 안에서 일어나는 상호작용을 통해 죽음에 대처하는 법을 배운다. 그런데 평균수명이 늘어나면서 우리나라를 포함한 대부분의 선진국에서 20대 혹은 30대에도 직계가족이나 친지의 임종을 목격하지 못하는 사람이 흔해졌다. 또 설령 가족 구성원이 죽더라도 의료인이나 장의사에게 모두 맡겨버리기 때문에 죽음을 경험하기가 어려워졌다. 반면 매스미디어의 발달로 모르는 타인의 죽음은 매일 전달받는다. 점차 죽음은 자신의 죽음이 아닌 제삼자의 죽음이 되어가면서, 사람들은 죽음에 대한 대처 능력을 상실하게 됐다. 하지만 현대인에게 적절한 죽음 준비 교육은 반드시 필요하다.

죽음 준비 교육이 현대에 새로 생겨난 것은 아니다. 유럽에서는 1415년과 1450년에 출간된 《죽음의 기술(Ars Moriendi)》이라는 소책자가 유행했는데, 15세기 후반 그리스도교인은 이 책에 나오는 목판화를 보면서 부활을 기대하는 마음으로 죽음을 준비했다. 흑사병이 곳곳을 휩쓸고 언제 죽음이 닥칠지 모르는 당시 유럽인에게 죽음은 커다란 불안이었다. 죽음 직전에 수호성인과 악마 간의 투쟁이 벌어진 후에야 최종 판결이 이루어진다고 생각했던 당시에 이 책은 그리스도교인이 어떻게 죽음을 배우고 실천해야 하는지 본보기를 보여주는 것으로, 죽음을 준비하는 수많은 매뉴얼의 시초였다. 죽는 순간의 불안은 잘 죽어가는 기술(Ars Moriendi)의 발전을 가져왔는데, 당시 사람은 남녀노소 할 것 없이 죽음을 준비했으며 '인생이란 죽음을 준비하는 과정'이라고 생각했다. 아이들은 매일 밤 잠들기 전에 이런 기도를 했다. "이제 잠자리에 듭니다. 주님, 제 영혼을 지켜주세요. 만약 내일 아침 깨기 전에 죽는다면 주님이 제 영혼을 거두어주시길 기도합니다."

현대에 들어서는 1960년대 미국의 한 대학교에서 처음으로 죽음 준비 교육이 주창됐다. 의료 기술과 매스미디어의 발달, 그리고 죽음을 삶의 영역에서 배제해버린 근대의 죽음관은 사람들에게서 '자연스러운 죽음'을 박탈했고, 그 결과 죽음은 고독과 공포와 비탄의 상징이 되어버렸다. 이런 상태에서 죽음 준비 교육은 자연스럽고 존엄한 죽음을 맞기 위한 인간의 마지막 노력이라는 인식을 확대하는 데 기여해왔다.

1960년대 미국에서 시작된 죽음 준비 교육은 이제 유럽, 아시아 등으로 확산되는 한편, 그 내용에서도 생명 존중 교육, 자살 예방 교육, 죽음을 통한 삶의 성찰이라는 철학적 사유로까지 그 영역이 확대됐다. 우리나라에서도 2000년대 들어 죽음 준비 교육의 필요성에 주목하기 시작했고, 최근에는 노인이나 시한부 환자를 넘어 청소년에게도 죽음 준비 교육을 확대해 실시해야 한다는 주장이 제기되고 있다.

죽음 준비 교육이란 사람들이 죽음과 관련하여 무엇을 알고 있는지, 어떻게 느끼는지, 어떻게 행동하는 것이 좋은지, 그리고 어느 것에 가치를 두는지에 대한 교육이다. 죽음 준비 교육은 크게 네 영역으로 나눌 수 있다. 첫째는 죽음과 관련되어 일어나는 사건에 대해 사실 정보를 제공하고 그 이해와 해석을 돕는 영역이다. 둘째는 죽음과 사별에 대한 정서적 준비 영역이고, 셋째는 죽음과 관련한 상황에서 어떻게 행동하는 것이 좋은지 미리 생각해 보는 영역이다. 우리 사회는 죽음이나 사별의 경험을 이야기하기 싫어하는 경향이 있기 때문에, 사람들은 사별을 겪은 유족에게 어떻게 공감을 표하고 위로하고 도움을 주어야 할지 모른다. 그 때문에 사별자는 혼자 남겨지기 쉬운데, 죽음 준비 교육은 그들과 어떻게 관계해야 하는지를 교육함으로써 이러한 상황을 잘 대처하도록 준비시킨다. 죽음 준비 교육의 마지막은 가치의 영역으로, 인간의 삶을 지배하는 기본적 가치를 검토하는 것이다. 삶의 과정에서 죽음은 피할 수 없는 요소이기에, 죽음 준비 교육을 통해 개개인의 삶에 대한 이해와 통찰을 높일 필요가 있다.

죽음 관광 ─────────────

죽음을 사색하게 해주는 특별한 경험, 다크 투어리즘

사람은 살면서 죽음을 숙고하게 되는 시기가 자연스럽게 찾아오지만, 죽음 준비 교육에서는 죽음에 대한 생각을 인위적으로 유도한다. 이때 많이 사용하는 방법은 자신의 죽음에 대한 에세이 쓰기, 죽음과 연관된 질문지에 대답 작성하기, 죽음에 대한 사색, 공동묘지 방문 등이 있다. 이 중 '자신의 죽음에 대한 에세이 쓰기'가 가장 보편적으로 사용되지만, 죽음을 상기시키는 지역을 방문하는 것도 하나의 방법이다. 이를 다크 투어리즘(dark tourism)이라고 한다.

다크 투어리즘이란 재해 지역이나 전쟁터 등 인간의 죽음이나 슬픔이 어린 곳을 방문하는 관광을 말하는데, 서구에서는 이미 중세부터 있었던 관광 형태였다. 2000년대 중반 이후에는 이를 다크 투어리즘 혹은 블랙 투어리즘(black tourism)으로 개념화해 연구하고 있는데, 죽음이나 재앙, 잔혹행위가 발생했던 장소가 관광지가 되어 관광산업에서 점점 확장되고 있다. 독일의 아우슈비츠 포로수용소를 비롯해 우리나라에서는 거제도 포로수용소, 서대문형무소, 5·18묘지 등이 대표적인 예다. 프랑스는 다크 투어리즘을 전국 단위로 추진하고 있으며, 제1·2차 세계대전과 연관된 장소를 관광자원으로 개발해 관광산업 발전을 꾀하고 있다.

다크 투어리즘은 죽음에 대해 사색하게 할 뿐만 아니라, 과거에 일어난 비극적 사건에 대한 기억, 그에 관련된 과거의 유물과 장소 등을 통해 특별한 경험을 할 수 있는 계기를 마련해준다. 다크 투어리즘 현장은 개인이나 대중이 학살된 장소에서, 전사자와 암살된 저명인사에 이르기까지 다양한 죽음을 체험할 수 있는 공간이다. 이로써 방문객에게 교육적·감성적 경험을 제공해주고, 과거의 사건에 대한 지식과 중요한 메시지를 전해준다. 직접 만나보지는 못했지만 잘 알고 있는 유명인이나 역사적 인물의 행적을 되돌아보면서 인생과 죽음에 대해 고찰하게 된다. 누군가의 죽음을 이미지로 만들고 형상화한 다크 투어리즘은 죽음이라는 사건에 의미를 부여하고, 방문객으로 하여금 죽음을 성찰할 수 있게 한다.

현실과 유리된 것 같은 죽음을 가시화하고 기억과 추모를 통해 죽음을 복원하는 다크 투어리즘은 죽음의 실존적 가치를 구체화하는 데 중요하다. 그리고 단순히 전쟁이나 사고가 발생한 장소를 방문한 것으로 끝나는 것이 아니라, 죽은 자에 대한 슬픔을 공유하고 추모하는 과정에서 삶의 진정성과 가치를 살펴보는 기회를 가질 수 있다. 다크 투어리즘 관광지에는 다양한 유형의 죽음이 존재하기 때문에, 방문객은 다양한 시각에서 죽음을 바라볼 수 있다. 그런데 역사적 아픔이나 자기 성찰에 대한 동기가 아니라 단순한 하나의 여가 행위로 간주될 경우, 죽음을 숙고하는 동기는 약해질 수밖에 없다.

임박한 죽음의 준비 ────────────

죽음에 대한 진솔한 대화, 삶의 마무리를 위한 체크리스트

살날이 얼마 남지 않았다는 사실을 알게 되면 정작 사람들이 두려워하는 것은 죽음 자체가 아니라, 죽음을 앞둔 나날들이다. 감정과 생각을 터놓고 이야기할 수 있는 환경이 되어야 죽음을 앞두고 발생하는 여러 문제를 생산적으로 해결할 수 있다. 이를 위한 첫 번째 조건은 죽음에 대한 진솔한 대화다. 이것 없이는 자신이 살아온 삶을 정리하거나, 사랑하는 사람에게 부담을 주지 않고 죽음의 순간에 함께 해주기를 부탁할 수 없다.

죽음을 앞둔 사람이 가장 먼저 해야 할 일은 가족에게 남길 용건을 정리하는 것이다. 자신의 죽음을 알릴 친한 친구와 동료의 연락처, 집문서, 열쇠 등의 위치를 정확히 명시하고, 은행 계좌와 신용카드, 연금, 보험증서, 대출 등 재정 사항도 알려야 한다. 유언장을 남기지 않고 죽는 것은 유족의 분쟁을 초래할 수 있기 때문에 법조인의 도움을 받아 유언장도 작성한다. 또 나중에 상태가 급격히 악화되어 자신의 의사를 직접 표현할 수 없게 될 경우에도 대비해야 한다. 육체적으로나 정신적으로 어떻게 죽음을 맞이하고 싶은지, 원하지 않는 의료는 어떤 것인지 등과 같은 희망 사항을 사전의료의향서로 작성한다.

다음은 영국의 BBC에서 2006년에 만든 '삶의 마무리를 위한 체크리스트'를 서울대학교 의과대학의 윤영호 교수가 우리 현실에 맞게 수정한 것이다. □ 안에 체크한 항목이 많을수록 죽음을 잘 준비하고 있는 것이다.

□ 내 개인 정보를 명확하게 기록했다.

□ 법적으로 효력이 있는 유언장을 작성했다.

□ 내가 결정을 내릴 수 없을 정도로 위독한 상태가 됐을 때 나를 어떻게 치료해달라는 내용의 문서를 작성했다.

□ 내 죽음 이후 자녀의 양육에 대해 준비했다.

□ 만약 말기가 되면 어디에서 치료받고 싶고 어떠한 환경에서 생의 마지막을 보낼지에 대해 누군가에게 말을 했거나 서면으로 작성했다.

□ 내 장례식에 대해 친구, 가족과 상의했다.

☐ 내 죽음의 의미에 대해 친구, 가족과 이야기했다.

☐ 내가 심각한 병에 걸렸을 때 얼마만큼 알고 싶으며, 또 어떤 의학적 치료를 거부할 것인지 가족과 합의했다.

☐ 사정상 마무리하지 못한 일이 있을 때 같이 일하는 사람들에 대해 심각하게 생각했다.

☐ 내가 세상을 떠나더라도 계속 남길 수 있는 삶의 추억을 기록하기 시작했다.

유언장은 아니지만 유언장과 유사한 문서로 '엔딩 노트'라는 것이 있다. 엔딩 노트는 2013년 7월 일본 미야자키에서 고령자 200명을 대상으로 죽음에 대한 설문조사를 했을 때, '갑자기 혼수상태에 빠져 병원에서 연명의료를 받으면서 생의 마지막을 보내고 싶지 않다'는 응답이 많은 것을 보고 만들게 되면서 확산됐다. 엔딩 노트는 특별한 양식이 있는 것은 아니다. 고령자가 갑자기 혼수상태에 빠지거나 사망했을 때를 대비해서 유언, 응급 상황이 발생했을 때의 치료 수준, 장례 절차 등을 구체적으로 기록할 수 있게 되어 있다. 2011년 개봉한 일본 영화 〈엔딩 노트〉는 말기 암 진단을 받은 아버지가 죽음에 이르기 전까지 자신이 해야 할 일과 장례 절차, 장례식에 초청할 사람 명단, 가족에게 남기는 유언 등을 기록한 엔딩 노트를 만들고, 영화 〈버킷리스트〉처럼 하고 싶은 일을 하나씩 해나가는 과정을 기록한 다큐멘터리 영화다.

버킷리스트는 죽기 전에 꼭 해보고 싶은 일의 목록을 뜻하는데,

이 용어는 '죽다'를 의미하는 '킥 더 버킷(kick the bucket, 양동이를 차다)'에서 유래했다. 죽음을 앞둔 사람은 대개 자신의 삶에 대한 후회나 이루지 못한 꿈, 가보고 싶은 곳, 만나고 싶은 사람, 해보고 싶은 일을 떠올리기 마련이다. 그래서 이와 같은 행위를 통해 마음의 위안을 얻어 '좋은 죽음'을 맞이할 수 있을 뿐 아니라, 주변 사람에게도 희망과 위안을 줄 수 있다. 또 병과 고통에 집중하는 대신 목표 지향적 삶을 살기 때문에 정신적·육체적 안정에 도움이 되고, 시간을 허비하지 않고 계획적인 삶의 시간을 설계할 수 있다.

버킷리스트는 하고 싶은 일, 가보고 싶은 곳, 만나고 싶은 사람 등 세부 영역으로 나누어 작성하는 것이 좋다. 주어진 여건에서 실현 가능한 일을 중심으로 작성하고, 주변 사람에게 큰 부담을 주지 않는 것이어야 한다. 내용은 작고 소박하더라도 정신적 위안과 기쁨을 줄 수 있는 일이 좋다. 심각한 상태의 말기 환자는 남은 삶을 의미 있게 보내고자 하는 의지가 강하기 때문에 오히려 하루하루를 더 의식하면서 살아갈 수 있다. 오늘 할 수 있고 말할 수 있는 것을 다음으로 미루지 않는다면 건강한 사람보다 더 의미 있게 하루를 보낼 수 있다. 과거에 소중했던 것이 사소해 보이기도 하고, 하찮았던 것이 오히려 의미 있게 보일 수 있어서 새로운 인생을 맞이하는 것과 같은 기쁨을 발견할 수 있다.

유언

법적 의미의 유언이란 재산 처분 행위

많은 사람은 죽은 후 자신이 어떻게 기억되고 처리될지, 바라는 바가 있다. 따라서 사후에 자신의 신분이나 재산을 어떻게 할지 조치를 취해두고자 하는 것은 보편적 현상이며, 유족이 고인의 의사를 존중하여 처리하는 것이 도덕적이라고 평가된다. 사람이 죽기 전 남기는 최후의 발언인 유언(遺言)은 산 사람에게 오랫동안 기억된다.

인간의 마지막 말은 진실하고 순수하다는 보편적 믿음이 있다. "새가 죽을 때의 울음소리는 가장 처량하고, 사람이 죽을 때의 말은 가장 선하다"라는 속담도 그런 의미다. 유언이 후대에 전해지는 이유는 그것이 사람들에게 교훈을 주기 때문일 것이다. 그런데 사람이 죽기 전에 남기는 말은 언제나 그 사람의 믿음이나 가치관을 반영하는 것일까? 그보다는 죽음의 순간적 상황이 결정적 영향을 미치는 것은 아닐까? 사실 마지막 말인 유언이 어떤 과정을 거쳐서 나오게 되는 것인지 알기는 어렵다.

유언이란 일상적으로는 죽음에 이르러 남기는 말을 의미하지만, 법적 맥락에서는 일종의 재산 처분 행위라고 할 수 있다. 재산 처분 행위로서의 유언은 사유재산제도가 인정되기 시작한 고대 사회에서도 행해졌으며, 로마 시대의 가장 오래된 성문법인 '12표법(Lex tabularum)'(기원전 450)에도 이미 유언에 관한 규정이 있었다. 당시의 상속제도는 유언 상속이 원칙이었다. 이와 대조적으로 게

르만의 상속법은 "상속인은 출생하는 것이지, 선정되는 것은 아니다"라는 법언(法諺)에서도 엿볼 수 있듯이, 엄격한 혈족주의에 입각해 법정상속주의를 지켰으므로 유언은 법적 효력이 없었다.

우리나라의 경우 고려시대 이전에는 유언 방식에 대한 자료를 찾아보기 어렵다. 《고려사》를 보면 당시 유언 방식으로 문서를 사용했다는 것을 알 수 있는데, 유언은 재산 상속의 기능으로 확립됐다. 좀 더 체계적으로 정립된 것은 조선시대에 들어서인데, 당시의 유언은 노비·전답·집 등을 자손에게 물려주기 위한 것으로 서면에 의한 것만이 효력이 있었다. 1910년 국권피탈 이후에는 일본의 민법이 적용됐는데, 가족법과 관련해서 관습법 적용이 가능했다. 조선시대의 유언은 공식적으로 문서가 꼭 필요한 요식행위였으나, 조선총독부는 조선의 관습법에는 일정한 유언 방식이 없다고 판단하고 서면 유언뿐 아니라 구두 유언도 법적 효력이 있다고 간주했다. 즉 구두로 유언을 할 경우에는 가족 등 근친을 모아두고 하고, 서면으로 할 경우에는 글을 아는 자라면 자필로, 글을 모르는 자라면 대필로 할 수 있다고 했다.

광복 후 대한민국 정부가 수립된 지 10년째인 1958년 민법전이 공포되어 1960년부터 시행됐는데, 이때 유언에 관한 법률관계를 명확히 했다. 민법에서 정의하는 유언이란 "유언자가 사망과 동시에 일정한 법률효과를 발생시키는 것을 목적으로 일정한 방식에 따라서 하는 단독적 법률행위"다. 그리고 유언이 법적 효력을 발생하려면 일정한 방식을 따라야 한다고 규정했는데, 이를 '유언의 요식성(要式性)'이라고 한다. 이는 유언의 내용에 따라 상속인이나 가족 사이에 이해관계가 대립해 유언이 위조·변조되는 것을 방지하고자 하는 것이다. 일단 유언자가 죽은 뒤에는 본인의 진의를 확인할 기회가 없기 때문에, 민법은 유언 방식을 엄격히 정하여 그에 따르지 않은 유언은 무효로 한다.

참고 문헌

[1] 죽음 인지

죽음 개념

- 양성은·김상림, 〈유아의 죽음 개념화에 대한 인지발달적 분석〉, 《한국보육학회지》 18(4), 2018, 213~225쪽.

죽음학

- 이원호, 〈죽음학(Thanatology)·죽음 준비 교육(Death Education)〉, 《한국교육사상연구회》 38, 2008, 1~16쪽.
- 전병술, 〈한국에서의 죽음학〉, 《동양철학(東洋哲學)》 44, 2015, 55~73쪽.
- 시마조노 스스무·다케우치 세이치 편, 정효운 역, 《사생학이란 무엇인가》, 한울아카데미, 2010, 9쪽.

죽음 통보

- Baile WF, Buckman R, Lenzi R, Glober G, Beale EA, Kudelka AP, SPIKES—A Six-Step Protocol for Delivering Bad News: Application to the Patient with Cancer, Oncologis 5, 2000, pp.302~311.
- 윤영호, 《나는 한국에서 죽기 싫다》, 엘도라도, 2014, 84~88쪽.

죽음 인지 유형

- Young Ho Yun, Yong Chol Kwon, Myung Kyung Lee, Woo Jin Lee, Kyung Hae Jung, Young Rok Do, Samyong Kim, Dae Seog Heo, Jong Soo Choi, Sang Yoon Park, Experiences and Attitudes of Patients With Terminal Cancer and Their Family Caregivers Toward the Disclosure of Terminal Illness, J Clin Oncol 28, 2010, pp.1950~1957.
- 윤영호, 《나는 한국에서 죽기 싫다》, 엘도라도, 2014, 66쪽.
- 정현채, 《우리는 왜 죽음을 두려워할 필요 없는가》, 비아북, 2018, 53~55쪽.
- 찰스 코르·도나 코르 저, 한림대학교 생사학연구소 역, 《현대 생사학 개론》, 박문사, 2018, 155~156쪽.
- 최준식, 《임종학 강의》, 김영사, 2018, 83~102쪽.

죽음 인지 후 심리

- 시마조노 스스무·다케우치 세이치 편, 정효운 역, 《사생학이란 무엇인가》, 한울아카데미, 2010, 219~243쪽.
- 엘리자베스 퀴블러-로스 저, 이진 역, 《죽음과 죽어감》, 청미, 2018.
- 찰스 코르·도나 코르 저, 한림대학교 생사학연구소 역, 《현대 생사학 개론》, 박문사, 2018, 158~159쪽.

[2] 죽음태도

죽음공포

- 김명숙, 〈한국인의 죽음에 대한 인식과 태도에 관한 철학적 고찰〉, 《유학연구(儒學硏究)》 22, 2010, 73~108쪽.
- 김영욱·이지영, 〈'세월호특별법'에 대한 의견 구성에서 죽음 현저성이 의견극화와 이타적 행위의도에 미치는 영향〉, 《한국언론학보(韓國言論學報)》 60(4), 2016, 297~327쪽.
- 김지현, 《죽음에 대한 공포와 수용 및 죽음 대처 유능감에 영향을 주는 변인》, 서울대 심리학과 박사학위 논문, 2008.
- 아지트 바르키·대니 브라워 저, 노태복 역, 《부정본능》, 부키, 2015, 23~25쪽.
- 하이더 와라이치 저, 홍지수 역, 《죽는 게 두렵지 않다면 거짓말이겠지만》, 부키, 2017, 238~239쪽.
- Wikipedia, The Denial of Death, Terror management theory.

죽음불안

- 마르틴 하이데거 저, 이기상 역, 《존재와 시간》, 까치, 1998, 311~357쪽.

- 박찬국, 《하이데거의 '존재와 시간' 강독》, 그린비, 2014, 4~5쪽, 321~351쪽.
- 최문규, 《죽음의 얼굴》, 21세기북스, 2014, 85~108쪽.

금지된 죽음, 길들여진 죽음

- 배도용, 〈우리말 고유어 생명종식어의 죽음 앞에서의 태도 실현 양상 연구〉, 《동남어문논집》 45, 동남어문학회, 2018, 129~152쪽.
- 이완희, 〈장례미사(葬禮美辭, [라] Missa Exequiarum, [영] Funeral Mass)〉, 굿뉴스 자료실, 신앙생활, 전례미사, 2007년 2월 10일.
- 필리프 아리에스 저, 고선일 역, 《죽음 앞의 인간》, 새물결, 2004, 86쪽.
- 필리프 아리에스 저, 이종민 역, 《죽음의 역사》, 동문선, 2016, 21~38쪽.

죽음수용

- 이운영, 〈웡(Wong)의 죽음태도 척도의 타당화〉, 충남대 심리학과 석사학위 논문, 2008.
- 정영숙·이화진, 〈중년기의 성숙한 노화와 죽음태도 및 죽음 대처 유능감의 관계〉, 《한국심리학회지: 발달》 27(2), 2014, 131~154쪽.
- 정영숙·이화진, 〈중년의 죽음태도와 행복〉, 《한국심리학회지: 발달》, 31(1), 2018, 129~149쪽.
- 김지현, 《죽음에 대한 공포와 수용 및 죽음 대처 유능감에 영향을 주는 변인》, 서울대 심리학과 박사학위 논문, 2008.
- Wong, P. T. P., Reker, G. T., Gesser, G., The Death Attitude Profile-Revised (DAP-R): A Multidimensional Measure of Attitudes Towards Death. In R. A. Neimeyer (Ed.), Death anxiety handbook: Research, instrumentation, and application, Washington, DC: Taylor & Francis, pp.121~148.

---

[3] 죽음의 양상

수명

- 김남순·박은자·전진아·김동진·서제희, 〈국내 질병 관리 및 건강 불평등 현황과 정책과제〉, 《보건복지포럼》 255, 한국보건사회연구원, 2018, 8~22쪽.
- Fabio Mariani, Agustı́n Pe′rez-Barahona, NatachaRaffin, Life expectancy and the environment, Journal of Economic Dynamics & Control 34, 2010, pp.798~815.
- 로저 맥도널드 저, 장원구 역, 《노화의 생물학》, 월드사이언스, 2017, 190쪽, 194쪽.
- Wikipedia, Life expectancy.

사망률과 기대수명

- 국민건강보험공단 서울대학교산학협력단, 〈건강보험 빅데이터를 활용한 HP2020 평가 지표 생산 및 모니터링 지원방안 마련〉, 2016년 12월.
- 권태연·임자영·박유성, 〈국민건강보험 표본코호트DB를 이용한 한국인의 건강기대수명 연구〉, 《응용통계연구》 30(3), 한국통계학회, 2017, 475~486쪽.
- 김미혜·권금주·임연옥, 〈노인이 인지하는 '좋은 죽음' 의미 연구〉, 《한국사회복지학》 56(2), 한국사회복지학회, 2004, 195~213쪽.
- 김현숙, 《여성 노인의 호상(好喪) 체험》, 이화여대 간호과학과 박사학위 논문, 2008.
- 찰스 코르·도나 코르 저, 한림대학교 생사학연구소 역, 《현대 생사학 개론》, 박문사, 2018, 26~31쪽.
- 통계청, 2017년 사망 원인 통계.
- 통계청, 2017년 생명표 보도 자료.
- e-나라지표, 〈기대수명 및 유병 기간 제외 기대수명〉.
- Wikipedia, Life span.

사망진단서

- Hyun-Young Shin, Seokmin Lee, How to write a death certificate: from a statistical point of view, J Korean Med Assoc 61(4), 2018, pp.268~278.
- Moon-Young Kim, Soong Deok Lee, A proposal for writing a better death certificate, J Korean Med Assoc 61(4), 2018, pp.259~267.
- Seong Ho Yoo, Determination of cause and manner of death, J Korean Med Assoc 61(8), 2018, pp.451~459.

사망 원인

- Hyun-Young Shin, Seokmin Lee, How to write a death certificate: from a statistical point of view, J Korean Med Assoc 61(4), 2018 Apr., pp.268~278.
- Seong Ho Yoo, Determination of cause and manner of death, J Korean Med Assoc 61(8), 2018, pp.451~459.
- 이상한 외, 《법의학》, 정문각, 2018, 31~32쪽.
- 통계청, 2017년 사망 원인 통계.

사망 종류

- Seong Ho Yoo, Determination of cause and manner of death, J Korean Med Assoc 61(8), 2018, pp.451~459.
- 이상한 외, 《법의학》, 정문각, 2018, 31~39쪽.
- KOSIS 국가통계포털, 사망 원인(236항목), 성, 연령(5세)별 사망자 수, 사망률.

사망 장소

• 이용범, 〈한국 무속의 죽음 이해 시론〉, 한림대학교 생사학연구소, 《생과 사의 인문학》, 모시는사람들, 2015, 243~244쪽.
• 윤영호, 《나는 한국에서 죽기 싫다》, 엘도라도, 2014, 46쪽.
• 찰스 코르 · 도나 코르 저, 한림대학교 생사학연구소 역, 《현대 생사학 개론》, 박문사, 2018, 39~41쪽.
• 허대석, 《우리의 죽음이 삶이 되려면》, 글항아리, 2018, 13~15쪽.

변사

• Hyeong-Geon Kim, Jeong-Woo Park, Whee-Yeol Cho, Jun-Hee Seo, Cheol-Ho Choi, Joo-Young Na, The Discrepancy of the Cause and Manner of Death between Death Certificates and Autopsy Reports, Korean J Leg Med 38, 2014, pp.139~144.
• Ji Hye Park, Joo-Young Na, Bong Woo Lee, Kyung-moo Yang, Young Shik Choi, A Statistical Analysis on Forensic Autopsies Performed in Korea in 2017, Korean J Leg Med 42, 2018, pp.111~125.
• 이상한 외, 《법의학》, 정문각, 2018, 12~19쪽.

급사

• 최정아, 〈병원 외 심정지 의무기록 조사 주요 결과 2006~2010〉, 《건강과 질병》, 질병관리본부, 2012.
• Ji Hye Park, Joo-Young Na, Bong Woo Lee, Kyung-moo Yang, Young Shik Choi, A Statistical Analysis on Forensic Autopsies Performed in Korea in 2017, Korean J Leg Med 42, 2018, pp.111~125.

고독사

• 강기철 · 손종윤, 〈고독사 통계에 대한 한일 비교 연구〉, 《일본문화연구(日本文化研究)》 61, 2017, 5~25쪽.
• 신현주, 〈한국 사회의 변화하는 고독사 현상과 대책에 관한 연구〉, 《한국범죄심리연구》 14(2), 한국범죄심리학회, 2018, 63~78쪽.
• 최승호 · 조병철 · 전승환, 〈노인 고독사 어떻게 대응할 것인가〉, 《한국학연구》 62, 2017, 403~436쪽.
• 〈고독사… 인연이 끊긴 사회〉, 《국제신문》 2013년 11월 19일 자.
• 위키백과, 고독사(孤独死).

외로운 죽음

- 정경희 외, 〈2017년도 노인 실태조사 결과 보고서〉, 한국보건사회연구원, 2017.
- Julianne Holt-Lunstad, Timothy B. Smith, J. Bradley Layton, Social Relationships and Mortality Risk: A Meta-analytic Review, PLoS Med 7(7), 2010, e1000316.
- 셸리 케이건 저, 박세연 역, 《죽음이란 무엇인가》, 엘도라도, 2012, 282~293쪽.
- 하이더 와라이치 저, 홍지수 역, 《죽는 게 두렵지 않다면 거짓말이겠지만》, 부키, 2017, 335쪽.

죽음의 질

- 윤영호, 《나는 한국에서 죽기 싫다》, 엘도라도, 2014, 23~24쪽.
- The 2015 Quality of Death Index, The Economist Intelligence Unit Limited 2015.

[4] 생활습관과 죽음

- World Health Organization, Global health risks: mortality and burden of disease attributable to selected major risks, World Health Organization, Geneva, Switzerland: World Health Organization, 2009.

음식

- 김혜련, 〈식사 질과 영양 섭취 상태가 사망 위험에 미치는 영향에 관한 12년 추적 연구〉, 《대한지역사회영양학회지》 21(4), 2016, 354~365쪽.
- Chang-Beom Ryu, Moon-Sung Lee, Food poisoning, J Korean Med Assoc 54(6), 2011, pp.617~626.
- Guo J, Astrup A, Lovegrove JA, Gijsbers L, Givens DI, Soedamah-Muthu SS. Milk and dairy consumption and risk of cardiovascular diseases and all-cause mortality: dose-response meta-analysis of prospective cohort studies, Eur J Epidemiol 32(4), 2017, pp.269~287.
- Jiyeon Lim, Yunhee Lee, Sangah Shin, Hwi-Won Lee, Claire E Kim, Jong-koo Lee, Sang-Ah Lee, Daehee Kang, An association between diet quality index for Koreans (DQI-K) and total mortality in Health Examinees Gem (HEXA-G) study, Nutr Res Pract 12(3), 2018, pp.258~264.
- Jun Lv, Lu Qi, Canqing Yu, Ling Yang, Yu Guo, Yiping Chen, Zheng Bian, Dianjianyi Sun, Jianwei Du, Pengfei Ge, Zhenzhu Tang, Wei Hou, Yanjie Li, Junshi Chen, Zhengming Chen, Liming Li on behalf of the China Kadoorie Biobank collaborative group, Consumption of spicy foods and total and cause

specific mortality: population based cohort study, BMJ 351, 2015, h3942.

- Seema Mihrshahi, Ding Ding, Joanne Gale, Margaret Allman-Farinelli, Emily Banks, Adrian E. Bauman, Vegetarian diet and all-cause mortality: Evidence from a large population-based Australian cohort - the 45 and Up Study, Prev Med 97, 2017, pp.1~7.
- Seok Joo Lee, Minsung Choi, Hongil Ha, Accidental Choking Deaths with Octopus minor and Octopus ocellatus, Korean J Leg Med 42, 2018, pp.168~171.
- Sooyoung Lee, The past, present, and future of research on anaphylaxis in Korean children, Allergy Asthma Respir Dis 6(Suppl 1), 2018, S21-S30.
- Young-Gyu Cho, Jae-Heon Kang, Effectiveness and safety of low-carbohydrate diets, J Korean Med Assoc 60(1), 2017, pp.40~46.
- Young-Gyu Cho, Jae-Heon Kang, Effectiveness and safety of low-carbohydrate diets, J Korean Med Assoc 60(1), 2017, pp.40~46.
- WHO, Food safty, WHO news 31, 2017 October.

운동

- 김연수, 〈신체 활동과 정신건강〉, 《한양 메디컬 리뷰(Hanyang Medical Reviews)》 34, 2014, pp.60~65.
- Ahmed Merghani, AneilMalhotra, Sanjay Sharma, The U-shaped relationship between exercise and cardiac morbidity, Trends Cardiovasc Med 26(3), 2016 Apr., pp.232~240.
- Gi-Byoung Nam, Exercise, Heart and Health, Korean Circ J. 41, 2011, pp.113~121.
- Sunghyun Hong, Junga Lee1, Jihye Park, Mikyung Lee, Ji Young Kim, Kyong-Chol Kim, Sun Hyun Kim, Jee Aee Im, Sang Hui Chu, Sang Hoon Suh, Sang Hwan Kim, Justin Y Jeon, Association between cardiorespiratory fitness and the prevalence of metabolic syndrome among Korean adults: a cross sectional study, BMC Public Health 14, 2014, p.481.
- Taylor C. Cunningham, Khadijah Maghrabi, Shubhayan Sanatani, Morbidities in the ultra-athlete and marathoner, Cardiology in the Young 27(Suppl. 1), 2017, S94-S100.
- Television Viewing and Risk of Type 2 Diabetes, Grøntved Anders, Hu Frank B. Cardiovascular Disease, and All-Cause Mortality: A Meta-analysis, JAMA 305(23), 2011, pp.2448~2455.
- World Health Organization, Global health risks: mortality and burden of disease attributable to selected major risks, World Health Organization, Geneva, Switzerland: World Health Organization, 2009.

인간의 모든 죽음 | 참고 문헌 |

- 박재갑·방영주·하성환,《종양학》, 일조각, 2012, 86쪽.
- 최현석,《인간의 모든 동기》, 서해문집, 2014, 241쪽.

담배

- 곽현숙·김영경, 〈동아시아의 담배(tabaco) 명칭 고찰〉,《동북아문화연구》54, 2018, 5~17쪽.
- 최진호·한정열, 〈모자보건을 위한 3차 흡연 연구의 필요성〉,《한국모자보건학회지》22(1), 2018, 7~16쪽.
- Barbara Messner, David Bernhard. Smoking and Cardiovascular Disease: Mechanisms of Endothelial Dysfunction and Early Atherogenesis. Arterioscler Thromb Vasc Biol 34, 2014, pp.509~515.
- Jin Woo Joo, Minjung Kim, Min Jee Park, Hongil Ha. Various Forms of Fatal Nicotine Intoxications: Three Cases Report. Korean J Leg Med 42, 2018, pp.71~75.
- Jung KJ, Yun YD, Baek SJ, Jee SH, Kim IS. Smoking-attributable mortality among Korean adults, 2012. J Korea Soc Health Inform Stat 38, 2013, pp.36~48.
- Min Kyu Choi, Yu-Jin Paek. Updated information on smoking cessation management. J Korean Med Assoc 59(11), 2016, pp.872~880.
- Robert West. Tobacco smoking: Health impact, prevalence, correlates and interventions. Psychol Health 32(8), 2017, pp.1018~1036.

알코올

- Ho Hyung Jung, Sang Kyoon Han, Sung Wha Lee, Sung Wook Park, Soon Chang Park, Seok Ran Yeom, Moon Gi Min, Yong In Kim, Ji Ho Ryu, The Study of the Severity and Prognosis in Severe Traumatic Patients according to Alcohol Ingestion, J Trauma Inj 27, 2014, pp.108~114.
- Hosun Choi, Joong-seok Seo, Ju-yeon Pyo, Yun-hee Park, Correlation of Alcohol intake with Suicide in Cases confirmed by Legal autopsy, Korean J Leg Med 36, 2012, pp.63~67.
- Joo Young Na, Byung Woo Min, Young Jik Lee, Hyung-Seok Kim, Jong Tae Park, The Statistical Analysis of the Forensic Autopsy Cases of the Deaths Associated with Alcohol in Gwangju and Chonnam Area, Korea, Korean J Leg Med 34, 2010, pp.20~26.
- Jürgen Rehm, kevin D. Shield, Alcohol and Mortality, Alcohol Res 35(2), 2014, pp.174~183.
- Kye-Seong Lee, Treatment of Alcohol Use Disorder, J Korean Diabetes 13(2),

2012, pp.85~90.

- Won Kim, Diagnostic and Therapeutic Strategies for Severe Alcoholic Hepatitis, Korean J Gastroenterol 65, 2015, pp.4~11.
- 최윤식·이영우,《순환기학》(제2판), 일조각, 2010, 683쪽.

[5] 만성질환과 죽음

- World Health Organization, Global health risks: mortality and burden of disease attributable to selected major risks, World Health Organization, Geneva, Switzerland: World Health Organization, 2009.

고혈압

- Heejin Kimm, Yejin Mok, Sun Ju Lee, Sunmi Lee, Joung Hwan Back, Sun Ha Jee. The J-curve between Diastolic Blood Pressure and Risk of All-cause and Cardiovascular Death. Korean Circ J., 48(1), 2018, pp.36~47.
- Hyeon Chang Kim, Myeong-Chan Cho, Korea hypertension fact sheet 2018, Clin Hypertens 24, 2018, p.13.
- Tae Soo Kang, Sungha Park, Target Blood Pressure in Patients with Diabetes, J Korean Diabetes 19, 2018, pp.7~14.
- Tanvir Chowdhury Turin, Yoshitaka Murakami, Katsuyuki Miura, Nahid Rumana, Yoshikuni Kita, Takehito Hayakawa, Tomonori Okamura, Akira Okayama, Hirotsugu Ueshima, Hypertension and life expectancy among Japanese: NIPPON DATA80, Hypertension Research 35, 2012, pp.954~958.
- Yukako Tatsumi, Takayoshi Ohkubo, Hypertension with diabetes mellitus: significance from an epidemiological perspective for Japanese, Hypertension Research 40, 2017, pp.795~806.

당뇨병

- Jiro Nakamura, Hideki Kamiya, Masakazu Haneda, Nobuya Inagaki, Yukio Tanizawa, Eiichi Araki, Kohjiro Ueki, Takeo Nakayama, Causes of death in Japanese patients with diabetes based on the results of a survey of 45,708 cases during 2001~2010: Report of the Committee on Causes of Death in Diabetes Mellitus, J Diabetes Investig, 8, 2017, pp.397~410.
- Junghyun Noh, The Diabetes Epidemic in Korea, Endocrinol Metab 31, 2016, pp.349~353.

- Sunghwan Suh, Kwang-Won Kim, Diabetes and Cancer: Is Diabetes Causally Related to Cancer? Diabetes Metab J., 35, 2011, pp.193~198.

비만

- Hye Jin Yoo, Body Mass Index and Mortality, J Obes Metab Syndr 26, 2017, pp.3~9.
- Korean adults: a prospective cohort study, International Journal of Epidemiology 44(5), 2015, pp.1696~1705.
- Mercedes Sotos-Prieto, Shilpa N. Bhupathiraju, Josiemer Mattei, Teresa T. Fung, Yanping Li, An Pan, Walter C. Willett, Eric B. Rimm, Frank B. Hu, Association of Changes in Diet Quality with Total and Cause-Specific Mortality, N Engl J Med 377, 2017, pp.143~153.
- Sang Woo Oh, Recent Epidemiological Changes in Korean Obesity, Korean J Helicobacter Up Gastrointest Res 17(2), 2017, pp.62~65.
- Sang-Wook Yi, Heechoul Ohrr, Soon-Ae Shin, Jee-Jeon Yi, Sex-age-specific association of body mass index with all-cause mortality among 12.8 million.
- Stanford KI, Middelbeek RJ, Goodyear LJ. Exercise effects on white adipose tissue: beiging and metabolic adaptations, Diabetes 64, 2015, pp.2361~2368.
- Yang-Hyun Kim, Seon Mee Kim, Kyung-Do Han, Jin-Hyung Jung, Seong-Su Lee, Sang Woo Oh, Hye Soon Park, Eun-Jung Rhee, Won-Young Lee, Soon Jib Yoo, Waist Circumference and All-Cause Mortality Independent of Body Mass Index in Korean Population from the National Health Insurance Health Checkup 2009~2015, J. Clin. Med 8(1), 2019, p.72.

암

- 최현석, 《교양으로 읽는 우리 몸 사전》, 서해문집, 2017, 419~424쪽.

심장질환

- Nina Japundžic-Zigon, Olivera Sarenac, Maja Lozic, Marko Vasic, Tatjana Tasic, Dragana Bajic, Vladimir Kanjuh, David Murphy, Sudden death: Neurogenic causes, prediction and prevention, Eur J Prev Cardiol 25(1), 2018, pp.29~39.
- Wikipedia, cardiac arrest.

뇌혈관질환

- 대한뇌졸중학회, 《뇌졸중》(제2판), 범문에듀케이션, 2017, 3~4쪽, 49쪽, 65~71쪽, 197쪽, 205쪽.

치매

- Alzheimer's Association, 2016 Alzheimer's disease facts and figures, Alzheimer's & Dementia 12, 2016, pp.459~509.
- Ee Heok Kua, Emily Ho, Hong Hee Tan, The natural history of dementia, Pscyogeriatrics 14, 2014, pp.196~201.
- Jong Bin Bae, Is Dementia More Fatal Than Previously Estimated? A Population-based Prospective Cohort Study, Aging Dis 10(1), 2019, pp.1~11.
- Seok Min Go, Kang Soo Lee, Sang Won Seo, Juhee Chin, Sue J. Kang, So Young Moon, Duk L. Na, Hae-Kwan Cheong, Survival of Alzheimer's Disease Patients in Korea, Dement Geriatr Cogn Disord 35, 2013, pp.219~228.

간질환

- Eun-Young Lee, Tran Thi Xuan Mai, Yoonjung Chang, Moran Ki, Trends of liver cancer and its major risk factors in Korea, Epidemiol Health 37(1), 2015, e2015016.
- 송인성·김정룡,《소화기계질환》(제3판), 일조각, 2011, 643~667쪽.

[6] 사고사

손상

- Ji Hye Park, Joo-Young Na, Bong Woo Lee, Kyung-moo Yang, Young Shik Choi, A Statistical Analysis on Forensic Autopsies Performed in Korea in 2017, Korean J Leg Med 42, 2018, pp.111~125.
- Minsu Noh, Song-Soo Yang, Kyu-Hyouck Kyoung, The Effect of Acute Coagulopathy in Profoundly Traumatic Patients on Acute and Early Deaths, J Trauma Inj 27, 2014, pp.158~164.
- Seung Won Paik, Chul Han, Yun Sik Hong, Sung Hyuk Choi, Sung Woo Lee, Sung Woo Moon, Young Hoon Yoon, Woo Sung Yu, Duk Hwan Kim, Early Traumatic Deaths, J Korean Soc Traumatol 23, 2010, pp.75~82.
- 이상한 외,《법의학》, 정문각, 2018, 94~104쪽.
- 이윤성,《법의학의 세계》, 살림, 2003, 55~58쪽.

운수사고

- 이상한 외,《법의학》, 정문각, 2018, 164~171쪽.
- TAAS 교통사고분석시스템(taas.koroad.or.kr).

추락사

- 심현황·강경식, 〈산업현장 사다리 관련 사망재해 분석 및 추락재해 예방대책에 관한 연구〉, 《대한안전경영과학회지》 19(4), 2017, 95~104쪽.
- 정도희, 〈산업재해 사망 피해의 형사 규제 방향〉, 《피해자학연구》 21(1), 2013, 141~162쪽.
- 황보라, 〈추락사에 관한 연구 고찰〉, 경북대학교 수사과학대학원 석사학위 논문, 2015.
- Obeid Nabeel, Bryk Darren Jeremy, Lee Timothy, Hemmert Keith, Frangos Spiros, Simon Ronald, Leon Pachter, Cohen Steven, Fatal Falls in New York City An Autopsy Analysis of Injury Patterns, Am J Forensic Med Pathol 37(2), 2016, pp.80~85.
- 이상한 외, 《법의학》, 정문각, 2018, 141~142쪽.

익사

- 김권·김재용··신상도·고상백·이국종·임정수·임형준·최혁중·임태호, 〈국내 익수손상의 역학적 특성〉, 《대한응급의학회지》 19(5), 2008, 527~534쪽.
- 위정희·이미진·최승필·박규남, 〈중증 익수환자의 초기 사망 원인에 대한 분석〉, 《대한응급의학회지》 18(3), 2007, 250~255쪽.
- Gi Yeong Huh, Eui Yong Kim, Forensic Review of Hot Bath-Related Death in the Elderly: Focused on Japanese Studies, Korean J Leg Med 42, 2018, pp.33~38.
- Hyung Bin Kim, Sang Kyoon Han, Dae Sup Lee, Sung Wook Park, Jinwoo Jeong, Seok Ran Yeom, Maeng Real Park, Moon Gi Min, Yong In Kim, Ji Ho Ryu, Analysis of the Clinical Features and Prognostic Factors in Sea Water Drowning Patients, J Korean Soc Emerg Med 22(3), 2011, pp.242~247.
- Hyung Soo Kim, Jeong Ho Park, Seung Pill Choi, Jung Hee Wee, Drowning-Related Injuries: Fallen from the Bridge for the Purpose of Suicide, J Korean Soc Emerg Med 28(1), 2017, pp.47~53.
- Jung Hwan Lee, Chung Kee Chough, Jae Il Lee, Trauma Patterns of Drowning after Falling from Bridges over Han River, Korean J Neurotrauma 13(2), 2017, pp.85~89.
- 질병관리본부 국가건강정보포털(KCDC, health.cdc.go.kr/health/Main.do), 물에 빠짐.
- Wikipedia, drowning.

재난

- Ae-Suk Jeong, Injury Prevention, Disaster and Public Health Preparedness and Response, Health Policy and Management 28(3), 2018, pp.308~314.
- UCLouvain, 2018 Review of Disaster Events, 2019.

- 행정안전부(www.mois.go.kr/frt/a01/frtMain.do), 정책자료, 통계, 승인통계, 〈2017 재해 연보〉, 2018.

화재

- 정승교·김윤섭·김오현·이강현·김관래·정우진, 〈제천 스포츠복합건물 화재 재난에서 의 권역재난의료지원팀 활동 경험 고찰: 한계점과 구조의 중요성〉, 《대한응급의학회지》 29(6), 2018, 585~594쪽.
- 채한교·김건배·박원녕·박준석·서준석·김인병·차명일, 〈고양종합터미널 화재 사고를 통한 재난의료대응체계 고찰〉, 《대한응급의학회지》 26(2), 2015, 149~158쪽.
- Da Young Lee, Joonho Na, Minyoung Sim, Psychological Reactions and Physical Trauma by Types of Disasters: View from Man-Made Disaster, J Korean Neuropsychiatr Assoc 54(3), 2015, pp.261~268.
- Jung Man Kim, Hazards Exposed to Firefighters in Fire – Physical, Chemical, and Biologic factors – J Korean Med Assoc 51(12), 2008, pp.1072~1077.
- 소방청, 정보공개, 통계정보, 주요통계, 〈2018 소방청 통계연보〉, 2018.
- Health Protection Agency, PRODUCTS OF COMBUSTION, Chemical Hazards and Poisons Division (London).

[7] 자살

- 임철규, 《죽음》, 한길사, 2016, 13쪽.

자살률

- 김선영·정미영·김경나, 〈한국 성인의 연령계층별 자살 생각 관련 요인〉, 《보건교육건강 증진학회지》 31(2), 2014, 1~14쪽.
- Sung-Wan Kim, Min Jhon, Mina Kim, Jong-Woo Paik, Jae-Min Kim, Jin-Sang Yoon, A social psychiatric approach to suicide prevention, J Korean Med Assoc 62(2), 2019, pp.93~101.
- 《2018 자살예방백서》, 중앙자살예방센터·보건복지부, 2018.

자살의 역사

- 임철규, 《죽음》, 한길사, 2016, 13~62쪽.
- 천정환, 《자살론》, 문학동네, 2014, 67~69쪽, 73~74쪽, 191~199쪽.

자살의 원인

- Sung-Wan Kim, Min Jhon, Mina Kim, Jong-Woo Paik, Jae-Min Kim, Jin-Sang Yoon, A social psychiatric approach to suicide prevention, J Korean Med Assoc 62(2), 2019, pp.93~101.
- 《2018 자살예방백서》, 중앙자살예방센터·보건복지부, 2018.
- 중앙심리부검센터(www.psyauto.or.kr), 자료실, 공지사항, 공지, 〈2017 심리부검 면담 결과 보고서〉, 2018.

자살 방법

- 고제원, 〈정신분석적 심리부검을 통한 자살 방법의 연구〉, 《과학수사학회지》 8(4), 2014, 255~264쪽.
- 공석규·오상훈·박규남·김한중, 〈의도성 중독의 변화 양상: 15년간의 후향적 단일병원 연구〉, 《대한임상독성학회지》 14(1), 2016, 47~53쪽.
- 김형수·박정호·최승필·위정희, 〈자살 목적으로 다리에서 뛰어내린 익수자와 관련된 외상에 대한 연구〉, 《대한응급학회지》 28(1), 2017, 47~53쪽.
- 김혜영·김보라·강승걸·김문두·김민혁·김수인·김재민·문은수·안준호·이경욱·이상혁·이승재·정성훈·정영철·정희연·주가원·차보석·하태현·안용민, 〈응급실 방문 자살 기도자들의 기도 원인, 방법, 정신과적 진단에 대한 다기관 분석〉, Korean J Biol Psychiatry 22(4), 2015, 187~194쪽.
- 박상화·임달오, 〈우리나라 자살 수단에 대한 연구: 2003~2011〉, 《대한보건연구》 39(1), 2013, 47~55쪽.
- 오범진·노형근, 〈위세척의 올바른 이해와 적용〉, 《대한임상독성학회지》 11(1), 2013, 1~8쪽.
- 이원준, 〈한국의 일산화탄소 중독 자살의 역학적 특성: 2006~2012년〉, 고려대학교 보건대학원 석사학위 논문, 2014.
- 한종수·윤성우·최성수, 〈약물중독 자살 환자에서 사망군과 생존군의 비교〉, 《한국산학기술학회논문지》 14(4), 2013, 1863~1870쪽.
- 황보라, 〈추락사에 관한 연구 고찰〉, 경북대학교 수사과학대학원 석사학위 논문, 2015.
- 《2018 자살예방백서》, 중앙자살예방센터·보건복지부, 2018.

[8] 타살

살인의 종류

- 후쿠다 모리토시 저, 박덕영 역, 《미국법과 법률용어》, 박영사, 2009, 120~134쪽.
- 위키백과, 살인.

- Wikipedia, homicide.

살인 통계

- 황지태, 〈공식 범죄 통계상 살인범죄 추세와 실제 살인범죄 추세의 괴리 가능성에 관한 연구〉,《한국범죄학》4(1), 2010, 31~56쪽.
- Ji Hye Park, Joo-Young Na, Bong Woo Lee, Kyung-moo Yang, Young Shik Choi, A Statistical Analysis on Forensic Autopsies Performed in Korea in 2017, Korean J Leg Med 42, 2018, pp.111~125.

살인의 동기

- Naimi TS, Xuan Z, Cooper SE, Coleman SM, Hadland SE, Swahn MH, Heeren TC. Alcohol Involvement in Homicide Victimization in the United States, Alcohol Clin Exp Res 40(12), 2016 Dec., pp.2614~2621.
- 이수정,《최신 범죄심리학》(제4판), 학지사, 2019, 305~340쪽.
- 허경미,《현대사회와 범죄학》(제6판), 박영사, 2018, 138~139쪽.

[9] 임산부의 죽음

출산율

- 김두얼, 〈행장류 자료를 통해 본 조선시대 양반의 출산과 인구변동〉,《경제사학》52, 2012, 3~27쪽.
- 이소영, 〈자녀 출산 실태와 정책 함의〉,《보건복지포럼》268, 2018, 35~46쪽.

모성사망

- 황종윤, 〈모성사망 감소를 위한 고위험임신 관리 현황 및 대책〉,《한국모자보건학회지》19(2), 2015, 163~171쪽.
- Wikipedia, maternal mortality ratio.

모성사망의 원인

- 박현수·권하얀, 〈한국의 모성사망 원인과 경향 분석 (2009~2014)〉,《대한주산회지》27(2), 2016, 110~117쪽.
- 안태규·김태연·김연진·황종윤, 〈고위험 임산부 치료 인프라 현황 및 개선 방안〉,《한국모자보건학회지》22(3), 2018, 134~141쪽.
- 이남희·이재옥·조의경·우복희·강신명, 〈모성사망 20년간 연구 (1961~1980)〉,《Korean Journal of Obstetrics & Gynecology》25(12), 1982, 1405~1419쪽.

- 주성홍, 〈고위험 산모 응급이송 시스템 구축 필요성 및 향후 계획〉,《한국모자보건학회지》22(1), 2018, 1~6쪽.
- 홍재석, 〈산모 연령과 영아 사망과의 관련성 연구〉,《디지털융복합연구》14(9), 2016, 379~387쪽.
- 대한산부인과학회,《산부인과학》(제3판), 군자출판사, 2012, 225~227쪽.
- 티나 캐시디 저, 최세문 외 역,《출산, 그 놀라운 역사》, 후마니타스, 2015, 107쪽.

[10] 태아의 죽음

유산
- 대한산부인과학회,《산부인과학》(제4판), 군자출판사, 2015, 274쪽.
- 최현석,《교양으로 읽는 우리 몸 사전》, 서해문집, 2017, 567~568쪽.
- 네이버지식백과, 서울대학교병원 의학정보, 유산.

태아 사망
- 대한산부인과학회,《산부인과학》(제4판), 군자출판사, 2015, 258쪽.
- 네이버지식백과, 차병원 건강칼럼, 태아 사망.

영아 살해
- 박보라, 〈대구·경북 지역 영아 살해 실태〉, 경북대학교 수사과학대학원 석사학위 논문, 2006.
- 전보경, 〈영아살해죄의 규정과 해석에 관한 비판적 고찰〉,《법학논총》37(3), 2013, 169~192쪽.

[11] 아동의 죽음

- 한효섭·신희영,《홍창의 소아과학》(제11판), 미래엔, 2016, 2~3쪽.

영아 사망
- 조경숙, 〈북한의 영아 및 아동 사망률과 대북 인도적 지원〉,《보건사회연구》36(3), 2016, 485~515쪽.
- 최정수, 〈영아 사망 원인 분석〉,《보건·복지 Issue&Focus》112, 2011, 1~8쪽.
- 대한산부인과학회,《산부인과학》(제3판), 군자출판사, 2012, 257~258쪽.

아동 사망의 원인

• 문이지 · 신희영 · 김민선 · 송인규 · 김초희 · 유주연 · 박혜윤, 〈소아 완화의료에 대한 호스피스 완화의료 전문기관 종사자의 인식〉, 《한국호스피스완화의료학회지》 22(1), 2019, pp.39~47.

• Min Sun Kim, Nam Gu Lim, Hyun Joo Kim, Chohee Kim, Jin Yong Lee, Pediatric Deaths Attributed to Complex Chronic Conditions over 10 Years in Korea: Evidence for the Need to Provide Pediatric Palliative Care, J Korean Med Sci 33(1), 2018, e1.

아동학대 사망

• 정익중 · 최선영 · 정수정 · 박나래 · 김유리, 〈아동학대 사망 사건 판결의 양형 분석〉, 《한국사회복지학》 65(2), 2013, 131~154쪽.

• 보건복지부, 〈2017년 전국 아동학대 현황 보고서〉, 2018.

죽음 개념의 발달

• 브렌다 맬런 저, 안병은 외 역, 《사별을 경험한 아동 · 청소년 상담하기》, 한울아카데미, 2016, 51~60쪽.

• 셸던 솔로몬 · 제프 그린버그 · 톰 피진스키 저, 이은경 역, 《슬픈 불멸주의자》, 흐름출판, 2016, 53~54쪽.

• 찰스 코르 · 도나 코르 저, 한림대학교 생사학연구소 역, 《현대 생사학 개론》, 박문사, 2018, 367~395쪽.

[12] 청소년의 죽음

청소년 사망의 원인

• 조은지 · 박은숙, 〈청소년 암 생존자의 적응 경험과 사회적 지지망〉, 《Child Health Nursing Research》 23(2), 2017, 238~248쪽.

• 찰스 코르 · 도나 코르 저, 한림대학교 생사학연구소 역, 《현대 생사학 개론》, 박문사, 2018, 417쪽.

• 보건복지부, 〈청소년건강 행태조사〉, 《통계정보 보고서》, 2018.

• 통계청 · 여성가족부, 〈2019 청소년 통계 보도자료〉, 2019.

• 네이버지식백과, 자살 예방 커뮤니케이션, 청소년 자살의 심각성, 청소년 자살 관련 요인.

• 네이버지식백과, 정신이 건강해야 삶이 행복합니다, 우리나라 청소년 자살의 특징.

청소년의 사별 경험

- 이동훈·신지영·김유진, 〈세월호 재난으로 친구를 잃은 청소년의 외상 경험에 관한 질적 연구〉, 《한국심리학회지》 35(1), 2016, 89~120쪽.
- 찰스 코르·도나 코르 저, 한림대학교 생사학연구소 역, 《현대 생사학 개론》, 박문사, 2018, 417~431쪽.

청소년의 죽음 생각

- 정재걸·이승연·이현지·백진호, 〈한국 청소년 죽음 교육 모형 개발: 일본 청소년 죽음 교육 모형과의 비교를 중심으로〉, 《사회사상과 문화》 1(2), 2015, 325~356쪽.
- 정재걸·이현지·이승연·백진호, 〈청소년 죽음 교육을 위한 예비적 고찰: 중고등학생의 죽음관을 중심으로〉, 《중등교육연구》 61(3), 2013, 537~562쪽.

[13] 중년의 죽음

중년 사망의 원인

- 김남선·이규은, 〈중년기 성인의 암 예방행위 영향 요인〉, 《기본간호학회지》 21(1), 2014, 29~38쪽.
- 박윤진·김남초, 〈중년기 요양 환자의 건강사정도구 개발〉, 《재활간호학회지》 20(1), 2017, 1~11쪽.
- 심은영, 〈한국 중년 남성의 알코올 기인 사망 불평등 변화 추이〉, 서울대학교 대학원 보건학과 석사학위 논문, 2010.
- 엄현주·전혜정, 〈중년기 남녀의 자살 생각에 관한 예측 요인〉, 《정신보건과 사회사업》 42(2), 2014, 35~62쪽.
- Eun-Young Lee, Tran Thi Xuan Mai, Yoonjung Chang, Moran Ki, Trends of liver cancer and its major risk factors in Korea, Epidemiol Health 37(1), 2015, e2015016.
- 《2018 자살예방백서》, 중앙자살예방센터·보건복지부, 2018.

중년의 죽음관

- 정경희·김경래·서제희·유재언·이선희·김현정, 〈죽음의 질 제고를 통한 노년기 존엄성 확보 방안〉, 한국보건사회연구원 연구보고서, 2018년 2월 1일.
- 정영숙·이화진, 〈중년의 죽음태도와 행복〉, 《한국심리학회지: 발달》, 31(1), 2018, 129~149쪽.

[14] 노인의 죽음

노화와 노쇠

- 김광일, 〈노쇠〉, 《J Korean Geriatr Soc》 14(1), 2010.
- 마승현·정기윤·홍선형·심은영·유상호·김미영·윤종률, 〈일부 지역사회 거주 노인들의 노쇠 수준과 기능장애의 연관성 및 노쇠 관련 요인〉, 《Korean J Fam Med》 30(8), 2009.
- 원장원, 〈프레일티(Frailty)의 한국어 용어〉, 《J Korean Geriatr Soc》 16(2), 2012.
- 정경희 외, 〈2017년도 노인 실태조사 결과 보고서〉, 한국보건사회연구원, 2017.
- 로저 맥도널드 저, 장원구 역, 《노화의 생물학》, 월드사이언스, 2017, 1~10쪽.
- 이언 스튜어트-해밀턴 저, 이동영·서은현·우종인 역, 《노화의 심리학》, 서울대학교출판문화원, 2017, 24~25쪽.
- 한국노인노쇠코호트사업단(www.kfacs.kr/html/index.php).

노인 사망의 원인

- 김혜진·이아름·이소영·김용기·정한용·김신겸, 〈노인 자살 생각의 위험 요인〉, 《신경정신의학》 54(4), 2015, 468~474쪽.
- 정경희 외, 〈2017년도 노인 실태조사 결과 보고서〉, 한국보건사회연구원, 2017.
- Jiaquan Xu, Mortality Among Centenarians in the United States, 2000~2014, NCHS Data Brief, No.233, January 2016.
- 대한임상노인의학회, 《노인의학》, 닥터스북, 2018, 889쪽.
- 라인 티다이크사르 저, 윤종철·김춘길·우종인 외 역, 《노인낙상: 예방과 관리》, 도서출판 원, 2012, 19쪽.
- 《2018 자살예방백서》, 중앙자살예방센터·보건복지부, 2018.

노인의 죽음관

- 정경희 외, 〈2017년도 노인 실태조사 결과 보고서〉, 한국보건사회연구원, 2017.
- 정경희·김경래·서제희·유재언·이선희·김현정, 〈죽음의 질 제고를 통한 노년기 존엄성 확보 방안〉, 한국보건사회연구원 연구보고서, 2018년 2월 1일.

[15] 간병

- Joanne Lynn, David M. Adamson, Living Well at the End of Life, LAND Health, White Paper, 2003.
- 니시오 하지메 저, 송소영 역, 《죽음의 격차》, 빈티지하우스, 2019, 90~91쪽.

노인의 자립도

- 정경희 외, 〈2017년도 노인 실태조사 결과 보고서〉, 한국보건사회연구원, 2017.

통과의례가 된 간병

- 김태현·박수현, 〈가족 보호자의 간병 부담감, 우울 및 신체 증상에 치매 환자의 내현화 문제 행동이 미치는 영향〉, 《한국심리학회지: 건강》 21(1), 2016, 65~89쪽.
- 니시오 하지메 저, 송소영 역, 《죽음의 격차》, 빈티지하우스, 2019, 93~94쪽.
- 하이더 와라이치 저, 홍지수 역, 《죽는 게 두렵지 않다면 거짓말이겠지만》, 부키, 2017, 274~275쪽.
- 〈간병 살인 154인의 고백〉, 《서울신문》 2018년 9월.

간병 살인

- 《마이니치 신문》 '간병 살인' 취재반 저, 남궁가윤 역, 《간병 살인》, 시그마북스, 2018, 165쪽, 216쪽.
- 〈간병 살인 154인의 고백〉, 《서울신문》 2018년 9월.

[16] 완화의료

호스피스

- 허대석, 《우리의 죽음이 삶이 되려면》, 글항아리, 2018, 149~151쪽.
- Wikipedia, Cicely Saunders, hospice.

말기 질환

- 이상민·김수정 외, 〈말기와 임종 과정에 대한 정의 및 의학적 판단 지침〉, 《대한의사협회지》 61(8), 2018 Aug., 509~521쪽.
- William A. Knaus, Frank E. Harreil Jr., Joanne Lynn, Lee Goldman, Russell S. Phillips, Alfred F. Connors Jr., Neal V. Dawson, William J. Fulkerson Jr., Robert M. Califf, Norman Desbiens, Peter Layde, Robert K. Oye, Paul E. Bellamy, Rosemarie B. Hakim, Douglas P. Wagner, The SUPPORT Prognostic Model: Objective Estimates of Survival for Seriously Ill Hospitalized Adults, Ann Intem Med 122, 1995, pp.191~203.
- 윤영호, 《나는 한국에서 죽기 싫다》, 엘도라도, 2014, 99~100쪽.

말기 암

- 박재갑·박영주·하성환, 《종양학》, 일조각, 2012, 879~888쪽, 916~927쪽.

- 윤영호,《나는 한국에서 죽기 싫다》, 엘도라도, 2014, 94~95쪽, 111~112쪽.

말기 뇌졸중

- Bee Wee, Astrid Adams, Gail Eva, Palliative and end-of-life care for people with stroke, Curr Opin Support Palliat Care 4(4), 2010, pp.229~232.
- Robert Briggs, Desmond O'Neill, Chronic stroke disease, British Journal of Hospital Medicine 77(5), 2016, pp.66~69.
- Robert G. Holloway, Palliative and end-of-life care in stroke: a statement for healthcare professionals from the American Heart Association/American Stroke Association, Stroke 45(6), 2014, pp.1887~1916.

말기 심장질환

- Takahiro Okumura, Akinori Sawamura, Toyoaki Murohara, Palliative and end-of-life care for heart failure patients in an aging society, Korean J Intern Med 33, 2018, pp.1039~1049.
- 한국호스피스완화의료학회,《호스피스·완화의료》, 군자출판사, 2018, 356~363쪽.

말기 간질환

- 한국호스피스완화의료학회,《호스피스·완화의료》, 군자출판사, 2018, 375~377쪽.

말기 치매

- Jin Sook Cheon, Palliative Care for Patients with Terminal Dementia, J Korean Soc Biol Ther Psychiatry 17(2), 2011, pp.176~181.
- Youn Seon Choi, Hyun Sook Kim, Hospice Medical Guideline, Non-Cancer Diseases, Korean J Hosp Palliat Care 13(2), 2010, pp.69~75.

[17] 임종

- 이상민·김수정 외, 〈말기와 임종 과정에 대한 정의 및 의학적 판단 지침〉,《대한의사협회지》61(8), 2018 Aug., 509~521쪽.
- 장동우, 〈임종〉, 국립민속박물관,《한국일생의례사전》.

임종 궤적

- Lunne June R, Lynn Joanne, Foley Daniel J, Lipson Steven, Guralnik Jack M, Patterns of Functional Decline at the End of Life, JAMA 289(18), 2003, pp.2387~2392.

* 찰스 코르·도나 코르 저, 한림대학교 생사학연구소 역, 《현대 생사학 개론》, 박문사, 2018, 31~39쪽.

임종 과정

* 이상민·김수정 외, 〈말기와 임종 과정에 대한 정의 및 의학적 판단 지침〉, 《대한의사협회지》 61(8), 2018 Aug., 509~521쪽.
* Dosa DM, A day in the life of Oscar the cat, N Engl J Med 357(4), 2007, pp.328~329.
* 모니카 렌츠 저, 전진만 역, 《어떻게 죽음을 마주할 것인가》, 책세상, 2017, 29~80쪽, 119~123쪽.
* 박명희, 《임종돌봄표준지침 가이드북》, 가톨릭대학교 서울성모병원, 2018, 46~60쪽.
* 오가사와라 분유 저, 최말숙 역, 《더없이 홀가분한 죽음》, 위즈덤하우스, 2018, 184쪽.
* 최준식, 《임종학 강의》, 김영사, 2018, 102~109쪽.
* 한국죽음학회, 《한국인의 웰다잉 가이드라인》, 대화문화아카데미, 63~73쪽.
* 한국호스피스완화의료학회, 《호스피스·완화의료》, 군자출판사, 2018, 331쪽, 328~335쪽.
* Wikipedia, Cheyne－Stokes respiration.

종말 체험

* 김달수, 《죽음학 스케치》, 인간사랑, 2018, 127~128쪽.
* 네이버지식백과, 네이버캐스트, 정현채, 죽음 또 하나의 시작, 삶의 종말 체험.
* Wikipedia, Deathbed phenomena.

섬망

* 서민석·이용주, 〈섬망의 돌봄: 완화의료 영역에서의 진단, 평가 및 치료〉, 《한국호스피스완화의료학회지》 19(3), 2016, 201~210쪽.
* 한국호스피스완화의료학회, 《호스피스·완화의료》, 군자출판사, 2018, 331~332쪽.

임종 대처

* 모니카 렌츠 저, 전진만 역, 《어떻게 죽음을 마주할 것인가》, 책세상, 2017, 51~58쪽.
* 엘리자베스 퀴블러-로스 저, 이진 역, 《죽음과 죽어감》, 청미, 2018.
* 찰스 코르·도나 코르 저, 한림대학교 생사학연구소 역, 《현대 생사학 개론》, 박문사, 2018, 156~167쪽.
* 최준식, 《임종학 강의》, 김영사, 2018, 102~109쪽.

[18] 자아의 죽음

의식상실

- 최현석, 《교양으로 읽는 우리 몸 사전》, 서해문집, 2017, 50~52쪽.
- 네이버지식백과, 서울대학교병원 의학정보, 혼수.

식물인간

- 김장한, 〈'김 할머니' 사례로 살펴본 가정적 연명의료 결정에 관한 연구 – 호스피스·완화 의료 및 임종 과정에 있는 환자의 연명의료 결정에 관한 법률과 관련하여〉, 《의료법학》 17(2), 2016, 257~279쪽.
- 김효은, 〈식물인간의 윤리적 지위〉, 《생명윤리》 11(2), 2010, 23~38쪽.
- 홍석영, 〈식물 상태 환자와 삶의 질〉, 《인간연구》 13, 2007, 65~82쪽.
- 윤영호, 《나는 한국에서 죽기 싫다》, 엘도라도, 2014, 180~181쪽.
- 네이버지식백과, 서울대학교병원 의학정보, 식물인간 상태
- Wikipedia, Sentience, Terri Schiavo case.

안락사

- 건양대학교 웰다잉융합연구회, 《지혜로운 삶을 위한 웰다잉》, 구름서재, 2016, 188~189 쪽.
- 허대석, 《우리의 죽음이 삶이 되려면》, 글항아리, 2018, 71쪽.
- 홍종임, 《웰빙과 웰다잉은 한 끗 차이다》, 북랩, 2018, 76~77쪽.
- Wikipedia, Dignitas, euthanasia.

존엄사

- 허대석, 《우리의 죽음이 삶이 되려면》, 글항아리, 2018, 70~71쪽.

연명의료결정법

- 국회의원 원혜영 등 주최, 국가생명윤리정책원 주관, 〈연명의료결정제도 시행 1년, 성과 와 과제〉, 패널 토의(최경석), 2019.

생명윤리

- 진교훈, 〈한국 생명윤리의 과거와 현재 그리고 미래〉, 《생명, 윤리와 정책》 1(1), 2017, 3~29쪽.
- 윤영호, 《나는 한국에서 죽기 싫다》, 엘도라도, 2014, 117~118쪽.
- 허대석, 《우리의 죽음이 삶이 되려면》, 글항아리, 2018, 128쪽.
- Wikipedia, Medical ethics.

뇌사

- 강중구, 〈뇌사 판정〉, 《대한의사협회지》49(6), 2006, 493~501쪽.
- 주건, 〈전뇌부전증〉, 《대한뇌전증학회지》13(2), 2009 Dec., 35~41쪽.
- Won-Hyun Cho, Status of Organ Donation and Solution of Organ Shortage in Korea, J Korean Soc Transplant 32, 2018, pp.38~48.

장기이식

- David M. Shaw, A Virtuous Death: Organ Donation and Eudaimonia, Bioethical Inquiry 14, 2017, pp.319~321.
- Hyung Joon Ahn, Hwi Won Kim, Won Kyung Chang, Ki Won Kim, Hee Jung Jeon, Curie Ahn, Oh Jung Kwon, Current Status and Corresponding Strategy of Transplant Tourism, J Korean Soc Transplant 30, 2016, pp.109~119.
- Won-Hyun Cho, Status of Organ Donation and Solution of Organ Shortage in Korea, J Korean Soc Transplant 32, 2018, pp.38~48.
- 질병관리본부 장기이식관리센터, 《2017년 장기 등 이식 및 인체 조직 기증 통계 연보》, 2018.

[19] 사별 과정

사별

- 차유림, 〈사별 가족 연구 동향 분석: 1994년부터 2013년 상반기까지〉, 《한국 호스피스·완화의료학회지》17(3), 2014, 134~141쪽.
- 찰스 코르·도나 코르 저, 한림대학교 생사학연구소 역, 《현대 생사학 개론》, 박문사, 2018, 9쪽, 243~246쪽.

비통

- J. 윌리엄 워든 저, 이범수 역, 《유족의 사별 애도 상담과 치료》, 해조음, 2016, 28~46쪽.
- 찰스 코르·도나 코르 저, 한림대학교 생사학연구소 역, 《현대 생사학 개론》, 박문사, 2018, 243~251쪽.

애도 과정

- J. 윌리엄 워든 저, 이범수 역, 《유족의 사별 애도 상담과 치료》, 해조음, 2016, 53~74쪽.
- 찰스 코르·도나 코르 저, 한림대학교 생사학연구소 역, 《현대 생사학 개론》, 박문사, 2018, 253~262쪽, 380쪽.

[20] 사후 세계

임사체험

- Pim van Lommel, Ruud van Wees, Vincent Meyers, Ingrid Elfferich, Near-death experience in survivors of cardiac arrest: a prospective study in the Netherlands, Lancet 358, 2001, pp.2039~2045.
- 정현채,《우리는 왜 죽음을 두려워할 필요 없는가》, 비아북, 2018, 73~91쪽.
- 찰스 코르 · 도나 코르 저, 한림대학교 생사학연구소 역,《현대 생사학 개론》, 박문사, 2018, 618~621쪽.
- 최현석,《인간의 모든 감각》, 서해문집, 2009, 52~54쪽.
- Wikipedia, Near-death experience.

넋

- 〈넋〉, 국립국어원,《표준국어대사전》.
- 김열규, 〈넋〉, 한국학중앙연구원,《한국민족문화대백과》.

귀신

- 신이와 이단의 문화사 팀,《귀신 · 요괴 · 이물의 비교문화론》, 소명출판, 2014, 184쪽.
- 최영찬 외,《동양철학과 문자학》, 아카넷, 2003, 203쪽.
- 〈귀신〉, 국립국어원,《표준국어대사전》.
- 김열규, 〈귀신〉, 한국학중앙연구원,《한국민족문화대백과》.

신주

- 이욱, 〈신주〉, 한림대학교 생사학연구소,《죽음의 풍경을 그리다》, 모시는사람들, 2015, 57~77쪽.
- 최순권, 〈신주〉, 국립민속박물관,《한국일생의례사전》, 2014.
- 네이버지식백과, 한국민속신앙사전, 신줏단지.

영매

- 유명복, 〈초심리학에 대한 기독교적 접근〉,《기독교교육정보》39, 2013, 347~374쪽.
- 김달수,《죽음학 스케치》, 인간사랑, 2018, 135~138쪽.
- 이부영, 〈넋두리〉, 한국학중앙연구원,《한국민족문화대백과》.
- 네이버지식백과, 문화인류학, 신과 인간의 중개자.

환생

- 장 클로드 아메장 외 저, 김성희 역,《죽는다는 것은 무엇인가》, 알마, 2013, 82~83쪽.

부활

- 정희완, 〈부활에 대한 현대 신학적 담론들의 지형도〉, 《가톨릭사상》 57, 2018, 37~69쪽.
- 가스펠서브, 《라이프 성경사전》, 생명의말씀사, 2006, 430~431쪽.
- 케네스 폴 크레이머 저, 양정연 역, 《죽음의 성스러운 기술》, 청년사, 2015, 253~254쪽.
- Wikipedia, Resurrection.

천국

- J. 스티븐 랭 저, 남경태 역, 《바이블 키워드》, 들녘, 2007, 479~482쪽.
- 정병조, 〈극락〉, 한국학중앙연구원, 《한국민족문화대백과》.
- 네이버지식백과, 종교학대사전, 극락.
- 두피디아(www.doopedia.co.kr), 천국.
- Wikipedia, Heaven.

지옥

- J. 스티븐 랭 저, 남경태 역, 《바이블 키워드》, 들녘, 2007, 479~482쪽.
- 이종철, 〈지옥〉, 한국학중앙연구원, 《한국민족문화대백과》.
- Wikipedia, Hell.

[21] 상장례

- 김열규, 《메멘토 모리, 죽음을 기억하라》, 궁리, 2001, 62쪽.
- J. 스티븐 랭 저, 남경태 역, 《바이블 키워드》, 들녘, 2007, 460~462쪽.
- 피터 왓슨 저, 남경태 역, 《생각의 역사》 1, 들녘, 2009, 154~155쪽.

망자의 권리
- 네이버지식백과, 법률용어사전, 사체오욕죄.

유품 정리
- 김석중 편, 《누가 내 유품을 정리할까?》, 지택코리아, 2018, 4~9쪽.
- 김창기, 《마지막 이별 연습》, 행복포럼, 2017, 256~257쪽.
- 네이버지식백과, 한국직업사전, 유품정리사, 2016.

시체의 변화
- 메리 로치 저, 권루시안 역, 《스티프》, 파라북스, 2004, 67~80쪽.
- 윤중진, 《법의학》, 고려의학, 1993, 10~29쪽.

- 이상한 외, 《법의학》, 정문각, 2018, 32~47쪽.

장례 의식
- 박태호, 《장례의 역사》, 서해문집, 2008, 96쪽.
- 김시덕, 〈삼일장〉, 국립민속박물관, 《한국일생의례사전》, 2014.
- 도민재, 〈건전가정의례준칙〉, 국립민속박물관, 《한국일생의례사전》, 2014.
- 보건복지부 장사정보 시스템(www.ehaneul.go.kr/portal/index.do).

그리스도교의 장례 의식
- 박명진, 《한국 천주교회 상장례》, 가톨릭출판사, 2016, 31~42쪽.
- 안옥현, 《기독교 장례 예식의 길라잡이》, 기독교문서선교회, 2015, 98~104쪽, 106~107쪽.
- 이완희, 〈장례미사〉, 굿뉴스 자료실, 2007년 2월 10일.

불교의 장례 의식
- 장현철, 〈한국 불교의 시다림과 다비 의례의 검토〉, 《한국불교사연구》 3(3), 2013, 155~189쪽.
- 안양규, 《불교의 생사관과 죽음 교육》, 모시는사람들, 2015, 213~228쪽.
- 탄탄, 《한국의 죽음 의례 의식 연구》, 운주사, 2019, 175~180쪽.

장례식장
- 김시덕, 〈장례식장의 의례 민속과 장례 서비스〉, 《실천민속학연구》 12, 2008, 91~119쪽.
- 김시덕, 〈현대 한국 사회 전통 상례의 현황과 과제〉, 《국학연구》 17, 2010, 435~462쪽.
- 박종천, 〈상제례의 한국적 전개와 유교 의례의 문화적 영향〉, 《국학연구》 17, 2010, 363~397쪽.
- 송현동, 〈의례와 사회변화〉, 《종교연구》 35, 2004, 313~338쪽.
- 박태호, 〈장례식장〉, 국립민속박물관, 《한국일생의례사전》.
- 이영진, 〈사례〉, 한국학중앙연구원, 《한국민족문화대백과》.

화장
- 최진봉, 〈기독교의 죽음과 화장(火葬)례에 대한 신학적 이해에 관한 연구〉, 《신학과 실천》 62, 2018, 41~62쪽.
- 구미래, 《한국 불교의 일생 의례》, 민족사, 2012, 327쪽.
- 박명진, 《한국 천주교회 상장례》, 가톨릭출판사, 2016, 302~307쪽.
- 안옥현, 《기독교 장례 예식의 길라잡이》, 기독교문서선교회, 2015, 242~244쪽.
- 구미래, 〈화장〉, 국립민속박물관, 《한국일생의례사전》.

- 장철수·박종민, 〈화장〉, 한국학중앙연구원, 《한국민족문화대백과》.

묘

- 박태호, 《장례의 역사》, 서해문집, 2008, 152~153쪽, 192~193쪽.
- 임준확·홍순기, 《장례와 상속의 모든 것》, 꿈결, 2016, 29~118쪽.
- 장철수·박종민, 〈장례〉, 한국학중앙연구원, 《한국민족문화대백과》.
- 정종수, 〈장례〉, 국립민속박물관, 《한국일생의례사전》.
- 네이버국어사전, 무덤.
- 네이버지식백과, 종교학대사전, 묘.

이중장

- 이창익, 〈죽음의 연습으로서의 의례〉, 한림대학교 생사학연구소, 《죽음의 의례와 문화적 기억》, 모시는사람들, 2015, 19~71쪽.
- 최몽룡, 〈세골장〉, 한국학중앙연구원, 《한국민족문화대백과》.
- 네이버지식백과, 두산백과, 초분.
- Wikipedia, Secondary burial.

삼년상

- 배병삼, 〈공자 대 재아〉, 《한국정치학회보》 33(2), 1999, 49~67쪽.
- 세키네 히데유키, 〈몸을 통해 이루어지는 완전한 죽음〉, 한림대학교 생사학연구소, 《죽음의 풍경을 그리다》, 모시는사람들, 2015, 158~178쪽.
- 허단, 〈'삼년상' 기원 관련 제 학설 분석('三年之喪'起源諸說考辨)〉, 《중국사연구(中國史研究)》 92, 2014, 1~26쪽.
- 김문택, 〈시묘살이〉, 국립민속박물관, 《한국일생의례사전》.

유교적 제사

- 〈'논어' 해제〉, 박성규, 《공자 '논어'》(《철학사상》 별책 5-1), 서울대학교 철학사상연구소 (http://philinst.snu.ac.kr), 2005.
- 김택규, 〈제례〉, 한국학중앙연구원, 《한국민족문화대백과》.
- 최길성, 〈조상숭배〉, 국립민속박물관, 《한국일생의례사전》.

천주교의 제사 논쟁

- 조현범, 〈의례 논쟁을 다시 생각함〉, 《교회사연구》 32, 2009, 209~274쪽.
- 박명진, 《한국천주교회상장례》, 가톨릭출판사, 2016, 43~47쪽.

재
- 구미래, 《한국 불교의 일생 의례》, 민족사, 2012, 412~423쪽.
- 홍윤식, 〈재(齋)〉, 한국학중앙연구원, 《한국민족문화대백과》.

[22] 죽음 준비

- 김명숙, 〈생사학적 관점에서 본 '좋은 죽음'〉, 《인문학연구》 100, 2015, 103~122쪽.
- 김명숙, 〈한국인의 죽음에 대한 인식과 태도에 관한 철학적 고찰〉, 《유학연구(儒學硏究)》 22, 2010, 73~108쪽.
- 김미혜·권금주·임연옥, 〈노인이 인지하는 '좋은 죽음' 의미 연구〉, 《한국사회복지학》 56(2), 2004, 195~213쪽.
- 문현공, 〈죽음 현저성(Mortality Salience)의 교육적 함의〉, 《종교교육학연구》 51, 2016, 153~176쪽.
- 건양대학교 웰다잉융합연구회, 《지혜로운 삶을 위한 웰다잉》, 구름서재, 2016, 120~121쪽.
- 모니카 렌츠 저, 전진만 역, 《어떻게 죽음을 마주할 것인가》, 책세상, 2017, 13~15쪽.
- 오츠 슈이치 저, 이용택 역, 《후회 없는 죽음을 위해 꼭 알아야 할 것들》, 21세기북스, 2011, 6~7쪽.

죽음준비도

- 문남숙·남기민, 〈노인의 죽음준비도와 성공적 노화의 관계: 우울 및 죽음불안의 매개 효과를 중심으로〉, 《한국노년학》 28(4), 2008, 1227~1248쪽.
- 정경희·김경래·서제희·유재언·이선희·김현정, 〈죽음의 질 제고를 통한 노년기 존엄성 확보 방안〉, 한국보건사회연구원 연구보고서, 2018년 2월 1일.
- 정순둘·김수현·구미정, 〈죽음 관련 요인과 죽음 준비의 관계〉, 《한국인구학》 37(1), 2014, 131~153쪽.
- 김시덕, 《한국의 상례문화》, 민속원, 2012, 27쪽.

죽음 준비 교육

- 랍 몰 저, 이지혜 역, 《죽음을 배우다》, 한국기독학생출판부, 2014, 80~83쪽.
- 찰스 코르·도나 코르 저, 한림대학교 생사학연구소 역, 《현대 생사학 개론》, 박문사, 2018, 9~13쪽.

죽음 관광

- 서헌, 〈다크 투어리즘의 부정적 측면에 관한 고찰〉, 《관광레저연구》 30(10), 2018,

477~491쪽.

- 송영민·강준수, 〈다크 투어리즘에서의 실존적 진정성에 대한 고찰: 죽음 개념을 중심으로〉, 《관광연구》 32(3), 2017, 1~16쪽.

임박한 죽음의 준비

- 건양대학교 웰다잉융합연구회, 《지혜로운 삶을 위한 웰다잉》, 구름서재, 2016, 242~247쪽.
- 윤영호, 《나는 한국에서 죽기 싫다》, 엘도라도, 2014, 146~148쪽, 157~159쪽.
- Jane Feinman, How to Have a Good Death, BBC television programme, 2006.

유언

- 〈옹고집의 유언: 유언의 법적 의미〉, 한기찬, 《재미있는 법률여행 2 민법: 가족법》, 김영사, 2014.
- 조인섭, 《유언의 방식에 관한 연구》, 이화여자대학교 법학과 박사학위 논문, 2015.
- 필리프 아리에스 저, 이종민 역, 《죽음의 역사》, 동문선, 2016, 61~62쪽.
- 한스 할터 저, 한윤진 역, 《유언》, 말글빛냄, 2006, 6~15쪽.
- 박영우, 〈유언〉, 한국학중앙연구원, 《한국민족문화대백과》.